Der Windows 10 MCA Trainer
Microsoft 365 Certified Associate
Modern Desktop-Administrator

Vorbereitung zur MCA-Prüfung MD-100

Nicole Laue

Der Windows 10 MCA Trainer
Microsoft 365 Certified Associate
Modern Desktop-Administrator

Vorbereitung zurMCA-Prüfung MD-100

Verlag Nicole Laue

FSC
www.fsc.org
MIX
Papier aus verantwortungsvollen Quellen
Paper from responsible sources
FSC® C105338

Bibliografische Information der Deutschen Bibliothek:
Die Deutsche Bibliothek verzeichnet diese Publikation in der Deutschen Nationalbibliografie; detaillierte bibliografische Daten sind im Internet über http://dnb.ddb.de abrufbar.

Herstellung: BOD, Books on Demand, Norderstedt
Titelfoto: iStock.com/ NicoElNino
ISBN: 978-3-937239-93-4

Inhaltsverzeichnis

Für wen ist dieses Buch?

Dieses Buch ist für alle diejenigen geschrieben, die sich mit dem Themengebiet „Windows 10" auseinandersetzen möchten.

Dieses Themengebiet entspricht der MCSA-Prüfung MD-100 „Windows 10" und ist als Vorbereitung zum Bestehen dieser Prüfung zu sehen.

Hierbei ist besonders an zwei Hauptgruppen gedacht worden:

- Privatleute, die sich die Kenntnisse im Selbststudium aneignen möchten
- Schulungsunternehmen, die eine Schulungsunterlage benötigen

Dieses Buch ist für beide Personengruppen gleichermaßen geeignet, da es sowohl für das Selbststudium geschrieben wurde, als auch als hochwertige Schulungsunterlage eingesetzt werden kann.

Ein Schulungsbuch kann nur gut sein, wenn das Erlernte sofort in praktischen Übungen ausprobiert werden kann. Aus diesem Grund werden exakte Installationsanleitungen mitgeliefert, die Ihnen die Möglichkeit geben, alle praktischen Übungen absolvieren zu können.

Für die Präsentation im Unterricht stehen auf der Homepage des Verlags http://www.laue-net.de Powerpoint Präsentationen zum Download bereit.

Übungsumgebung

Die Hardwarevoraussetzungen für eine Übungsumgebung sind nicht besonders hoch. Sie können jeden Computer dafür benutzen, der folgende Mindestvoraussetzungen erfüllt:

- 8 GB Arbeitsspeicher
- 500 GB freien Festplattenspeicher

Für die Übungen installieren Sie eine Virtualisierungssoftware, hier können Sie beispielsweise Microsoft Hyper-V benutzen.

In einer Klassenumgebung sollte jeder Teilnehmer einen eigenen PC mit Hyper-V zur Verfügung haben.

Einrichten der virtuellen Maschinen

Bevor Sie mit dem Kurs beginnen, sollten Sie die virtuellen Maschinen vorkonfigurieren.

Virtuelle Maschine „DC"

Erstellen Sie die neue virtuelle Maschine mit Namen „DC" der Generation 2 und achten Sie darauf, dass der virtuelle Switch „Privat" konfiguriert ist.

Fügen Sie der virtuellen Maschine ein DVD-Laufwerk hinzu und bearbeiten Sie die Startsequenz, so dass die Maschine vom DVD-Laufwerk startet.

Sorgen Sie dafür, dass die Windows Server 2016 oder 2019 Installations-DVD entweder als reale DVD oder als .iso-Datei in dieser Maschine zur Verfügung steht.

Installieren Sie das Betriebssystem mit grafischer Oberfläche mit den Standardeinstellungen.

Nach der Installation startet das Betriebssystem neu und Sie nehmen folgende Konfigurationen vor:

- Beim Neustart werden Sie nach einem Administratorkennwort gefragt. Legen Sie dieses als „Kennw0rt!" fest. (Bitte beachten Sie: Dieses Kennwort enthält die Ziffer „0" und am Ende ein „!")
- Klicken Sie im Dashboard auf „lokaler Server" auf „Computername". Ändern Sie den Namen auf „DC". Führen Sie den benötigten Neustart durch
- Klicken Sie im Dashboard auf „Ethernet" und wählen Sie dann mit der rechten Maustaste die Eigenschaften der Netzwerkkarte aus
- Wählen Sie die Eigenschaften von „IPv4" und geben folgende statischen Werte ein:
    - IP-Adresse: 192.168.1.100
    - Subnetzmaske: 255.255.255.0
    - Bevorzugter DNS-Server: 192.168.1.100
- Klicken Sie im Dashboard auf „Verwalten" und wählen Sie „Rollen und Features hinzufügen"
- Wählen Sie „Rollenbasierte oder featurebasierte Installation" aus

- Bestätigen Sie im nächsten Fenster den Server „DC“
- Wählen Sie „Active Directory Domänendienste“ aus und bestätigen Sie die benötigten Features
- Wählen Sie DHCP-Server aus und bestätigen Sie die benötigten Features
- Auf den nächsten Seiten klicken Sie auf „Weiter“
- Bestätigen Sie die Installation
- Nach der Installation sehen Sie im oberen Bereich des Dashboards ein Ausrufezeichen auf gelbem Dreieck. Klicken Sie hierauf
- Wählen Sie „Server zu einem Domänencontroller heraufstufen“
- Wählen Sie „Neue Gesamtstruktur hinzufügen“
- Name der Stammdomäne: Meistertrainer.info
- Gesamtstrukturfunktionsebene: Windows Server 2016
- Domänenfunktionsebene: Windows Server 2016
- Lassen Sie die Domänencontrollerfunktionen in der Standardeinstellung
- Geben Sie das DSRM-Kennwort an: Kennw0rt! (Bitte beachten Sie: Dieses Kennwort enthält die Ziffer „0“ und am Ende ein „!“)
- Klicken Sie bei „DNS-Optionen“ auf „Weiter“
- Bestätigen Sie den NetBios Domänennamen „MEISTERTRAINER“
- Bestätigen Sie die Pfade
- Klicken Sie bei „Optionen prüfen“ auf „Weiter“
- Klicken Sie bei „Voraussetzungsüberprüfung“ auf „Installieren“
- Der Assistent installiert Active Directory, nach einem Neustart steht der Domänencontroller zur Verfügung
- Klicken Sie im oberen Bereich des Dashboards auf das Ausrufezeichen auf gelbem Dreieck
- Wählen Sie „DHCP-Konfiguration abschließen“
- Klicken Sie bei „Beschreibung“ auf „Weiter“
- Lassen Sie die Einstellungen bei „Autorisierung“ und klicken Sie auf „Commit ausführen“

- Klicken Sie auf „Schließen“
- Klicken Sie auf „Tools – DHCP“
- Klicken Sie mit der rechten Maustaste auf „IPv4“ und wählen Sie „Neuer Bereich“
- Folgen Sie dem Assistenten
- Bei Bereichsname geben Sie ein „Classroom“
- Bei IP-„Adressbereich“ geben Sie folgende Daten ein
    - Start-IP-Adresse: 192.168.1.10
    - End-IP-Adresse: 192.168.1.20
- Ändern Sie die weiteren Einstellungen nicht und klicken Sie auf „Weiter“
- Bei „Ausschlüsse und Verzögerung hinzufügen“, „Leasedauer“ und „Optionen“ lassen Sie die Standardeinstellungen
- Klicken Sie nun den Assistenten mit „Weiter“ bis zum Ende durch
- Schließen Sie die DNS-Konsole
- Erstellen Sie einen Prüfpunkt der virtuellen Maschine „DC“. Nennen Sie diesen Prüfpunkt „Installation“

Virtuelle Maschine „W10“

Erstellen Sie die neue virtuelle Maschine mit Namen „W10“ der Generation 2 und achten Sie darauf, dass der virtuelle Switch „Privat“ konfiguriert ist.

Fügen Sie der virtuellen Maschine ein DVD-Laufwerk hinzu und bearbeiten Sie die Startsequenz, so dass die Maschine vom DVD-Laufwerk startet.

Sorgen Sie dafür, dass die Windows 10 Installations- DVD entweder als reale DVD oder als .iso-Datei in dieser Maschine zur Verfügung steht.

Die Installation findet während des Kurses statt.

Virtuelle Maschine „W7-Upgrade“

Erstellen Sie die neue virtuelle Maschine mit Namen „W7-Upgrade“ der Generation 1 und achten Sie darauf, dass der virtuelle Switch „Extern“ konfiguriert ist.

Fügen Sie der virtuellen Maschine ein DVD-Laufwerk hinzu und bearbeiten Sie die Startsequenz, so dass die Maschine vom DVD-Laufwerk startet.

Weisen Sie der Maschine mindestens 2 GB RAM zu.

Mit dieser Maschine können Sie zunächst auf das Internet zugreifen.

Installieren Sie in dieser virtuellen Maschine Windows 7. Geben Sie als Benutzernamen „User1" an und als Computernamen „W7-Upgrade".

Wählen Sie das Kennwort „Kennw0rt! (Bitte beachten Sie: Dieses Kennwort enthält die Ziffer „0" und am Ende ein „!").

Erstellen Sie einen Prüfpunkt der virtuellen Maschine „W7-Upgrade". Nennen Sie diesen Prüfpunkt „Installation".

ACHTUNG!

Sorgen Sie dafür, dass alle virtuellen Maschinen die aktuellen Updates haben.

Dafür sollten Sie die virtuelle Umgebung einen Tag vorher installieren, alle virtuellen Switche auf „Extern" konfigurieren und die Maschinen laufen lassen.

Lassen Sie alle Updates installieren, damit die Übungen im Kurs nicht verzögert werden.

Auch bei der Maschine „W10", die im Kurs installiert wird, sollten Sie dafür sorgen, dass sie alle Updates erhält, denn nur so ist sie auf dem neuesten Stand.

Software

Für die Übungen benötigen Sie folgende Evaluierungskopien:

- Windows Server 2016 oder 2019
- Windows 10 ab Version Professional
- Windows 7

Die meisten dieser Evaluierungskopien können Sie bei Microsoft erhalten. Natürlich können Sie auch Vollversionen verwenden, die dann nicht aktiviert werden müssen.

Folgende Software sollten Sie vorab herunterladen und sie allen Teilnehmern zur Verfügung stellen:

- Windows 10-Update-Assistent
- Microsoft Assessment and Deployment Toolkit

Danksagung

An dieser Stelle möchte ich mich bei den vielen hilfreichen Freunden und Mitarbeitern bedanken, die erst ermöglicht haben, dass dieses Buch entstehen kann.

Sie waren mir als Betaleser eine große Hilfe und haben freiwillig ihre Freizeit geopfert. Mit ihrem großen Fachwissen waren sie ein wichtiger Bestandteil der Entstehung dieses Buches.

1 Bereitstellen von Windows

Prüfungsanforderungen von Microsoft:

- Bereitstellen von Windows 10
- Durchführen der Konfiguration nach der Installation

Quelle: Microsoft

1.1 Einführung

Das Einrichten eines Rechners ist immer der Startpunkt für ein sinnvolles Arbeiten mit dem System. Bestimmte Anforderungen müssen berücksichtigt werden, sowohl vor, als auch während und nach der Installation.

1.2 Installationsanforderungen

Im ersten Schritt müssen Sie sich über die Anforderungen an das zukünftige System klar werden.

1.2.1 Versionen von Windows 10

Windows 10 gibt es in verschiedenen Ausführungen:

- Windows 10 Home
- Windows 10 Pro
- Windows 10 Enterprise
- Windows 10 Education
- Windows 10 IoT Core
- Windows 10 Mobile
- Windows 10 Mobile Enterprise

	Windows 10 Home	Windows 10 Pro	Windows 10 Enterprise	Windows 10 Education
Domänen-beitritt		X	X	X
Azure Domänen-beitritt		X	X	X
Gruppen-richtlinien		X	X	X
BitLocker		X	X	X
Remote Desktop		X	X	X
Business Store		X	X	X
DirectAccess			X	X
Windows To Go			X	X
AppLocker			X	X
BranchCache			X	X

Windows 10 Home

Windows 10 ist die Basis, die die wichtigsten Funktionen beinhaltet, allerdings nicht für den Einsatz im Unternehmen gedacht ist.

Windows 10 Pro

Windows 10 Pro enthält viele Funktionen, die für den professionellen Einsatz im Unternehmen gedacht sind, wie die Domänenaufnahme.

Windows 10 Enterprise

Windows 10 Enterprise hat alle Funktionen, die zur Verfügung gestellt werden können, insbesondere die Funktionen, die für größere Unternehmen wichtig sind, wie BranchCache und DirectAccess.

Windows 10 Education

Windows 10 Education hat die gleichen Funktionen wie Windows 10 Enterprise, ist aber ausschließlich für Schulungsunternehmen gedacht.

Windows 10 Mobile

Dies ist das Windows 10 für Smartphone für Privatanwender.

Windows 10 Mobile Enterprise

Windows 10 Mobile Enterprise hat verbesserte Funktionen für das professionelle Umfeld.

1.2.2 Hardwarevoraussetzungen

Zum Start von Windows 10 im Juli 2015 galten zunächst die gleichen Systemanforderungen wie bereits für Windows 7 und Windows 8. Im Mai 2016 hat Microsoft die Systemanforderungen etwas nach oben korrigiert.

Komponente	**Mindestanforderung**	
	32-bit	**64-bit**
Display	7-Zoll	7-Zoll
Auflösung	800 x 600	800 x 600
Prozessor	1 GHz	1 GHz
Arbeitsspeicher	1 GB	2 GB
Freier Platz auf Festplatte	16 GB	20 GB
Grafikkarte	DirectX 9 mit WDDM 1.0	DirectX 9 mit WDDM 1.0

Natürlich ist es eine bekannte Regel, dass alle Systeme, also auch Windows 10, schneller und reibungsfreier laufen, wenn die Hardware diese Anforderungen übertrifft. Wenn Sie einen neuen Rechner kaufen, sollten Sie diese Anforderungen als das absolute Minimum betrachten und versuchen, gerade im Bereich Arbeitsspeicher diese Werte zu übertreffen.

1.2.3 Upgrade oder Neuinstallation?

Diese Frage stellt man sich bei jedem Wechsel des Betriebssystems.

Generell ist Windows 10 als erstes Betriebssystem als „Windows as a Service“ konzipiert.

Das bedeutet, dass Windows 10 automatisch immer auf den neuesten Stand gebracht wird, ohne dass Sie sich darum kümmern müssen.

Also ist es eigentlich keine Frage, ob auf Windows 10 gewechselt werden soll, sondern nur noch „wie“.

Eine Neuinstallation bringt natürlich den Vorteil des neuen, sauberen Systems, das keine „Leichen im Keller“ hat.

Leider ist dies aber nicht immer eine Option, denn gerade in professionellen Umgebungen ist es nicht möglich, ein System neu zu installieren und danach alle benötigten Programme und Tools auch wieder einzurichten. In diesen Fällen bietet sich das Upgrade an.

Wir betrachten hier nur die vollständigen Aktualisierungen, bei denen alle Einstellungen beibehalten werden.

Aktualisierung von Windows 7:

	W 10 Home	**W 10 Pro**	**W 10 Pro Education**	**W 10 Education**	**W 10 Enterprise**
Starter	X	X	X	X	
Home Basic	X	X	X	X	
Home Premium	X	X	X	X	
Professional		X	X	X	X
Ultimate		X	X	X	X
Enterprise				X	X

Aktualisierung von Windows 8:

	W 10 Home	W 10 Pro	W 10 Pro Education	W 10 Education	W 10 Enterprise
(Core)	X	X	X	X	
Professional		X	X	X	X
Professional WMC		X	X	X	X
Enterprise				X	X
Embedded Industry					X
Windows RT					
Windows Phone 8					

Aktualisierung von Windows 8.1:

	W 10 Home	W 10 Pro	W 10 Pro Edu-cation	W 10 Edu-cation	W 10 Enter-prise	W 10 Mobile
(Core)	X	X	X	X		
Connected	X	X	X	X		
Pro-fessional		X	X	X	X	
Pro-fessional Student		X	X	X	X	
Pro-fessional WMC		X	X	X	X	

Enterprise				X	X	
Embedded Industry					X	
Windows RT						
Windows-Phone 8.1						X

ACHTUNG!
Generell gilt, dass 32-bit Versionen nur auf 32-bit Versionen und 64-bit Versionen nur auf 64-bit Versionen aktualisiert werden können, ein Wechsel ist nur durch Neuinstallation möglich!

1.2.4 Anforderungen für bestimmte Funktionen

Es gibt noch einige weitere Gedanken, die Sie sich vor der Installation machen sollten. So bietet Windows 10 einige Funktionen, die zusätzlich bestimmte Hardware verlangen.

Hyper-V

Hyper-V ist eine Virtualisierungsfunktion, die in den Windows Versionen

- Windows 10 Enterprise
- Windows 10 Professional
- Windows 10 Education

vorhanden ist.

Hardwareanforderungen für Hyper-V

Um Hyper-V aktivieren zu können, benötigen Sie folgende Mindestanforderungen:

- 64-bit-Prozessor mit Second Level Address Translation (SLAT)
- CPU-Unterstützung für VM Monitor Mode Extension (VT-c bei Intel-CPUs)
- Mindestens 4 GB Speicher

Natürlich gilt hier, umso mehr virtuelle Maschinen Sie gleichzeitig laufen lassen wollen, umso mehr RAM benötigen Sie. Als Faustregel kann man sagen, 4 GB reichen für etwa 3-4 virtuelle Maschinen.

Auch müssen Sie im BIOS noch einige Elemente aktivieren:

- Virtualisierungstechnologie (wird je nach Hersteller der Hauptplatine anders bezeichnet)
- Von der Hardware erzwungene Datenausführungsverhinderung (Data Execution Prevention, DEP)

Überprüfen der Hardwarekompatibilität

Sie können eine bestehende Hardware einfach auf Kompatibilität für Hyper-V überprüfen.

Dazu öffnen Sie eine Eingabeaufforderung und starten das Programm „Systeminfo.Exe".

```
Anforderungen für Hyper-V:   Erweiterungen für den VM-Überwachungsmodus: Ja
                             Virtualisierung in Firmware aktiviert: Ja
                             Adressübersetzung der zweiten Ebene:Ja
                             Datenausführungsverbindung verfügbar: Ja

C:\Windows\system32>
```

Abbildung 1.1: Systeminfo

Hier suchen Sie „Anforderungen für Hyper-V".

Wenn alle Voraussetzungen erfüllt sind, sehen Sie überall ein „Ja".

Sollte bereits ein Hyper-V installiert sein, sieht es folgendermaßen aus:

```
Anforderungen für Hyper-V:              Es wurde ein Hypervisor erkannt. Features, die für Hyper-V erforderlich s
ind, werden nicht angezeigt.

C:\Windows\System32>
```

Abbildung 1.2: Systeminfo mit Hyper-V

Cortana

Cortana ist der Sprachassistent, der mit Windows 10 eingeführt wurde.

Hardwaretechnisch benötigen Sie lediglich eine Möglichkeit, um Spracheingaben zu machen und die Ausgabe verstehen zu können, also ein Mikrofon und Lautsprecher.

Hier wird ein Headset empfohlen.

Miracast

Miracast wurde mit Windows 8.1 eingeführt. Es ist eine Funktion, mit der der Inhalt des Bildschirms mit Audiosignal an ein zweites Wiedergabegerät übertragen werden kann. Dabei lassen sich auch Videos mit Bild und Ton streamen.

Mit dieser Technologie kann man beispielsweise das Smartphone auf dem Windows Rechner darstellen, oder auch den Bildschirm auf einen großen TV spiegeln.

Die Hardwareanforderungen sind gering, Sie benötigen dafür lediglich einen W-LAN-Adapter und WiFi Direct Unterstützung.

Virtual Smart Cards

Eine Anmeldung mit einer Smart Card ist eine relativ sichere Anmeldung, da die physikalische Karte in das Lesegerät gesteckt werden muss und dann noch ein Authentifizierungscode eingegeben werden muss. Das nennt man „Zwei-Faktoren Authentifizierung“.

Der Nachteil an dieser Authentifizierungsmethode ist natürlich, dass sie sehr kostenintensiv ist.

Mit der Funktion „Virtual Smart Card“ können die Vorteile der Smart Card Authentifizierung genutzt werden, ohne dass die hohen Kosten für die zusätzliche Hardware entstehen.

Sollten Sie diese Funktion planen, benötigen Sie ein Mainboard mit einem TPM Chip ab der Version 1.2.

BitLocker

BitLocker ist eine Möglichkeit, ganze Laufwerke komplett zu verschlüsseln, so dass beim Systemstart immer ein Verschlüsselungscode abgefragt wird. Diese Funktion steht in den Versionen Windows 10 Pro und Enterprise zur Verfügung.

Damit wird sichergestellt, dass das Betriebssystem und die lokalen Festplatten sicher sind. Dies kann auf zwei verschiedene Arten erreicht werden:

Computer hat TPM (Trusted Platform Module) Chip 1.2

Die Computer der neuen Generation haben einen TPM Chip 1.2 oder höher. In diesem Fall kann die Verschlüsselung auf diesem Chip gespeichert werden.

Computer hat kein TPM (Trusted Platform Module) Chip 1.2

Alle anderen Computer, die den TPM Chip nicht haben, können BitLocker trotzdem verwenden, indem die Verschlüsselung auf einem USB Memory Stick gespeichert wird.

Windows Hello

Mit Windows 10 bringt Microsoft eine völlig neue Art der Authentifizierung.

Microsoft führt nun die Authentifizierung mit biometrischen Merkmalen ein, wie Fingerabdrücke, Gesichts- oder Iris-Scan. Hierzu wird Microsoft Passport benutzt.

Es wird natürlich die entsprechende Hardware benötigt, wie eine aktive Infrarotkamera oder ein Fingerabdrucksensor, der Biometrieframework unterstützt.

SecureBoot

SecureBoot wurde bereits mit Windows 8 eingeführt. Damit soll der Rechner beim Startvorgang gegen Malware geschützt werden.

Die Voraussetzung für SecureBoot ist ein UEFI Interface. Alle modernen Rechner sollten diese Anforderung erfüllen.

1.2.5 Installationsmedien erstellen

Nun haben wir die Vorbereitungen fast abgeschlossen.

Jetzt müssen wir entscheiden, von welchem Installationsmedium wir installieren möchten.

Dies hängt natürlich von der Hardware ab, auf die wir Windows 10 installieren möchten.

Prinzipiell gibt es folgende mögliche Installationsmedien:

- DVD
- USB-Stick
- ISO-Datei

Egal, für welches Medium Sie sich entscheiden, Sie benötigen eine Lizenz für Windows 10.

Danach können Sie die Daten herunterladen und ein Medium nach Ihren Wünschen erstellen.

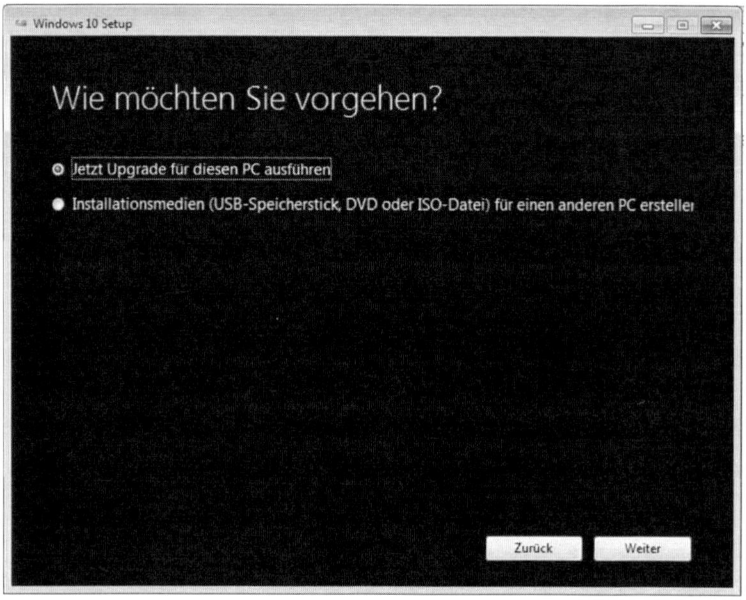

Abbildung 1.3: Auswahl

Kopieren Sie dieses Tool auf einen Rechner und starten Sie es.

Dazu gehen Sie auf die Seite https://www.microsoft.com/de-de/software-download/windows10 und starten den Download des Media Creation Tools.

Nun können Sie wählen, ob Sie diesen PC updaten wollen, oder ein Installationsmedium erstellen möchten.

Im nächsten Schritt können Sie Sprache, Architektur und Edition auswählen.

Bitte wählen Sie immer die Varianten aus, für die Sie einen Lizenzschlüssel haben.

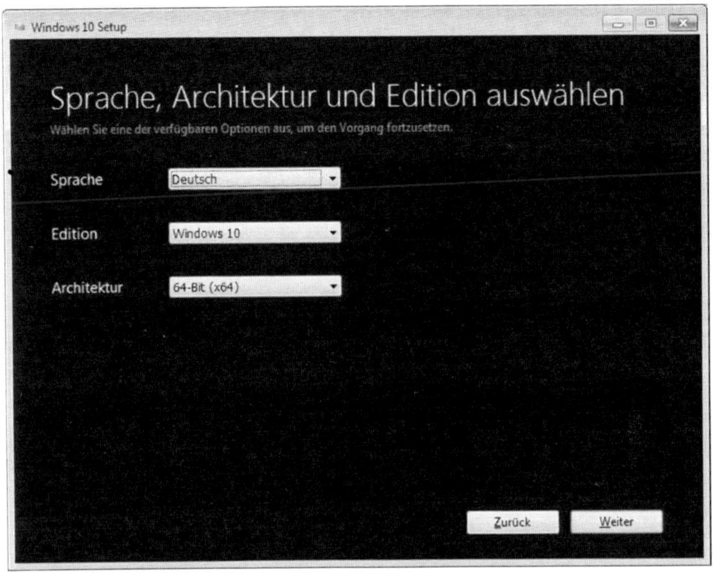

Abbildung 1.4: Sprache, Architektur und Edition

Der nächste Schritt ist schon die Auswahl des Mediums.
Sie können wählen zwischen USB-Stick und ISO-Datei.

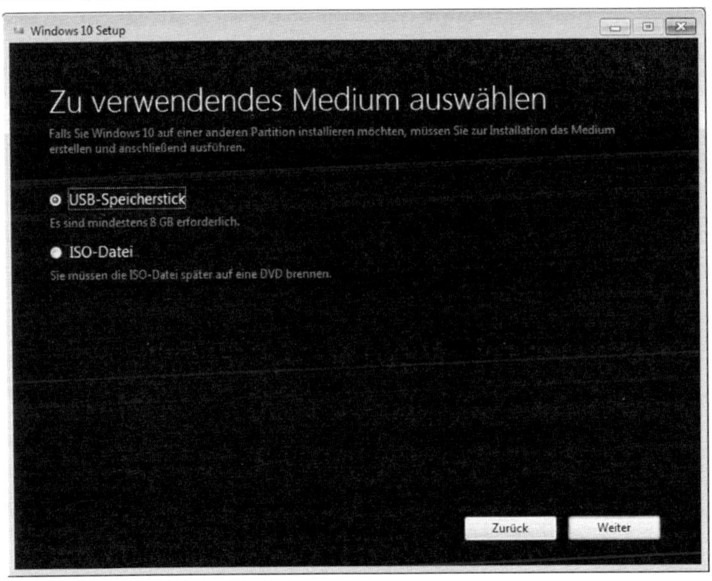

Abbildung 1.5: Auswahl Medium

Die ISO-Datei können Sie entweder später direkt für eine Installation in einer virtuellen Maschine benutzen oder auf DVD brennen und als herkömmliches Installationsmedium verwenden.

Danach wird Windows 10 heruntergeladen und gemäß Ihrer Auswahl gespeichert.

1.3 Installieren von Windows

Nachdem die Vorbereitungen getroffen sind, kann nun die Installation gestartet werden. Dafür gibt es verschiedene Möglichkeiten.

1.3.1 Die Installation von Windows 10

Die Installation von Windows 10 ist sehr einfach. Sie stellen das BIOS so ein, dass vom gewünschten Medium gestartet wird. In den meisten Fällen gelangen Sie ins BIOS, wenn Sie während des Startens des Computers entweder die ESC oder die ENTF-Taste drücken. Sehen Sie einfach im Handbuch des Mainboards nach, wenn Sie nicht sicher sind.

Sorgen Sie dafür, dass das Installationsmedium verfügbar ist und starten den Computer neu.

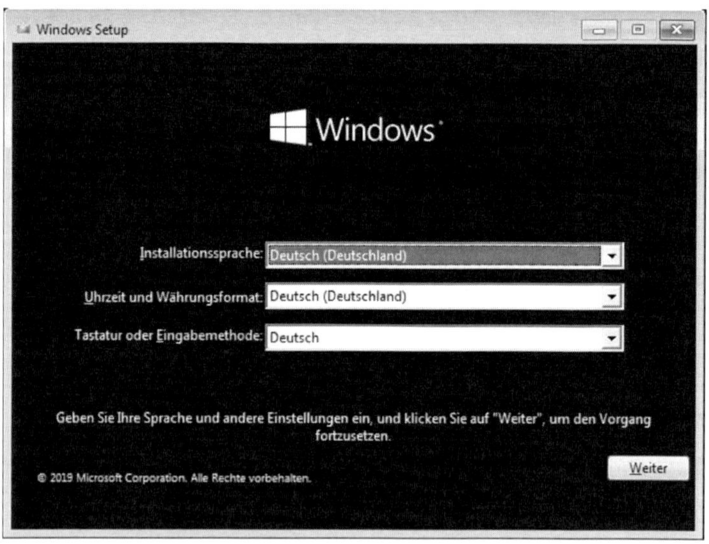

Abbildung 1.6: Sprachauswahl

Natürlich können Sie Windows 10 auch von einem USB-Laufwerk aus installieren, Sie müssen auch hier nur das BIOS entsprechend anpassen.

Sehr kurz nach dem Start der Installation treffen Sie die Sprachauswahl.

Danach können Sie noch zwischen der Installation und einer Reparaturoption auswählen. Wir wählen „Jetzt installieren".

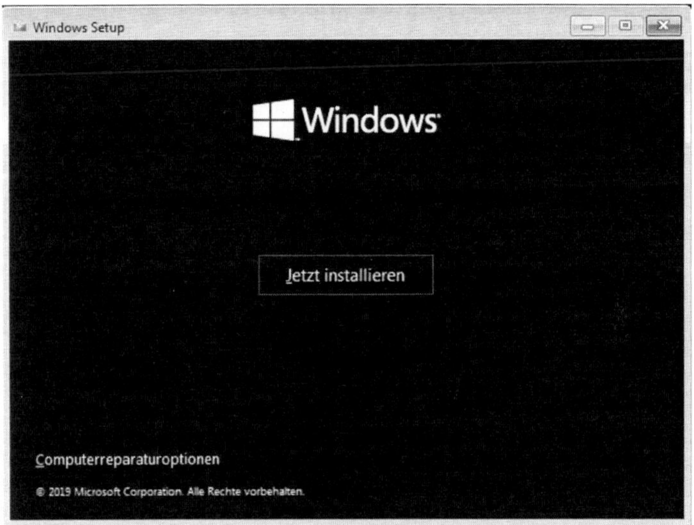

Abbildung 1.7: Start der Installation

Sie müssen noch den Lizenzvertrag akzeptieren.

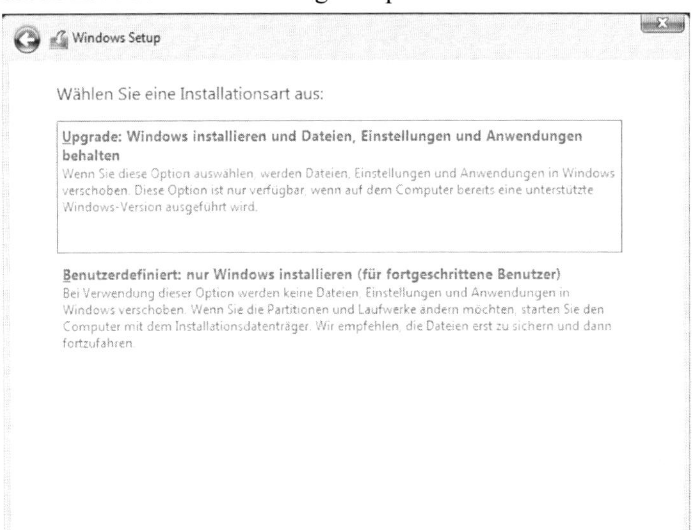

Abbildung 1.8: Installationsart

Wählen Sie jetzt die Installationsart aus.

Im nächsten Schritt entscheiden Sie sich für die Partition, auf der Windows 10 installiert werden soll.

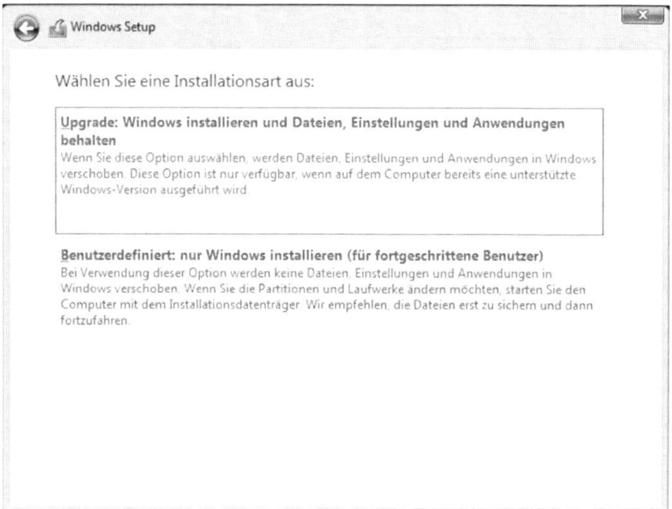

Abbildung 1.9: Auswahl der Partition

Falls Sie nicht den kompletten zur Verfügung stehenden Speicherplatz benutzen wollen, klicken Sie auf „Laufwerksoptionen (erweitert)".

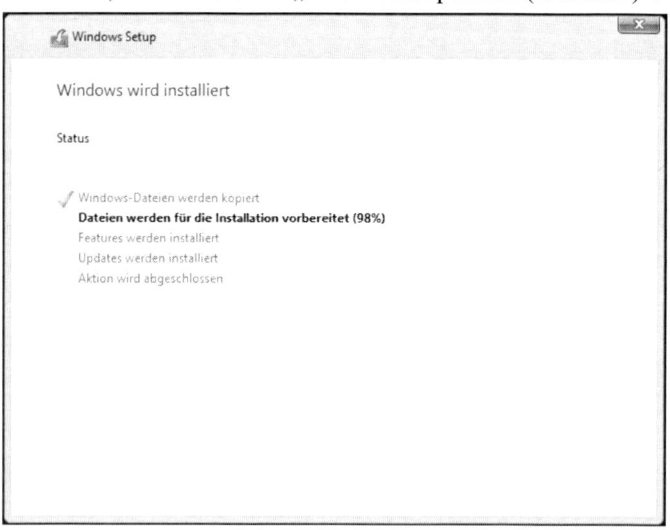

Abbildung 1.10: Installation

Hier können Sie eine Partition in der gewünschten Größe erstellen.

Nun wird die Installation durchgeführt.

Nach Abschluss der Installation ist ein Neustart notwendig.

Im nächsten Schritt sehen Sie eine Abfrage nach den Regionaleinstellungen.

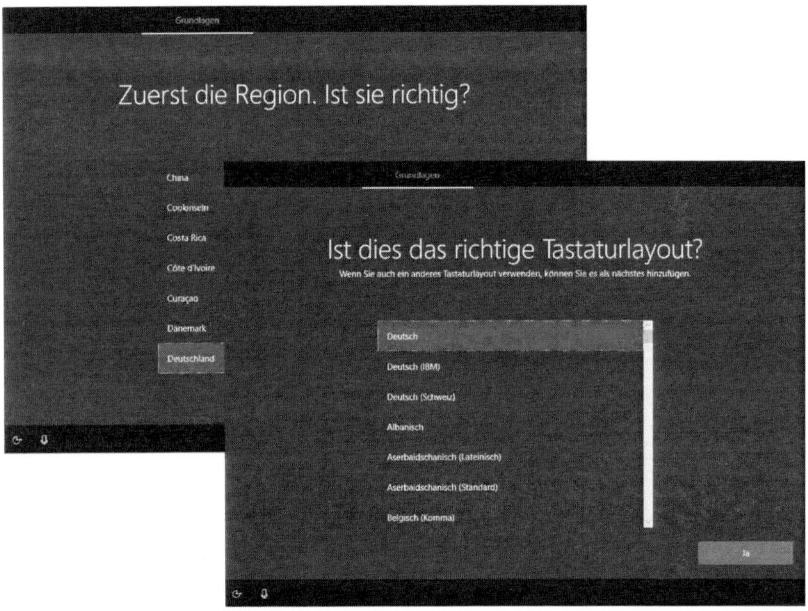

Abbildung 1.11: Abfrage

Danach folgt die Einrichtung des Netzwerks.

Abbildung 1.12: Verbindung mit einem Netzwerk

Nun erfolgt die Eingabe des Benutzers des Computers.

Hier soll bevorzugt ein Microsoft-Konto angegeben werden.

In unserem Fall wäre das aber ungünstig, da der Rechner im professionellen Umfeld benutzt werden soll, deswegen wählen wir an dieser Stelle „Stattdessen einer Domäne beitreten".

Abbildung 1.13: Auswahl Domänenbeitritt

Nun kann ein lokales Benutzerkonto angelegt werden.

Abbildung 1.14: Benutzerkonto

Danach müssen Sie noch einige Auswahlen treffen, wie den geräteübergreifenden Aktivitätsverlauf, die Konfiguration von Cortana und einiges mehr.

Abbildung 1.15: Einstellungen

Viele dieser Fragen greifen tief in Ihre Privatsphäre ein, Sie sollten sich die Auswahl gut überlegen.

Danach steht Windows 10 zur Benutzung bereit.

Abbildung 1.16: Windows 10 ist installiert

1.3.2 Upgrade von früheren Versionen

Windows 10 kann von Windows 7, Windows 8 und Windows 8.1 aus upgegradet werden.

Als Beispiel betrachten wir ein Upgrade von Windows 7.

Für ein Upgrade starten Sie das ursprüngliche Betriebssystem, greifen auf den Datenträger oder die Freigabe mit den Installationsdateien von Windows 10 zu und wählen „Setup.exe."

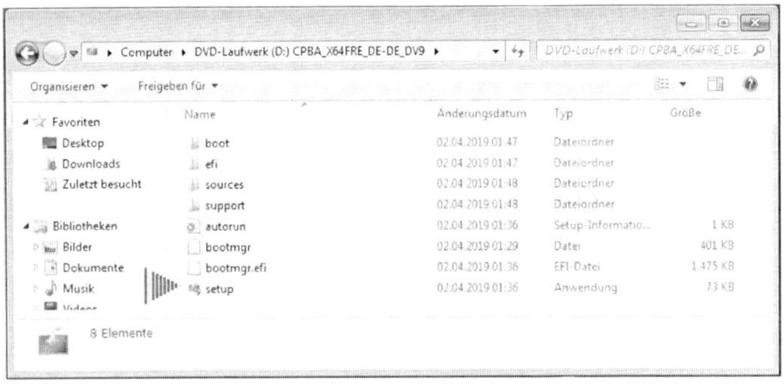

Abbildung 1.17: Setup startet

Nun beginnt das Setup.

Sie werden bald gefragt, wie das Upgrade gemacht werden soll, Sie können wählen zwischen:

- Persönliche Daten, Apps und Windows Einstellungen behalten
- Nur persönliche Daten behalten
- Nichts

Abbildung 1.18: Auswahl

Die letzte Auswahl macht wenig Sinn, in diesem Fall wäre eine Neuinstallation wahrscheinlich besser.

Je nach Auswahl startet nun die Installation.

Abbildung 1.19: Installation startet

Die restliche Installationsroutine ist identisch mit der Neuinstallation.

1.3.3 Windows To Go

Windows To Go ist ein Feature, das erst ab der Professional Version zur Verfügung steht.

Sie können eine vollständige Windows 10 Installation auf einem USB-Stick speichern und einen anderen Rechner dann mit diesem Stick starten.

Windows To Go funktioniert sowohl mit einem konventionellen BIOS als auch mit UEFI.

Für Windows To Go benötigt man einen USB-Stick mit 32 GB. Es wird sowohl USB 2.0 als auch USB 3.0 unterstützt.

Damit haben Sie die Möglichkeit, Ihre eigene Windows Installation mit allen Apps auf einem fremden Rechner laufen zu lassen.

Falls der USB-Stick im Betrieb entfernt wird, dann wird der Desktop eingefroren und der Anwender hat einige Sekunden Zeit, den Speicher wieder einzustecken. Nach dieser Zeit wird das OS automatisch beendet und die Daten im Hauptspeicher vollständig gelöscht.

Einige weitere Dinge sind bei Windows To Go zu beachten:

- Energiesparmaßnahmen wie Ruhezustand sind deaktiviert, können aber mit einer Gruppenrichtlinie wieder aktiviert werden
- Wenn Windows To Go gestartet ist, sind die internen Festplatten des Systems nicht zu erreichen
- Wenn der USB-Stick mit Windows To Go an einem laufenden System angeschlossen wird, ist er als Laufwerk nicht erkennbar
- TPM (Trusted Platform Module) kann nicht benutzt werden

Installation von Windows To Go

Windows To Go kann mit einem einfachen Assistenten installiert werden.

Um den Assistenten aufzurufen, muss man „PWCreator.exe“ eingeben, das ist die Abkürzung für den englischen Namen „Portable Workspace Creator“.

Danach wird nach einem geeigneten USB Gerät gesucht.

Es kann sowohl eine USB-Festplatte als auch ein USB-Stick sein, wobei aber die Hardwarevoraussetzungen erfüllt werden müssen. Kontrollieren Sie das bitte auf der Microsoft Seite.

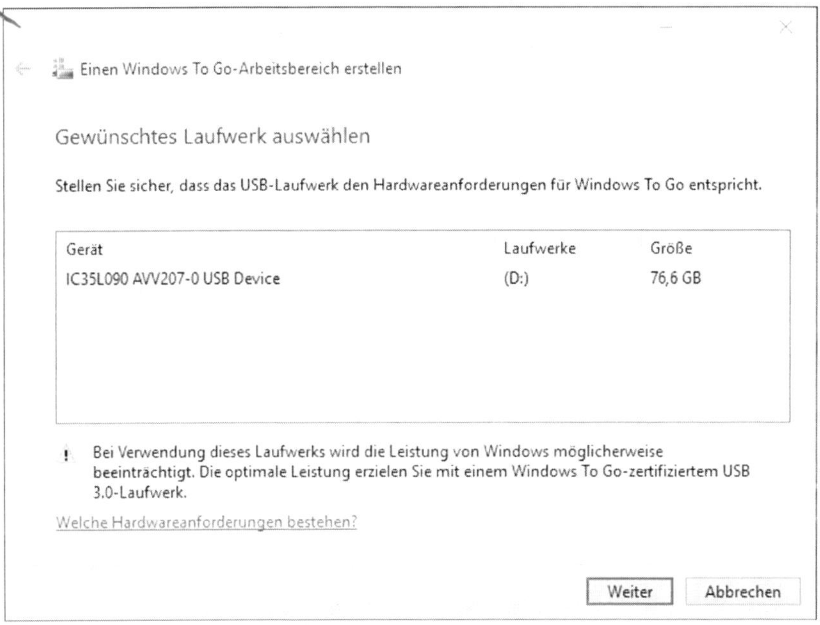

Abbildung 1.20: USB Gerät

Wenn der Assistent ein geeignetes USB-Gerät findet, werden Sie danach um ein Windows 10 Image gebeten.

Dazu legen Sie idealerweise die DVD ein und navigieren zum Ordner „Sources“.

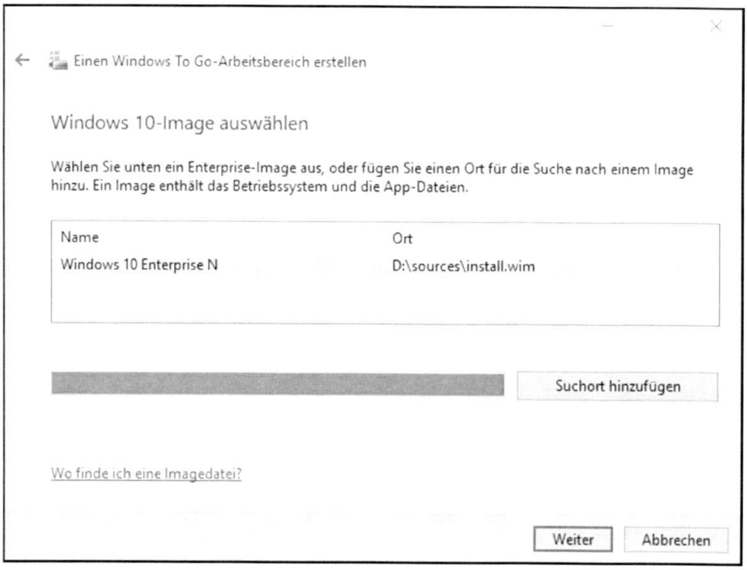

Abbildung 1.21: Windows 10-Image

Nun können Sie noch ein Kennwort für die BitLocker-Verschlüsselung festlegen.

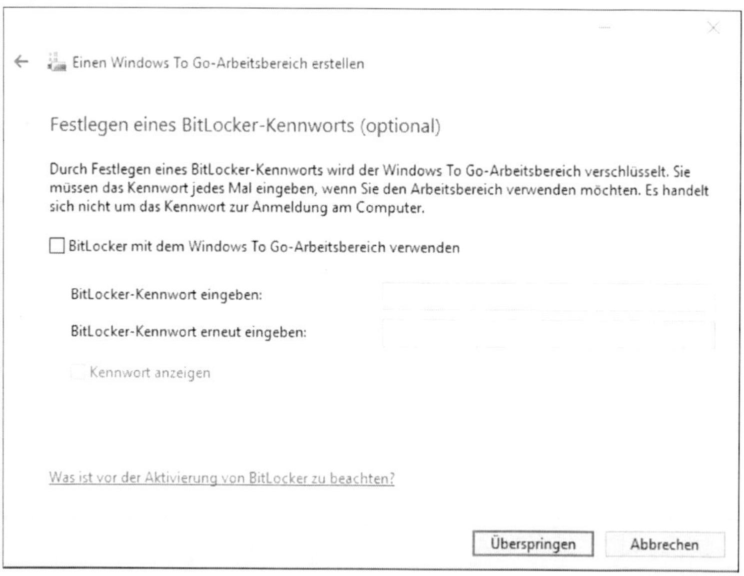

Abbildung 1.22: BitLocker

Der letzte Schritt ist das Erstellen des Windows To Go Arbeitsbereichs. Hierbei wird das USB-Gerät auch formatiert.

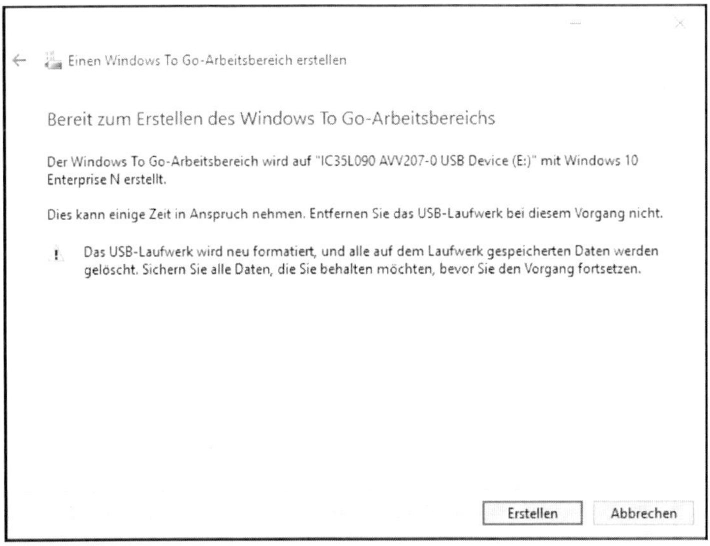

Abbildung 1.23: Windows To Go Arbeitsbereich wird erstellt

Sie können im Anschluss gleich mit dem Arbeitsbereich starten.

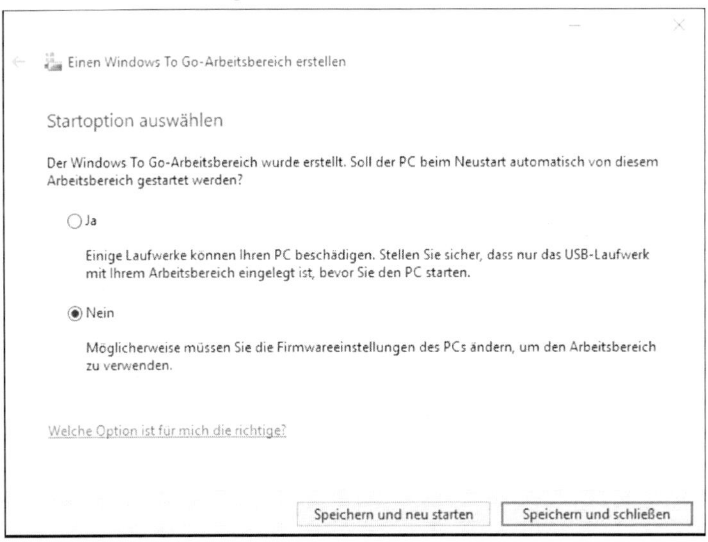

Abbildung 1.24: Arbeitsbereich ist einsetzbar

1.3.4 Installation auf einer virtuellen Festplatte

Eine interessante Möglichkeit der Installation ist auf einer virtuellen Festplatte.

Es gibt Szenarien, in denen möchte man unter Umständen die Möglichkeit haben, mehrere Betriebssysteme auf einem Rechner zu haben.

Dies kann man mit einer „normalen“ Dual-Boot Konfiguration machen, indem man mehrere Betriebssysteme parallel auf physischen Festplatten installiert.

Es gibt aber auch die Möglichkeit, eine virtuelle Festplatte zu erstellen und auf dieser Windows 10 zu installieren.

Um das zu tun, legen Sie die Windows 10 Installations-DVD in das Laufwerk einer bestehenden Windows 10 Installation ein und starten den Rechner neu.

Wenn die Aufforderung kommt, starten Sie wie bei jeder Installation von der DVD und lassen die Installationsroutine beginnen bis zum Fenster „Installieren“.

Hier drücken Sie die Tastenkombination „Shift + F10“.

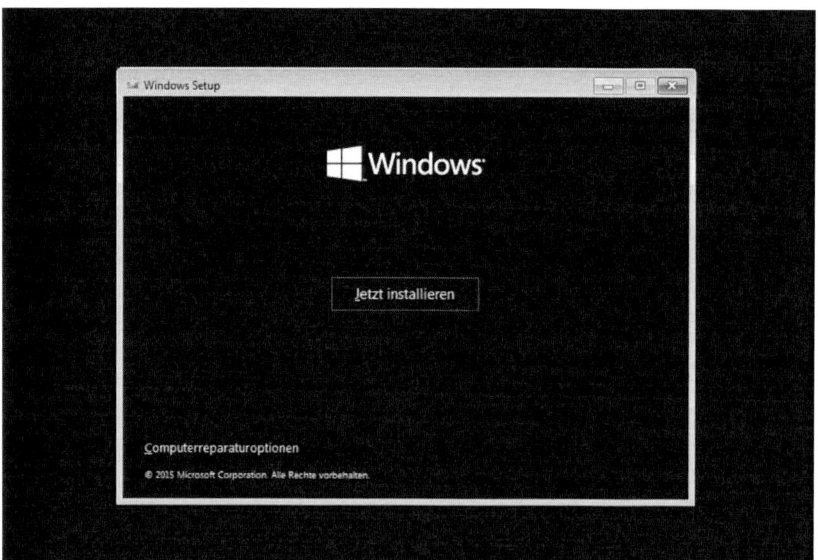

Abbildung 1.25: Installationsbildschirm

Mit dieser Tastenkombination öffnen Sie eine Eingabeaufforderung.

Nun erstellen Sie die neue virtuelle Festplatte mit dem Programm „Diskpart.exe“.

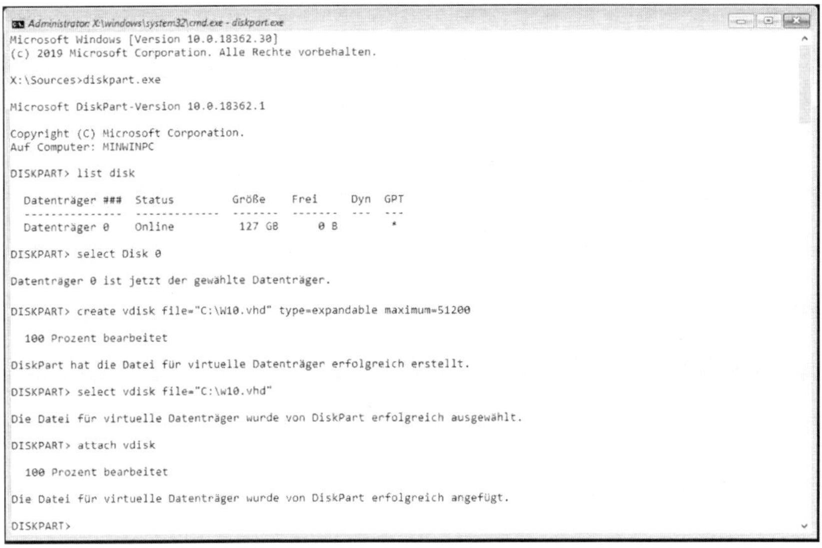

Abbildung 1.26: Diskpart

Geben Sie folgende Befehle ein:

- list disk
- select disk 0
- create vdisk file=“<PfadZurDatei>“ type=expandable maximum=<GrößeDerVHD>
- select vdisk file=“<PfadZurDatei>“
- attach vdisk

Danach kehren Sie zum Installationsbildschirm zurück und klicken auf „Installieren”.

Die Installation wird fortgesetzt.

Beim Bildschirm „Wo möchten Sie Windows installieren“ können Sie nun die zuvor erstellte VHD-Datei wählen und Windows dort installieren.

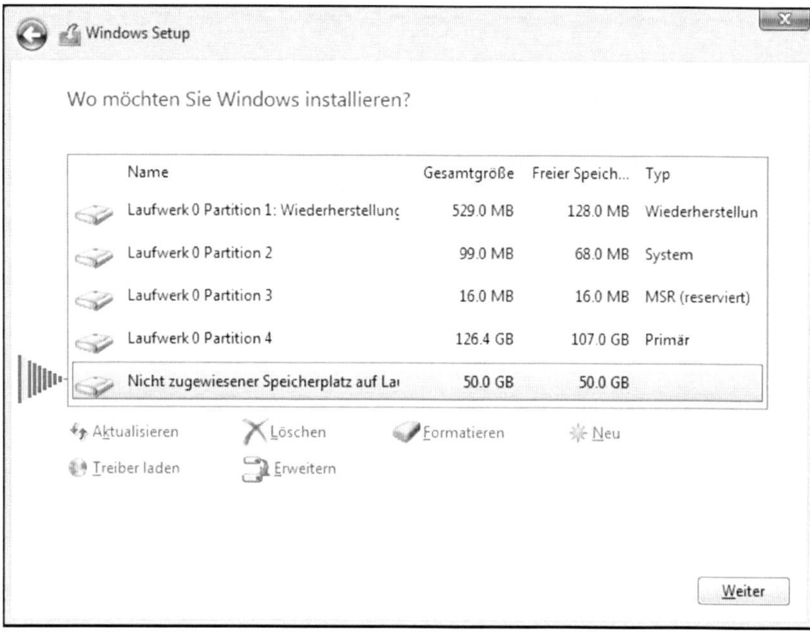

Abbildung 1.27: Auswahl vhd-Datei

Nun kann die Installation normal fortgesetzt werden.

1.3.5 Bootfähig machen einer Partition

Nach der Installation eines Windows-Systems auf VHD stellt sich nun die Frage, wie man diese Installation bootfähig machen kann.

Dafür gibt es ein kleines Systemtool mit Namen„BCDEdit.exe“.

Öffnen Sie die PowerShell als Administrator und geben Sie dann „BCDEdit“ ein.

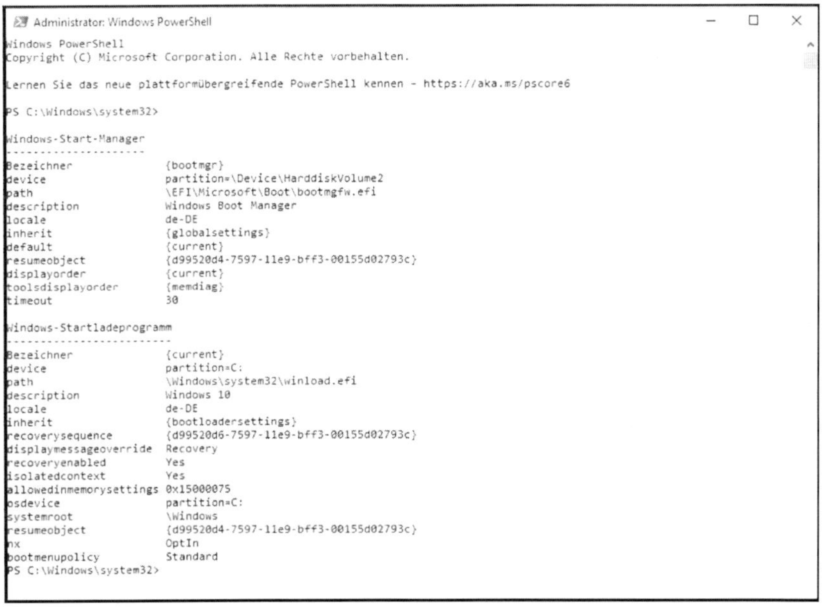

Abbildung 1.28: BCDEdit

Hier sehen Sie zunächst die momentanen Einstellungen.

Um diese zu ändern, müssen Sie BCDEdit mit Parametern aufrufen.

Zum Glück hat BCDEdit eine gute Hilfefunktion. Wenn Sie eingeben „BCDEdit /?“, erhalten Sie eine genaue Aufstellung über die Benutzung der einzelnen Parameter.

Mit dem Parameter /default legen Sie beispielsweise das Betriebssystem fest, das automatisch gestartet wird, wenn Sie keine Auswahl treffen.

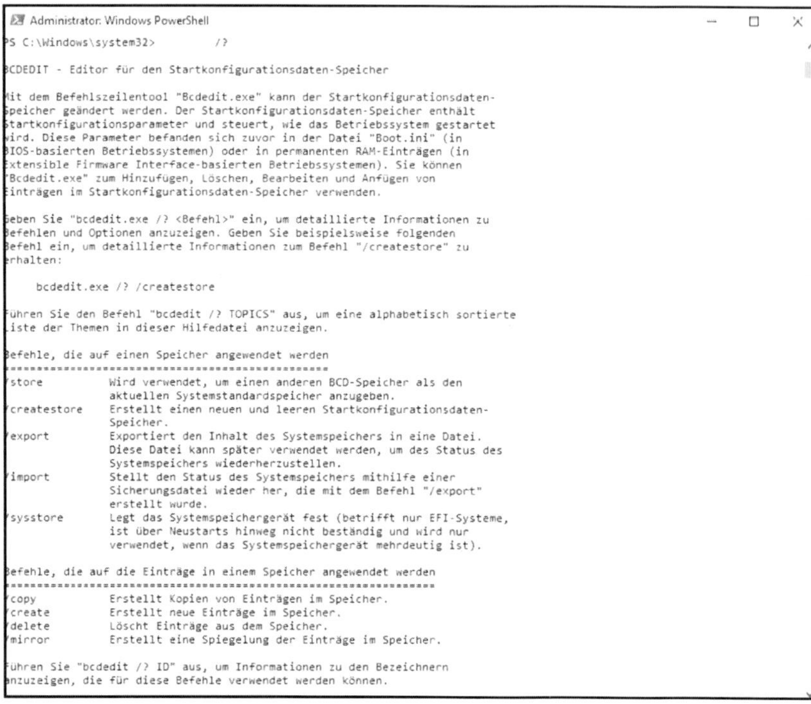

```
Administrator: Windows PowerShell
PS C:\Windows\system32>        /?

BCDEDIT - Editor für den Startkonfigurationsdaten-Speicher

Mit dem Befehlszeilentool "Bcdedit.exe" kann der Startkonfigurationsdaten-
Speicher geändert werden. Der Startkonfigurationsdaten-Speicher enthält
Startkonfigurationsparameter und steuert, wie das Betriebssystem gestartet
wird. Diese Parameter befanden sich zuvor in der Datei "Boot.ini" (in
BIOS-basierten Betriebssystemen) oder in permanenten RAM-Einträgen (in
Extensible Firmware Interface-basierten Betriebssystemen). Sie können
"Bcdedit.exe" zum Hinzufügen, Löschen, Bearbeiten und Anfügen von
Einträgen im Startkonfigurationsdaten-Speicher verwenden.

Geben Sie "bcdedit.exe /? <Befehl>" ein, um detaillierte Informationen zu
Befehlen und Optionen anzuzeigen. Geben Sie beispielsweise folgenden
Befehl ein, um detaillierte Informationen zum Befehl "/createstore" zu
erhalten:

    bcdedit.exe /? /createstore

Führen Sie den Befehl "bcdedit /? TOPICS" aus, um eine alphabetisch sortierte
Liste der Themen in dieser Hilfedatei anzuzeigen.

Befehle, die auf einen Speicher angewendet werden
================================================
/store          Wird verwendet, um einen anderen BCD-Speicher als den
                aktuellen Systemstandardspeicher anzugeben.
/createstore    Erstellt einen neuen und leeren Startkonfigurationsdaten-
                Speicher.
/export         Exportiert den Inhalt des Systemspeichers in eine Datei.
                Diese Datei kann später verwendet werden, um des Status des
                Systemspeichers wiederherzustellen.
/import         Stellt den Status des Systemspeichers mithilfe einer
                Sicherungsdatei wieder her, die mit dem Befehl "/export"
                erstellt wurde.
/sysstore       Legt das Systemspeichergerät fest (betrifft nur EFI-Systeme,
                ist über Neustarts hinweg nicht beständig und wird nur
                verwendet, wenn das Systemspeichergerät mehrdeutig ist).

Befehle, die auf die Einträge in einem Speicher angewendet werden
================================================================
/copy           Erstellt Kopien von Einträgen im Speicher.
/create         Erstellt neue Einträge im Speicher.
/delete         Löscht Einträge aus dem Speicher.
/mirror         Erstellt eine Spiegelung der Einträge im Speicher.

Führen Sie "bcdedit /? ID" aus, um Informationen zu den Bezeichnern
anzuzeigen, die für diese Befehle verwendet werden können.
```

Abbildung 1.29: BCDEdit.exe mit Parametern

Und wie kann ich einen USB-Stick bootfähig machen?

Auch diese Frage stellt sich immer wieder, denn auch auf einem USB-Stick kann Windows natürlich installiert werden.

Hier lautet das Tool

BCDBoot.exe

Mit diesem Tool werden die Startdateien auf den USB-Stick kopiert.

1.3.6 Migration von Benutzerdaten mit USMT (User State Migration Tool)

Prinzipiell gibt es zwei Möglichkeiten, von einem Windows 7, Windows 8 oder Windows 8.1 Computer auf Windows 10 zu wechseln. Die erste Möglichkeit ist ein Inplace-Upgrade.

Bei einem Inplace Upgrade wird direkt von einer älteren Version auf Windows 10 aktualisiert.

Manchmal aber ist diese Methode nicht das Mittel der Wahl, da die bisherige Konfiguration komplett übernommen wird, leider auch alle „Leichen im Keller".

Deswegen kann es sein, dass Sie sich für eine Migration entscheiden, also eine Neuinstallation, bei der aber alle Benutzerdaten übernommen werden.

Dadurch erhalten Sie eine „saubere" Neuinstallation, in der aber alle persönlichen Daten und Einstellungen des Benutzers übernommen werden.

Um die Benutzerdaten auf der alten Installation zu sichern und auf die neue Installation wieder zurückzusichern, benötigen Sie das „User State Migration Tool" oder auch USMT.

Es ist ein Befehlszeilentool, das komplexe Migrationen zulässt. Dafür können Sie mit vielen Parametern arbeiten.

Sie können USMT in der jeweils aktuellen Version herunterladen und installieren. Es ist Bestandteil des „Assessment and Deployment Toolkit (ADK)".

USMT setzt sich in erster Linie aus zwei Befehlen zusammen:

- Scanstate.exe
- Loadstate.exe

Außerdem gibt es noch einige .xml-Dateien, zum Beispiel

MigApp.xml

Mit dieser Datei können Sie Anwendungseinstellungen migrieren. Sie können MigApp.xml ändern.

MigUser.xml

Mit dieser Datei können Sie Benutzerordner, Dateien und Dateitypen migrieren. Sie können MigUser.xml ändern.

MigDocs.xml

Mit dieser Datei wird ein Tool von USMT gestartet, das auf allen Laufwerken nach Benutzerdokumenten sucht und diese dementsprechend migriert.

Config.xml

Dies ist eine optionale Datei, die Sie mithilfe der Option /genconfig in der

ScanState-Befehlszeile erstellen können. Sie sollten diese Datei erstellen und ändern, wenn Sie bestimmte Komponenten aus der Migration ausschließen möchten.

Mit Scanstate können Sie auf dem Quellcomputer die Informationen aller Benutzer sammeln, mit Loadstate dagegen können Sie diese auf dem Zielrechner wieder einspielen.

Installation

Betrachten wir die Installation des USMT.

Hierfür legen Sie die Installations-DVD des „Assessment and Deployment Toolkits" ein und beginnen die Installation.

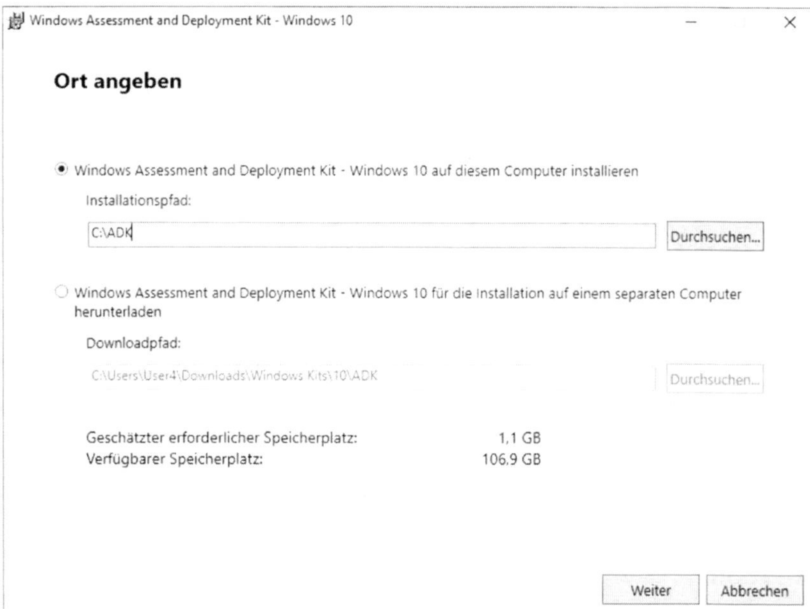

Abbildung 1.30: ADK

Danach wählen Sie das Tool „USMT" aus.

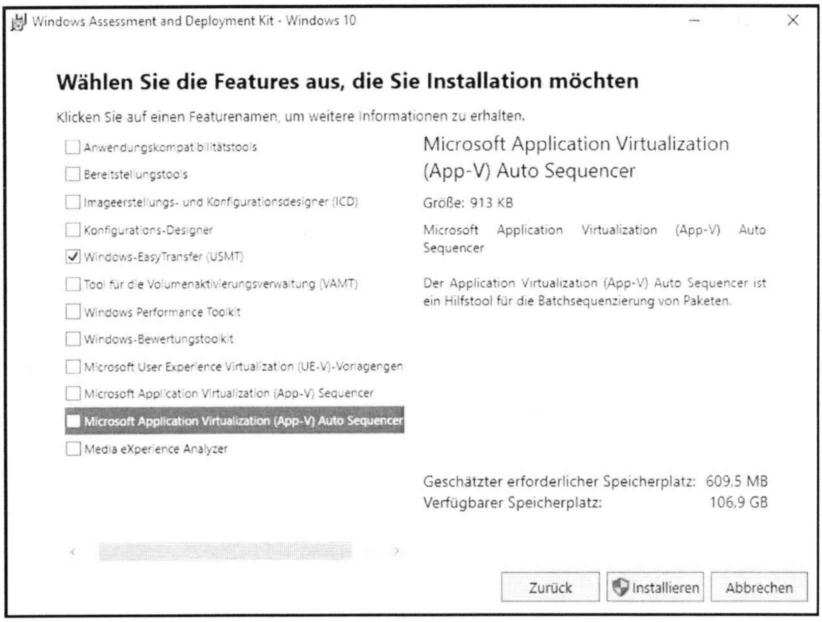

Abbildung 1.31: Installation USMT

Nach der Installation öffnen Sie eine administrative Eingabeaufforderung und wechseln ins richtige Verzeichnis.

Dafür betrachten Sie den Pfad, in dem der Ordner „Assessment and Deployment Kit“ erstellt worden ist. Diesen öffnen Sie.

Darunter finden Sie das „User State Migration Tool“.

Nun müssen Sie nur noch die richtige Systemarchitektur wählen, in unserem Fall ist das „amd64“.

Geben Sie den Befehl „Scanstate“ ein, gefolgt von den Parametern

- /i:migapp.xml

und

- /i:migdocs.xml

Hiermit legen Sie fest, dass die mitgelieferten Konfigurationsdateien „migapp.xml“ und „migdocs.xml “ benutzt werden.

Zum Schluss geben Sie noch den Parameter

- /genconfig:config.xml

ein.

Dadurch wird Ihre persönliche Konfigurationsdatei erstellt.

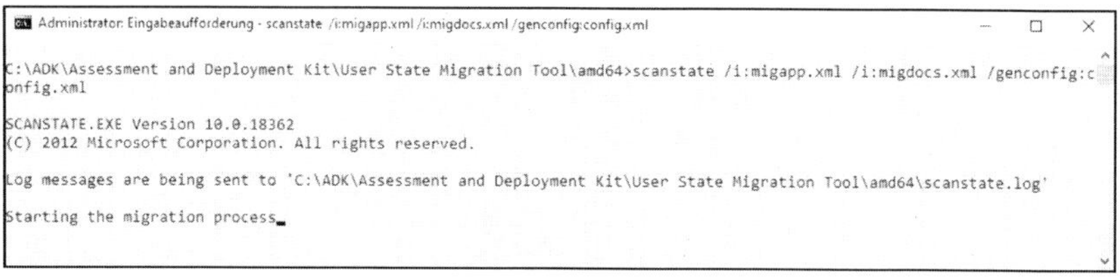

Abbildung 1.32: Scanstate

Nun werden die Benutzerdaten exportiert und können danach für den Import auf den neuen Rechner kopiert werden.

Dort können Sie mit dem Befehl „Loadstate“ die Migration abschließen.

Migration nach Upgrade

Eine Besonderheit ist die Migration der Benutzerdaten, nachdem das System bereits auf Windows 10 upgegradet worden ist.

In diesem Fall befindet sich das alte Betriebssystem mit allen alten Daten im Ordner „Windows-old“.

Auch in diesem Fall ist es möglich, die Daten mit dem Befehl „Scanstate“ zu extrahieren und mit „Loadstate“ wieder einzuspielen, Sie müssen hierbei lediglich den Ordner „Windows-old“ als Speicher für die persönlichen Daten angeben.

Der Befehl könnte zum Beispiel lauten:

scanstate c: \store /offlineWinDir:c:\windows.old\windows

1.4 Windows 10 in einer Unternehmensumgebung

Oft muss Windows 10 nicht nur auf einer einzelnen Maschine installiert werden, sondern auf vielen. In diesem Fall ist es nicht sinnvoll, die normale Einzelplatzinstallation auf jedem einzelnen Rechner auszuführen, diese Vorgehensweise wäre viel zu langsam und auch zu fehleranfällig.

Wir benötigen hierfür Möglichkeiten, so genannte Massenrollouts zu generieren, dies sind Installationen, bei denen automatisiert eine große Anzahl an Computern mit dem Betriebssystem versorgt wird.

1.4.1 Verteilen von Windows 10

Das Verteilen einer Installation ist die Grundvoraussetzung für Massenrollouts. Immer wenn viele Rechner mit ein und demselben Betriebssystem ausgestattet werden müssen, ist es nicht mehr möglich, eine Installation über eine DVD zu starten, wie wir es bisher gemacht haben.

Massenrollouts setzen Vorbereitung voraus, unter anderem darf es nicht mehr nötig sein, die Informationen, wie Seriennummer oder Sprachversion manuell an jedem Computer eingeben zu müssen.

In vielen früheren Versionen war ein Massenrollout relativ schwierig, da jeder Computer einzeln installiert werden musste. Dies konnte zwar mit einigen Dateien vereinfacht werden, aber das Prinzip der Einzelinstallation blieb. Selbst mit Tools, die ein Image eines installierten Systems weiterverbreitet haben, stieß man schnell an die Grenzen des machbaren, da für eine solche Verteilung gleiche, oder zumindest ähnliche Hardware nötig war.

Windows 10 wird -auch beaufsichtigt- nicht mehr (wie die Windows Versionen vor Windows Vista) durch Aufrufen eines Installationsprogrammes installiert, sondern hat ein komplett neues Konzept.

Windows 10 ist imagebasiert

Das klingt nicht überragend neu, denn es war ja bisher auch schon möglich, von installierten Systemen Images zu erstellen, und diese zu verteilen.

Doch Windows 10 wird bereits als Image ausgeliefert!

Dies ist sehr wohl neu, und wirft einige Fragen auf. Wie ist es möglich, dass ein Image auf den verschiedensten Hardwarekonfigurationen installiert werden kann?

Microsoft hat es geschafft, ein Imageformat zu kreieren, das völlig hardwareunabhängig ist. Dieses Format arbeitet auch mit einer hohen Kompressionsrate, deswegen ist es möglich, dass auf einem Windows 10 Installationsmedium mehrere Versionen von Windows 10 vorhanden sind! Das Format nennt sich „.WIM“ (Windows Imaging Microsoft).

Die relevanten Daten befinden sich in zwei Dateien:

- Install.WIM
- Boot.WIM

Das eröffnet natürlich für das Massenrollout neue Möglichkeiten.

Windows 10 ist sprachneutral

Alle Sprachpakete (inklusive Englisch) sind optionale Komponenten und können einzeln zum Betriebssystem hinzugefügt werden.

Das kann man erkennen, wenn man in der Registry einige Einträge mit den Einträgen vergleicht, die in früheren Windows Versionen zu finden waren.

Windows 10 startet die Installation nicht mehr im DOS-Modus

Viele vorherigen Windows Versionen haben die Installation immer im DOS-Modus gestartet.

Windows 10 dagegen startet die Installation mit Windows PE .

Windows PE basiert auf dem Windows 10 Kernel und ist ein eigenes, kleines Betriebssystem, das aber nur eingeschränkte Funktion hat. Mit diesem System wird die Installation gestartet. Windows PE findet sich in der Datei „Boot.WIM“.

1.4.2 Der Windows Imaging and Configuration Designer (ICD)

Wie Sie sehen, dreht sich beim Installieren von Windows 10 alles um Images. Das bedeutet auch, dass Images angepasst werden können, und zwar auf verschiedenste Arten.

Zum einen kann das Image selber verändert werden. Der andere Weg ist, eine „Anpassungsdatei“ zu erstellen, die zusammen mit dem Image bei der Installation gelesen wird und deren Einstellungen ebenfalls umgesetzt werden.

Wenn Sie eine solche Anpassungsdatei erstellen möchten, gibt Microsoft Ihnen ein sehr gutes Tool zur Hand, den „Imageerstellungs- und Konfigurations-Designer (ICD)“.

Mit diesem Tool erstellen Sie „Bereitstellungspakete“, die Anpassungseinstellungen enthalten, also die zusätzlichen Einstellungen, die Sie dem Windows Image hinzufügen wollen.

Der „ICD“ ist Bestandteil des „Windows Assessment and Deployment Kits“.

Starten Sie dessen Installation erneut und wählen Sie diesmal

- Imageerstellungs- und Konfigurations-Designer (ICD)
- Konfigurationsdesigner

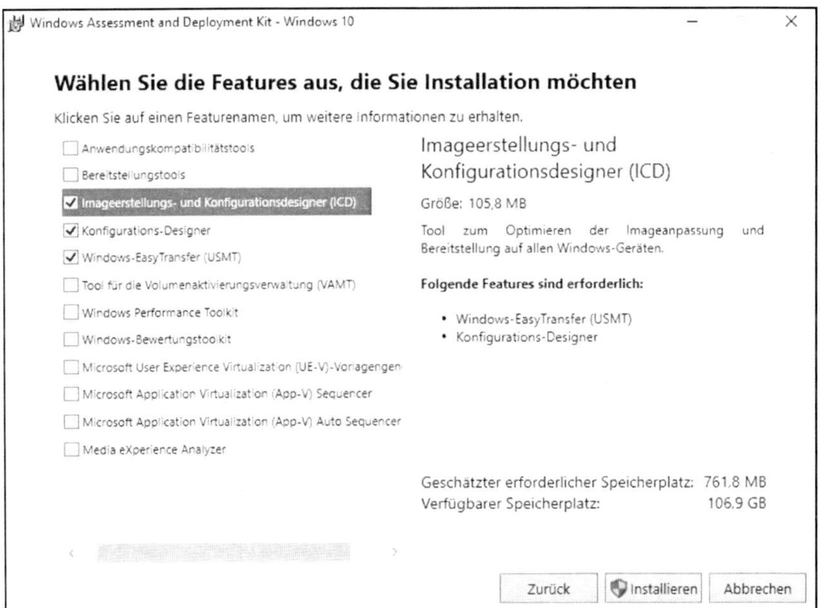

Abbildung 1.33: ICD Installation

Bevor Sie nun mit dem Erstellen von Images beginnen, wollen wir noch kurz auf einige Fakten eingehen.

Welche Images können mit ICD konfiguriert werden?

- Windows 10-Image für Desktopeditionen (Home, Pro und Enterprise)
- Windows 10 Mobile-Image
- Windows 10 IoT Core-Image

Auf welchen Betriebssystemen kann ICD installiert werden, um Images zu erstellen?

- Windows 8.1
- Windows 8
- Windows 10
- Windows Server 2019
- Windows Server 2016
- Windows Server 2012 R2
- Windows Server 2012
- Windows Server 2008 R2

Nach der Installation des Windows Assessment and Deployment Kits können wir das Erstellen von Bereitstellungspaketen starten.

Wir starten den „Windows Designer für die Imageerstellung und –konfiguration".

Abbildung 1.34: Windows Designer für die Imageerstellung und -konfiguration

Sie sehen eine Auswahl, Sie können Desktopgeräte, Geräte mit anderer Hardware bereitstellen und eine erweiterte Bereitstellung machen.

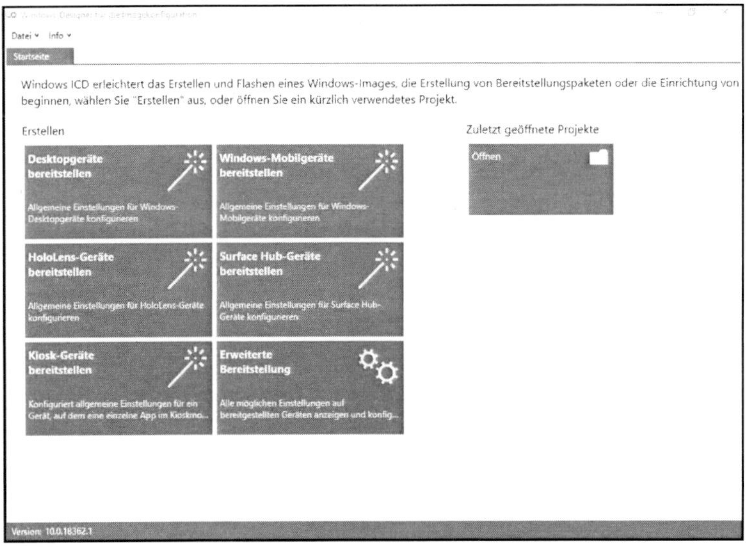

Abbildung 1.35: Auswahl

Die Auswahlen für eine bestimmte Hardware enthalten nur eingeschränkte Möglichkeiten der Konfiguration, haben dafür aber einen angenehmen Assistenten.

Wir klicken auf „Desktopgeräte bereitstellen".

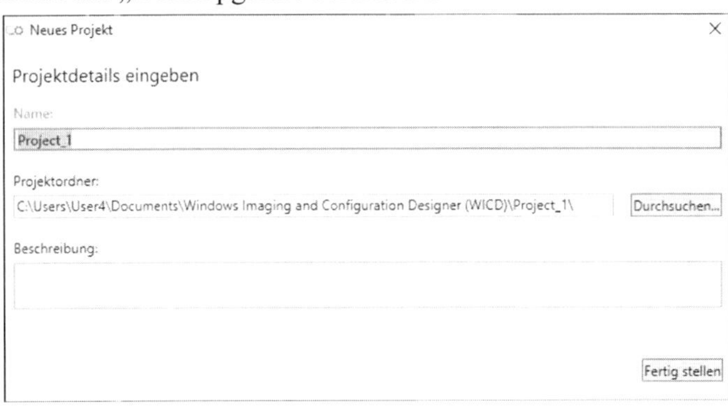

Abbildung 1.36: Neues Projekt

Wir geben dem neuen Projekt einen Namen und bestätigen den Speicherort.

Dann startet ein Assistent.

Dieser Assistent erlaubt uns, bestimmte Einstellungen zu machen.

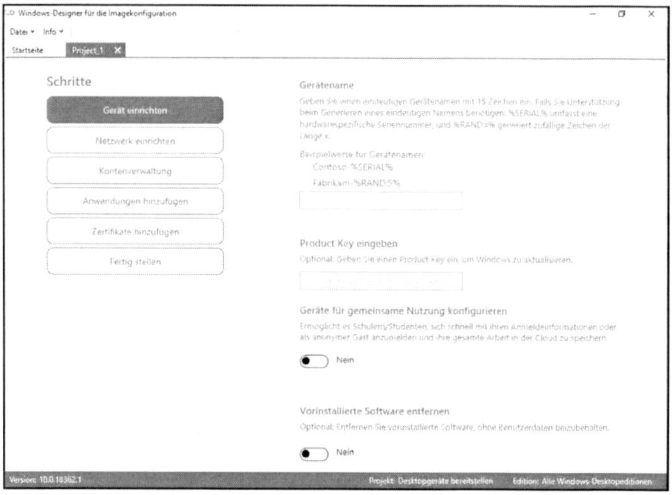

Abbildung 1.37: Einstellungen

Zum Schluss sehen wir noch eine Zusammenfassung, und danach können wir das Paket erstellen.

Betrachten wir den Speicherort des Pakets.

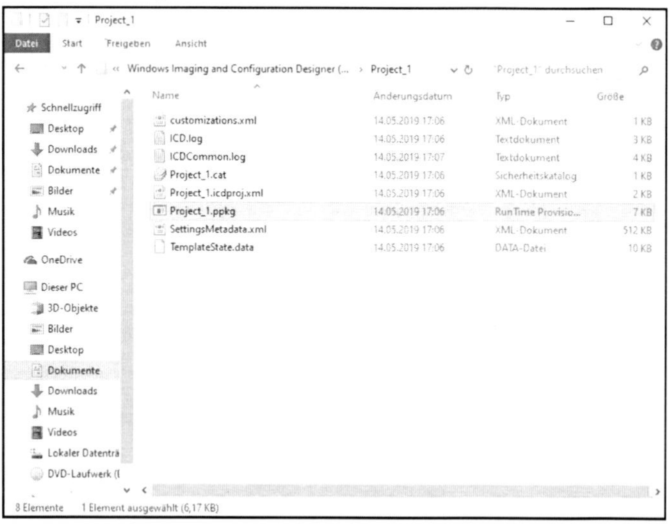

Abbildung 1.38: ppkg-Paket

Wir sehen, es gibt ein Bereitstellungspaket mit der Endung .ppkg und diverse andere Dateien. Alle Dateien zusammen werden später benötigt.

Kehren wir zurück zur Startseite. Wir haben gesehen, der Assistent führt uns durch die Erstellung des Pakets, gibt uns aber wenig Freiraum.

Wenn wir das Bereitstellungspaket mehr anpassen möchten, müssen wir „Erweiterte Bereitstellung“ wählen.

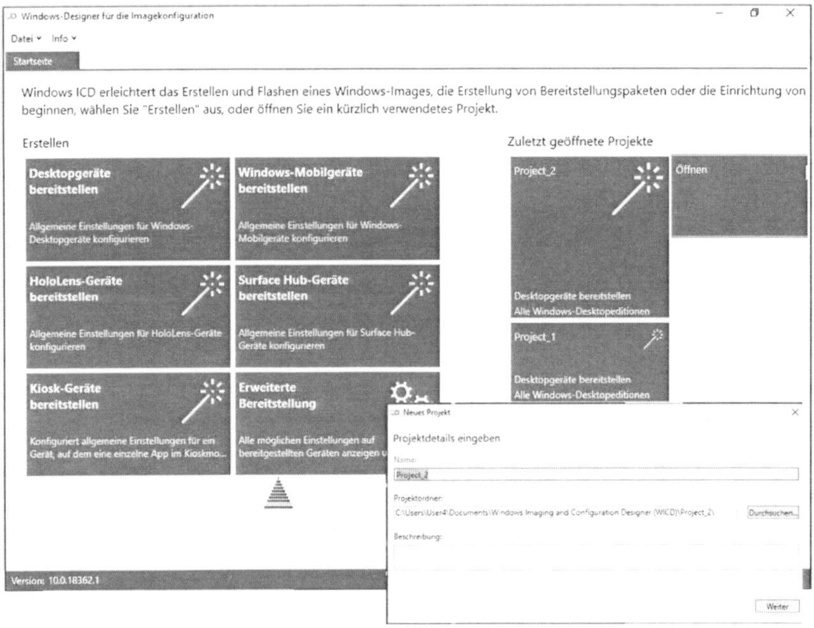

Abbildung 1.39: Erweiterte Bereitstellung

Auch hier können wir einen Namen und einen Speicherort wählen.

Dann müssen wir uns entscheiden, ob eine bestimmte Version von Windows bereitgestellt werden soll oder ob die Bereitstellung für alle Windows Versionen gelten soll.

Im nächsten Schritt können Sie ein bereits vorhandenes Bereitstellungspaket importieren.

Das würde bedeuten, dass wir zuvor bereits ein Bereitstellungspaket erstellt haben, und dieses nun zusätzlich benutzen wollen.

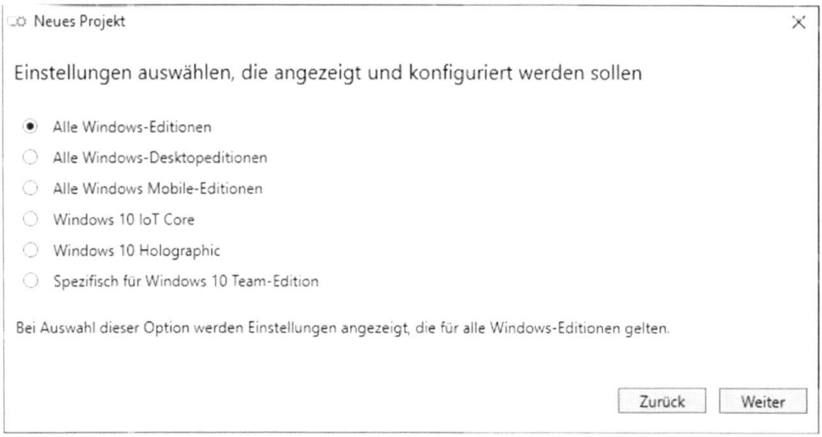

Abbildung 1.40: Auswahl Windows Version

Es erscheint das Fenster „Verfügbare Anpassungen“.

Hier können wir nun nach Herzenslust alle gewünschten Einstellungen machen.

Abbildung 1.41: Anpassungen

Dieses Projekt können wir jederzeit speichern unter „Datei-Speichern“.

Dann können Sie an diesem Projekt weiterarbeiten.

Wenn wir alle gewünschten Einstellungen gemacht haben, und das Bereitstellungspaket generieren möchten, klicken wir auf „Exportieren – Bereitstellungspaket".

Abbildung 1.42: Bereitstellungspaket

Nun geben wir dem Paket einen Namen und wählen alle gewünschten Parameter aus.

Dann wird das Paket erstellt.

Was können wir nun mit diesem Bereitstellungspakt anfangen?

Nun, wir können diese ppkg-Datei auf ein USB-Laufwerk kopieren und das USB-Gerät bei der Installation aktiv am Gerät haben. Dann wird diese Datei ausgelesen und die darauf enthaltenen Daten werden angewendet. Damit wird die Installation angepasst.

Das Paket kann aber auch nachträglich angewendet werden, indem man es mit einem Doppelklick öffnet. Dazu werden natürlich administrative Rechte benötigt.

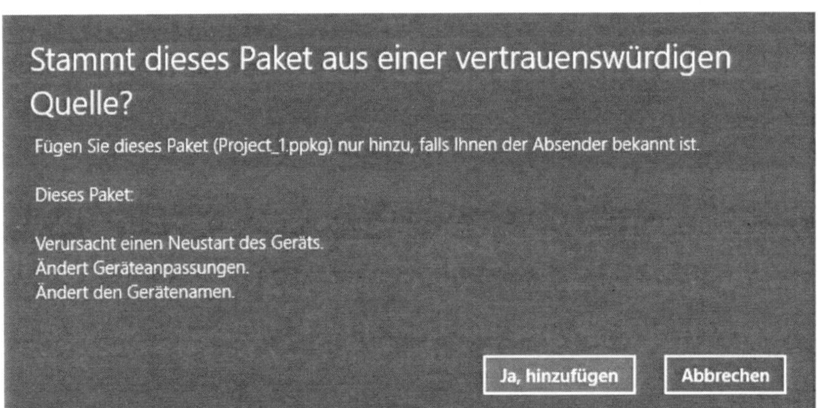

Abbildung 1.43: Paket wird angewendet

1.4.3 Ein Image bearbeiten mit DISM.EXE

Wir haben gesehen, die Anpassung eines Images ist mit ICD sehr einfach. Es gibt aber noch andere Möglichkeiten, ein Image zu bearbeiten.

Updates, Treiber und Sprachpakete hinzufügen

Wenn Sie das Installationsimage bearbeiten möchten, können Sie dafür auch das Tool „DISM.EXE“ benutzen, das im Lieferumfang von Windows 10 enthalten ist.

Infos über das Image

Zunächst sollten Sie sich Informationen über das Image anzeigen lassen.

> **ACHTUNG!**
> Die folgenden Befehle werden immer mit einer Eingabeaufforderung ausgeführt, die mit dem Parameter „Als Administrator ausführen“ geöffnet wird!

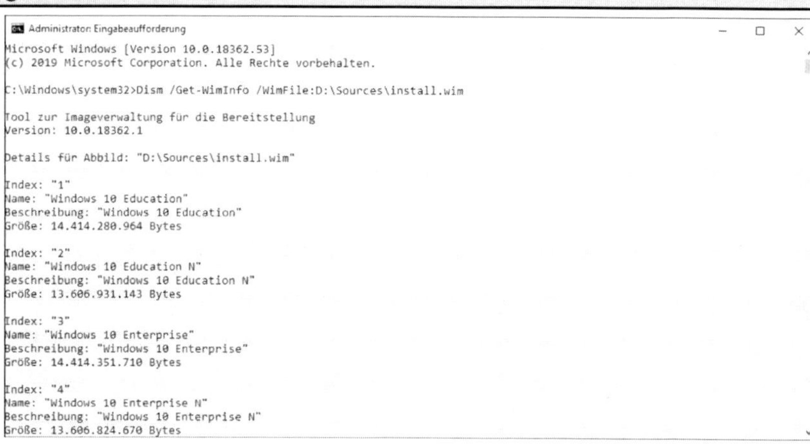

Abbildung 1.44: Informationen

Dies tun Sie mit dem Befehl

dism /Get-WimInfo /WimFile:<Pfad>\<NameDesImages>

Wenn Sie also Informationen über die Datei „Install.wim” haben möchten, die sich auf der DVD im Laufwerk D:\ befindet, lautet der Befehl wie folgt:

dism /Get-WimInfo /WimFile:D:\sources\install.wim>

Sie sehen, dass unter anderem die Version „Windows 10 Enterprise N“ in dieser Imagedatei vorhanden ist, und die Indexnummer 4 hat. Wichtig ist, dass Sie sich die Indexnummer merken, denn nun können Sie über einzelne Installationen genauere Informationen betrachten, mit dem Befehl:

dism /Get-WimInfo /WimFile:<Pfad>\<NameDesImages> /index:<Nummer des Index>

Der Befehl lautet in unserem Fall:

dism /Get-WimInfo /WimFile:D:\sources\install.wim /index:4

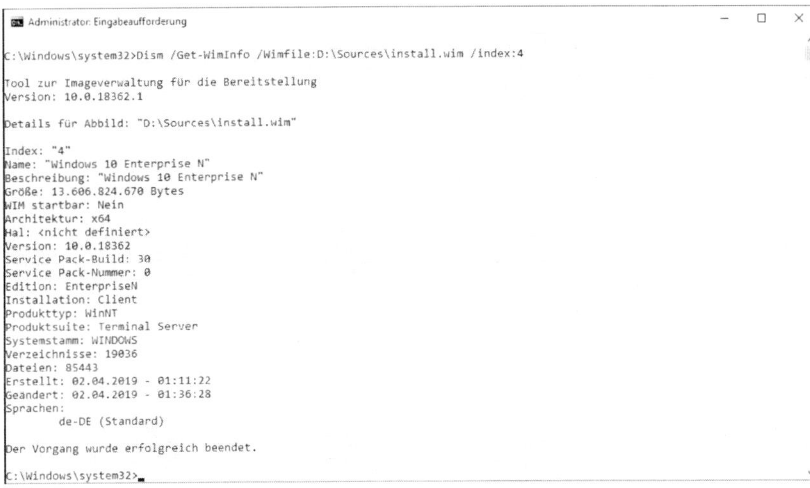

Abbildung 1.45: Informationen über den Index 4

Mounten des Images

Bevor Sie ein Image bearbeiten können, müssen Sie es mounten, also „offline verfügbar machen“.

Das bedeutet, das Image wird entpackt und in einem Ordner bereitgestellt.

Dazu sollten Sie das Image auf die Festplatte kopieren. Wenn Sie versuchen, ein Image von einer CD oder DVD zu mounten, erhalten Sie eine Fehlermeldung, da diese Datenträger schreibgeschützt sind.

Also kopieren Sie die Datei auf die Festplatte. Erstellen Sie auch einen Ordner, in den Sie die Datei mounten möchten, z.B. den Ordner C:\Mount.

Die Syntax für das Mounten ist:

**dism /Mount-Wim /wimfile:<Pfad der wim-Datei>
/index:<IndexNummer> /MountDir:<Ordner>**

In unserem Beispiel ist dies folgender Befehl:

**dism /Mount-Wim /wimfile:C:\install\install.wim /index:1
/MountDir:C:\Mount**

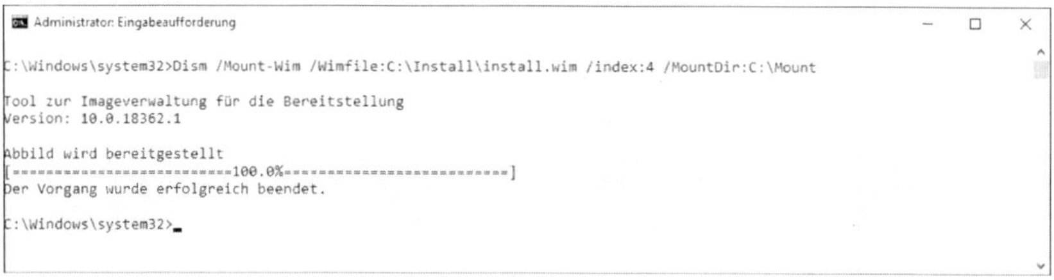

Abbildung 1.46: Mounten

Informationen über Treiber, Features, Sprachen, Updates

Nachdem das Image jetzt gemountet ist, können Sie Informationen über diese Images anfordern.

Die Syntax ist hierfür folgende:

Treiberinformationen:

dism /image:<gemounteterPfad> /Get-Drivers

Informationen über Windows Features:

dism /image:<gemounteterPfad> /Get-Features

Informationen über Feature-Packs, Sprachpakete, Updates, etc:

dism /image:<gemounteterPfad> /Get-Packages

Als Beispiel lassen wir uns hier die Treiber anzeigen:

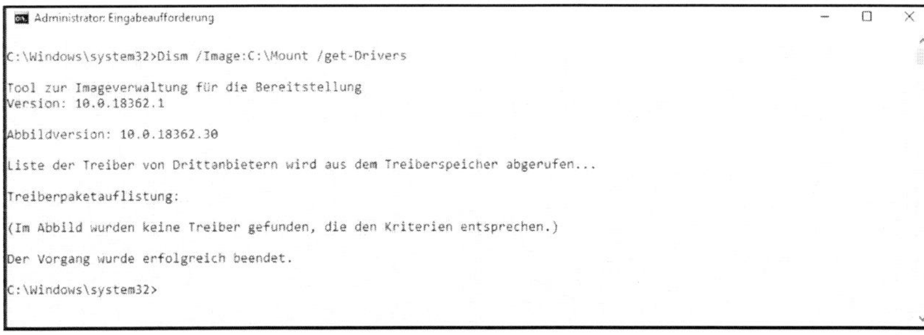

Abbildung 1.47: Treiber

Das Image bearbeiten

Nun können Sie das Image nach Herzenslust bearbeiten.

Features Deaktivieren:

dism /image:< gemounteterPfad> /Disable-Feature:<NameDesFeatures>

Pakete hinzufügen:

Dism /image: <gemounteterPfad> /Add-Package <PfadDesPakets>\<NameDesPakets>

Apps hinzufügen:

Dism /Add-ProvisionedAppxPackage: Fügt eine Anwendung für alle Benutzer hinzu

Dism / Add-AppxPackage: Fügt eine Anwendung für einen Benutzer hinzu

Änderungen im Image speichern

Nach jeder Änderung sollten Sie diese Änderungen speichern.

Dies tun Sie mit dem Befehl

Dism /Commit-Wim /MountDir:<gemounteterPfad>

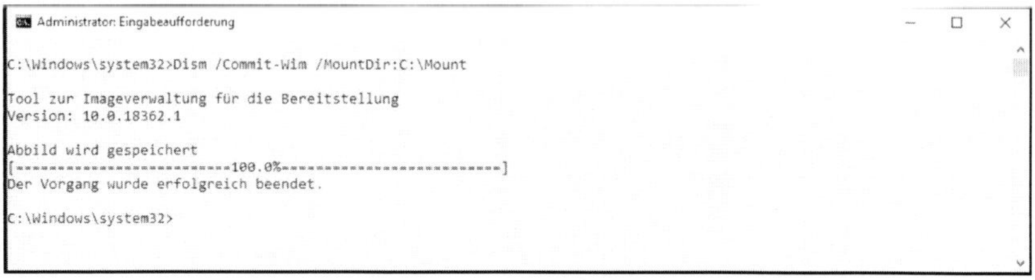

Abbildung 1.48: Änderungen speichern

Bereitstellung aufheben

Der letzte Schritt ist, das Image wieder zu „unmounten“, und die Änderungen endgültig in dieses Image zu speichern.

Dism /unmount-WIM /MountDir:<gemounteterPfad> /commit

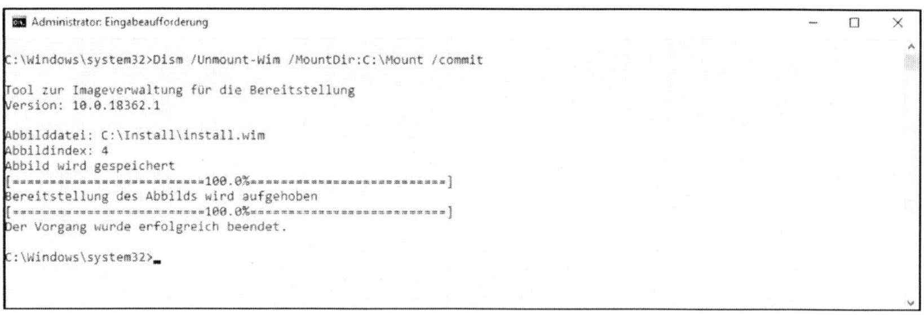

Abbildung 1.49: Bereitstellung aufheben

Hierbei wird das bearbeitete Image wieder in die ursprüngliche Datei zurückgespeichert. Deswegen darf diese auch nicht schreibgeschützt sein!

1.4.4 Das Klonen einer vorhandenen Maschine

Nun wissen wir genau, wie ein Image erstellt oder bearbeitet werden kann.

Allerdings wäre es doch sehr praktisch, wenn es eine Möglichkeit gäbe einen vorhandenen Computer zu klonen, mit allen Einstellungen und installierten Programmen.

Mit Windows 10 haben Sie die Möglichkeit, einen Referenzcomputer einzurichten, und diesen Computer mit den installierten Programmen auf beliebig viele andere Clients zu übertragen, egal, ob die Hardware sich unterscheidet.

Dazu gehen Sie folgenden Weg:

- Sie installieren den Referenzcomputer
- Sie installieren die Programme auf dem Referenzcomputer
- Sie entfernen die SID und andere eindeutige Erkennungsmerkmale vom Referenzcomputer
- Sie erstellen ein Image des Referenzcomputers

Dieses Image können Sie dann an andere Computer verteilen.

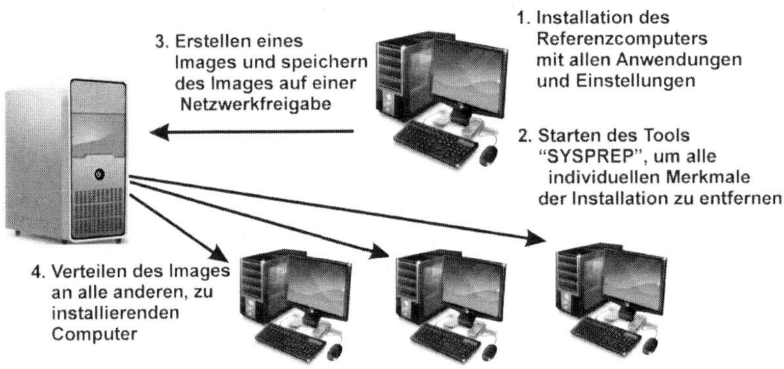

Abbildung 1.50: Das Prinzip des Klonvorgangs

Das Entfernen der eindeutigen Erkennungsmerkmale, wie Computernamen, SID oder ähnliches ist nötig, damit jeder Computer innerhalb des Netzwerks einmalig ist. Wenn Sie diese Informationen vom Referenzcomputer nicht entfernen, erhalten Sie lauter gleiche Computer mit lauter gleichen Namen und SIDs, was natürlich nicht möglich ist.

1.4.5 Erstellen eines BOOT-PE Mediums

Bevor Sie einen Computer mit SYSPREP seiner Identität berauben, sollten Sie sich eine Boot-CD erstellen, mit der Sie nach dem Ausführen von SYSPREP den Computer klonen können.

Nach dem Ausführen von SYSPREP wird der Computer heruntergefahren. Wenn Sie ihn wieder starten, werden Sie nach den eindeutigen Informationen gefragt. Das wollen wir aber solange vermeiden, bis wir ein neutrales Image dieses Rechners erstellt haben. Also müssen wir den Computer mit einer Start-CD starten.

Auf dieser CD sollte im Idealfall natürlich auch ein Imagetool vorhanden sein.

Dafür werden wir ein Windows PE Boot-Medium erstellen.

Windows PE ist eine abgespeckte Version des Windows Betriebssystems, mit dem Sie einen Computer starten können. Auf diesem Medium können auch noch zusätzliche Tools sein, mit denen Sie beispielsweise ein Image ziehen können.

Installieren Sie hierfür die „Bereitstellungstools" des „Assessment and Deployment Kits".

Zum Erstellen eines Windows PE Boot-Mediums benutzen Sie die „Umgebung für Bereitstellungs – und Imageerstellungstools".

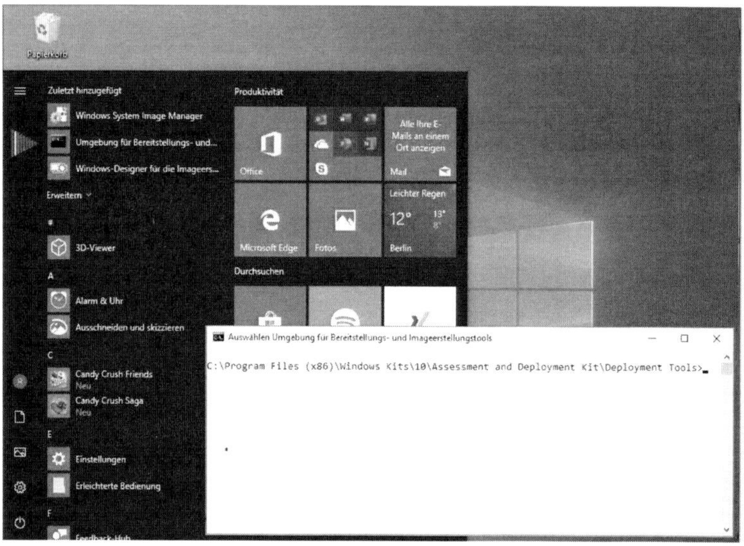

Abbildung 1.51: Umgebung für Bereitstellungs- und Imageerstellungstools

Sie müssen in diesem Tool viele Eingaben über die Befehlszeile machen, es gibt hierfür keine GUI.

Sie lassen nun von dem PE Tool eine Ordnerstruktur erstellen, mit der Sie eine Boot-CD mit Windows PE machen können. Dies tun Sie mit dem Befehl

Copype amd64 <Laufwerk\Ordner>

In unserem Fall möchten wir im Laufwerk C: einen Ordner mit Namen „Winpe" erstellen und die Daten dorthin kopieren.

Dann ist die Kommandozeile folgende:

Copype amd64 C:\Winpe

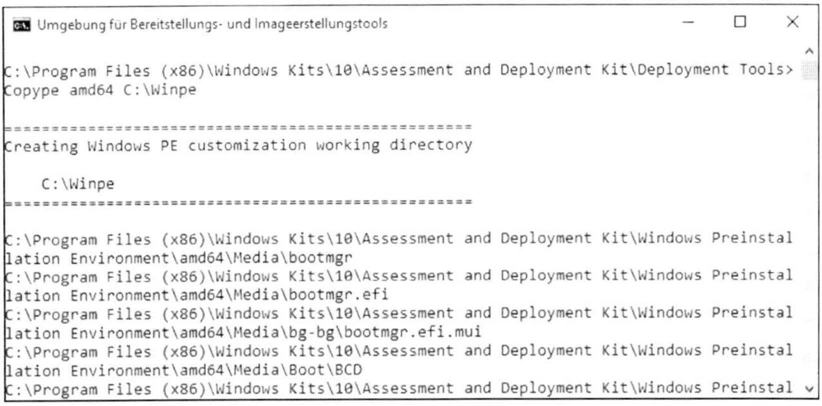

Abbildung 1.52: Erstellen der Verzeichnisstruktur für Boot PE

ACHTUNG!
Je nachdem, welchen Prozessor Sie verwenden, müssen Sie andere Befehle eingeben, entweder „x86“ oder „amd64“!

Das Erstellen der Ordnerstruktur dauert eine Weile.

Im nächsten Schritt mounten Sie die Datei „Boot.wim“.

Diese befindet sich in der eben erstellten Ordnerstruktur im Verzeichnis „Media\Sources“.

Zum Mounten öffnen Sie eine PowerShell Konsole als Administrator. Lassen Sie die „Umgebung für Bereitstellungs – und Imageerstellungstools“ im Hintergrund geöffnet.

Hier geben Sie folgenden Befehl ein:

Mount-WindowsImage –ImagePath <PfadDerDateiBoot.wim> -Index <NummerDesImages> -Path <Zielpfad>

Wenn wir also unser Image in den Ordner C:\WinPE\Mount mounten wollen, lautet der Befehl:

Mount-WindowsImage –ImagePath C:\Winpe\Media\Sources\Boot.wim -Index 1 -Path C:\Winpe\Mount

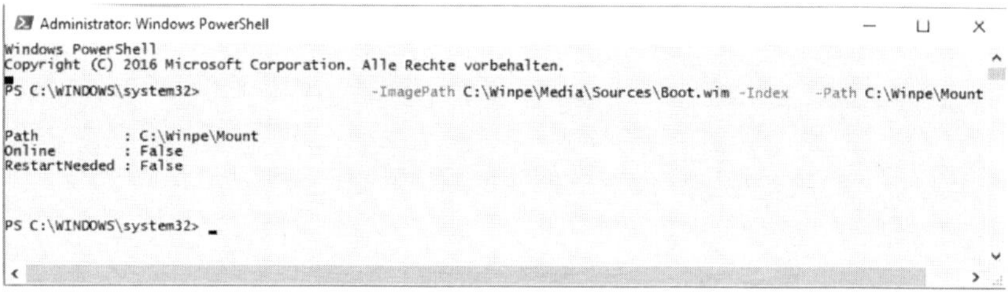

Abbildung 1.53: Mounten des Images

Nun können noch zusätzliche Tools eingebunden werden. Dies machen Sie mit folgenden PowerShell-Befehlen:

Add-WindowsDriver –Path

Add-WindowsPackage –Path

Nachdem das Image bearbeitet ist, muss das Mounten beendet werden und die Änderungen in der Dateistruktur gespeichert werden.

Dafür geben Sie folgenden Befehl ein:

Dismount-WindowsImage –Path <PfadDesGemountetenImages> -Save

In unserem Fall ist das folgender Befehl:

Dismount-WindowsImage –Path C:\Winpe\Mount -Save

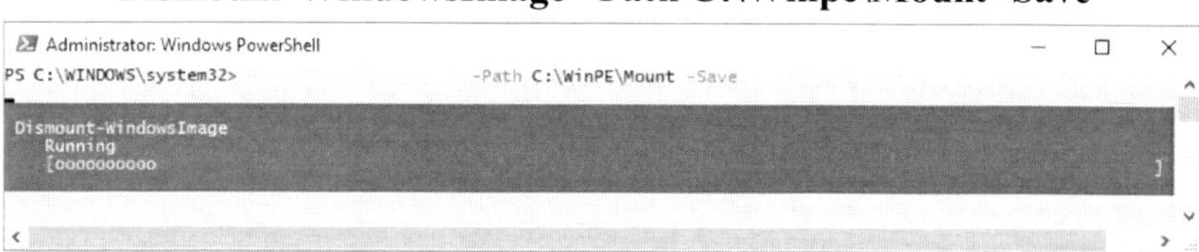

Abbildung 1.54: Dismounten

Zu guter Letzt muss diese Verzeichnisstruktur noch in eine .iso-Datei gepackt werden, die dann gebrannt werden kann.

Dazu schließen Sie die PowerShell Konsole und kehren zu der noch geöffneten „Umgebung für Bereitstellungs – und Imageerstellungstools“ zurück.

Hier erstellen Sie zunächst ein Verzeichnis, in dem die ISO-Datei gespeichert werden soll:

MD <Pfad>

Wenn der Pfad c:\BootMedium heißen soll, ist der Befehl:

MD C:\BootMedium

Nun erstellen Sie die ISO-Datei mit folgendem Befehl:

MakeWinpeMedia /iso <PfadDerDateien> <Zielpfad>\<NameDerDatei>

Wenn die Datei WinPE.iso heißen soll, lautet der Befehl:

MakeWinpeMedia /iso C:\WinPE C:\BootMedium\WinPE.iso

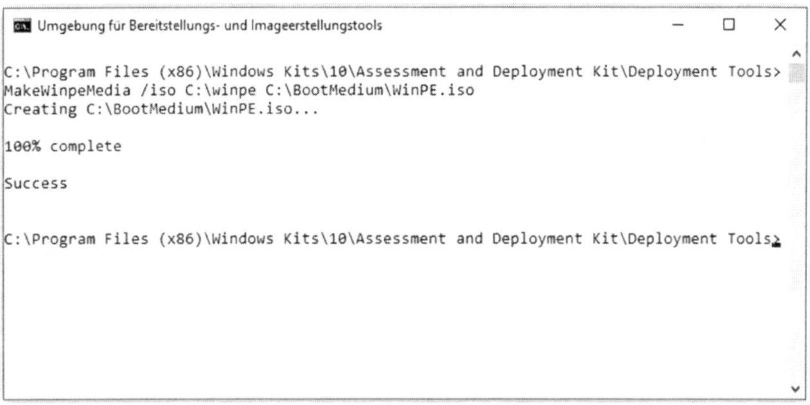

Abbildung 1.55: Erstellen der ISO-Datei

Diese ISO-Datei brennen Sie nun auf CD oder erstellen Sie einen bootfähigen USB-Stick.

1.4.6 Klonen des Clients

Auf dem Client, den Sie klonen möchten, starten Sie nun das Systemvorbereitungsprogramm „Sysprep“. Es befindet sich im %Systemroot%\System32\Sysprep.

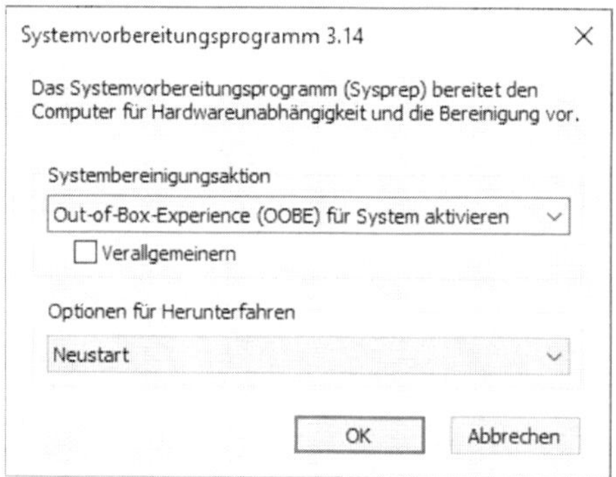

Abbildung 1.56: Sysprep

Nach dem Ausführen des Programmes wird der Rechner heruntergefahren.

Parameter	**Bedeutung**
/quiet	Führt die Datei "Sysprep.exe" ohne Bestätigungsmeldungen aus
/generalize	Bereitet die Abbilderstellung der Windows-Installation vor. Wenn diese Option angegeben wird, werden alle eindeutigen Systeminformationen aus der Windows-Installation entfernt
/audit	Startet den Computer im Überwachungsmodus neu. Mit dem Überwachungsmodus können Sie Windows zusätzliche Treiber oder Anwendungen hinzufügen. Sie können außerdem eine Installation von Windows testen, bevor diese an einen Endbenutzer gesendet wird
/oobe	Startet den Computer im Modus der Windows-Willkommensseite neu. Mithilfe der Windows-Willkommensseite können Endbenutzer ihr Windows-Betriebssystem anpassen, Benutzerkonten erstellen, einen Namen für den Computer festlegen und andere Aufgaben durchführen. Alle Einstellungen in der Konfigurationsphase oobeSystem einer Antwortdatei werden unmittelbar vor dem Start der Windows-Willkommensseite verarbeitet

/reboot	Startet den Computer neu
/shutdown	Fährt den Computer nach Beenden von Sysprep herunter
/quit	Schließt Sysprep nach dem Ausführen der angegebenen Befehle
/unattend: Dateiname	Wendet Einstellungen in einer Antwortdatei während der unbeaufsichtigten Installation auf Windows an

ACHTUNG!
Sysprep kann auch an der Befehlszeile mit diversen Parametern angewendet werden. Manche dieser Parameter sind für ein vollautomatisiertes Rollout zwingend notwendig.

1.4.7 Das Image erstellen

Den Rechner starten Sie mit der zuvor erstellten BOOT-PE-CD.

Dann rufen Sie den Befehl „Dism“ auf, den wir schon zuvor besprochen haben.

Dism /Capture-Image /Imagefile: <ZielpfadDesImages> \<NameDesImages> /CaptureDir:<SystemLaufwerk> /Name:<Anzeigename>

1.4.8 Das Verteilen eines Images

Images müssen verteilt werden, egal, ob sie direkt von der DVD benutzt werden, oder ob sie bearbeitet worden sind.

Dafür gibt es mehrere Möglichkeiten, unter anderem:

- Starten des Clients mit der Boot-PE-CD und Zuweisung des Images (Einzelplatzinstallation)
- Vollautomatische Bereitstellung durch den Windows-Dienst WDS

Damit diese Bereitstellungsformen sinnvoll angewendet werden können, ist es noch nötig, eine Antwortdatei zu erstellen, denn bei allen Installationsarten müssen einige Daten, wie Rechnername oder Domänenzugehörigkeit, am Ende des Installationsvorgangs per Hand eingegeben werden.

Sollten wir auch das vermeiden wollen, ist die beste Lösung dafür das Erstellen einer Antwortdatei.

Windows 10 benötigt für die automatisierte Installation eine .xml-Datei mit Namen „autounattend.xml". Diese wird für eine unbeaufsichtigte Einzelplatzinstallation auf einem Wechseldatenträger, wie einem USB-Stick gespeichert, der während der Installation angeschlossen sein muss. Windows 10 sucht bei Beginn der Installation automatisch nach dieser Datei, und wendet sie an, wenn sie vorhanden ist.

Erstellen einer Antwortdatei

Eine Antwortdatei kann auch mit dem ADK erstellt werden. Zunächst sollten Sie die Windows 10 DVD in eine Freigabe auf dem Rechner kopieren.

Dann starten Sie den „Windows System Image Manager".

Abbildung 1.57: Windows System Image Manager

Sie erhalten zunächst ein leeres Fenster.

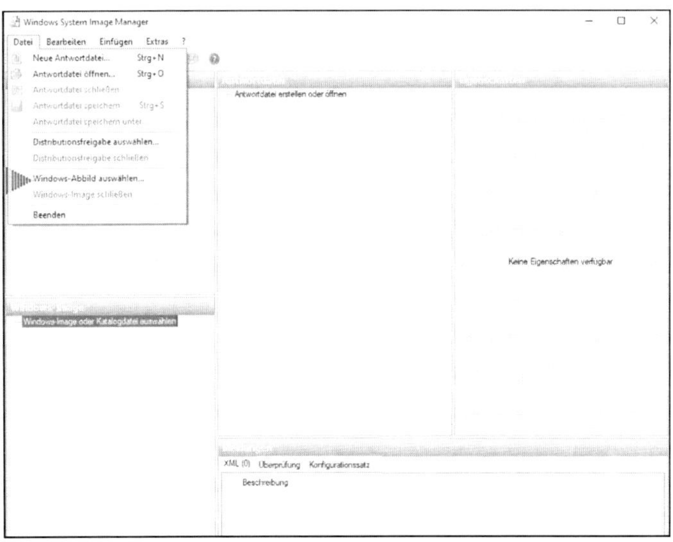

Abbildung 1.58: Abbild auswählen

Um mit der Erzeugung einer Antwortdatei zu beginnen, muss zuerst ein Abbild (also eine .wim-Datei) gewählt werden. Dies ist die install.wim. Diese Datei befindet sich im Ordner „sources" des Windows 10-

Installationsmediums, das Sie zuvor auf die Festplatte kopiert haben. Das Image wird untersucht, eine Katalogdatei wird erstellt.

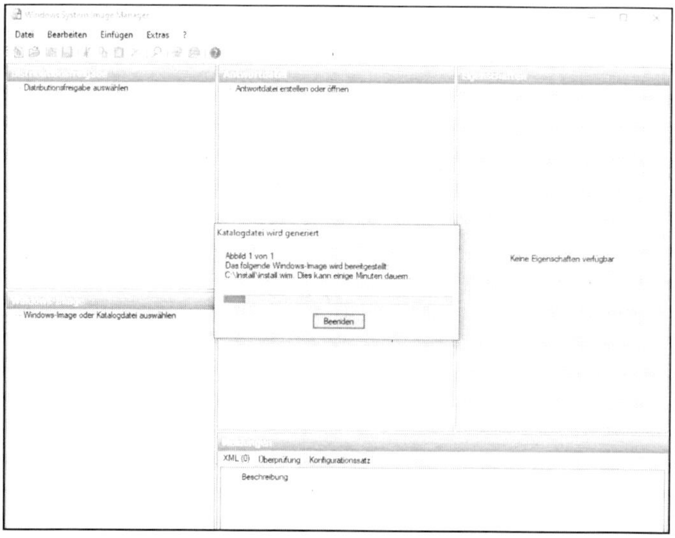

Abbildung 1.59: Katalogdatei wird erstellt

Nun werden alle möglichen Komponenten unterhalb des ausgewählten Systems angezeigt.

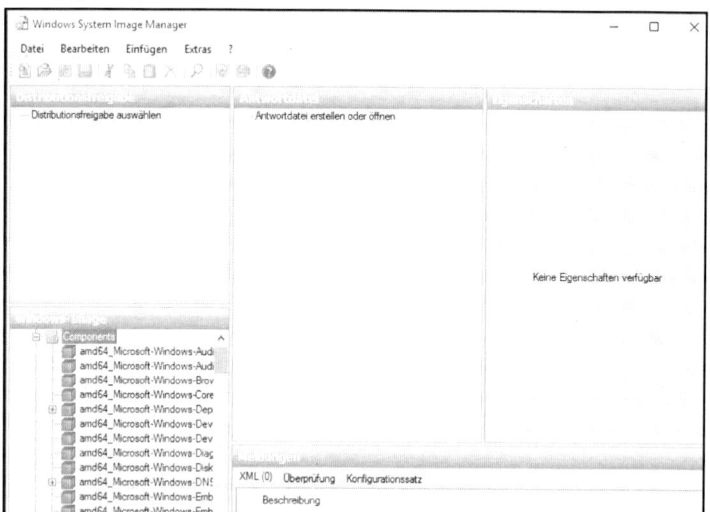

Abbildung 1.60: Komponenten

Im nächsten Schritt erstellen Sie eine leere Antwortdatei. Diese können Sie nun mit den verschiedenen Komponenten füllen.

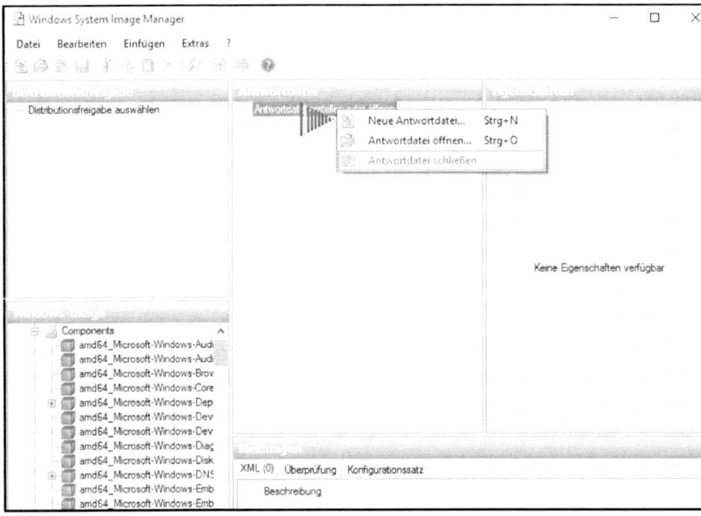

Abbildung 1.61: Neue Antwortdatei erstellen

Dazu klicken Sie die einzelnen Komponenten an und fügen sie an die richtige Stelle ein.

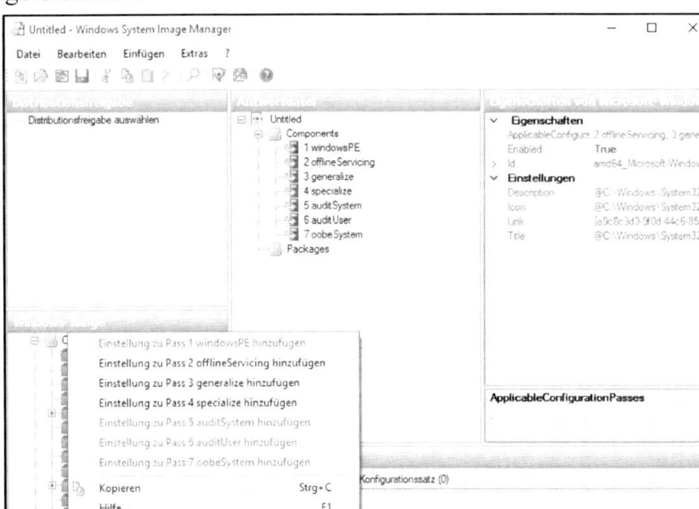

Abbildung 1.62: Komponenten hinzufügen

Doch was ist die richtige Stelle?

Eine Installation besteht aus 7 möglichen Phasen. Nicht alle Phasen sind in jeder Art der Installation vorhanden, beispielsweise ist die Installation anders, wenn Sie von einer DVD installieren, als wenn Sie mit dism ein Abbild erstellt haben, nachdem Sie SYSPREP angewendet haben.

Die 7 Phasen sind folgende:

windowsPE

Hier werden die Komponenten eingefügt, die die grundsätzlichen Einstellungen des Betriebssystems beinhalten, und noch während der PE-Phase ausgeführt werden, beispielsweise Partitionen auf der Festplatte oder die Eingabe des Product Keys.

offlineServicing

Mit dieser Komponente werden einem Image Updates zugewiesen. Auch Sprachpakete, oder Sicherheitsupdates können hier hinzugefügt werden.

generalize

Wenn Sie ein Systemabbild mit „sysprep“ und dem Parameter „/generalize“ erstellt haben, können Sie an dieser Stelle Konfigurationen machen. Diese Komponente wird nur benutzt, wenn ein Abbild mit „Sysprep/ generalize“ erstellt worden ist.

specialize

Hier können systemspezifische Konfigurationen zugewiesen werden. Beispielsweise kann man Netzwerkeinstellungen, internationale Einstellungen, sowie Domäneninformationen konfigurieren.

auditSystem

Wenn Sie ein Systemabbild mit „sysprep“ und dem Parameter „/audit“ erstellt haben, können Sie an dieser Stelle Konfigurationen machen.

Die Einstellungen betreffen die Zeitspanne, kurz bevor der Benutzer sich anmeldet.

auditUser

Hier werden Einstellungen für die unbeaufsichtigte Installation im Benutzerkontext im Überwachungsmodus verarbeitet.

oobeSystem

Hier werden die Einstellungen zugewiesen, die kurz bevor der „Willkommensbildschirm“ erscheint relevant sind.

Sobald Sie die Komponenten an die richtige Stelle in der Antwortdatei gesetzt haben, können Sie die Einstellungen konfigurieren.

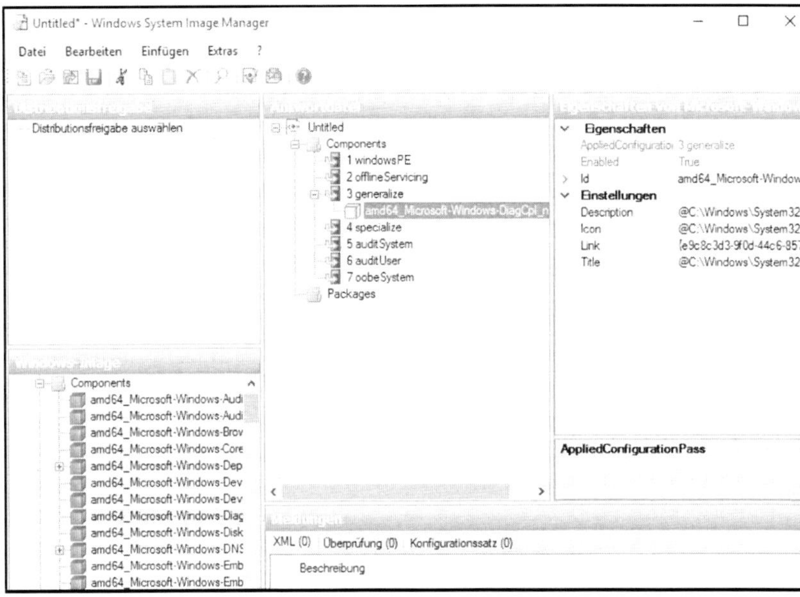

Abbildung 1.63: Konfiguration der Einstellungen

Zum Schluss müssen Sie diese Datei nur noch unter dem Namen „autounattend.xml" speichern, und auf ein Wechselmedium kopieren.

Bereitstellen eines Images auf einer virtuellen Festplatte

Egal, welches Image Sie erstellt haben, Sie können dieses Image auch auf einer virtuellen Festplatte bereitstellen.

Dies lösen Sie einfach mit dem PowerShell Cmdlet

Expand-WindowsImage

1.4.9 Aktivieren von Windows 10 Rechnern

Nach der Installation muss jeder Computer aktiviert werden.

Das können Sie in den Einstellungen machen.

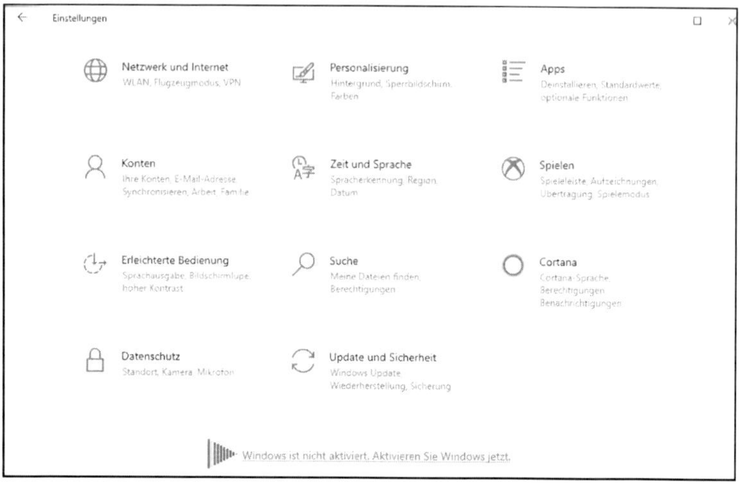

Abbildung 1.64: Aktivierung

Sie können die Aktivierung auch über die Befehlszeile machen.

Dafür bietet Windows das Skript

slmgr.vbs

an.

Sinnvoll eingesetzt wird es mit folgenden Parametern:

Parameter	**Bedeutung**
/ato	Aktiviert Windows online
/dli	Zeigt aktuelle Lizenzinformationen an
/dlv	Zeigt weitere Lizenzdetails an
/dlv all	Zeigt detaillierte Infos für alle installierten Lizenzen an

Volumenaktivierung

Aber wie sieht es aus, wenn Sie viele Aktivierungen machen müssen?

Hier ist eine manuelle Aktivierung zu aufwändig.

Microsoft stellt verschiedene Möglichkeiten zur Verfügung, aus denen Sie die jeweils beste Vorgehensweise auswählen können.

Volumenaktivierung mit Key Management Server (KMS)

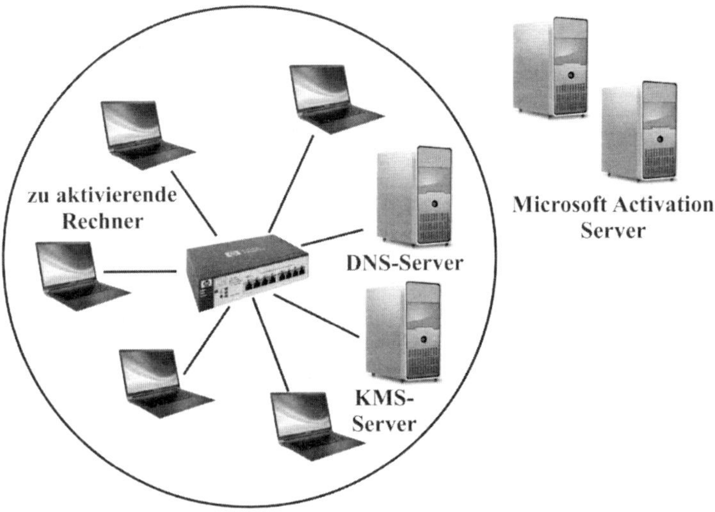

Abbildung 1.65: Prinzip KMS

Es ist möglich, die Aktivierung des Betriebssystems von einem Aktivierungsserver vornehmen zu lassen, dem Key Management Server. Dieser Server muss im Firmennetz verfügbar sein.

Der Vorteil für den Nutzer liegt in der vereinfachten Installation des Betriebssystems, denn es ist dafür kein Lizenzschlüssel mehr erforderlich.

Sie benötigen einen KMS-Server, der natürlich auch lizenziert ist und einen DNS-Server, der SRV-Einträge benötigt.

Diese Diensteinträge kann der KMS-Server selber machen, ein Dienst mit Namen SPPSVC sorgt dafür.

ACHTUNG!
Sollten diese Einträge im DNS-Server fehlen, können Sie sie einfach erstellen, indem Sie auf dem KMS-Server zunächst den Dienst SPPSVC anhalten, und dann wieder starten. Danach sollten die Einträge vorhanden sein.

Eine Windows Installation, welche über den Key Management Server aktiviert wurde, meldet sich regelmäßig bei Ihrem KMS und reaktiviert das Betriebssystem ca. alle 6 Monate (180 Tage).

Kann die Reaktivierung innerhalb von 180 Tagen nicht vorgenommen werden, erhält der Nutzer eine Frist von 30 Tagen, in denen eine Reaktivierung am Key Management Server vorgenommen werden muss.

Nach 30 Tagen schaltet sich das Betriebssystem in den Reduced Function Mode, welcher dann nur noch die Aktivierung ermöglicht, jedoch keine weiteren Anwendungen.

KMS benötigt mindestens 5 Aktivierungen, damit er funktioniert.

Konfiguration des Betriebssystems

Wenn Clients oder Windows Server über KMS aktiviert werden sollen, müssen sie den KMS Server erreichen können.

Es gibt zwei Möglichkeiten, den zu aktivierenden Rechnern den Standort des KMS-Servers bekanntzugeben:

Bekanntmachung mittels Kommandozeile

Sie können mit dem Tool „slmgr.vbs" ein Skript ausführen lassen, mit dem Sie den KMS-Server bekanntgeben.

cscript.exe %systemroot%\system32\slmgr.vbs -skms <NameDesKMSServers>

Leider ist diese Möglichkeit relativ aufwändig, da die Konfiguration überall vorgenommen werden muss.

Besser ist Möglichkeit 2:

Automatische Erkennung über DNS

Wenn Sie die automatische Erkennung nutzen wollen, müssen die oben erwähnten Einträge für den KMS-Server im DNS-Server gemacht worden sein.

Anschließend können Sie das System aktivieren, entweder über die grafische Benutzeroberfläche, die sich übrigens mit „SLUI.exe" jederzeit aufrufen lässt, oder über „SLMGR.VBS".

1.5 Konfiguration nach der Installation

Nach der Installation sind nun alle Schritte zur Individualisierung möglich.

1.5.1 Einrichten des Desktops

Der Desktop ist der persönliche Schreibtisch, den sich die meisten individuell einrichten möchten.

Dafür öffnen Sie die „Einstellungen“.

Abbildung 1.66: Einstellungen

Hier wählen Sie „Personalisierung“.

Sie sehen nun alle Möglichkeiten, den Desktop an Ihre Vorstellungen anzupassen.

Zunächst betrachten wir „Hintergrund“.

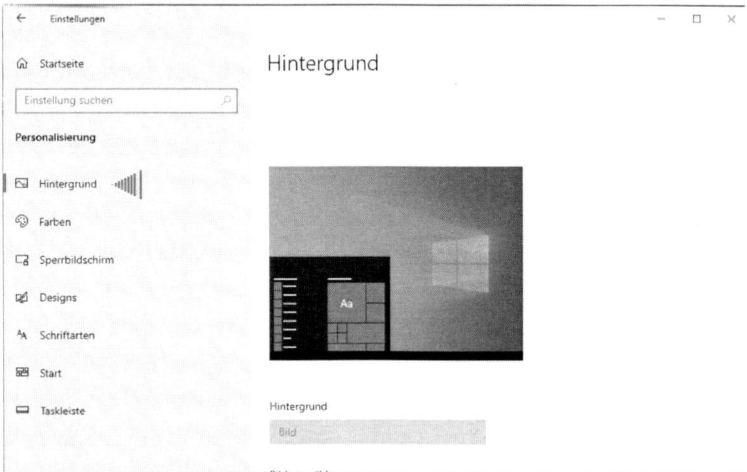

Abbildung 1.67: Hintergrund

Hier können Sie ein Hintergrundbild aussuchen. Windows liefert im Standard nur noch wenige Hintergrundbilder mit, aber Sie können jederzeit ein Bild als Hintergrundbild definieren.

Dazu wählen Sie ein Bild aus und klicken mit der rechten Maustaste. Dann können Sie „Als Desktophintergrund festlegen" wählen.

Abbildung 1.68: Desktophintergrund

Das Hintergrundbild wird sofort eingerichtet.

Dabei wird eine Kopie des Bildes im Ordner C:\Users\<Name>\AppData\Roaming\Microsoft\Windows\Themes unter dem Namen „TranscodedWallpaper" gespeichert.

Diese Datei hat keine Endung!

Natürlich können Sie auch die Farben anpassen.

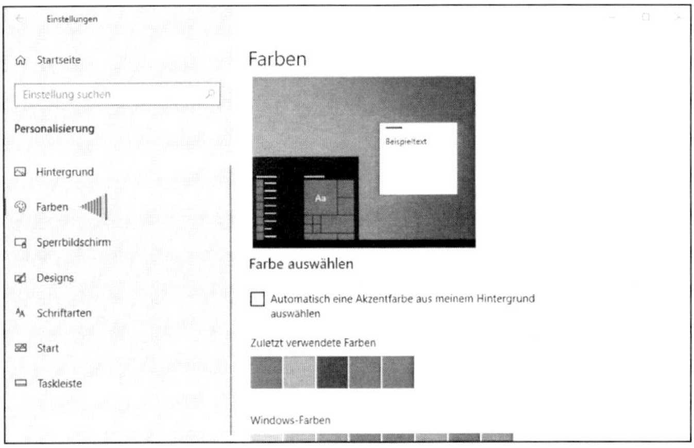

Abbildung 1.69: Farben

Der Sperrbildschirm

Der Sperrbildschirm ist die Anzeige, wenn der Computer gesperrt ist.

Abbildung 1.70: Sperrbildschirm

Sie können auch hier ein Bild oder eine Diashow festlegen.

Der normale Hintergrund ist „Windows Blickpunkt“.

Hierbei werden im Wechsel verschiedene Hintergrundbilder und Vorschläge auf dem Sperrbildschirm angezeigt.

Windows Blickpunkt kann in einer Gruppenrichtlinie konfiguriert werden,

Es ist möglich, dass bestimmte Apps Informationen auf dem Sperrbildschirm anzeigen.

Abbildung 1.71: Apps für die Benachrichtigung

Wählen Sie bis zu sieben Apps aus, die auf dem Sperrbildschirm Informationen anzeigen dürfen.

Wichtig gerade für eine Arbeitsumgebung ist, dass Sie mit einer einfachen, schnellen Tastenkombination jederzeit den Sperrbildschirm aktivieren können:

Windows + L

Damit ist Ihr Rechner sofort gegen unberechtigten Zugriff geschützt. Um ihn zu entsperren, müssen Sie Ihr Kennwort oder Ihre PIN eingeben.

Designs

Ein Design ist eine Zusammenfassung von allen Komponenten, die das Aussehen des Desktops definieren.

Abbildung 1.72: Design

Sie können jederzeit weitere Designs von Microsoft herunterladen.

Schriftarten

Im Menü Schriftarten können Sie alle auf dem System installierten Schriftarten verwalten und natürlich neue Schriftarten hinzufügen.

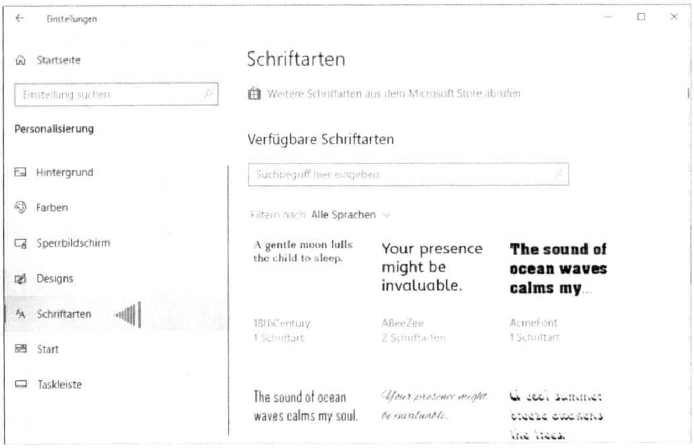

Abbildung 1.73: Schriftarten

Das Startmenü

Das Startmenü von Windows 10 ist auf den ersten Blick eine Mischung aus Windows 7 und Windows 8. Damit hat Windows 10 die Vorzüge aus beiden Vorgängerversionen vereint.

Sie können aber jederzeit weitere Konfigurationseinstellungen vornehmen.

Abbildung 1.74: Startmenü

„Beim Start mehr Kacheln anzeigen“ erhöht die Breite jedes Kachelblocks im Startmenü von drei auf vier.

Die meisten anderen Einstellungen sind selbsterklärend.

Interessant ist noch die Einstellung „Gelegentliche Vorschläge im Startmenü anzeigen“. Wenn diese Auswahl aktiviert ist, wird Ihnen Werbung für neue Apps aus dem Appstore angezeigt.

Einen Nachteil gibt es beim Startmenü aber:

Selbst, wenn Sie das Startmenü angepasst und nach Ihren Wünschen konfiguriert haben, sobald sich ein neuer Benutzer am Rechner anmeldet, erhält er wieder das Standard-Startmenü.

Damit jeder Benutzer des Rechners das gleiche Startmenü erhält, müssen Sie folgende Schritte machen:

Sie öffnen die PowerShell im Administratormodus und geben folgende Befehle ein:

export-startlayout -path 'C:\Users\All Users\Desktop\<NameDerExportdatei>.xml' -verbose
import-startlayout -LayoutPath 'C:\Users\All Users\Desktop\<NameDerExportdatei>.xml'-MountPath c:\ -verbose
del 'C:\Users\All Users\Desktop\<NameDerExportdate>.xml' -verbose

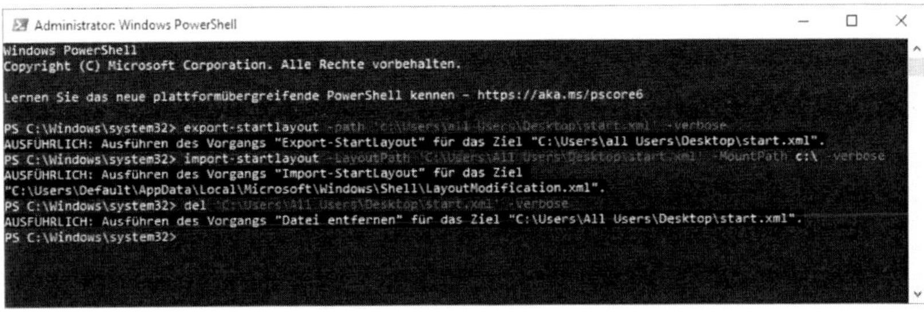

Abbildung 1.75: Export und Import des Startmenüs

Ab sofort wird für jeden neu angelegten Benutzer das individualisierte Startmenü benutzt.

Hier noch ein kleiner Praxistipp:

Wenn Sie eine Datei für alle Benutzer auf dem Computer auf den Desktop legen möchten, kopieren Sie diese Datei in den Ordner

C:\Benutzer\Öffentlich\Öffentlicher Desktop

Die Taskleiste

Die letzte Konfigurationsmöglichkeit ist die Taskleiste.

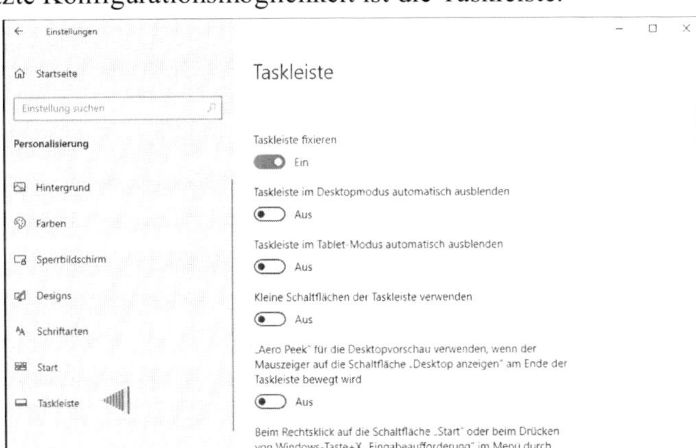

Abbildung 1.76: Einrichten der Taskleiste

Die meisten Einstellungen sind selbsterklärend.

1.5.2 Einrichten von Cortana

Cortana ist der Sprachassistent von Microsoft.

Microsoft hat Cortana mit Windows Phone 8 eingeführt und seit Windows 10 ist Cortana auch auf Desktops und Notebooks vorhanden.

Cortana kann Ihnen im Alltag helfen. Sie kann Sie an Termine erinnern und andere Aufgaben übernehmen. Sie können sie auch mit einem Headset oder Mikrofon direkt ansprechen und die Antworten über Lautsprecher ausgeben lassen.

Betrachten wir die Einrichtung von Cortana.

Cortana wird mit einem Klick auf das Kreissymbol unten gestartet.

Abbildung 1.77: Cortana wird gestartet

Cortana ist im Offlinemodus, das heißt, sie ist noch nicht einsatzbereit.

ACHTUNG!
Cortana setzt zwingend ein Microsoft-Konto voraus. Sie müssen sich dessen bewusst sein, dass Cortana nur so funktioniert und dass auch einige Daten in die Microsoft-Datenbank geschickt werden.

Sollten Sie das nicht wünschen, können Sie Cortana nicht benutzen.

Wenn Sie Cortana auf jeden Fall benutzen wollen, müssen Sie sich nun mit einem Microsoft-Konto anmelden. Wenn Sie noch keines haben, müssen Sie eines erstellen.

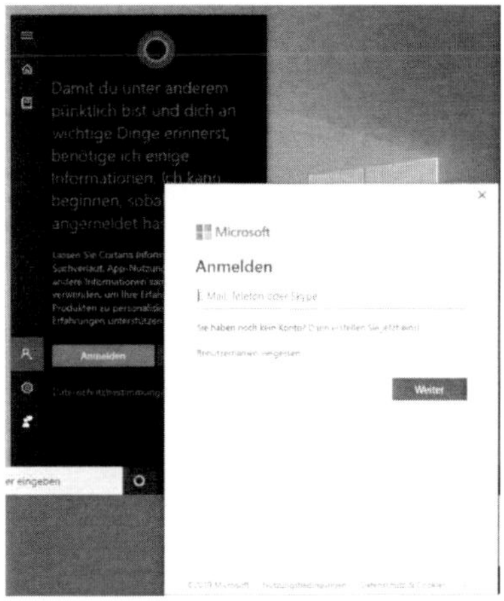

Abbildung 1.78: Anmelden mit dem Microsoft-Konto

Nun ist Cortana einsatzbereit.

Die weitere Konfiguration von Cortana nehmen Sie an zwei verschiedenen Stellen vor:

Einstellungen

Hier nehmen Sie die Cortana-Systemeinstellungen vor.

Abbildung 1.79: Einstellungen

Hierzu gehören die Mikrofoneinstellungen, die Reaktion auf Spracheingabe, die Benutzung des Sperrbildschirms und so weiter.

Notizbuch

Im Notizbuch legen Sie Cortanas Verhalten für die verschiedenen Apps fest. Außerdem können Sie hier konfigurieren, was genau Cortana Ihnen anzeigt.

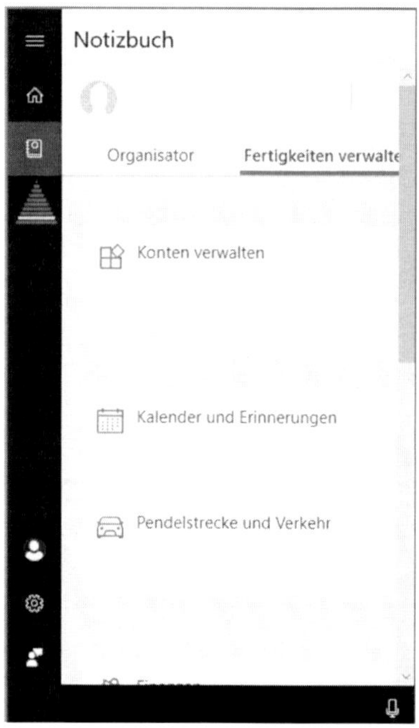

Abbildung 1.80: Einstellungen

1.5.3 Einrichten von Microsoft Edge und Internet Explorer

Edge ist der neue Browser von Windows 10. Der Internet Explorer wird nur noch aus Kompatibilitätsgründen mitgeliefert und soll auslaufen.

Edge ist auch der Standardbrowser und direkt aus der Taskleiste startbar.

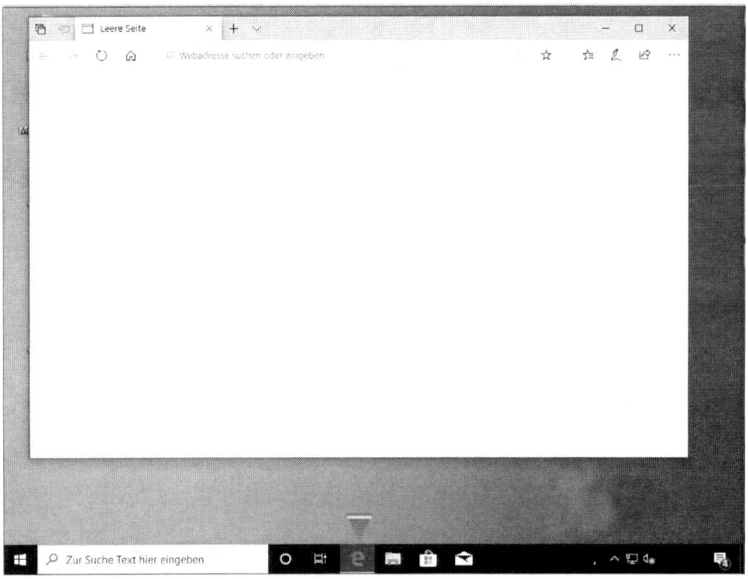

Abbildung 1.81: Edge starten

Um Edge zu konfigurieren, klicken Sie auf die drei Punkte rechts oben und scrollen herunter bis zu „Einstellungen“.

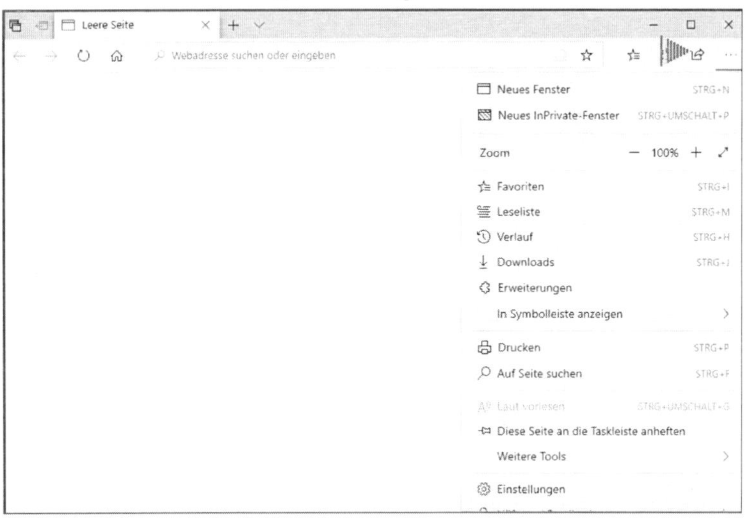

Abbildung 1.82: Einstellungen

Der Internet Explorer ist nicht mehr so leicht zu finden, Sie müssen das Programm explizit aufrufen.

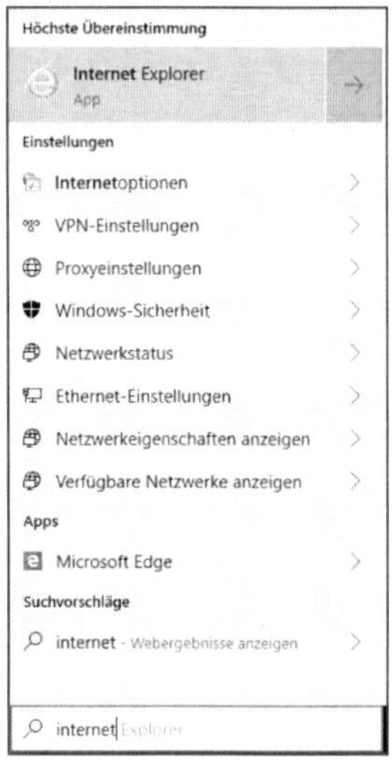

Abbildung 1.83: Internet Explorer starten

Im Internet Explorer können Sie die Einstellungen machen, indem Sie auf das Zahnrad-Symbol rechts oben klicken.

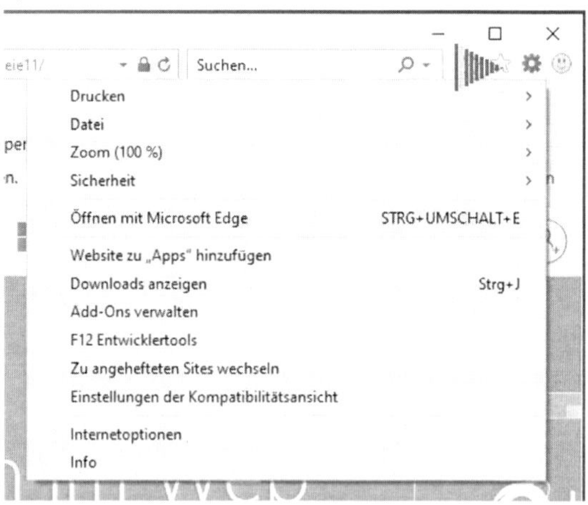

Abbildung 1.84: Einstellungen

Hier sind die wichtigen Schaltflächen die „Internetoptionen" und „Sicherheit".

1.5.4 Hyper-V einrichten

Vielen ist Hyper-V schon vom Server her bekannt. In Windows 10 hat Microsoft die bekannte Virtualisierungsplattform noch einmal erheblich verbessert. So können nun viele Verwaltungstasks, wie das Hinzufügen von virtuellen Switches, im laufenden Betrieb vorgenommen werden. Auch der Arbeitsspeicher kann nun angepasst werden, ohne dass die virtuelle Maschine heruntergefahren werden muss.

Hyper-V ist nur in den Editionen „Professional“ und „Enterprise“ verfügbar und benötigt einen SLAT-Prozessor (Second-Level Address Translation).

Hyper-V muss als Windows-Feature nachinstalliert werden.

Dazu öffnen Sie die Systemsteuerung und gehen folgenden Weg:

- Programme
- Programme und Features
- Windows-Features aktivieren oder deaktivieren

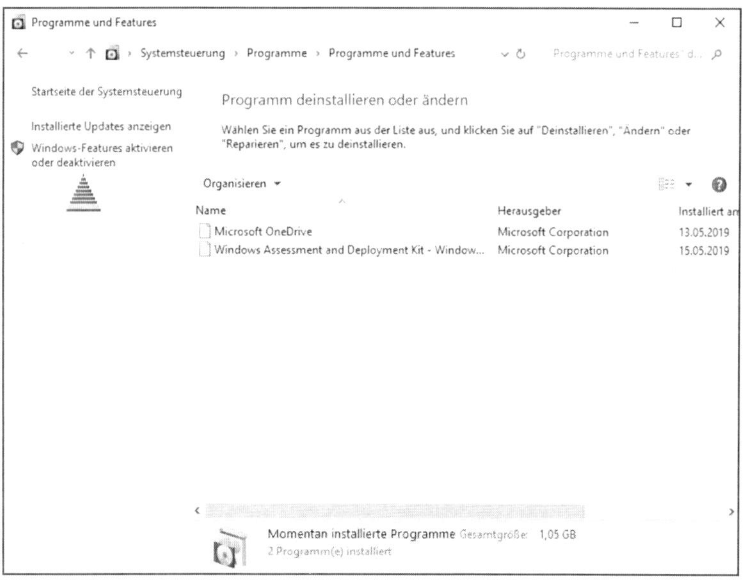

Abbildung 1.85: Windows Features

Nun können Sie Hyper-V aktivieren.

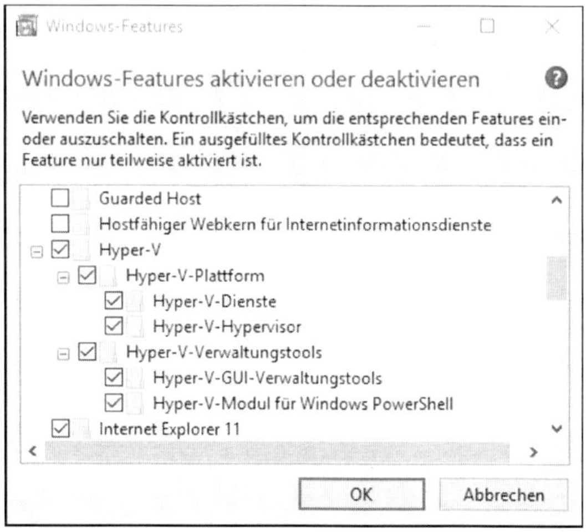

Abbildung 1.86: Hyper-V aktivieren

Sie sollten alle Elemente installieren.

Wenn „Hyper-V-Plattform“ ausgegraut ist, also nicht zur Installation zur Verfügung steht, dann haben Sie wahrscheinlich keine SLAT-Unterstützung oder sie ist im BIOS ausgeschaltet. Sie können die Verwaltungskomponenten zwar installieren, aber nur um andere Rechner zu verwalten.

Virtuelle Maschinen einrichten

Um virtuelle Maschinen einzurichten, müssen Sie eine Reihe von Einstellungen machen.

Zunächst starten Sie den „Hyper-V-Manager“.

Abbildung 1.87: Hyper-V Manager

Die Verwaltungskonsole erscheint.

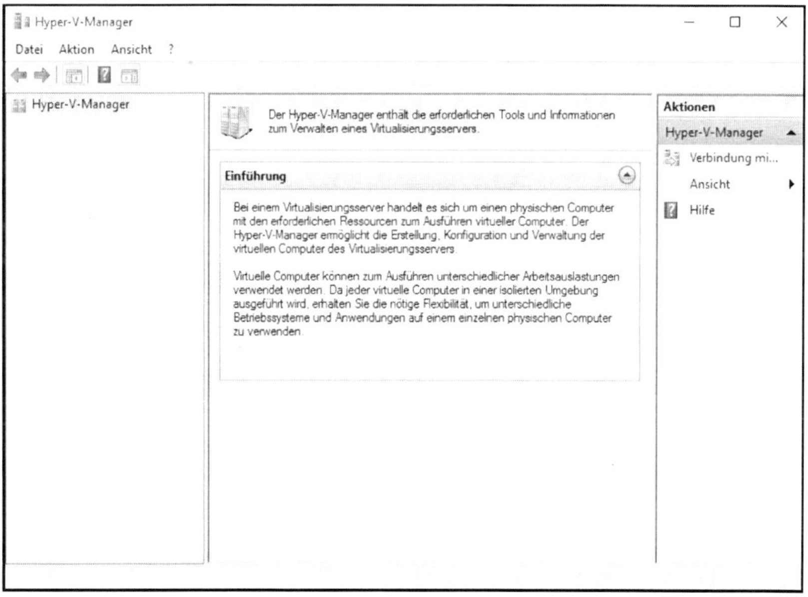

Abbildung 1.88: Hyper-V Verwaltungskonsole

Alle virtuellen Computer, die Sie erstellen, verwenden einen virtuellen Switch auf dem Windows 10-Computer. Dieser verbindet die virtuellen Computer mit den physischen Netzwerkkarten des Computers und erlaubt eine Kommunikation der Computer mit dem Rest des Netzwerks.

Um dem Gast-System einen Netzwerkzugang zu gewährleisten, muss demzufolge zunächst ein virtueller Switch erstellt werden.

Dafür öffnen Sie im Menüfeld die Option „Aktion" und wählen den „Manager für virtuelle Switches..." aus.

Dann markieren Sie auf der linken Seite die Option „Neuer virtueller Netzwerkswitch" und auf der rechten Seite die „externe" Art des Switches und klicken auf „Create Virtual Switch".

Übernehmen Sie nun die Netzwerkeinstellungen.

ACHTUNG!
Im Fenster „Netzwerkverbindungen“ des Hyper-V Hosts finden Sie die virtuellen Switches nach dem Erstellen. Sie werden wie die realen Netzwerkkarten angezeigt.

Nun starten Sie den Assistent für neue virtuelle Computer, indem Sie im Menü „Aktion“ auf „Neu“ klicken.

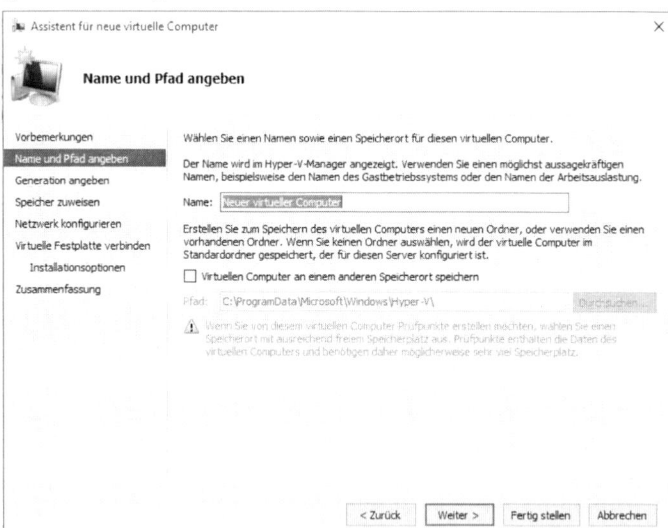

Abbildung 1.89: Assistent für neue virtuelle Computer

Zunächst legen Sie den Namen und den Speicherort fest.

Dann entscheiden Sie sich, ob Sie eine Maschine der Generation 1 oder Generation 2 erstellen möchten.

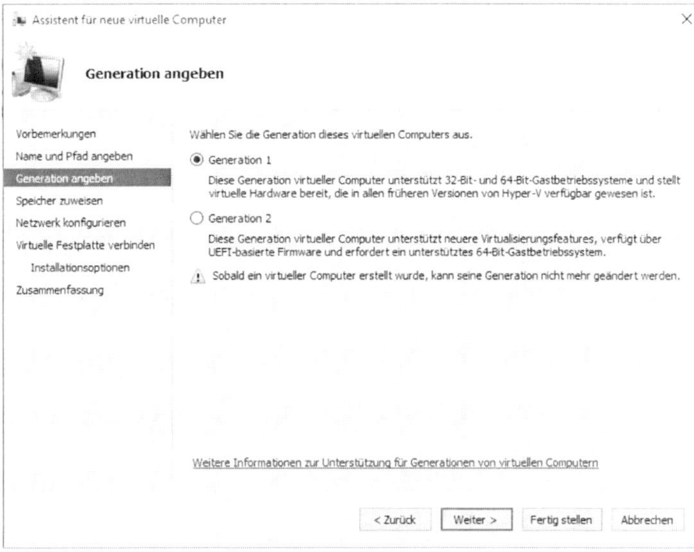

Abbildung 1.90: Auswahl der Generation

Die Unterschiede sind folgende:

Generation 1:

Das ist die alte Variante, hier wird der virtuelle Computer genauso wie in früheren Hyper-V Versionen dargestellt.

Generation 2:

Hier sind folgende Änderungen:

- UEFI-Firmwareunterstützung
- PXE-Start mithilfe einer standardmäßigen Netzwerkkarte
- Starten von einer virtuellen SCSI-Festplatte
- Starten von einer virtuellen SCSI-DVD
- Sicherer Start (standardmäßig aktiviert)

Anschließend wird der verwendete Arbeitsspeicher definiert. Wenn Sie auswählen „Dynamischen Arbeitsspeicher für diesen virtuellen Computer verwenden“, wird der gesamte Arbeitsspeicher vom virtuellen PC und dem Host-Betriebssystem (Windows 10) gemeinsam genutzt.

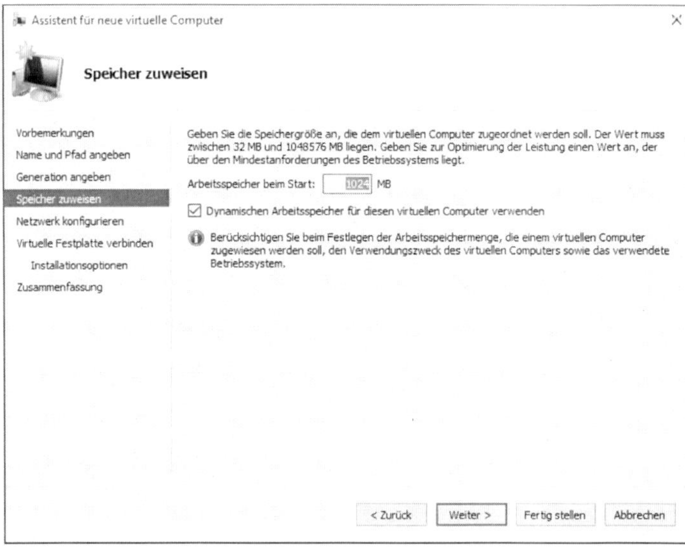

Abbildung 1.91: Speicher zuweisen

Danach wählen wir die zuvor erstellte Netzwerkkarte aus. Dies entspricht dem virtuellen Switch.

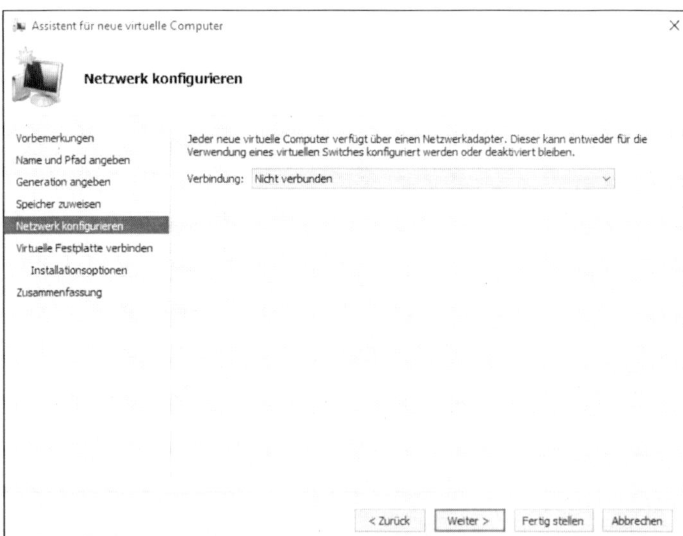

Abbildung 1.92: Auswahl Netzwerkkarte

Dann wählen Sie die Speicherorte und die Größe der virtuellen Festplatte.

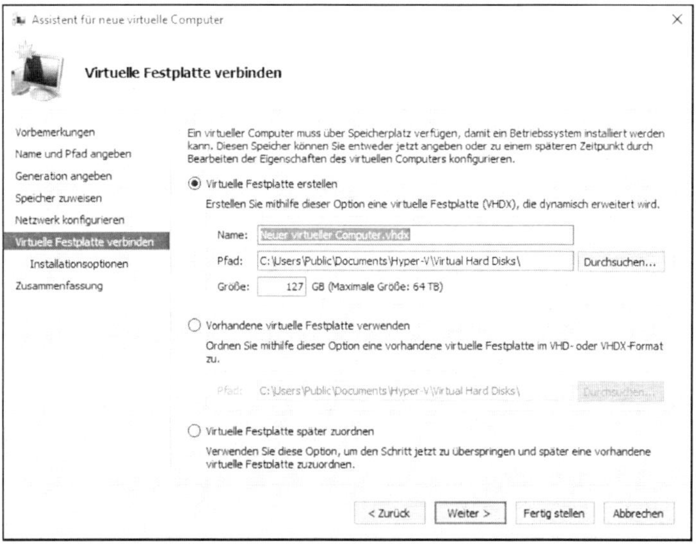

Abbildung 1.93: Virtuelle Festplatte

Im nächsten Schritt wählen Sie aus, ob das Betriebssystem gleich von einer DVD, einer Abbilddatei oder erst später installiert werden soll.

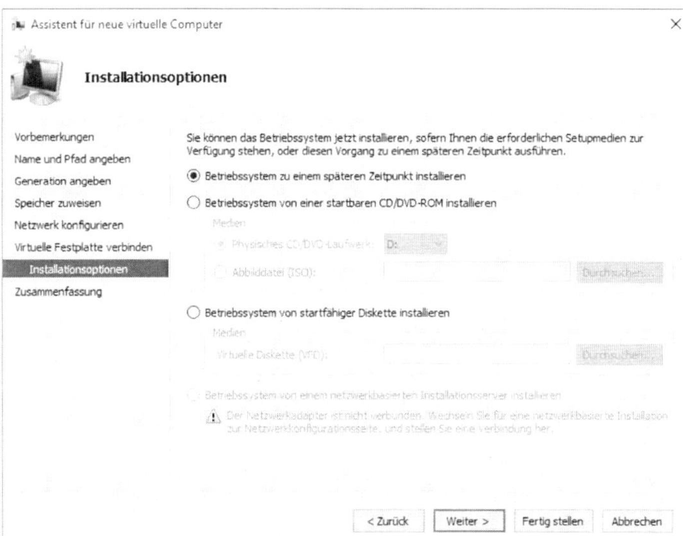

Abbildung 1.94: Installationsoptionen

Nun können Sie den neuen virtuellen Computer starten.

Hyper-V-Einstellungen

Natürlich können auch globale Einstellungen für die gesamte Maschine gemacht werden, dies sind die Hyper-V-Einstellungen.

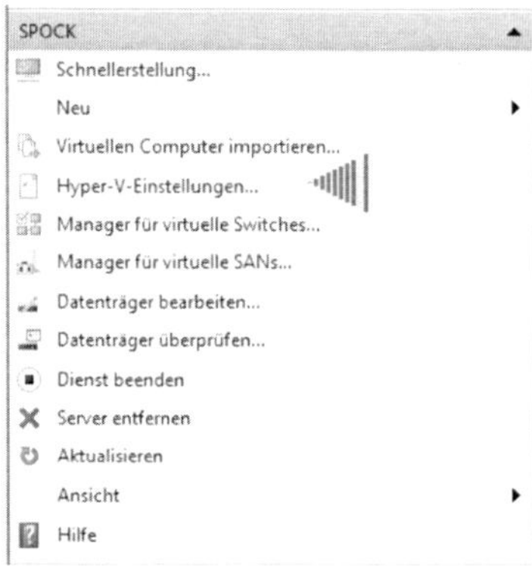

Abbildung 1.95: Hyper-V-Einstellungen

Sie sehen eine Konsole für die Konfiguration.

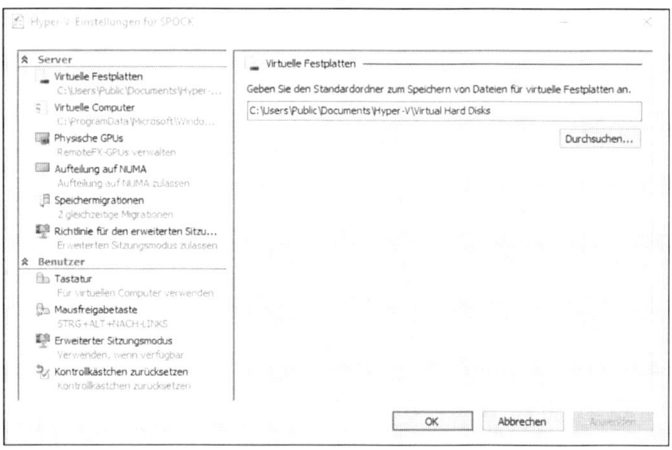

Abbildung 1.96: Konsole

Virtuelle Festplatten

Hier legen Sie den Standardpfad für die Speicherung der virtuellen Festplatten fest.

Virtuelle Computer

Dies ist der Speicherort für die Konfigurationsdateien der virtuellen Maschinen.

Physische GPUs

Wenn Sie die Desktopvirtualisierung benutzen, können Sie hier die Einstellungen für RemoteFX und die GPU-Verwaltung vornehmen.

Aufteilung auf Numa

Numa (Non Uniform Memory Access) ist eine Speicherarchitektur speziell für Multiprozessorsysteme.

Jeder Prozessor verwaltet einen Speicherbereich, mit dem er direkt verbunden ist. Über einen Bus und einen gemeinsamen Adressraum haben auch andere Prozessoren darauf Zugriff.

Daraus ergibt sich die Konsequenz, dass der Zugriff auf die Informationen sehr schnell ist, wenn sich die Daten im eigenen Speicherbereich befinden, aber relativ langsam, wenn die Daten erst über den Bus angesprochen werden müssen.

Wenn Sie nun den Haken hier setzen, werden die virtuellen Maschinen ebenfalls auf Numa-Knoten verteilt.

Dadurch sind sie dazu in der Lage, auf Speicher in jedem NUMA-Knoten zuzugreifen und diesen auch zu nutzen. Das ist die flexibelste Einstellung, kann aber leider zu Einbußen bei der Performance der virtuellen Maschinen führen.

Speichermigration

Hier legen Sie die Anzahl der gleichzeitigen Speichermigration fest.

Richtlinie für erweiterten Sitzungsmodus

Mit dieser Funktion lassen sich aus dem Hyper-V Manager RDP-Verbindungen aufbauen. Dies hat den Vorteil, dass man einige Remotedesktopfeatures benutzen kann, unter anderem die Umleitung lokaler Ressourcen. Hier wird die Richtlinie eingeschaltet.

Ein klassisches Beispiel ist der Austausch von Daten zwischen der virtuellen Maschine und dem Host.

Tastatur

Dies sind die Einstellungen für die Benutzer.

Der Knoten „Tastatur“ legt fest, wie die speziellen Windows-Tastenkombinationen von Hyper-V gehandhabt werden.

Es gibt die Optionen „für physischen Computer verwenden“, „für virtuellen Computer verwenden“ und die Option „für virtuellen Computer verwenden (nur bei Vollbild)“. Die erste Option gibt die Tastenkombinationen nicht an die virtuellen Maschinen weiter.

Die Option „nur bei Vollbild“ ist die Standardeinstellung und ist dann aktiv, wenn sich die Verbindung zur virtuellen Maschine im Vollbild befindet.

Mausfreigabe

Wenn eine virtuelle Maschine gestartet wird, ist die Maus in der virtuellen Maschine „gefangen“ und kann nicht mehr auf der physikalischen Maschine verwendet werden.

Hier kann nun die Tastenkombination festgelegt werden, mit der die Maus befreit wird. Die Standard-Tastenkombination ist STRG+ALT+NACH-LINKS.

Erweiterter Sitzungsmodus

An dieser Stelle aktivieren Sie den erweiterten Sitzungsmodus.

Kontrollkästchen zurücksetzen

Der letzte Punkt in den Hyper-V-Einstellungen setzt alle Kontrollkästchen zurück. Damit werden alle Meldungen, die mit „diese Meldung nicht noch einmal anzeigen“ deaktiviert worden sind, erneut beim nächsten Mal angezeigt.

Konfiguration der virtuellen Maschine

Die Einstellungen einer virtuellen Maschine können Sie jederzeit ändern, zumindest immer dann, wenn der Computer nicht läuft. Einige Einstellungen können Sie sogar bei laufender Maschine ändern, wie die Zuordnung der virtuellen Switche.

Zum Konfigurieren klicken Sie mit der rechten Maustaste auf die gewünschte virtuelle Maschine und wählen „Einstellungen“.

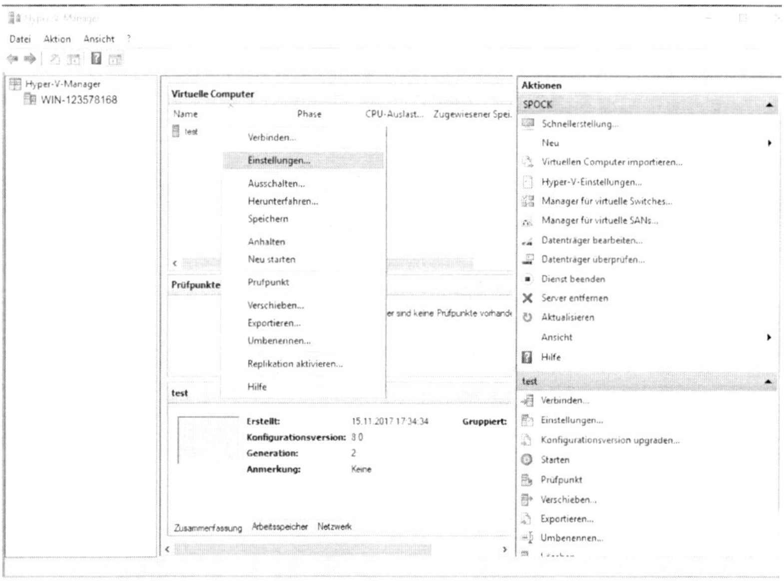

Abbildung 1.97: Einstellungen

Nun sehen Sie alle Einstellungsmöglichkeiten.

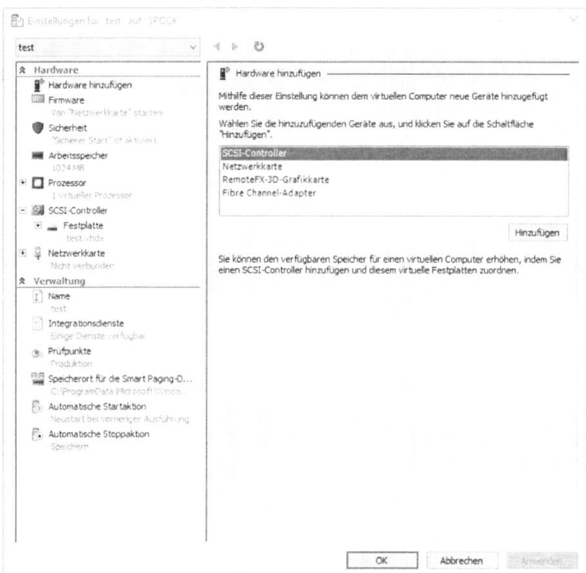

Abbildung 1.98: Alle Einstellungen

Einige der wichtigen Einstellungen betrachten wir an dieser Stelle genauer.

Hardware hinzufügen

Sollten Sie neue virtuelle Hardwarekomponenten benötigen, können Sie diese an dieser Stelle definieren.

Firmware

Hier legen Sie die Startreihenfolge fest.

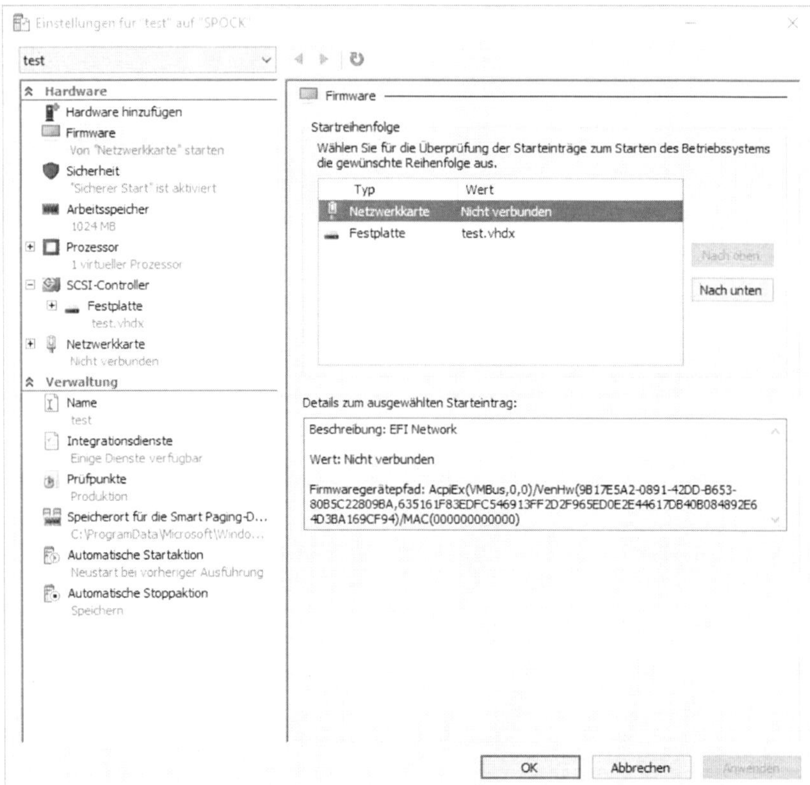

Abbildung 1.99: Firmware

Sicherheit

Hier legen Sie den sicheren Start fest.

Auch können Sie hier TPM für die virtuelle Maschine einrichten. Dies ist eine neue Funktion von Windows 10 und bietet nun endlich auch die Möglichkeit, virtuelle Maschinen zu verschlüsseln.

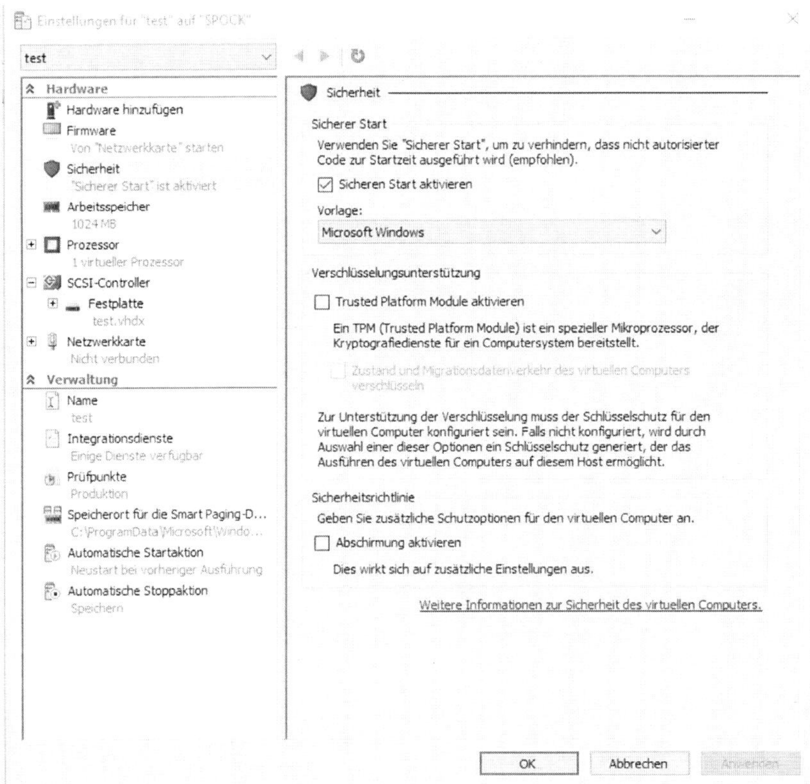

Abbildung 1.100: Sicherheit

Im letzten Schritt ist es möglich, die Abschirmung zu aktivieren.

Arbeitsspeicher

Sie können jeder Maschine hier dynamischen Arbeitsspeicher zuweisen. Dazu geben Sie einen Startwert an, und einen Maximalwert, bis zu dem er ansteigen kann.

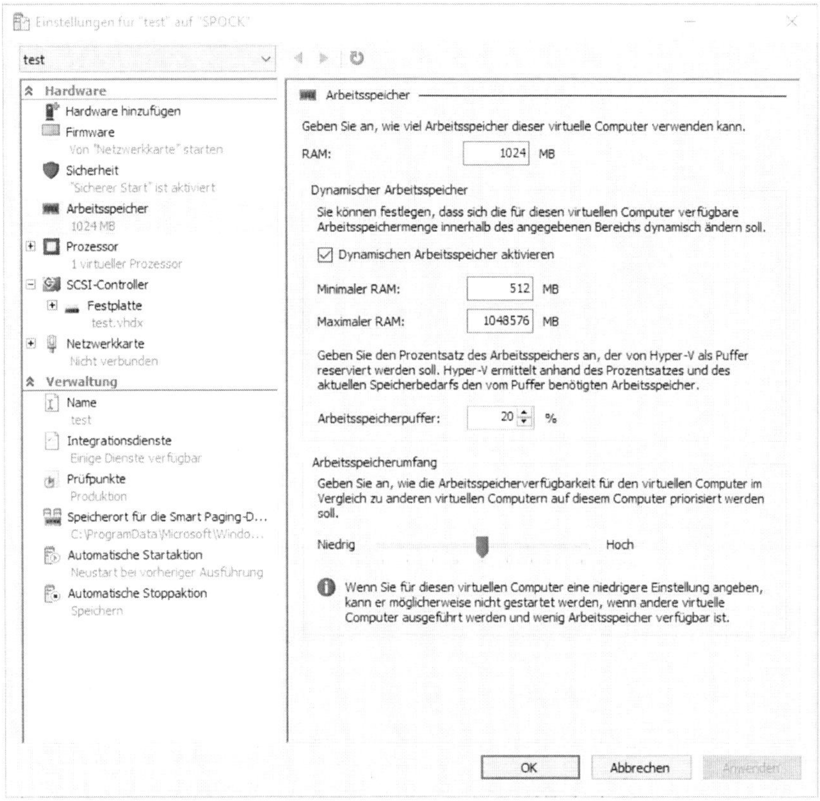

Abbildung 1.101: Arbeitsspeicher

An dieser Stelle können Sie auch jederzeit den Arbeitsspeicher ändern, auch wenn die virtuelle Maschine läuft!

Prozessor

Bei der Konfiguration des Prozessors ist besonders die Ressourcensteuerung interessant.

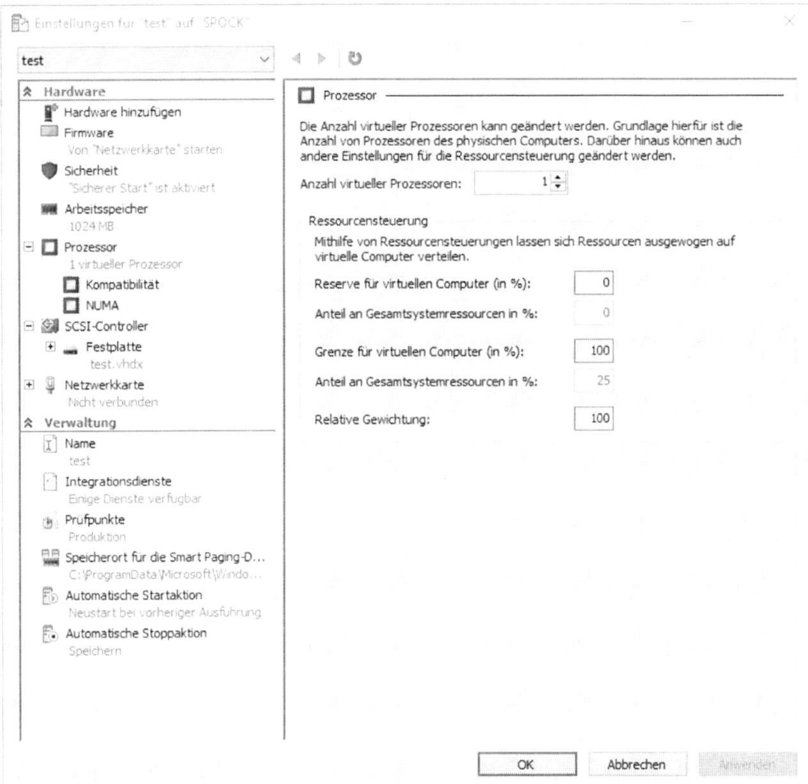

Abbildung 1.102: Prozessor

Hier können Sie die Prozessorzeit zuordnen.

Der Unterpunkt „Kompatibilität" hat nur eine Bedeutung für die Livemigration, bei der ein virtueller Computer auf einen anderen Host verschoben wird.

Wenn die Hardware nicht 100% identisch ist, läuft die virtuelle Maschine eventuell nicht.

Deswegen sollte der Haken hier gesetzt sein.

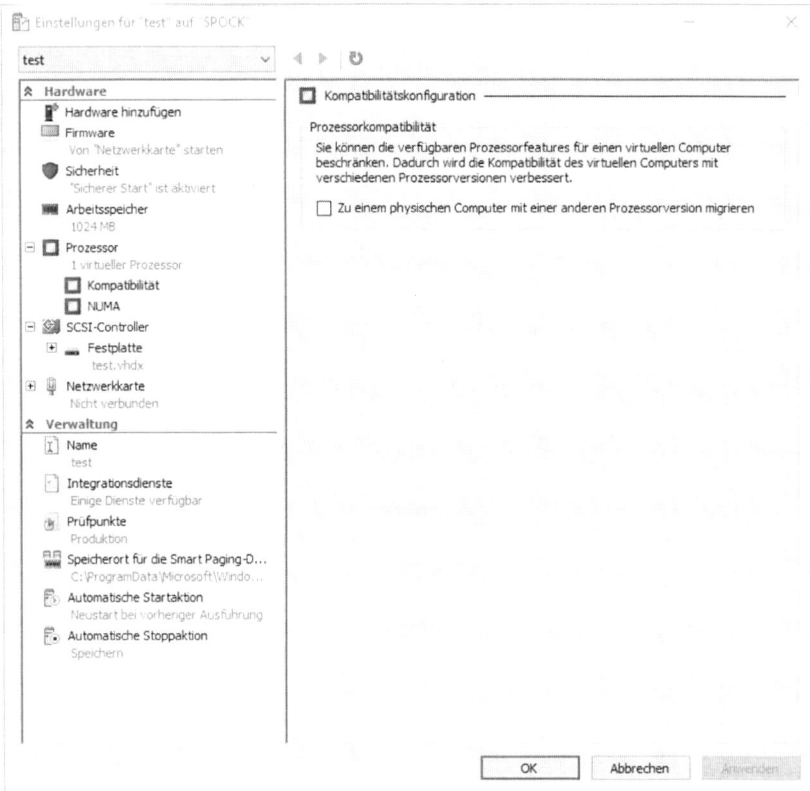

Abbildung 1.103: Kompatibilität

Bleibt noch der Unterpunkt „NUMA“.

Aufteilung auf NUMA

Bei der Konfiguration der Hostmaschine haben wir gesehen, dass NUMA (Non Uniform Memory Access) aktiviert werden kann.

Hier wird nun die Einteilung für die entsprechende virtuelle Maschine festgelegt.

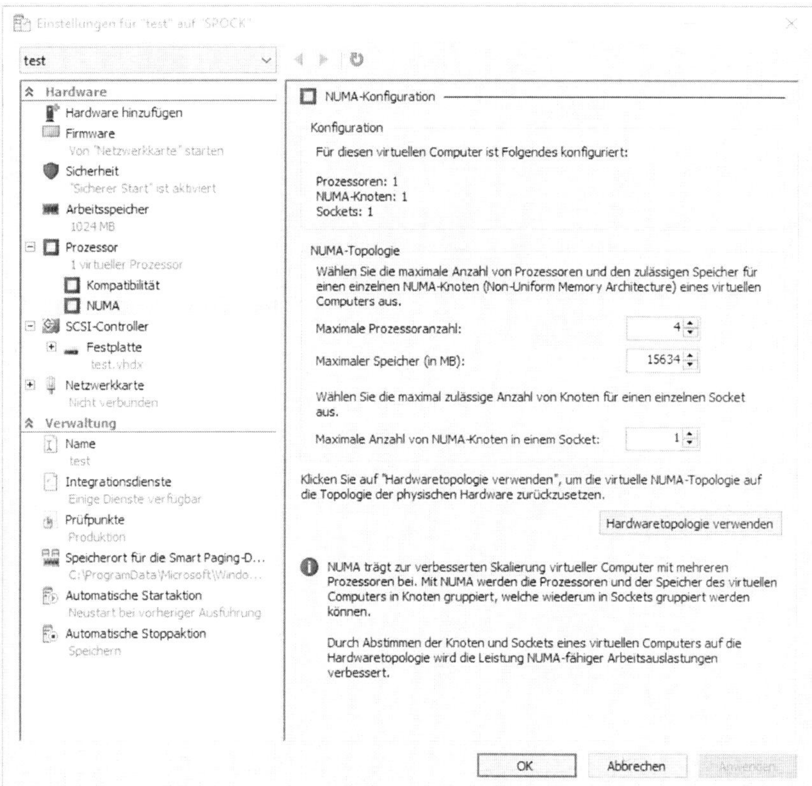

Abbildung 1.104: NUMA

SCSI-Controller

Hier können Sie weitere Laufwerke hinzufügen.

Eine sehr interessante Einstellungsmöglichkeit finden Sie unterhalb der Festplatten: QoS.

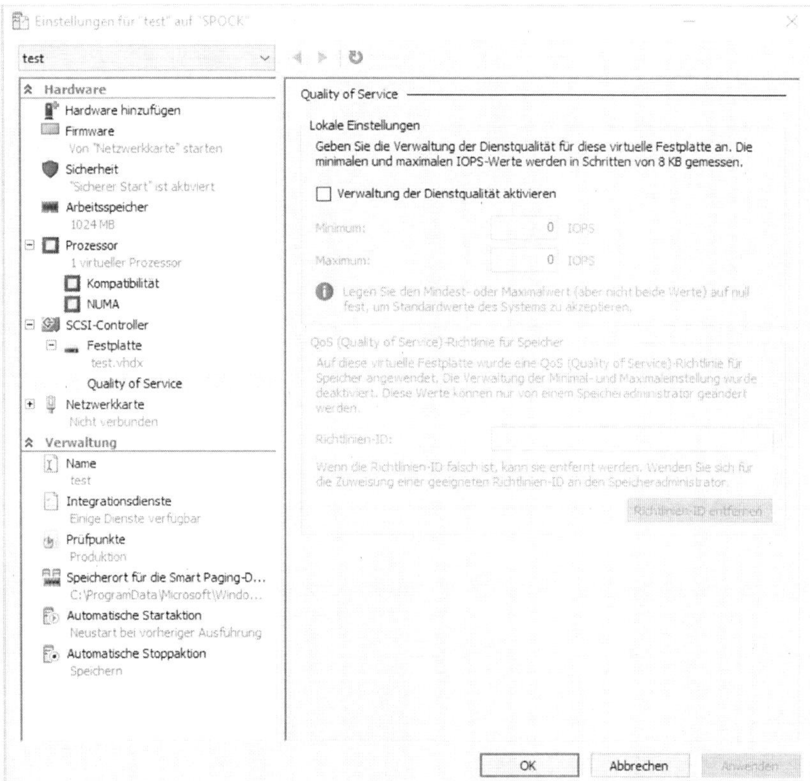

Abbildung 1.105: QoS

QoS, Quality of Service, ist die Kontrolle der Zugriffe auf die Festplatten. Hierbei wird eine Untergrenze und eine Obergrenze für IOPS (Input/Output operations per Second) festgelegt.

Diese Grenzen werden für jedes Laufwerk festgelegt, damit sind Sie sehr flexibel.

Netzwerkkarte

Bei den Netzwerkkarten gibt es sehr viele wichtige Einstellungsmöglichkeiten.

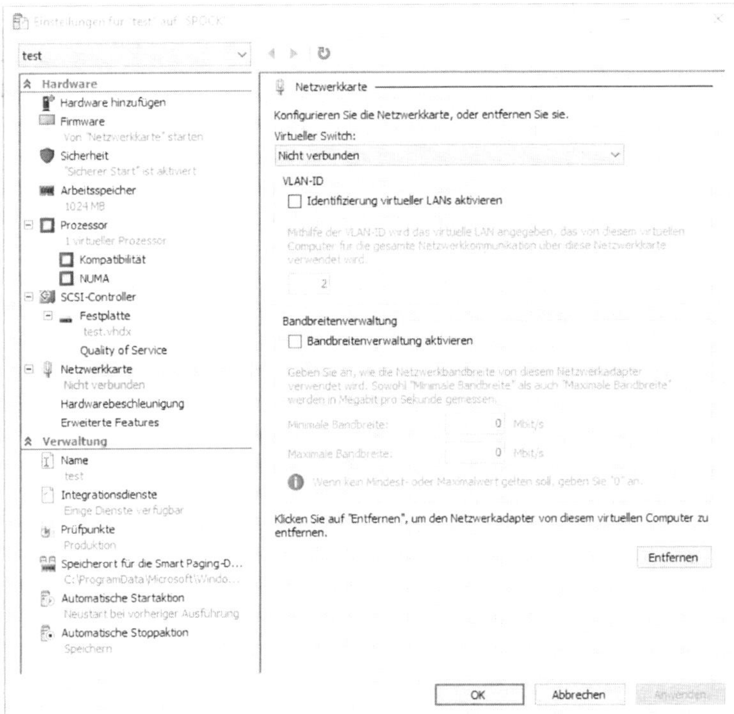

Abbildung 1.106: Netzwerkkarte

Zunächst können wir hier den virtuellen Switch wählen, mit dem wir arbeiten wollen.

VLAN-ID

Hier legen Sie fest, welches virtuelle LAN benutzt werden soll.

Sie legen eine eindeutige Identifikationsnummer fest, die den Datenverkehr isoliert.

Die Bandbreitenverwaltung ist ebenfalls eine interessante Konfigurationsmöglichkeit. Sie können sowohl die minimale als auch die maximale Bandbreite für die gewählte Netzwerkkarte festlegen.

Integrationsdienste

Die Integrationsdienste sind die Schnittstelle der virtuellen Maschine zur realen Maschine.

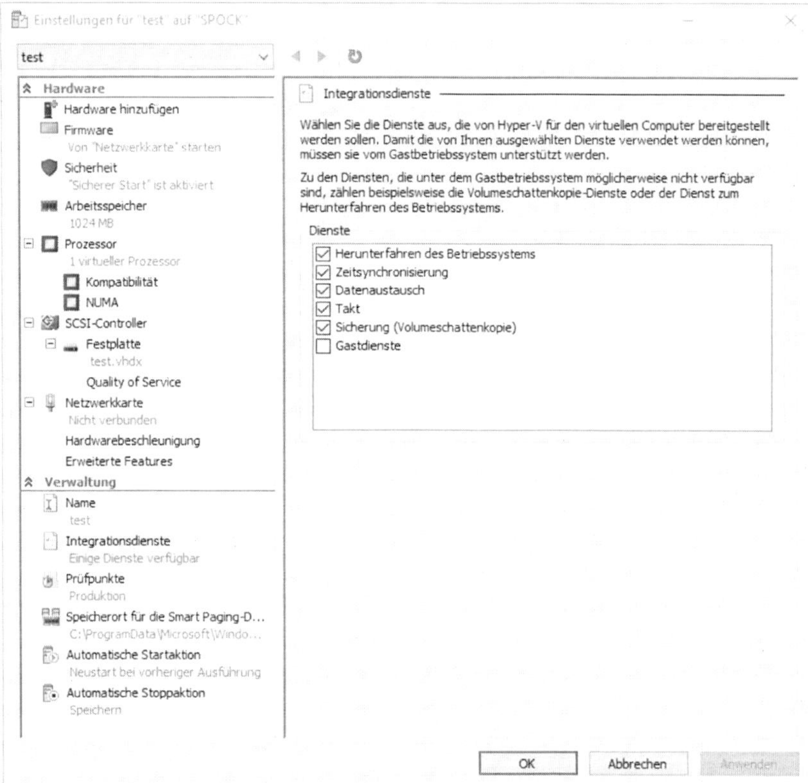

Abbildung 1.107: Integrationsdienste

Hier legen Sie fest, welcher Informationsaustausch zwischen den beiden Maschinen erlaubt sein soll.

Prüfpunkte

Prüfpunkte kennen wir noch von den vorherigen Versionen, in denen sie „Schnappschüsse" genannt wurden.

Es sind Momentaufnahmen vom derzeitigen Zustand eines Betriebssystems.

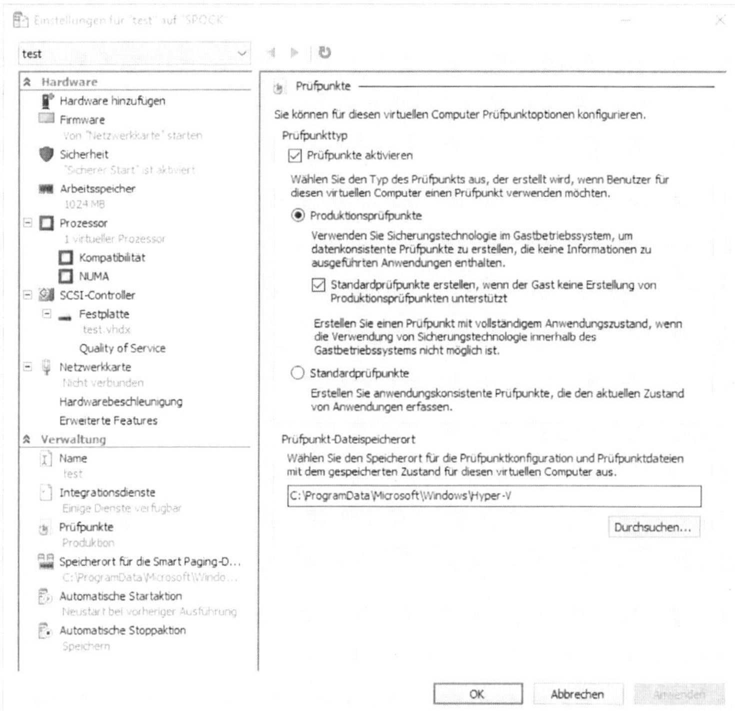

Abbildung 1.108: Prüfpunkte

Hier können Sie wählen, ob Sie Prüfpunkte aktivieren möchten oder nicht.

Es gibt zwei verschiedene Arten von Prüfpunkten:

Standardprüfpunkte

Standardprüfpunkte sind die bekannte Technologie, bei der eine Momentaufnahme vom derzeitigen Zustand vom virtuellen Computer und seinem Arbeitsspeicher gemacht wird.

Produktionsprüfpunkte

Dies ist eine neue Technologie, die in Windows 10 und Windows Server 2016 zu finden ist.

Hierbei wird der Volumenschattenkopie-Dienst (VSS Volume SnapShot Service) benutzt. Hierbei wird der Status des Arbeitsspeichers nicht gesichert.

Wenn Sie Produktionsprüfpunkte auf virtuellen Maschinen benutzen wollen, die auf einer vorherigen Version vom Windows Server erstellt worden sind, müssen Sie die virtuelle Maschine zunächst herunterfahren, und dann auf die aktuelle Version 8.0 upgraden.

Dies machen Sie mit 2 Cmdlets

Stop-VM

Upgrade-VMVersion

Danach können Sie Produktionsprüfpunkte für die virtuelle Maschine aktivieren

Set-VM –CheckpointType

ACHTUNG!

Eine Hyper-V VM wird vom System angehalten, wenn der Speicherplatz auf dem Laufwerk, welches von der VM für die virtuelle Festplatte verwendet wird, knapp wird!

PowerShell Direct

Eine Neuerung von Windows 10 ist die Möglichkeit, direkt vom Hyper-V Host aus PowerShell Befehle an eine virtuelle Maschine weiterzugeben.

Das funktioniert mit dem Tool „PowerShell Direct“.

Der Vorteil an dieser Möglichkeit ist, dass es nicht nötig ist, die virtuelle Maschine über das Netzwerk anzusprechen, sondern der Zugriff kann einfach über den physischen Host geschehen.

Die Vorgehensweise ist einfach. Zunächst öffnen Sie PowerShell.

ACHTUNG!

Für diese Art der Kommunikation muss die PowerShell im Administratormodus gestartet werden!

Dann geben Sie ein

Enter-PSSession <Name der virtuellen Maschine>

Damit haben Sie eine interaktive Sitzung mit der virtuellen Maschine eingerichtet.

Befehle geben Sie ein mit

Invoke-Command

Zu beachten ist auch, dass sowohl die Hostmaschine als auch die virtuelle Maschine, auf die Sie zugreifen möchten, entweder Windows 10 oder Windows Server 2016 sein muss. Ältere Systeme werden nicht unterstützt.

Nested Virtualization

Eine große Neuerung in Windows 10 und auch Windows Server 2016 ist die „Nested Virtualization".

Bisher war es nicht möglich, innerhalb einer virtuellen Maschine eine weitere virtuelle Maschine zu erstellen.

Das ist nun möglich.

Einige Einschränkungen gibt es allerdings, wenn man die „Verschachtelte Virtualisierung" einsetzen möchte:

- Dies funktioniert nur mit Windows 10 und Windows Server 2016

  ACHTUNG!

  Windows 10 benötigt mindestens das Anniversary Update auf dem Hyper-V Host und dem virtualisierten Host!

  Zur Kontrolle: das entspricht Build 14393.xxx
- Der Arbeitsspeicher der virtuellen Hostmaschine muss statisch sein, dynamischer RAM funktioniert nicht
- Die Größe des Arbeitsspeichers der virtuellen Hostmaschine kann nicht während der Laufzeit geändert werden

- Checkpoints der virtuellen Hostmaschine sind nicht möglich
- Bei der virtuellen Hostmaschine muss „Mac-Spoofing" aktiviert sein
- Speichern und neu Starten funktioniert nicht

Ein sehr großer Arbeitsspeicher ist für „Nested Virtualization" absolut unabdingbar. Das Minimum wird mit 4 GB angegeben, aber in jedem Fall sollten Sie mit mehr RAM arbeiten, um anständige Laufzeiten zu erhalten.

Erstellen der virtuellen Hostmaschine

Der erste Schritt ist natürlich, auf der realen Hostmaschine Hyper-V zu installieren.

Innerhalb von Hyper-V der realen Maschine erstellen Sie nun die Maschine, die später die virtuelle Hostmaschine sein soll, also die Maschine, die später weitere virtuelle Maschinen enthalten wird.

Konfigurieren der virtuellen Hostmaschine

Nun kommt der entscheidende Schritt.

Die virtuelle Hostmaschine muss für ihren geplanten Einsatz konfiguriert werden, also muss statischer RAM und alle anderen Dinge konfiguriert werden.

Sie können diese Einstellungen natürlich manuell machen.

Hierfür benutzen Sie folgende PowerShell Cmdlets:

Set-VMProcessor -VMName <NameDerVM> -ExposeVirtualizationExtensions 1

Get-VMNetworkAdapter -VMName <NameDerVM> | Set-VMNetworkAdapter -MacAddressSpoofing On

Set-VMMemory <NameDerVM> -DynamicMemoryEnabled $false

Allerdings gibt es auch ein Skript zum Download, in dem die Schritte zusammengefasst sind.

Sie finden es unter:

https://raw.githubusercontent.com/Microsoft/Virtualization-Documentation/master/hyperv-tools/Nested/Enable-NestedVm.ps1

Laden Sie dieses Script herunter und führen Sie es auf der Host-Maschine aus.

Die Syntax lautet

./Enable-Nested-Vm.ps1 –VmName <Name der VM>

Exkurs

PowerShell ist so konfiguriert, dass in der Standardeinstellung Scripte nicht ausgeführt werden.

Dies müssen wir zunächst ändern.

Das Cmdlet dafür lautet:

Set-ExecutionPolicy

Es gibt mehrere Stufen der Script-Freigabe, zwischen denen wir uns entscheiden müssen:

Restricted:

Dies ist die Standardeinstellung. Damit ist eine Scriptausführung nicht möglich.

Allsigned:

Mit dieser Einstellung werden nur Scripte ausgeführt, die digital signiert sind. Unbekannte Signaturen werden abgefragt und benötigen eine Bestätigung.

Remotesigned:

Hierbei werden Scripte aus dem Internet ausgeführt, wenn die Signatur von einem vertrauenswürdigen Autor kommt. Lokale Scripte werden ausgeführt, bei unbekannten Signaturen wird aber nachgefragt.

Unrestricted:

Hier sind Signaturen unnötig, Scripte werden ausgeführt. Nur bei Scripten aus dem Internet wird nachgefragt.

Für unser Beispiel setzen wir den Ausführungsmodus auf „Unrestricted“.

Damit heißt der komplette Befehl:

Set-ExecutionPolicy Unrestricted

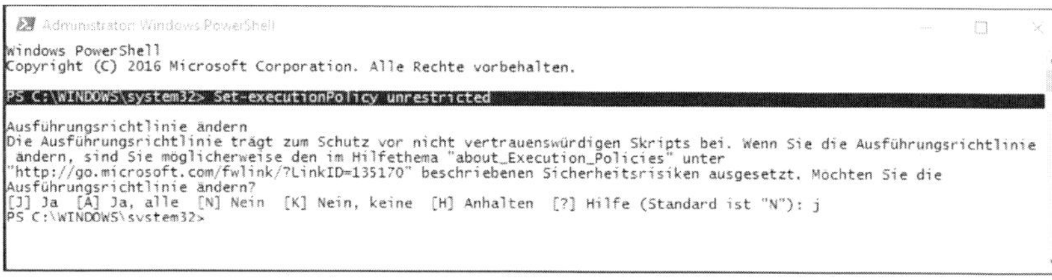

Abbildung 1.109: Ausführung von Scripten erlauben

Aber nun zurück zum Ausführen des Konfigurationsskripts auf der realen Maschine.

Kopieren Sie das Script auf die reale Maschine und öffnen Sie PowerShell. Das Ausführen von Scripten muss erlaubt sein.

Wenn Sie eine virtuelle Maschine mit dem Namen „Host“ erstellt haben, lautet die Syntax:

./Enable-NestedVm.ps1 –VmName Host

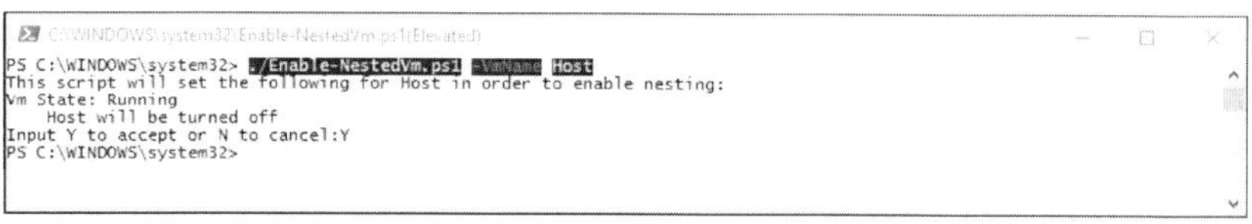

Abbildung 1.110: Ausführen des Konfigurationsskriptes

Nun wird die virtuelle Maschine konfiguriert und dann heruntergefahren.

Das war alles.

Nun kann innerhalb der virtuellen Maschine Hyper-V installiert werden und verschachtelte virtuelle Maschinen erzeugt werden.

1.5.5 Energieoptionen konfigurieren

Gerade für Notebooks sind die Energieoptionen von großer Bedeutung.

Zwar haben die Akkus von mobilen Geräten mittlerweile eine ziemlich lange Laufzeit, wenn aber viele Geräte angeschlossen sind, ist auch der stärkste Akku irgendwann einmal leer.

Aus diesem Grund ist es von großer Wichtigkeit, die Geräte von Notebooks nur dann zu betreiben, also mit Strom zu versorgen, wenn es unbedingt nötig ist.

Aus diesem Grund sind zwei verschiedene Energiesparfunktionen geschaffen worden:

Energie sparen

Der Modus „Energie sparen" (Standbyzustand) ist uns allen aus dem Alltag bekannt. Geräte werden häufig auf Standby geschaltet.

Für ein mobiles Gerät bedeutet dies, dass Festplatte und Monitor ausgeschaltet werden, das System aber auf niedrigem Energieniveau weiterbetrieben wird.

Vorteil: Es wird viel weniger Strom benötigt

Nachteil: Sollten die Batterien während des Standbyzustands versagen, sind alle nicht gespeicherten Daten verloren

Ruhezustand

Der Ruhezustand geht einen Schritt weiter. Der gesamte Arbeitsspeicher wird auf die Festplatte gespeichert, und das System wird danach heruntergefahren.

Im Ruhezustand benötigt ein Notebook überhaupt keinen Strom, es dauert allerdings etwas länger, bis das System wieder einsatzbereit ist.

Vorteil: Zustand völlig ohne Strom

Nachteil: Es muss genug Festplattenspeicher vorhanden sein

Das System braucht länger zum Starten

ACHTUNG!

Beim Ruhezustand wird der komplette Inhalt des Arbeitsspeichers auf die Festplatte gespeichert, und zwar auf die Partition, auf der das System gespeichert ist. Normalerweise ist dies C:\.

Wenn Sie beispielsweise einen Arbeitsspeicher von 4 GB haben, müssen Sie auch 4 GB freien Speicherplatz auf der Partition haben, auf der das System gespeichert ist. Andernfalls funktioniert der Ruhezustand nicht.

Wo können wir die Energieoptionen konfigurieren?

Dazu öffnen wir die Einstellungen und wechseln zu System – Netzbetrieb und Energiesparen.

Abbildung 1.111: Energieoptionen

Leider können wir an dieser Stelle relativ wenige Einstellungen machen, deswegen müssen wir „zusätzliche Energieeinstellungen“ wählen.

Dies bringt uns in die alte Systemsteuerung.

Hier sehen Sie die vordefinierten Energiesparpläne.

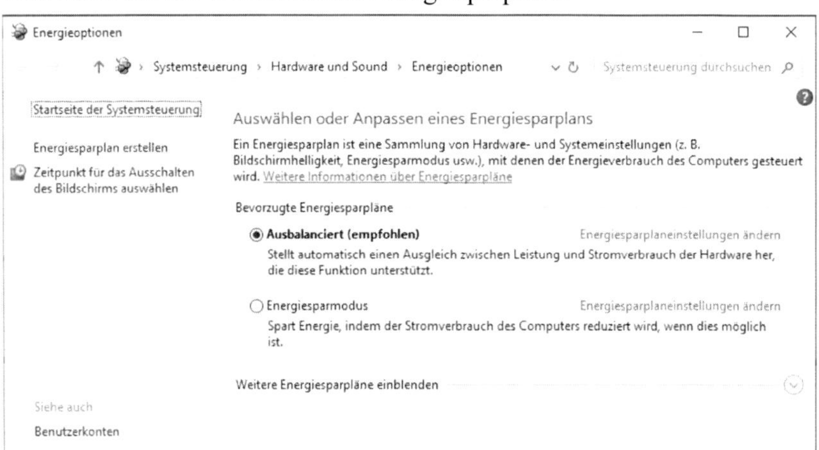

Abbildung 1.112: Energiesparpläne

Die Werte dieser Pläne können Sie betrachten, indem Sie jeweils auf „Energiesparplaneinstellungen ändern“ klicken.

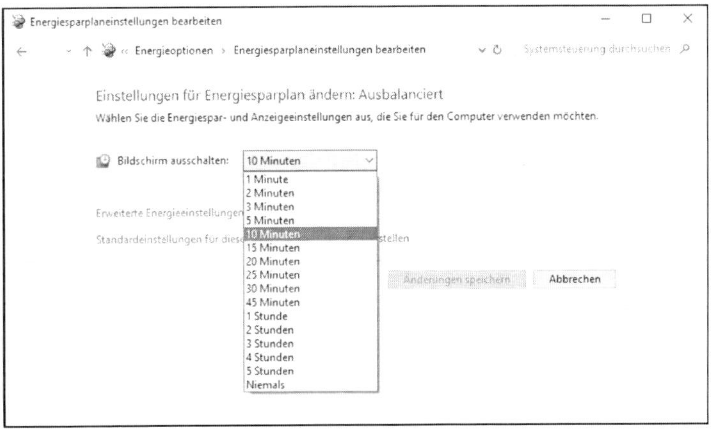

Abbildung 1.113: Einstellungen ändern

Sie sehen, auf den ersten Blick wird hier verwaltet, wann der Bildschirm ausgeschaltet wird.

Das ist aber bei weitem nicht alles.

Wenn Sie auf „Erweiterte Energieeinstellungen ändern" klicken, gelangen Sie zu einem Menü, indem Sie das Verhalten beinahe aller Hardwarekomponenten konfigurieren können.

Abbildung 1.114: Erweiterte Optionen

Sie sehen, Sie können eine Menge Einstellungen vornehmen.

Sollten Sie die vorhandenen Energiesparpläne ändern, können Sie die Standardeinstellungen jederzeit wiederherstellen, indem Sie auf „Standardeinstellungen für diesen Energieplan wiederherstellen" klicken.

Im weiteren Verlauf können Sie festlegen, was passieren soll, wenn Sie den Deckel schließen, oder den Netzschalter drücken.

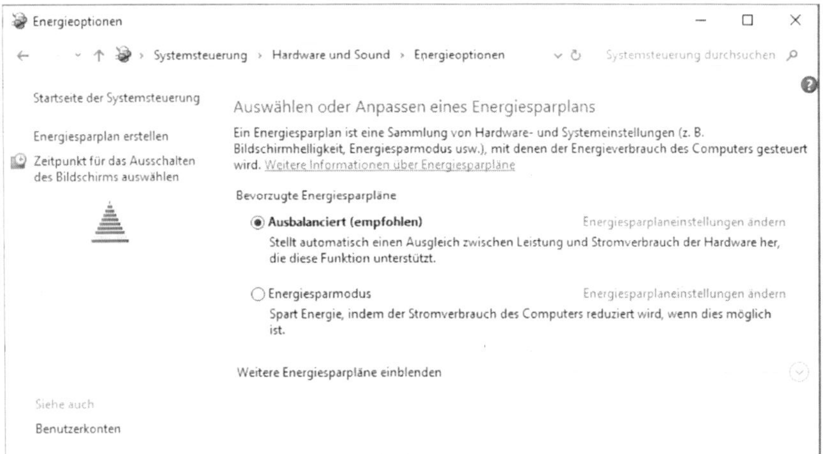

Abbildung 1.115: Deckel schließen oder Netzschalter drücken

Diese Einstellungen haben wir bereits in der Liste der Standardeinstellungen gesehen, und sie können sowohl dort als auch hier geändert werden.

Auf die gleiche Weise können Sie bequem im Menü das Ausschalten des Bildschirms festlegen, und wann in den Energiesparmodus geschaltet wird.

Sie sehen, es gibt für die gebräuchlichsten Einstellungen mindestens zwei Stellen, an denen Sie diese konfigurieren können.

Wählen Sie diese Einstellungen sorgfältig aus, denn nur mit gut gewählten Einstellungen können Sie Ihr mobiles Gerät lange auch im Akkubetrieb nutzen.

1.5.6 Installation von zusätzlichen Windows-Funktionen

Windows 10 wird nicht mit allen möglichen Komponenten installiert, sondern es wird nur eine Grundinstallation erzeugt.

Sollten Sie später andere Funktionen zusätzlich benötigen, ist das kein Problem.

Sie öffnen die Systemsteuerung und wählen

- Programme
- Windows-Features aktivieren oder deaktivieren

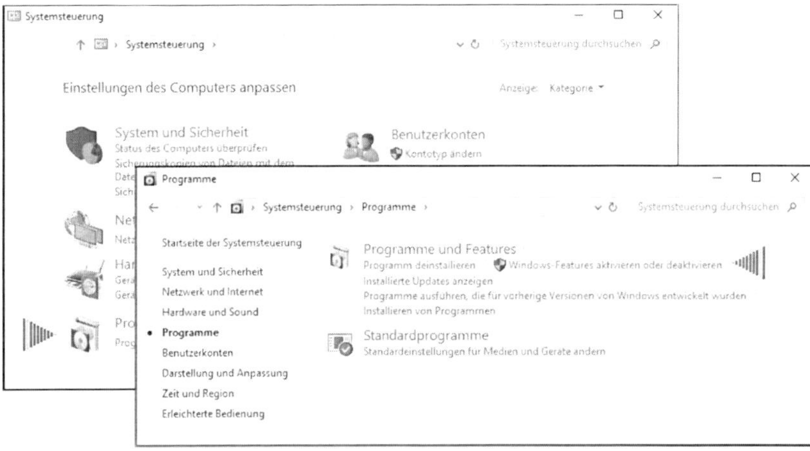

Abbildung 1.116: Windows-Features aktivieren oder deaktivieren

Dann öffnet sich ein Auswahlmenü. Hier können Sie die Windows 10 Installation nach Ihren Wünschen anpassen.

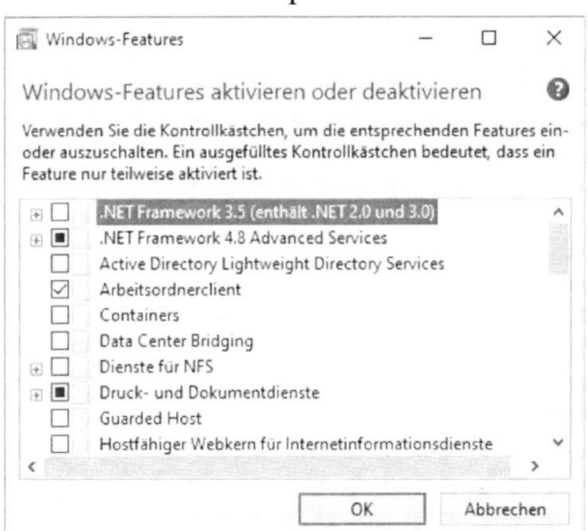

Abbildung 1.117: Windows-Features

Als Beispiel möchte ich an dieser Stelle die Funktion „Hyper-V“ erwähnen, die wir bereits betrachtet haben.

1.5.7 Sonstige Einstellungen

Windows 10 kann nach der Installation noch weiter konfiguriert werden.

Die meisten benötigten Funktionen finden Sie unter den „Einstellungen“.

An dieser Stelle können Sie Windows 10 auf Ihre persönlichen Bedürfnisse einstellen und konfigurieren.

Es lohnt sich, einen Blick auf alle Einstellungsmöglichkeiten zu werfen!

Als Beispiel nehmen wir die Spracheinstellungen heraus.

Abbildung 1.118: Einstellungen

Spracheinstellungen

Um die Spracheinstellungen zu ändern, beispielsweise eine neue Sprache hinzuzufügen, wählen Sie „Zeit und Sprache“.

Dann wechseln Sie auf „Sprache“.

Hier sehen Sie alle installierten Sprachen. Um eine weitere Sprache hinzuzufügen, klicken Sie auf „Bevorzugte Sprache hinzufügen“.

Abbildung 1.119: Region und Sprache

Sie erhalten eine Auswahl und können die gewünschte Sprache wählen.

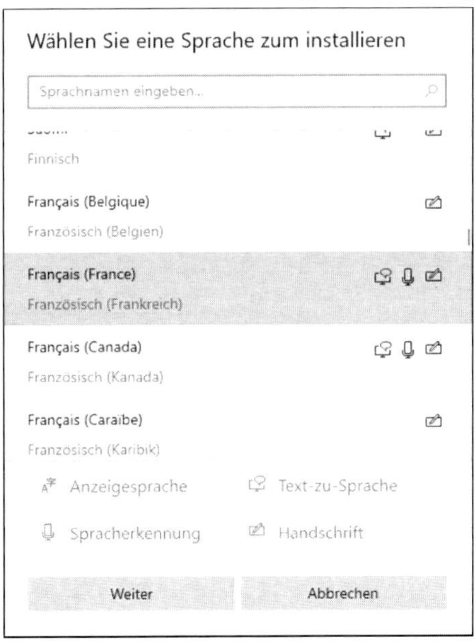

Abbildung 1.120: Auswahl Sprache

Nach Auswahl der Sprache können Sie noch die zu installierenden

Features wählen.

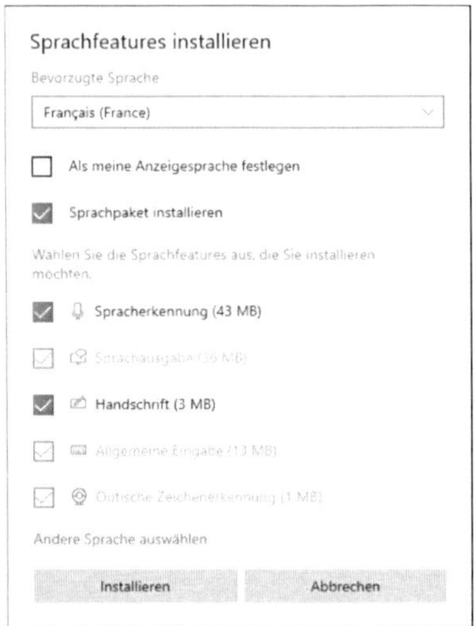

Abbildung 1.121: Sprachfeatures

Nach Abschluss sehen Sie, dass das Sprachpaket nun installiert ist.

Abbildung 1.122: Sprachpaket ist installiert

Sie können die neue Sprache nun als Standard setzen, indem Sie mit den Pfeilen eine Reihenfolge festsetzen. Die obere Sprache ist immer die Standardsprache.

1.6 Zusammenfassung, Übungen / Aufgaben

1.6.1 Zusammenfassung

Windows 10 gibt es in verschiedenen Versionen.

Zum Start von Windows 10 im Juli 2015 galten zunächst die gleichen Systemanforderungen wie bereits für Windows 7 und Windows 8. Im Mai 2016 hat Microsoft die Systemanforderungen etwas nach oben korrigiert.

Komponente	**Mindestanforderung**	
	32-bit	**64-bit**
Display	7-Zoll	7-Zoll
Auflösung	800 x 600	800 x 600
Prozessor	1 GHz	1 GHz
Arbeitsspeicher	1 GB	2 GB
Freier Platz auf Festplatte	16 GB	20 GB
Grafikkarte	DirectX 9 mit WDDM 1.0	DirectX 9 mit WDDM 1.0

Für bestimmte Anforderungen muss die Hardware entsprechend angepasst werden, beispielsweise wird ein bestimmter Prozessor benötigt, um Hyper-V aktivieren zu können.

Prinzipiell gibt es folgende mögliche Installationsmedien:

- DVD
- USB-Stick
- ISO-Datei

Egal, für welches Medium Sie sich entscheiden, Sie benötigen eine Lizenz für Windows 10.

Nachdem die Vorbereitungen getroffen sind, kann nun die Installation gestartet werden. Dafür gibt es verschiedene Möglichkeiten.

- Neuinstallation
- Upgrade von früheren Versionen

- Windows To Go
- Installation auf einer virtuellen Festplatte

Um eine Partition bootfähig zu machen, gibt es ein kleines Systemtool mit Namen „BCDEdit.exe“.

Um die Benutzerdaten auf der alten Installation zu sichern und auf die neue Installation wieder zurückzusichern, benötigen Sie das „User State Migration Tool“.

USMT setzt sich in erster Linie aus zwei Befehlen zusammen:

- Scanstate.exe
- Loadstate.exe

Außerdem gibt es noch einige .xml-Dateien.

Oft muss Windows 10 nicht nur auf einer einzelnen Maschine installiert werden, sondern auf vielen. In diesem Fall ist es nicht sinnvoll, die normale Einzelplatzinstallation auf jedem einzelnen Rechner auszuführen, diese Vorgehensweise wäre viel zu langsam und auch zu fehleranfällig.

Wir benötigen hierfür Möglichkeiten, so genannte Massenrollouts zu generieren, dies sind Installationen, bei denen automatisiert eine große Anzahl an Computern mit dem Betriebssystem versorgt wird.

Wenn Sie Images verändern möchten, gibt Microsoft Ihnen ein sehr gutes Tool zur Hand, den „Windows Imaging and Configuration Designer (ICD)“.

Hiermit können Sie Images verändern und neue Images erstellen. Sogar Programme und Treiber können Sie auf einfache Art in das Image einbinden.

Mit dem Tool DISM.EXE kann ein erstelltes Image bearbeitet werden.

Mit Sysprep können Sie einen Computer klonen, um diese Installation auf vielen anderen Rechnern anzuwenden.

Images müssen verteilt werden, dies kann mit einer Antwortdatei vorgenommen werden. Auch kann ein Image auf eine virtuelle Festplatte expandiert werden.

Nach der Installation muss jeder Computer aktiviert werden. Dafür gibt es verschiedene Methoden.

Der Desktop ist der persönliche Schreibtisch, den sich die meisten individuell einrichten möchten. Sie haben viele Möglichkeiten, ihn zu konfigurieren.

Cortana ist der Sprachassistent von Microsoft.

Edge ist der neue Browser von Windows 10. Der Internet Explorer wird nur noch aus Kompatibilitätsgründen mitgeliefert und soll auslaufen.

Edge ist auch der Standardbrowser und direkt aus der Taskleiste startbar.

Vielen ist Hyper-V schon vom Server her bekannt. In Windows 10 hat Microsoft die bekannte Virtualisierungsplattform noch einmal erheblich verbessert. So können nun viele Verwaltungstasks, wie das Hinzufügen von virtuellen Switches, im laufenden Betrieb vorgenommen werden. Auch der Arbeitsspeicher kann nun angepasst werden, ohne dass die virtuelle Maschine heruntergefahren werden muss.

Eine große Neuerung in Windows 10 und auch Windows Server 2016 ist die „Nested Virtualization".

Bisher war es nicht möglich, innerhalb einer virtuellen Maschine eine weitere virtuelle Maschine zu erstellen.

Das ist nun möglich.

Gerade für Notebooks sind die Energieoptionen von großer Bedeutung.

Zwar haben die Akkus von mobilen Geräten mittlerweile eine ziemlich lange Laufzeit, wenn aber viele Geräte angeschlossen sind, ist auch der stärkste Akku irgendwann einmal leer.

Aus diesem Grund ist es von großer Wichtigkeit, die Geräte von Notebooks nur dann zu betreiben, also mit Strom zu versorgen, wenn es unbedingt nötig ist.

Aus diesem Grund sind zwei verschiedene Energiesparfunktionen geschaffen worden:

- Energie sparen
- Ruhezustand

Windows 10 wird nicht mit allen möglichen Komponenten installiert, sondern es wird nur eine Grundinstallation erzeugt.

Sollten Sie später andere Funktionen zusätzlich benötigen, ist das kein Problem.

Sie öffnen die Systemsteuerung und wählen

- Programme
- Windows-Features aktivieren oder deaktivieren

Gerätetreiber sind Softwareprodukte, die die Schnittstelle zwischen dem Gerät und dem Betriebssystem darstellen.

1.6.2 Übungen

1. Starten Sie die virtuellen Maschinen „DC“ und „W7-Upgrade“.
2. Überlegen Sie, welche Versionen von Windows 10 für welchen Einsatzbereich in Frage kommen.
3. Welche Hardwarevoraussetzungen benötigen Sie?
4. Wechseln Sie zur virtuellen Maschine „W7-Upgrade“. Melden Sie sich als „User1“ mit dem Kennwort „Kennw0rt!“ an (Bitte beachten Sie: Dieses Kennwort enthält die Ziffer „0“ und am Ende ein „!“).
5. Laden Sie das „Media Creation Tool“ herunter und erstellen Sie eine ISO-Datei für die Installation.
6. Installieren Sie in der virtuellen Maschine „W10“ Windows 10, wenn vorhanden, die Enterprise Edition.

   Belassen Sie die Standardeinstellungen bei der Festplatten-einteilung.

   Ändern Sie die Netzwerkkarte auf externen Zugriff. Passen Sie die IP-Konfiguration dementsprechend an.

   Geben Sie als Benutzernamen „User2“ an.

   Das Kennwort ist „Kennw0rt!“ (Bitte beachten Sie: Dieses Kennwort enthält die Ziffer „0“ und am Ende ein „!“).

   Wählen Sie einen entsprechenden Kennworthinweis.

   Verwenden Sie weiterhin die empfohlenen, bzw. Standard-einstellungen.

   Melden Sie sich mit Ihrem Konto an.
7. Öffnen Sie die „Systemsteuerung –System und Sicherheit – Sicherheit“.
8. Klicken Sie bei „Computername“ auf „Einstellungen ändern“.
9. Klicken Sie auf „Ändern“ und geben Sie dem Computer den Namen „W10“.
10. Führen Sie den benötigten Neustart durch und melden Sie sich danach als „User2“ an.

11. Erstellen Sie einen Prüfpunkt der Maschine „W10“ und nennen Sie diesen Prüfpunkt „Installation“.
12. Wechseln Sie zur virtuellen Maschine „W7-Upgrade“.

    Starten Sie ein Upgrade auf Windows 10.

    Wählen Sie während der Installation „Nur persönliche Daten beibehalten“.
13. Melden Sie sich wieder an der Maschine an.
14. Starten Sie die Installation des „Windows Assessment and Deployment Kits“ auf dem Client „W10“. Dafür benötigen Sie eine Internetverbindung. Installieren Sie alle Funktionen des ADK.
15. Starten Sie das „User State Migration Tool“ und beginnen Sie eine Migration der Daten mit „Scanstate.exe“.
16. Sorgen Sie dafür, dass Sie Zugriff auf das Windows 10 Installationsmedium haben.
17. Kopieren Sie das komplette Installationsmedium auf die Festplatte ins Verzeichnis C:\Install.
18. Erstellen Sie mit dem „Windows Designer für die Imageerstellung und –konfiguration“ eine neue Windows-Imageanpassung.
19. Wählen Sie als Speicherpfad den Ordner C:\Images.
20. Konfigurieren Sie Anpassungen.
21. Wählen Sie beim Speichern des Images „Produktionsmedium“ und als Speicherformat „wim“.
22. Wählen Sie keine Komprimierung und keine Überwachung.
23. Speichern Sie im Ordner C:\Images\Projekt1.
24. Erstellen Sie ein Bereitstellungspaket und speichern Sie es in C:\Bereitstellung.
25. Wählen Sie „kompatibel mit allen Windows Editionen“.
26. Wählen Sie ein Image, das Sie mit „Dism“ bearbeiten.
27. Mounten Sie ein Image in den Pfad C:\Mount.
28. Betrachten Sie die Eigenschaften des Images.
29. Speichern Sie das Image und unmounten Sie es wieder.
30. Erstellen Sie ein Boot-PE Medium als iso-Datei.

31. Erstellen Sie einen Prüfpunkt der virtuellen Maschine „W10“. Nennen Sie diesen Prüfpunkt „W10-S0“.
32. Benutzen Sie „sysprep“ mit dem Client.
33. Starten Sie den Client wieder und setzen ihn auf den Snapshot „W10-S0“ zurück.
34. Erstellen Sie eine Antwortdatei mit dem „Windows System Image Manager“.
35. Konfigurieren Sie den Desktop und das Startmenü nach Ihren Wünschen.
36. Wenn Ihre Hardware es erlaubt, richten Sie Hyper-V ein und erkunden Sie alle Einstellungen.

1.6.3 Aufgaben

1. Sie sind Administrator der Firma Meistertrainer.
   Sie haben einen Windows 7 Rechner auf Windows 10 upgegradet. Windows 7 ist noch im Verzeichnis „Windows.old“ vorhanden.
   Nun möchten Sie die persönlichen Daten des Benutzers auf die neue Windows 10 Installation migrieren.
   Wie können Sie das tun?
2. Sie sind Administrator der Firma Meistertrainer.
   Sie benutzen momentan „Windows-Blickpunkt“ für den Sperrbildschirm. Eine Unternehmensrichtlinie besagt aber, dass diese Funktion nicht benutzt werden darf.
   Welche Einstellung der Gruppenrichtlinie sollten Sie ändern?
3. Sie sind Administrator der Firma Meistertrainer.
   Wie können Sie Windows 10 Rechner aktivieren, ohne, dass sie eine Internetverbindung haben?
4. Sie sind Administrator der Firma Meistertrainer.
   Welche Version von Windows 10 benötigen Sie mindestens, um einer Active Directory Domäne betreten zu können?
5. Sie sind Administrator der Firma Meistertrainer.
   Sie möchten die Bereitstellung von Windows 10 Clients automatisieren, indem Sie eine Konfigurationsdatei bereitstellen, die an einer zentralen Stelle liegt und für die Einrichtung der Clients verwendet werden kann.
   Welches Tool benutzen Sie dafür und in welchem Format liegt die Konfigurationsdatei vor?
6. Sie sind Administrator der Firma Meistertrainer.
   Sie möchten Windows 10 installieren.
   Folgende Zusatzfunktionen müssen funktionieren:

   - Windows Hello mit Gesichtserkennung
   - BitLocker

   Welche zusätzliche Hardware muss vorhanden sein?

7. Sie sind Administrator der Firma Meistertrainer.

   Sie möchten eine 32-bit Version von Windows 7 Professional auf Windows 10 aktualisieren.

   Welche Versionen von Windows 10 sind möglich?

8. Sie sind Administrator der Firma Meistertrainer.

   Sie möchten auf einem Windows 10 Computer Hyper-V aktivieren.

   Welche Voraussetzungen muss der Prozessor erfüllen?

9. Sie sind Administrator der Firma Meistertrainer.

   Welche Voraussetzung wird für die Aktivierung des „SecureBoot (Sicheren Start)“ benötigt?

10. Sie sind Administrator der Firma Meistertrainer.

    Sie überlegen einen Übergang von Windows 7 auf Windows 10 für einige Rechner.

    In welchen Fällen sollten Sie ein Upgrade machen, und in welchen Fällen eine Neuinstallation?

    a) Persönliche Dateien und Apps beibehalten
    b) Nur persönliche Daten beibehalten
    c) Keine Einstellungen beibehalten

11. Sie sind Administrator der Firma Meistertrainer.

    Sie haben auf einem Windows 10 Rechner eine virtuelle Festplatte erstellt. Auf diese möchten Sie mit dism.exe Windows 10 installieren.

    Sie möchten Dual-Boot einrichten, so dass entweder von der physischen Festplatte oder von der virtuellen Festplatte gestartet werden kann.

    Was müssen Sie zunächst tun?

12. Sie sind Administrator der Firma Meistertrainer.

    Sie haben auf einem Windows 10 Rechner eine virtuelle Festplatte erstellt. Diese hat einen Laufwerksbuchstaben und ist formatiert. Auf dieser virtuellen Festplatte ist Windows installiert.

    Wie können Sie diese virtuelle Festplatte startfähig machen?

13. Sie sind Administrator der Firma Meistertrainer.

    Wie können Sie eine Systemkomponente nachinstallieren?

14. Sie sind Administrator der Firma Meistertrainer.

    Wie können Sie auf einem Windows 10 Rechner das Startmenü exportieren und danach auf einem anderen Windows 10 Rechner wieder importieren?

15. Sie sind Administrator der Firma Meistertrainer.

    Wie können Sie sicherstellen, dass eine bestimmte Datei auf einem Windows Rechner für alle Benutzer, die sich anmelden, auf dem Desktop angezeigt wird?

16. Sie sind Administrator der Firma Meistertrainer.

    Sie richten auf einem Windows 10 Host Hyper-V ein und erstellen eine virtuelle Maschine. Was müssen Sie konfigurieren, damit diese virtuelle Maschine Internetzugriff hat?

17. Sie sind Administrator der Firma Meistertrainer.

    Sie möchten ein Bereitstellungspaket generieren, mit dem Sie für den Computer Parameter für die Domäne definieren können.

    Wo können Sie das machen?

18. Sie sind Administrator der Firma Meistertrainer.

    Auf einem Windows 10 Rechner haben Sie ein wim-Abbild bereitgestellt, im Ordner c: \wim.

    Mit dem ICD erstellen Sie noch ein Bereitstellungspaket und speichern dieses im Ordner C:\ICD.

    Nun möchten Sie das Abbild mit dem Bereitstellungspaket anpassen.

    Welchen Befehl führen Sie aus?

19. Sie sind Administrator der Firma Meistertrainer.

    Sie möchten einen Windows 10 Rechner als Basis für eine Abbilderstellung benutzen und starten dafür Sysprep.

    Mit welchem Parameter wird die SID für das Abbild gelöscht?

2 Verwalten von Geräten und Daten

Lernziele und Prüfungsanforderungen von Microsoft:

- Datenzugriff und -schutz konfigurieren
- Konfigurieren von Geräten unter Verwendung lokaler Richtlinien
- Verwalten der Windows-Sicherheit

Quelle: Microsoft

2.1 Einführung

Auf einem Client müssen sowohl Geräte als auch Anwendungen verwaltet werden.

Auch der Zugriff auf die Daten und die Sicherheit vor unbefugtem Zugriff sind wichtige Komponenten, mit denen Sie sich beschäftigen müssen.

2.2 Konfiguration von Geräten und Gerätetreibern

Geräte und Gerätetreiber sind das Herzstück eines Rechners. Windows 10 hat hier viele komfortable Möglichkeiten, die richtigen Treiber für die angeschlossenen Geräte zu verwalten.

2.2.1 Treiber installieren

Gerätetreiber sind Softwareprodukte, die die Schnittstelle zwischen dem Gerät und dem Betriebssystem darstellen.

Plug & Play

Bei der Treiberinstallation werden Sie in den meisten Fällen Plug & Play fähige Geräte benutzen, die das Betriebssystem beim Einbau oder Anschließen erkennt, und automatisch die Treiber installiert.

Es gibt zwei Arten von Plug & Play

Plug & Play 1: Erkennen der Geräte beim Systemstart

Dies ist das herkömmliche Plug & Play. Sie bauen die neue Komponente ein, und starten den Computer neu. Beim Systemstart erkennt der Computer eine neu installierte Komponente, und versucht, einen Treiber für diese Komponente zu finden. Wenn er einen Treiber findet, nimmt er diesen Treiber, und das Gerät ist einsetzbar. Findet er keinen Treiber, werden Sie aufgefordert, die CD des Herstellers einzulegen, damit der Herstellertreiber installiert werden kann.

Diese Art von Plug & Play erfordert einen Neustart, da Geräte nur beim Systemstart gesucht werden. Sie können das Suchen der Hardware auch erzwingen, indem Sie den Hardwareassistenten aufrufen, der eine eigene Erkennung durchführt.

Diese Art des Plug & Play gilt für alle Komponenten, außer denjenigen am USB- und am FireWire-Anschluss und bei SCSI Geräten.

Plug & Play 2: Geräte werden beim Anschließen erkannt

Bei Geräten, die am USB-Anschluss, am FireWire-Anschluss oder an SCSI angeschlossen werden, erfolgt eine Erkennung zur Laufzeit. Auch hier werden die Geräte erkannt, ein Treiber wird gesucht, und es wird eventuell nach einer Treiber CD gefragt.

2.2.2 Geräteverwaltung

Gerätetreiber und auch die anderen Geräteeinstellungen werden im Geräte-Manager verwaltet.

Sie können ihn öffnen, indem Sie einfach „Geräte-Manager“ eintippen. Windows 10 erkennt diese Anfrage und bietet Ihnen sofort das richtige Tool an.

Betrachten wir den Geräte-Manager. In ihm werden alle Geräte und die zugehörigen Treiber verwaltet.

Im Geräte-Manager sind alle Geräte aufgeführt, die das System verwaltet. Wenn diese Geräte in Ordnung sind, und auch der richtige Treiber installiert ist, sollte der Geräte-Manager wie oben aussehen.

Bei Geräten, die nicht einwandfrei funktionieren, oder deren Treiber nicht optimal sind, gibt es verschiedene Fehleranzeigen:

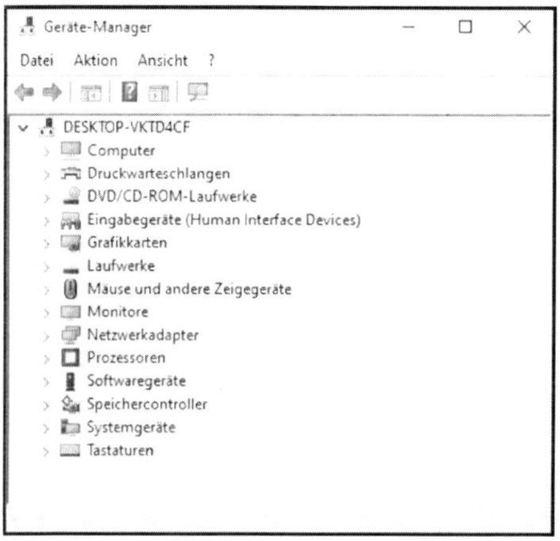

Abbildung 2.1: Geräte-Manager

Pfeil nach unten:

Gerät ist manuell deaktiviert, kann also momentan nicht benutzt werden.

Dieser Zustand ist leicht zu ändern, Sie müssen lediglich mit der rechten Maustaste auf den entsprechenden Treiber klicken, und das Gerät wieder aktivieren.

Ausrufezeichen auf gelbem Hintergrund:

Gerät ist nicht funktionsfähig, da entweder der Treiber nicht korrekt ist, oder eine andere Systemeinstellung (z.B: IRQ) nicht korrekt ist.

Fragezeichen auf gelbem Hintergrund:

Gerät ist eingebaut, wurde aber nicht erkannt.

Hierbei ist die Reparatur schon komplexer, in vielen Fällen müssen Sie einen anderen Treiber installieren.

ACHTUNG!

Wenn so ein Fall eintritt, erhalten Sie eine Fehlermeldung, wenn das Gerät startet. Falls Sie diese Fehlermeldung nicht sehen möchten, da Sie beispielsweise momentan keine Möglichkeit haben, einen anderen Treiber zu installieren, können Sie entweder den Treiber manuell deaktivieren, oder Sie wählen in der Warnmeldung die Option, dass Ihnen diese Meldung nicht mehr angezeigt wird.

Den genauen Status der Geräte können Sie sich durch einen Doppelklick auf das entsprechende Gerät anzeigen lassen.

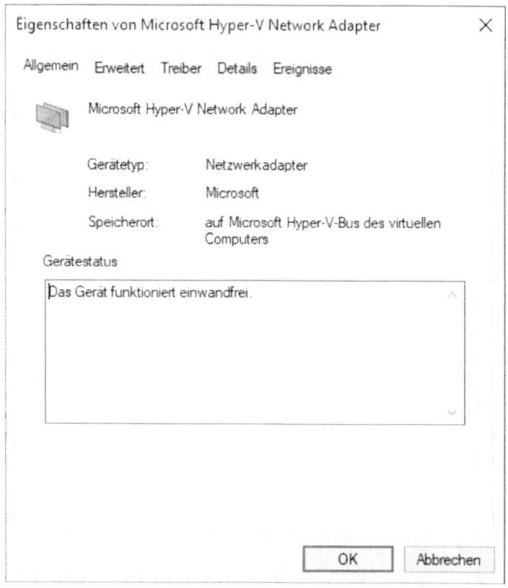

Abbildung 2.2: Informationen über den Gerätestatus

Auf der Registerkarte „Treiber“ haben Sie diverse Möglichkeiten, den Treiber zu konfigurieren.

Abbildung 2.3: Treiber konfigurieren

Hier können Sie sich die Treiberdetails anzeigen lassen, wobei Sie unter anderem auch die Versionsnummer sehen können.

Wenn Sie einen neuen Treiber installieren möchten, wählen Sie „Treiber aktualisieren“. Ein Assistent startet, und hilft Ihnen dabei, den richtigen neuen Treiber zu finden.

Sie können hier wählen, ob das System den Treiber selber finden soll, oder ob Sie den Treiber aussuchen möchten.

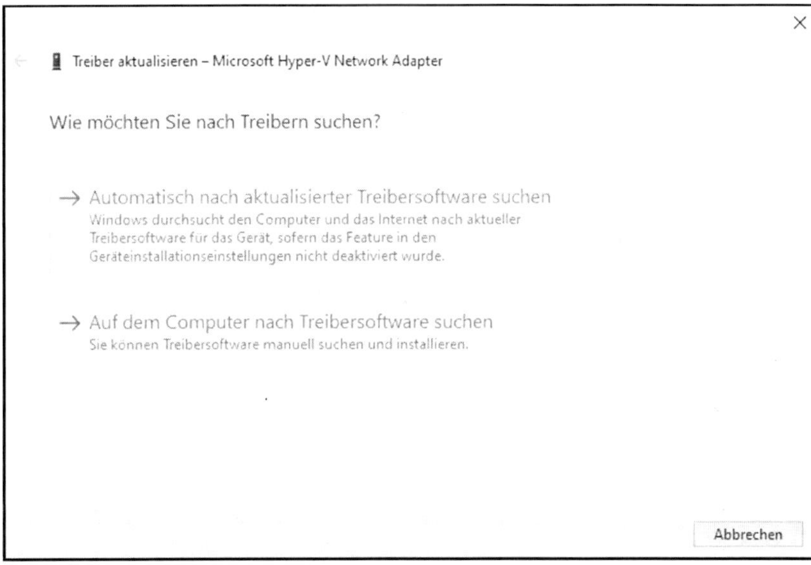

Abbildung 2.4: Assistent für die Treiberaktualisierung

Wenn Sie „Automatisch nach aktueller Treibersoftware suchen“ wählen, durchsucht der Assistent alle Laufwerke, ob er einen passenden Treiber findet.

Dieses Procedere benötigen Sie aber nur für individuelle Gerätetreiber, da die Standard-Gerätetreiber durch das Windows Update aktualisiert werden.

ACHTUNG!

Standardmäßig werden alle Treiber über das Windows-Update automatisch auf den neuesten Stand gebracht!

Sie können das automatische Update ausschalten. Dies macht zum Beispiel Sinn, wenn Sie eine ganz bestimmte Treiberversion benutzen wollen, und Sie nicht möchten, dass dieser Treiber geändert wird.

Dafür öffnen Sie die Systemsteuerung und navigieren zu

- System und Sicherheit
- System
- Erweiterte Systemeinstellungen

Hier wählen Sie auf der Registerkarte „Hardware“ die Einstellung „Geräteinstallationseinstellungen“.

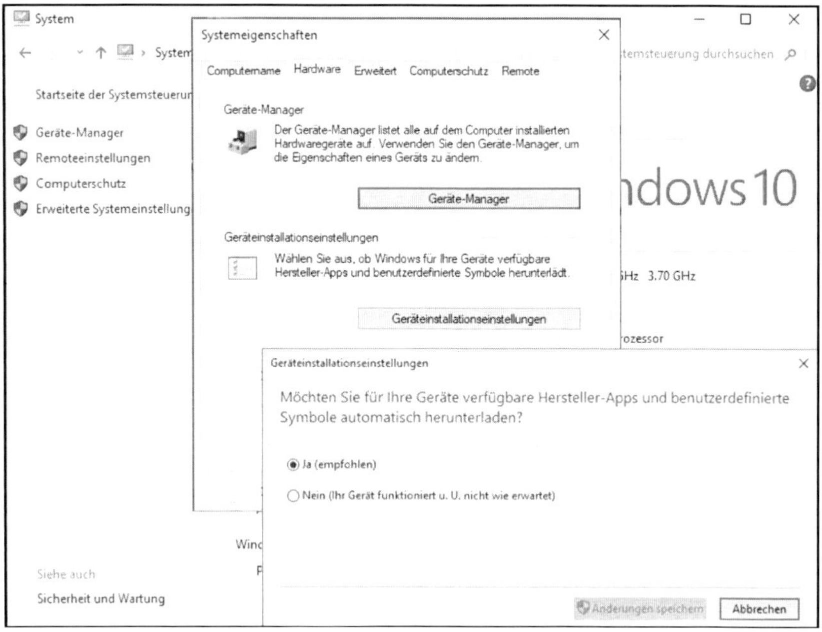

Abbildung 2.5: Geräteinstallationseinstellungen

Nun können Sie das automatische Treiberupdate ausschalten.

2.2.3 Treiberrücksetzung

Eine innovative Möglichkeit, Probleme mit Treibern zu lösen, ist die Treiberrücksetzung.

Wenn Sie für ein Gerät einen neuen Treiber installieren, wird der alte Treiber nicht gelöscht, sondern gespeichert.

Falls Sie einen Treiber installiert haben, der nicht funktioniert, oder der Ihr System instabil macht, können Sie so auf sehr einfache Art den ursprünglichen Treiber wiederherstellen.

Abbildung 2.6: Gerätemanager mit dem falschen Treiber

Wenn der Treiber nicht in Ordnung ist, sehen Sie das in den meisten Fällen im Geräte-Manager. Aber auch, wenn der Geräte-Manager keinen Fehler anzeigt, ist es möglich, dass der zuletzt installierte Treiber ein Problem verursachen kann.

Es wird aber immer nur die letzte Version aufgehoben, ältere Treiber werden verworfen.

Abbildung 2.7: Zum vorherigen Treiber zurückkehren

2.2.4 Treiberpakete

Hardwarehersteller bieten in fast allen Fällen eigene Treiber an, die Sie von deren Seiten herunterladen können. In vielen Fällen haben diese Treiber eine Installationsroutine, mit der Sie die Treiber direkt ins System einbinden können.

Falls das nicht der Fall ist, können Sie die Treiber auch manuell installieren.

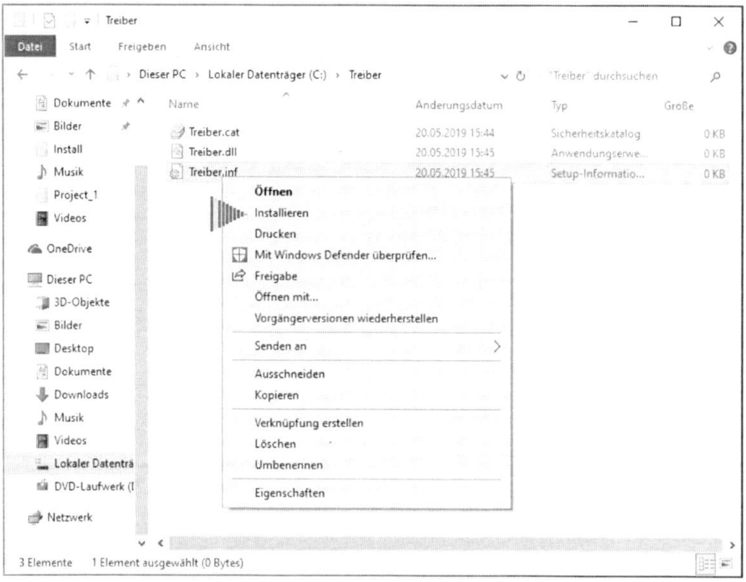

Abbildung 2.8: Installieren

Ein Treiberpaket besteht immer aus folgenden Dateien:

- Treiber.inf: Diese Datei enthält die Setup-Informationen
- Treiber.cat: Eine Katalogdatei, die weitere Dateien enthält
- Diverse andere Dateien, auf die in der Installationsroutine verwiesen wird

Um den Treiber zu installieren, wählen Sie die Treiber.inf-Datei aus, klicken mit der rechten Maustaste und wählen „Installieren".

Damit werden die Treiber am richtigen Speicherort installiert, der befindet sich an folgender Stelle: <Systemroot> /system32/drivers.

2.2.5 Tools

Windows 10 liefert Ihnen einige ganz nützliche Tools mit, mit deren Hilfe Sie die Integrität der Systemdateien und Treiberversionen feststellen können.

SFC

SFC.EXE ist das Systemdateien Überprüfungsprogramm.

Windows 10 schützt seine Systemdateien, indem in einem geschützten Verzeichnis immer eine weitere Version der benutzten Systemdateien gespeichert ist. Sollte eine Systemdatei nicht mehr funktionsfähig sein, können Sie mit dem Tool SFC.EXE die zerstörte Datei durch eine neue ersetzen.

Sinnvoll einzusetzen ist das Programm SFC nur mit den entsprechenden Parametern

Parameter	**Bedeutung**
/?	Zeigt die Hilfe an der Eingabeaufforderung an
/scannow	Überprüft die Integrität aller geschützten Systemdateien und repariert gegebenenfalls Dateien mit Problemen
/verifyonly	Überprüft die Integrität aller geschützten Systemdateien. Es wird keine Reparatur durchgeführt
/scanfile	Überprüft die Integrität der angegebenen Datei und repariert sie gegebenenfalls
/verifyfile	Überprüft die Integrität der angegebenen Datei. Es wird keine Reparatur durchgeführt
/offbootdir	Gibt den Speicherort des Offlinestartverzeichnisses für Offlinereparaturen an
/offwindir	Gibt den Speicherort des Offline-Windows-Verzeichnisses für Offlinereparaturen an

Sigverif

Ein weiteres praktisches Tool ist SIGVERIF.EXE. Es untersucht alle Systemdateien und Treiber auf die Signatur.

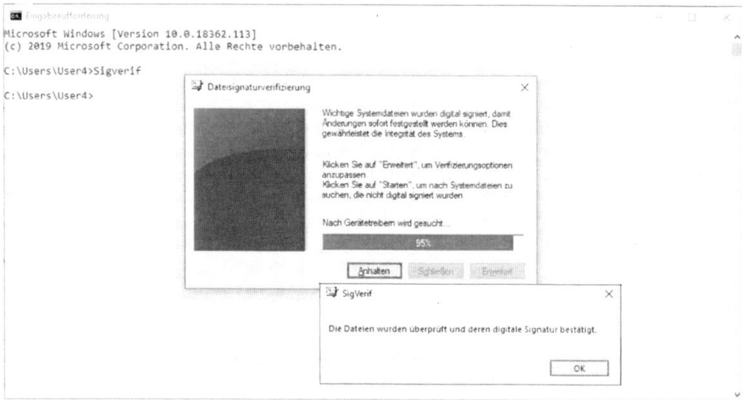

Abbildung 2.9: Das Tool SIGVERIF

Mit diesem Tool erhalten Sie eine Übersicht über alle nicht signierten Treiber und können sie gegebenenfalls durch signierte ersetzen.

Driverquery

Mit dem Befehl „Driverquery.exe" können Sie alle installierten Treiber sehen.

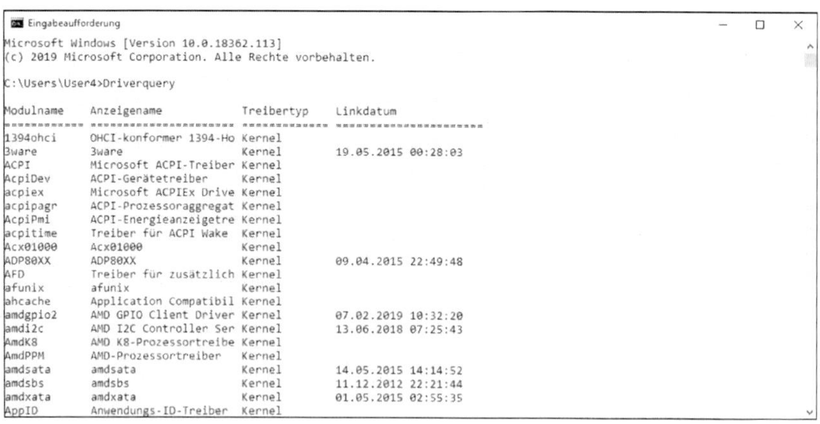

Abbildung 2.10: Driverquery

Driverquery kann auch mit einigen Parametern benutzt werden.

Parameter	**Bedeutung**
/S System	Gibt das Remotesystem an, mit dem eine Verbindung hergestellt werden soll
/U [Domäne\]Benutzer	Gibt den Benutzerkontext an, unter dem der Befehl ausgeführt werden sollte
/P [Kennwort]	Gibt das Kennwort für den gegebenen Benutzerkontext an
/FO Format	Gibt an, welcher Ausgabetyp angezeigt werden soll
/NH	Gibt an, dass die Spaltenüberschrift nicht angezeigt werden sollte
/SI	Stellt Informationen über signierte Treiber zur Verfügung
/V	Zeigt ausführliche Ausgabe an. Nicht gültig für signierte Treiber
/?	Zeigt die Hilfemeldung an

Cmdlet Get-PnpDevice

Auch in der PowerShell gibt es sinnvolle Cmdlets, mit denen Sie die Geräte überprüfen können.

Das wichtigste Cmdlet hierfür ist

Get-PnpDevice

Sie sehen alle Plug&Play Geräte und können deren Status erkennen.

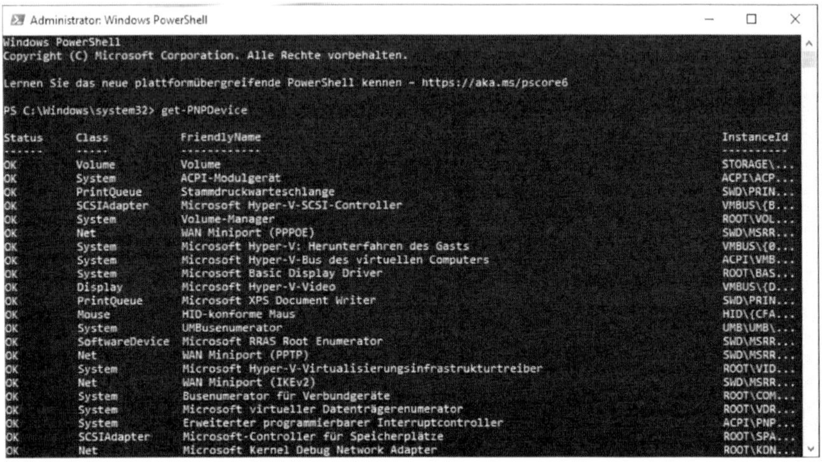

```
Administrator: Windows PowerShell
Windows PowerShell
Copyright (C) Microsoft Corporation. Alle Rechte vorbehalten.

Lernen Sie das neue plattformübergreifende PowerShell kennen - https://aka.ms/pscore6

PS C:\Windows\system32> get-PNPDevice

Status  Class           FriendlyName                                                    InstanceId
------  -----           ------------                                                    ----------
OK      Volume          Volume                                                          STORAGE\...
OK      System          ACPI-Modulgerät                                                 ACPI\ACP...
OK      PrintQueue      Stammdruckwarteschlange                                         SWD\PRIN...
OK      SCSIAdapter     Microsoft Hyper-V-SCSI-Controller                               VMBUS\{B...
OK      System          Volume-Manager                                                  ROOT\VOL...
OK      Net             WAN Miniport (PPPOE)                                            SWD\MSRR...
OK      System          Microsoft Hyper-V: Herunterfahren des Gasts                     VMBUS\{0...
OK      System          Microsoft Hyper-V-Bus des virtuellen Computers                  ACPI\VMB...
OK      System          Microsoft Basic Display Driver                                  ROOT\BAS...
OK      Display         Microsoft Hyper-V-Video                                         VMBUS\{D...
OK      PrintQueue      Microsoft XPS Document Writer                                   SWD\PRIN...
OK      Mouse           HID-konforme Maus                                               HID\{CFA...
OK      System          UMBusenumerator                                                 UMB\UMB\...
OK      SoftwareDevice  Microsoft RRAS Root Enumerator                                  SWD\MSRR...
OK      Net             WAN Miniport (PPTP)                                             SWD\MSRR...
OK      System          Microsoft Hyper-V-Virtualisierungsinfrastrukturtreiber          ROOT\VID...
OK      Net             WAN Miniport (IKEv2)                                            SWD\MSRR...
OK      System          Busenumerator für Verbundgeräte                                 ROOT\COM...
OK      System          Microsoft virtueller Datenträgerenumerator                      ROOT\VDR...
OK      System          Erweiterter programmierbarer Interruptcontroller                ACPI\PNP...
OK      SCSIAdapter     Microsoft-Controller für Speicherplätze                         ROOT\SPA...
OK      Net             Microsoft Kernel Debug Network Adapter                          ROOT\KDN...
```

Abbildung 2.11: Get-PnpDevice

Treiber bearbeiten mit DISM

Der Vollständigkeit halber möchte ich an dieser Stelle erwähnen, dass Treiber auch einem Installationsimage hinzugefügt werden können. Das bedeutet, dass spezielle Treiber bereits vor der Installation vorhanden sind, quasi gleich mit installiert werden können.

Dazu muss natürlich das Installationsimage von Windows 10 bearbeitet werden. Später in diesem Kapitel werden wir genau das machen, hier möchte ich nur kurz erwähnen, dass dies mit einem Tool mit Namen DISM.exe erfolgen kann.

2.3 Speicherkonfiguration

Ein Bestandteil des Betreibens eines Windows 10 Clients ist die Festplattenverwaltung. Dies ist zwar keine Aufgabe, die täglich durchgeführt werden muss, aber dennoch eine wichtige Arbeit, um Daten zu organisieren.

2.3.1 Die Festplattenverwaltung

Windows 10 kann zwei Arten von Festplatten verwalten: Basisfestplatten und dynamische Festplatten.

Nach der Installation sind alle Festplatten Basisfestplatten, das Konvertieren zu einer dynamischen Festplatte muss von Hand gemacht werden, wenn gewünscht.

Verwaltung mithilfe der grafischen Oberfläche

Die grafische Festplattenverwaltung ist in der Konsole „Datenträgerverwaltung".

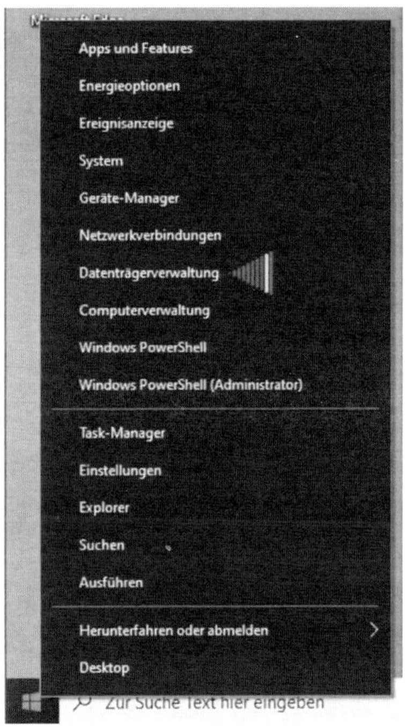

Abbildung 2.12: Datenträgerverwaltung

Diese finden Sie, indem Sie mit der rechten Maustaste auf das Windows-Symbol klicken, dann können Sie die „Datenträgerverwaltung" auswählen.

Es öffnet sich eine Konsole.

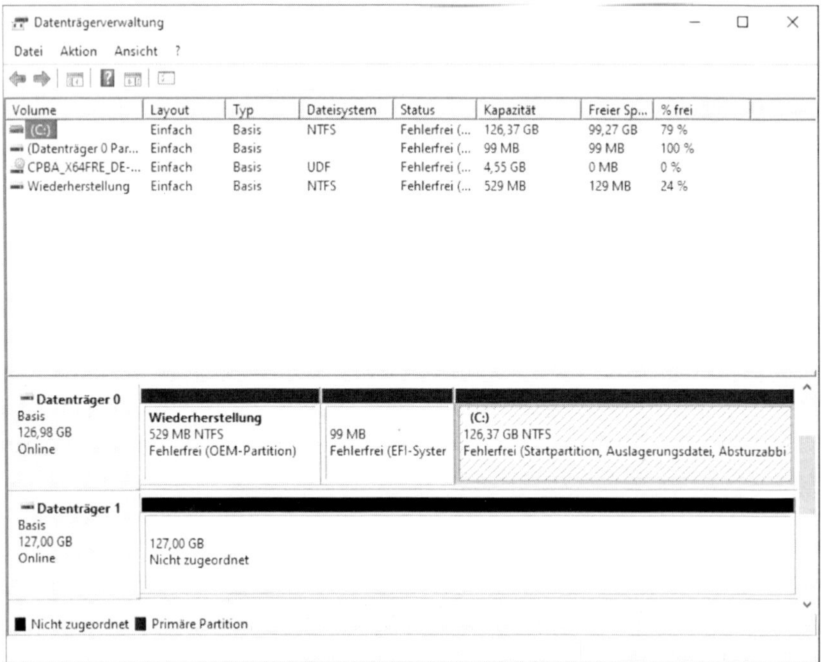

Abbildung 2.13: Festplattenverwaltungskonsole

Hier sehen Sie alle bestehenden Partitionen abgebildet und auch der freie, nicht zugeordnete Bereich der Festplatten kann hier verwaltet werden.

Was Sie deutlich erkennen können, ist die Tatsache, dass die Festplatte „C:“ nicht die erste Partition im System ist, sondern dass sich davor noch zwei kleine Partitionen befinden.

Die erste Partition ist die Wiederherstellungspartition, auf die im Falle einer benötigten Wiederherstellung zugegriffen werden muss.

Die zweite Partition ist die UEFI-Bootpartition.

Erst die dritte Partition ist die Systempartition.

Festplattenverwaltung mithilfe der Befehlszeile

Windows 10 bietet hier die Möglichkeit der Verwaltung über die Befehlszeile. Dadurch können Sie die Festplattenverwaltung als Batchjob oder über ein Skript automatisieren.

Der Befehl lautet: „DISKPART“.

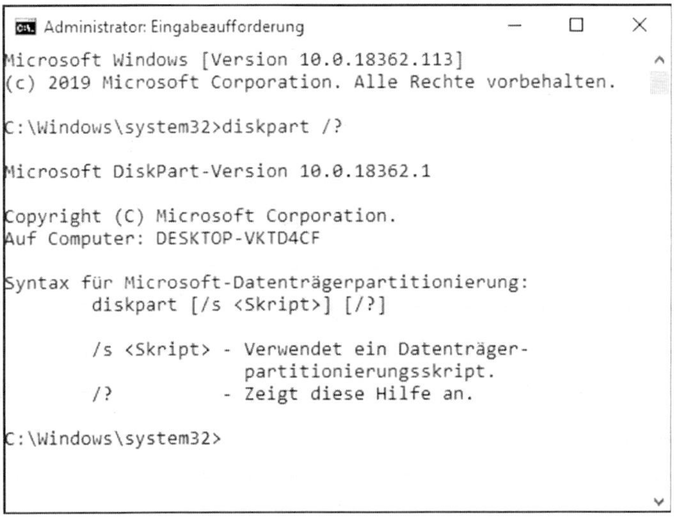

Abbildung 2.14: Diskpart

Nach der Eingabe wird das Programm DISKPART gestartet. Sie können nun die Verwaltung vornehmen. DISKPART bietet eine sehr gute Hilfefunktion. Wenn Sie den genauen Befehl nicht wissen, geben Sie einfach ein „?“ ein und Sie bekommen alle möglichen Befehle angezeigt.

Basisfestplatten

Wie bereits erwähnt, sind alle Festplatten direkt nach der Installation Basisfestplatten.

Der Begriff „Basisfestplatte“ sollte zunächst einmal definiert werden.

Eine Basisfestplatte wird in Partitionen eingeteilt. Es können maximal vier primäre Partitionen erstellt werden, oder bis zu drei primäre Partitionen und eine erweiterte Partition. Die erweiterte Partition wiederum kann in logische Laufwerke unterteilt werden.

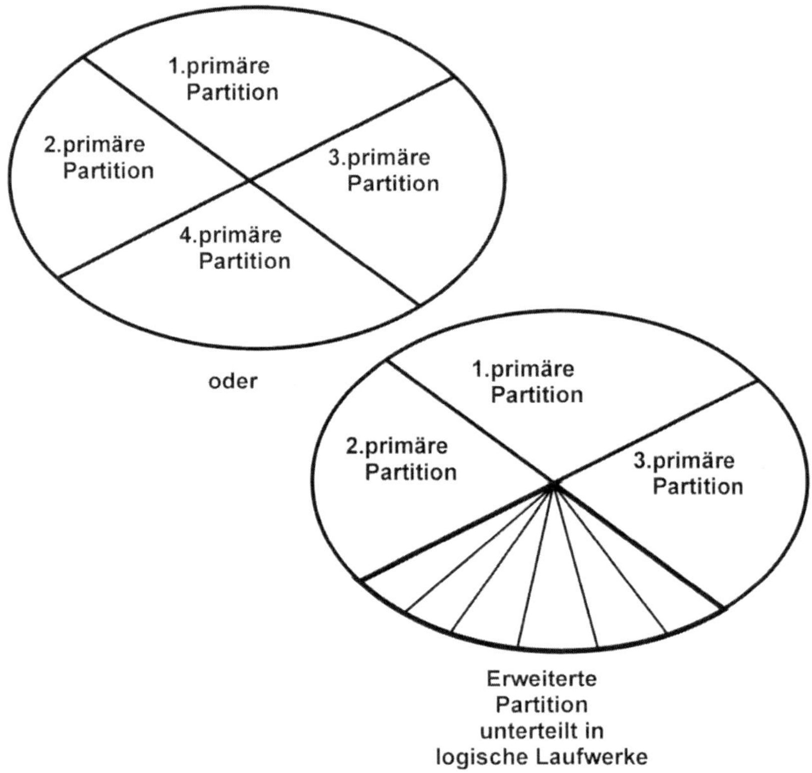

Abbildung 2.15: Die Basisfestplatte

Nur primäre Partitionen sind startfähig, das bedeutet, dass die Startdateien zwingend auf einer primären Partition liegen müssen.

Erstellen von neuen Partitionen

Auf Basisfestplatten können sehr einfach neue Partitionen erstellt werden.

- Rechte Maustaste auf den nicht zugeordneten Bereich
- Neues einfaches Volume

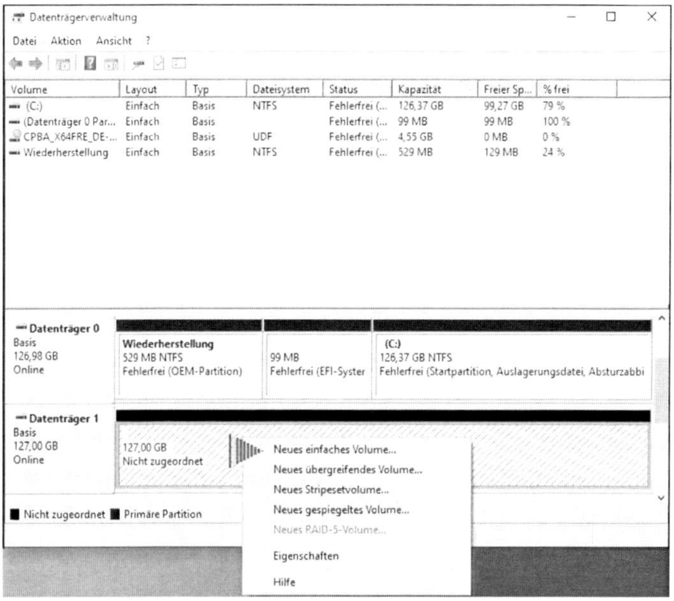

Abbildung 2.16: Erstellen eines Volumes

Ein Assistent startet.

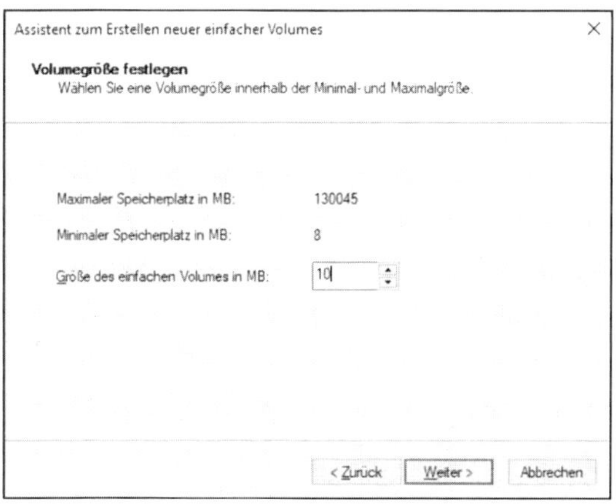

Abbildung 2.17: Festlegen der Größe

ACHTUNG!
In diesem Beispiel wird automatisch eine primäre Partition erstellt, da es die erste Partition auf einer leeren Festplatte ist!

Nun müssen Sie die Größe der Partition angeben.

Den Laufwerksbuchstaben für die neue Partition können Sie frei wählen und sind nicht an die Reihenfolge im Alphabet gebunden.

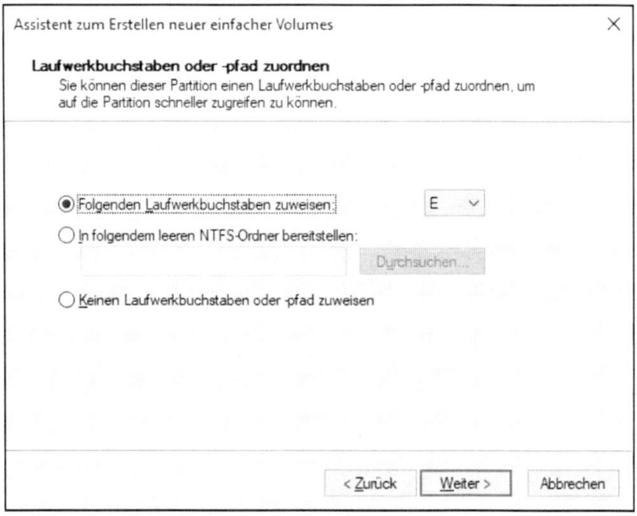

Abbildung 2.18: Auswahl des Laufwerksbuchstabens

Zuletzt wählen Sie noch die Formatierung.

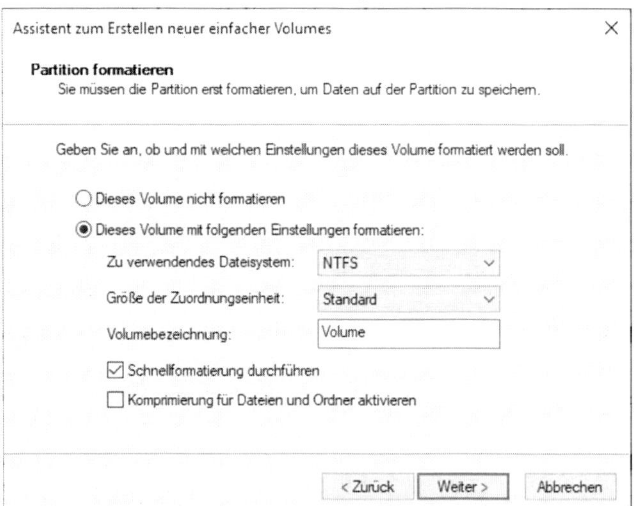

Abbildung 2.19: Auswahl der Formatierung

Sie können die Partition unformatiert lassen, oder sofort formatieren. Hier können Sie sich wiederum das Dateisystem, die Größe der Zuordnungseinheit und die Laufwerksbezeichnung auswählen.

Danach ist der Assistent abgeschlossen und nach der Formatierung steht Ihnen die neue Partition zur Verfügung.

Mounten

Beim Erstellen einer neuen Partition wird normalerweise der neuen Partition ein Laufwerksbuchstabe zugewiesen. Irgendwann ist der Vorrat an Buchstaben erschöpft, dann könnten keine neuen Partitionen mehr erstellt werden. Bei der Größe der modernen Festplatten kann diese Grenze erreicht werden.

Vielleicht ist es aber auch nicht erwünscht, der neuen Partition einen eigenen Laufwerksbuchstaben zu geben, da die Partition nicht als solche in Erscheinung treten soll.

Für alle diese Anforderungen gibt es die Möglichkeit, die neue Partition in einen leeren Ordner auf einer bestehenden NTFS-Partition zu mounten.

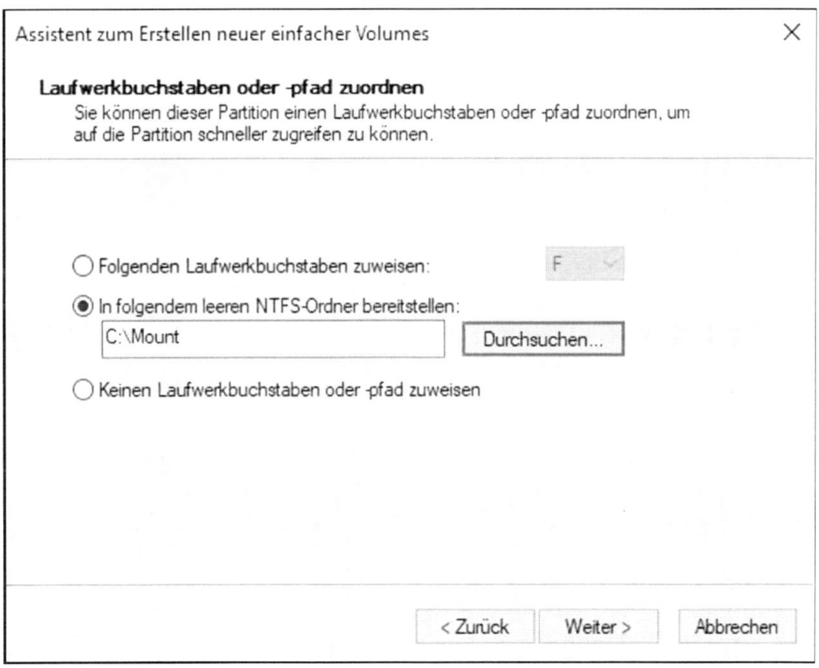

Abbildung 2.20: Mounten einer Partition

Wenn Sie beim Erstellen der Partition keinen Laufwerksbuchstaben zuweisen, sondern den Haken setzen bei: „In folgendem leeren NTFS-Ordner bereitstellen", wird das Laufwerk in diesem Ordner angelegt.

Im Explorer wird die neue Partition als Ordner dargestellt, jedoch mit einem anderen Symbol.

ACHTUNG!

Laufwerke mounten ist auch auf dynamischen Festplatten möglich. Die Voraussetzungen sind auf Basis- und auf dynamischen Festplatten die gleichen:

1. Der Ordner, in dem die Partition bereitgestellt wird, muss leer sein
2. Der Ordner muss sich auf einer NTFS-Partition befinden

Verkleinern und Vergrößern von Partitionen

In vorherigen Windows Versionen war ein Vergrößern einer Partition nur auf dynamischen Festplatten möglich und auch nur mit Einschränkungen. Eine Verkleinerung war gar nicht möglich.

Windows 10 bietet nun beide Funktionen auch auf einer Basisfestplatte an. Sie können jede Partition vergrößern (solange noch freier Speicherbereich vorhanden ist) oder verkleinern (solange die Partition dann nicht zu klein wird).

Verkleinern

Klicken Sie mit der rechten Maustaste auf die Partition, die Sie verkleinern möchten. In diesem Beispiel ist es die Systempartition.

Wählen Sie dann „Volume verkleinern".

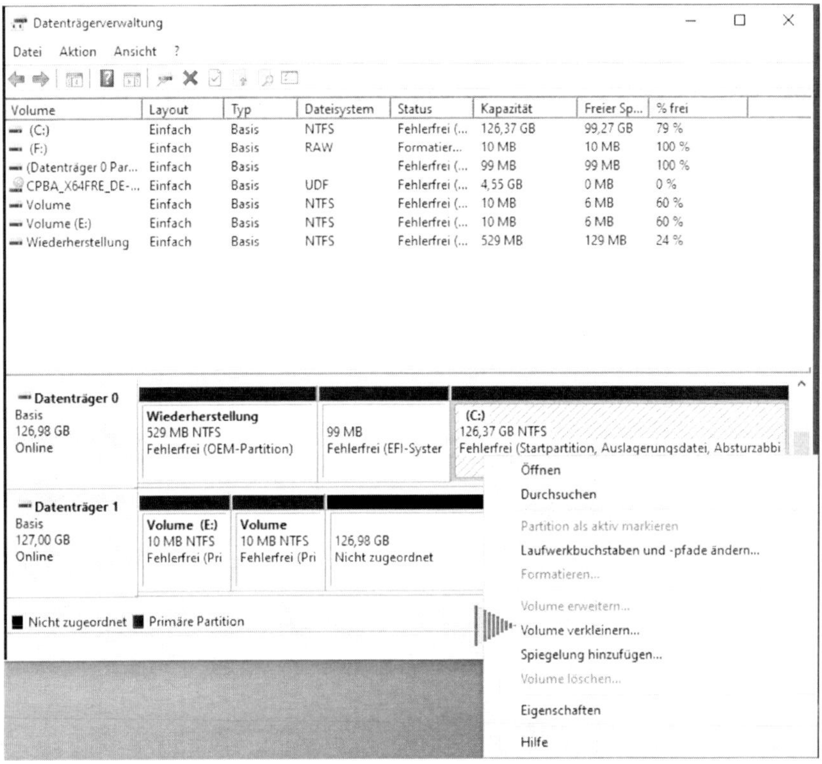

Abbildung 2.21: Verkleinern einer Partition

Die Partition wird untersucht, ob ein Verkleinern möglich ist.

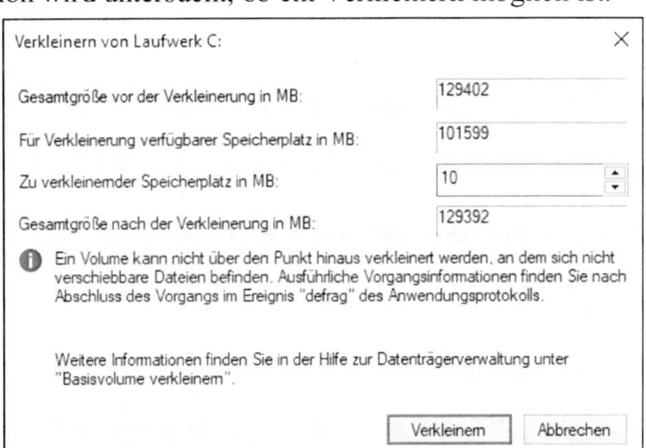

Abbildung 2.222: Verkleinern ist möglich

Nach der Eingabe des Werts, um die die Partition verkleinert werden soll, wird die Verkleinerung durchgeführt.

Vergrößern

Das Vergrößern oder Erweitern einer Partition funktioniert nach dem gleichen Prinzip.

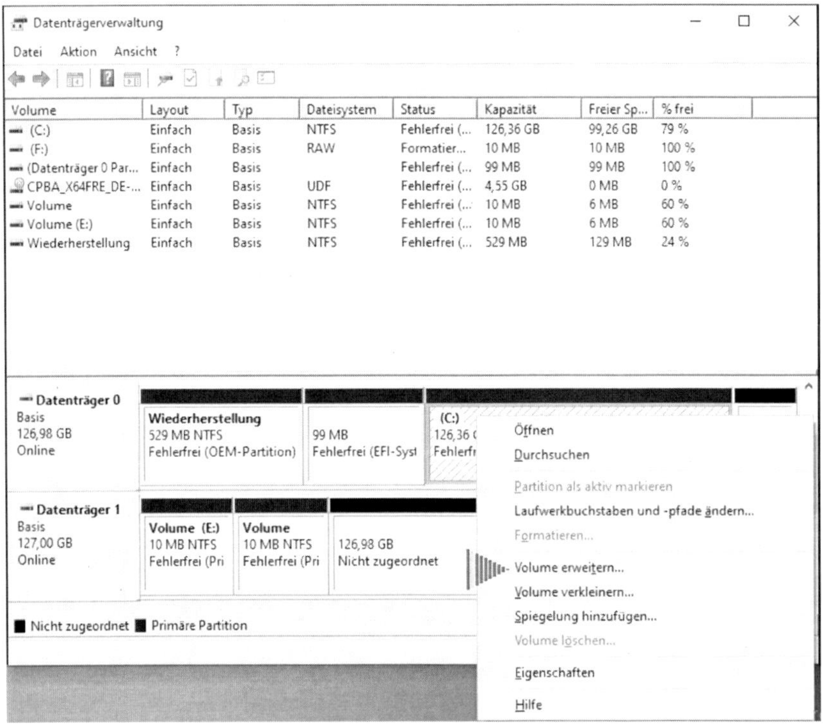

Abbildung 2.23: Erweiterung wird durchgeführt

Sie klicken mit der rechten Maustaste auf die Partition, die Sie erweitern möchten und geben den Wert an, um den Sie vergrößern möchten.

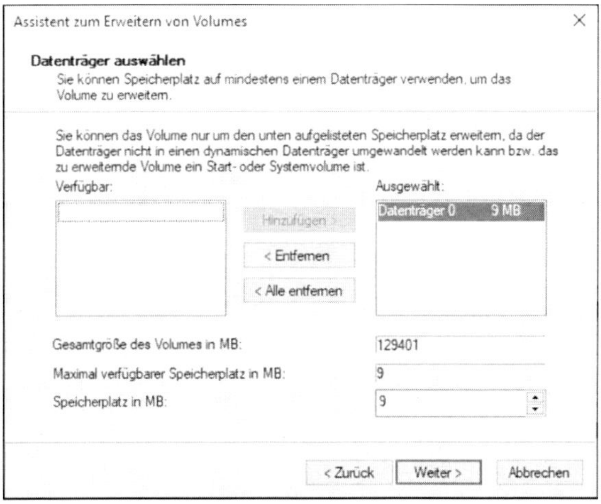

Abbildung 2.24: Angabe des Werts

Dynamische Festplatten

Windows 10 unterstützt noch einen zweiten Festplattentyp.

Dynamische Festplatten sind die Antwort auf einige Probleme, die es mit den Basisfestplatten immer wieder gegeben hat.

Probleme der Basisfestplatten:

1. Single Point of Failure: Wenn der MBR (Master Boot Record), auf dem alle Partitionseinträge der Festplatte stehen, beschädigt wird, gibt es mit bordeigenen Mitteln keine Möglichkeit, ihn wieder herzustellen.
2. Wenn an Basisfestplatten Änderungen durchgeführt werden, ist häufig ein Neustart erforderlich. Dies liegt daran, dass die Festplattendaten in der Registry eingetragen sind, die nur bei einem Neustart aktualisiert wird.
3. Keine Informationen über andere Festplatten im System. Basisfestplatten verwalten nur die eigenen Daten, Informationen anderer Festplatten im gleichen System sind ihnen unbekannt.
4. Einschränkung durch primäre und erweiterte Partition. Falls Sie den Fehler machen, vier primäre Partitionen angelegt zu haben, können Sie keine weitere Partition mehr anlegen. Diese Einteilung ist zu starr.
5. Keine Fehlertoleranz, keine übergreifenden Laufwerke.

Alle diese Probleme werden beseitigt, wenn die Festplatte zu einer dynamischen Festplatte umgewandelt worden ist.

Um eine Basisfestplatte in eine dynamische Festplatte umwandeln zu können, wird ein freier, unpartitionierter Speicherbereich von 1 MB benötigt.

Dies liegt daran, dass bei dynamischen Festplatten eine Datenbank angelegt wird, die maximal 1 MB Platz benötigt. In dieser Datenbank werden die Informationen der Festplatte gespeichert, also unter anderem auch die Partitionstabelle.

Zusätzlich werden hier auch noch die Informationen aller anderen, im System vorhandenen dynamischen Festplatten gespeichert. Dies sorgt für eine hohe Fehlertoleranz bei den Festplattendaten.

Außerdem sorgt die Speicherung der Daten auf der Festplatte dafür, dass das System bei Änderungen an der Festplatte nicht mehr neu gestartet werden muss. Dadurch wird „Hot Plugging“ unterstützt, allerdings natürlich nur, wenn der Festplattencontroller dafür geeignet ist.

Nach der Konvertierung existieren außerdem keine „Partitionen“ mehr, es gibt nur noch völlig gleichberechtigte „Datenträger“. Oftmals werden sie auch „Volumes“ genannt, wie wir bereits bei den Basisfestplatten gesehen haben.

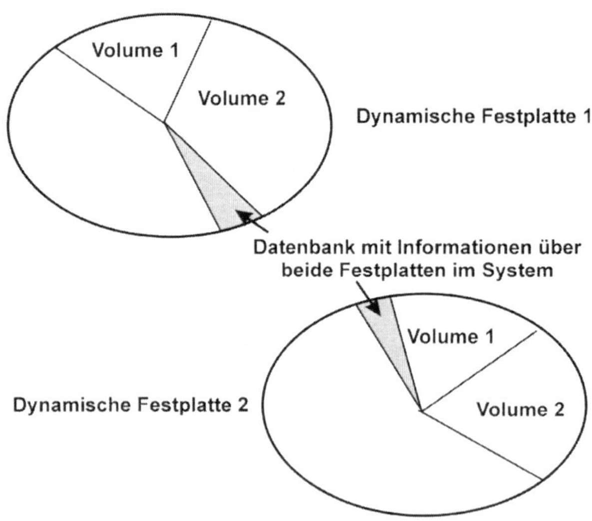

Abbildung 2.25: Die dynamische Festplatte

Auch die anderen Probleme der Basisfestplatten beseitigt die dynamische Festplatte:

- Übergreifende Laufwerke können eingerichtet werden
- Fehlertolerante Laufwerke können eingerichtet werden

Festplatten umwandeln

Zunächst einmal muss die Basisfestplatte zu einer dynamischen Festplatte konvertiert werden.

Diese Aufgabe wird in der Konsole Datenträgerverwaltung gemacht.

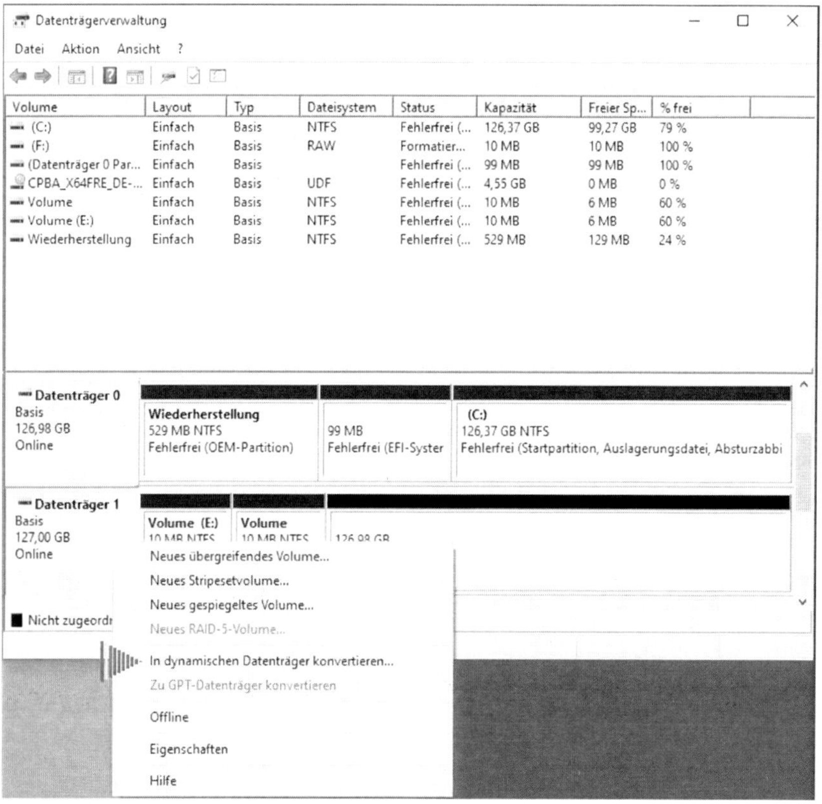

Abbildung 2.26: Umwandeln in eine dynamische Festplatte

Sie klicken mit der rechten Maustaste auf die Festplatte, die Sie umwandeln möchten und wählen „In dynamischen Datenträger konvertieren…“.

ACHTUNG!
Es können nur ganze Festplatten, nicht aber einzelne Partitionen konvertiert werden!

Ihre Auswahl müssen Sie noch einmal bestätigen.

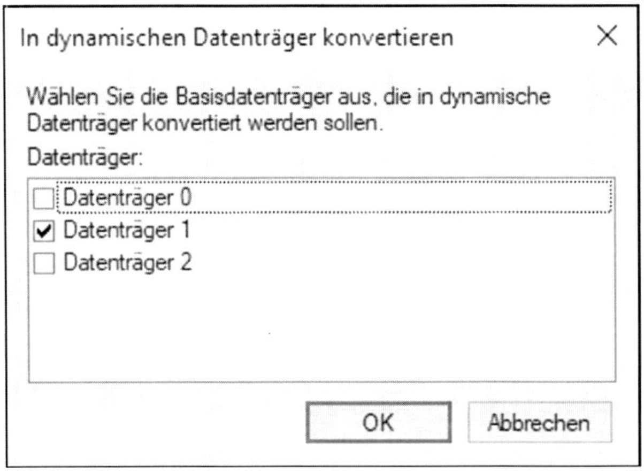

Abbildung 2.27: Bestätigung

Danach erhalten Sie noch einmal eine Zusammenfassung.

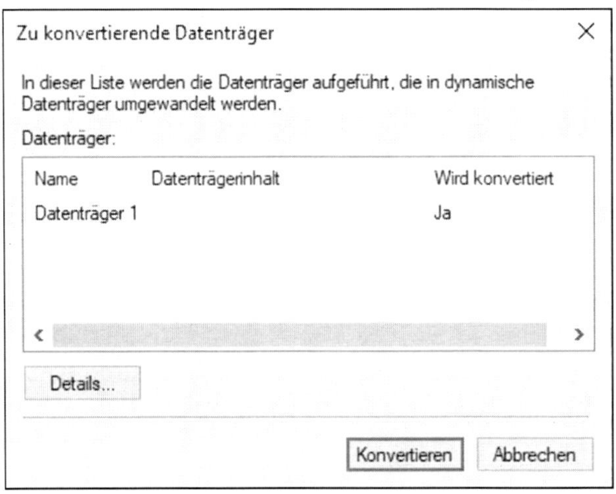

Abbildung 2.28: Zusammenfassung

Die nächste Meldung ist eine sehr wichtige Warnmeldung:

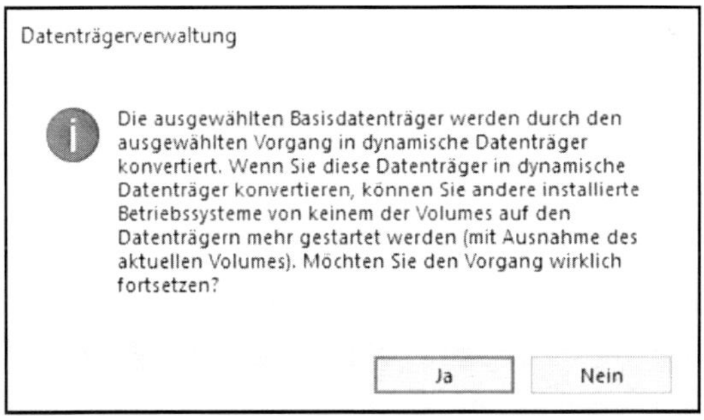

Abbildung 2.29: Konvertierung

Nach einer Aktualisierung der Ansicht im Festplattenmanager ist die Konvertierung durchgeführt.

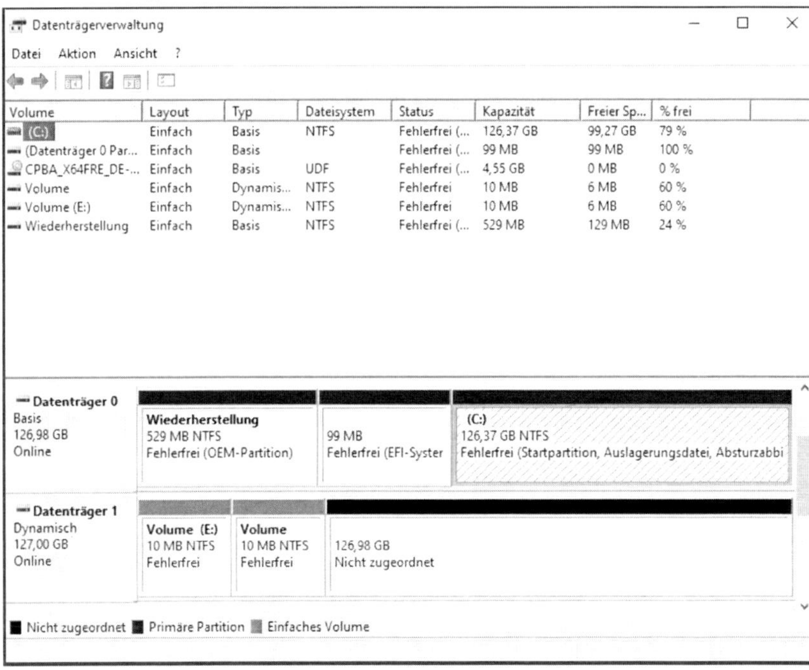

Abbildung 2.30: Konvertierung ist erfolgt

Arbeiten mit Volumes

Wenn Sie nach der Konvertierung die Datenträgerverwaltung öffnen, sehen Sie, dass nur noch gleichberechtigte Volumes existieren.

Volumes auf dynamischen Festplatten

Wenn wir ein neues Volume auf einer dynamischen Festplatte erstellen möchten, funktioniert dies prinzipiell genauso, als ob wir eine neue Partition auf einer Basisfestplatte anlegen möchten.

Auch hier leitet ein Assistent durch den Vorgang.

Wir erhalten die gleiche Maske, die wir bereits bei den Basisfestplatten erhalten haben.

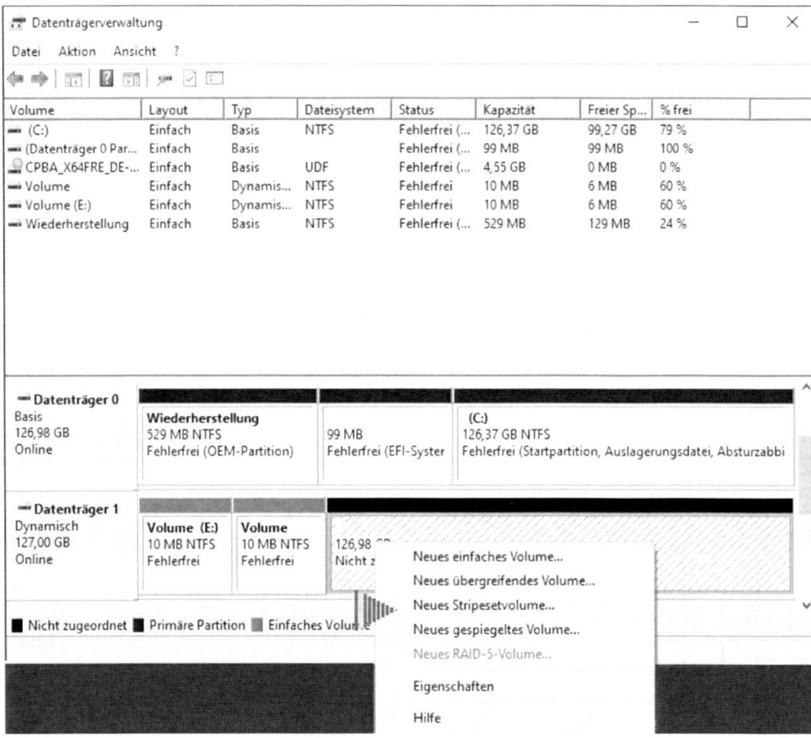

Abbildung 2.31: Erstellen eines Volumes

Wo ist nun der praktische Unterschied?

Wenn Sie zwei oder mehrere dynamische Festplatten im System haben, werden Ihnen sowohl „Neues übergreifendes Volume“ als auch „Neues Stripesetvolume“ nicht mehr grau, sondern auswählbar angezeigt.

Alle diese Arten von Volumes stehen uns nur auf dynamischen Festplatten zur Verfügung.

Übergreifendes Volume

Ein übergreifendes Volume ist ein Volume, das Teile mehrerer Festplatten beinhalten kann.

Mit einem übergreifenden Volume können Sie sozusagen Festplattenreste „recyceln“ die zu klein sind, um mit ihnen noch etwas anzufangen.

Für ein übergreifendes Volume benötigen Sie 2 bis 32 Festplatten. Wenn Sie nur eine Festplatte im System haben, wird Ihnen diese Option ausgegraut dargestellt.

Ein übergreifendes Volume wird der Reihe nach beschrieben, das heißt, zuerst wird der Teil der einen Festplatte benutzt, dann ein Teil einer anderen Festplatte und so weiter.

Dies bedeutet natürlich auch ein hohes Risiko, denn wenn auch nur eine Festplatte ausfällt, können unter Umständen alle Daten im übergreifenden Volume zerstört sein.

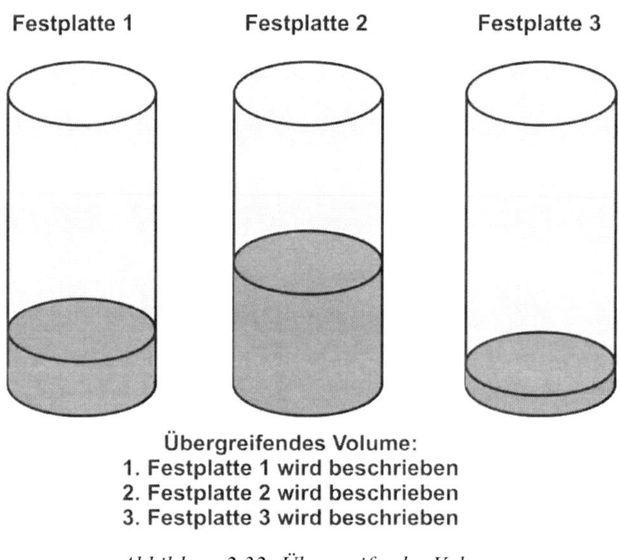

Abbildung 2.32: Übergreifendes Volume

Die Reste der Festplatten müssen nicht gleich groß sein.

Stripeset

Stripesets sind ähnlich aufgebaut, wie übergreifende Datenträger. Auch sie verwenden Reste von freiem Speicherplatz mehrerer Festplatten.

Jedoch gibt es einige Unterschiede:

- Stripesets setzen sich aus gleich großen Festplattenteilen zusammen
- Stripesets beschreiben die verschiedenen Festplatten gleichmäßig, also „streifenweise“

Auch Stripesets können aus 2 bis 32 Festplattenteilen bestehen.

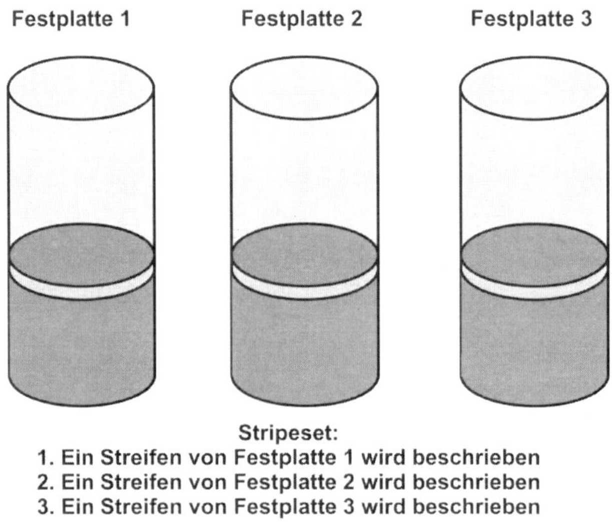

Abbildung 2.33: Stripeset

Durch ein Stripeset kann die Leistung des Datenzugriffs gesteigert werden. Da das Schreiben und natürlich auch das Lesen gleichzeitig von mehreren Controllern übernommen werden kann, ist der Zugriff sowohl beim Schreiben als auch beim Lesen erheblich beschleunigt.

Leider beinhaltet auch das Stripeset keine Fehlertoleranz. Bei Ausfall einer Festplatte können alle Daten des Stripesets zerstört werden.

Gespiegeltes Volume

Ein gespiegelter Datenträger ist ein fehlertoleranter Datenträger. Alle Daten, die auf ein Volume geschrieben werden, werden gleichzeitig auch auf ein anderes Volume geschrieben, diese beiden Volumes haben natürlich auch nur einen Laufwerksbuchstaben und sind nicht getrennt anzusprechen.

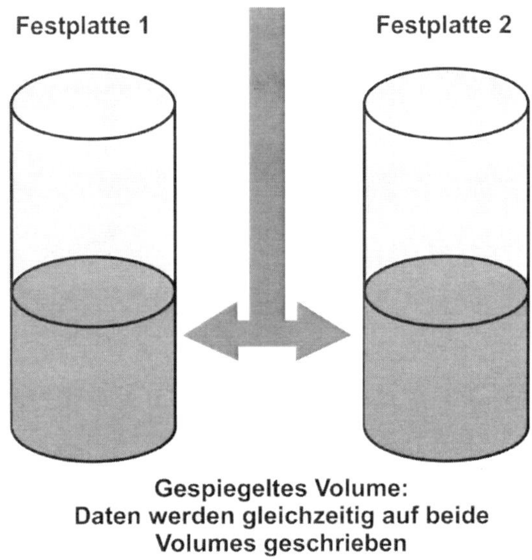

Abbildung 2.34: Gespiegeltes Volume

Gespiegelte Volumes werden hauptsächlich zum Schutz der Systempartition verwendet. Wenn eine der Festplatten ausfällt, ist ein Zugriff dennoch möglich, da die zweite Festplatte alle Daten komplett beinhaltet.

Für gespiegelte Volumes werden immer genau zwei Festplatten benötigt. Die Teile der Festplatten müssen natürlich gleich groß sein.

Eine Performancesteigerung beim Lesen der Daten ist zu erkennen, da im Idealfall zwei Controller zugreifen können. Allerdings ist das Schreiben nicht beschleunigt, da die doppelte Menge an Daten geschrieben werden muss. Auch die Kosten sind sehr hoch, da der doppelte Festplattenspeicher benötigt wird.

RAID-5

Als letzte Möglichkeit eines Volumes ist das RAID-5 Volume zu nennen, auch Stripeset mit Parität genannt.

Ein RAID-5 Volume funktioniert ähnlich, wie das bereits bekannte Stripeset. Auch hier werden die Daten streifenweise auf gleich große Festplattenteile geschrieben.

Allerdings bietet ein RAID-5 Volume Fehlertoleranz.

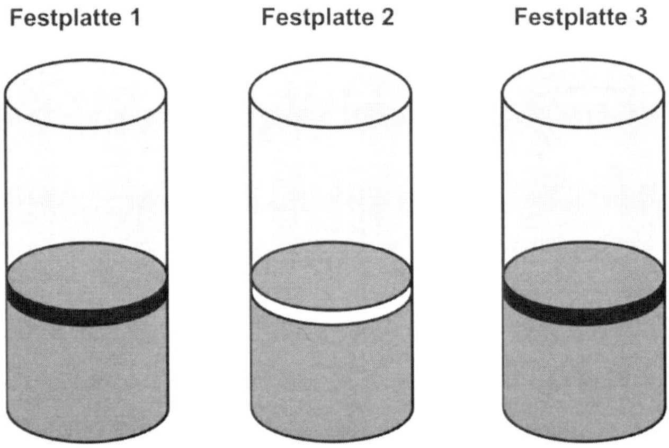

RAID-5 Volume:
Die Festplatten werden streifenweise beschrieben.
Auf einer der Festplatten werden keine Daten geschrieben, sondern die Parität.

Abbildung 2.35: RAID-5

Bei einem RAID-5 Volume werden die Daten auf alle Festplatten streifenweise geschrieben. Allerdings wird ein Streifen von den Daten ausgespart, auf diesen Streifen wird die Parität geschrieben.

Die Parität ist ein mathematischer Algorithmus, mit dem es möglich ist, fehlende Informationen zu rekonstruieren, sollte eine Festplatte ausfallen.

Allerdings darf nur eine einzige Festplatte ausfallen, die Paritätsdaten können nur den Verlust einer Platte ersetzen, sollte eine zweite Platte ausfallen, sind die Daten verloren!

Aus diesem Grund ist die Mindestanzahl der Festplatten für ein RAID-5 drei Festplatten, bis zu 32 Platten können benutzt werden.

Fehlerbehebung

Leider treten auch bei Festplatten hin und wieder Fehler auf. In diesem Fall muss es schnell und einigermaßen problemlos möglich sein, den Rechnerbetrieb aufrecht zu erhalten.

Alle Fehler, die auftreten können, werden im Normalfall in der Datenträgerverwaltung bearbeitet.

Festplatten, die Fehler haben, sollten dies am Status anzeigen. Fehlerfreie Festplatten haben den Status „Online“.

Wenn ein anderer Status angezeigt wird, kann in den meisten Fällen mit dem Objektmenü zumindest ein Lösungsversuch gestartet werden.

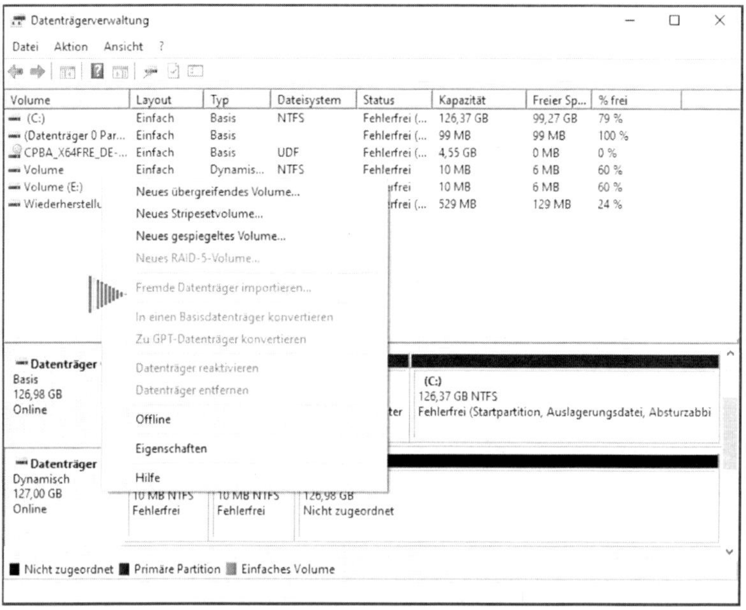

Abbildung 2.36: Reparaturmenü

Festplatte importieren

Mit dynamischen Festplatten haben Sie die interessante Möglichkeit, Festplatten aus anderen Systemen zu importieren.

So können Sie Festplatten, die auch übergreifend oder Stripesets sein können, kurzfristig bei einem Fehler aus einem anderen System holen und in ein funktionstüchtiges System einbauen.

Nach dem Einbau, der während des laufenden Betriebes vorgenommen werden kann, erscheint die neue Festplatte in der Konsole mit dem Status „Fremd“. Das bedeutet, dass sie noch nicht in den Festplattenverbund aufgenommen wurde.

ACHTUNG!

Der Festplattenverbund bedeutet in diesem Fall, dass die Daten der Festplatte in die Datenbank der anderen Festplatten dieses Systems eingetragen werden müssen und dass die Datenbank der importierten Festplatte angepasst werden muss.

Um dies nachzuholen, klicken Sie mit der rechten Maustaste auf den Status der Festplatte und wählen „Fremde Datenträger importieren".

Wenn es sich um mehrere Festplatten handelt, die zusammengehören, wie bei einem Stripeset, müssen natürlich alle Festplatten einzeln importiert werden.

Festplatte entfernen

Falls Sie eine dynamische Festplatte aus einem Festplattenverbund entfernen möchten, muss sie natürlich auch aus den einzelnen Datenbanken entfernt werden, sonst kann es Ihnen passieren, dass die Festplatte in der Datenträgerverwaltung noch angezeigt wird, aber physisch nicht mehr vorhanden ist.

Klicken Sie mit der rechten Maustaste auf die zu entfernende Festplatte und wählen Sie „Datenträger entfernen". Damit werden alle Verweise auf diese Festplatte aus den Datenbanken der anderen Festplatten entfernt.

Festplatte ist Offline

Es gibt auch die Möglichkeit, dass der Status der Festplatte „Offline" anzeigt. Dies kann der Fall sein, wenn die Festplatte entfernt worden ist und die Prozedur „Datenträger entfernen" noch nicht abgeschlossen ist.

Es kann aber auch sein, dass ein interner Fehler aufgetreten ist, der die Festplatte offline gesetzt hat. Damit ist sie nicht mehr ansprechbar und auf die Daten kann nicht zugegriffen werden. Auch ist es möglich, dass eine Festplatte bereits importiert worden ist und damit die Datenbanken bereits angepasst worden sind, aber der Status ist noch immer „Offline".

In diesem Fall wählen Sie aus dem Objektmenü die Funktion „Datenträger reaktivieren". Dies erzwingt ein erneutes Einlesen der Daten der Festplatte. Danach sollte der Status auf „Online" springen.

Festplattenverwaltung mithilfe der PowerShell

Die Festplattenverwaltung kann auch mit der PowerShell durchgeführt werden. PowerShell bietet eine Reihe an Cmdlets, mit denen Sie alle Konfigurationseinstellungen machen können.

Natürlich muss die PowerShell als Administrator ausgeführt werden, um Festplatten verwalten zu können.

Hier sind die wichtigsten PowerShell-Cmdlets:

Cmdlet	**Bedeutung**
Get-Disk	Anzeigen von Festplatten
Get-PhysicalDisk	Anzeigen von physikalischen Festplatten
New-Partition	Partition erstellen
Resize-Partition	Größe der Partition ändern
Format-Volume	Partition formatieren

2.3.2 Speicherplatz und Speicherpools

Es gibt noch eine zweite Art der Festplattenverwaltung direkt vom Client aus.

„Speicherplatz" ist eine fehlertolerante Speichervirtualisierung.

Alle nötigen Aktionen, um Daten wiederherzustellen, werden automatisch ausgeführt, wenn Festplatten ausgefallen sind.

Die Voraussetzungen für einen „Speicherplatz" sind mehrere unformatierte Festplatten, die zu einem Speicherpool zusammengefasst werden.

Erstellen eines Speicherplatzes

Zunächst müssen mehrere Festplatten zum System hinzugefügt werden, mindestens zwei. Diese dürfen nicht formatiert werden, sonst werden sie vom Assistenten nicht erkannt.

Danach wechseln Sie in die Systemsteuerung und wählen in „System und Sicherheit" den Punkt „Speicherplätze" aus.

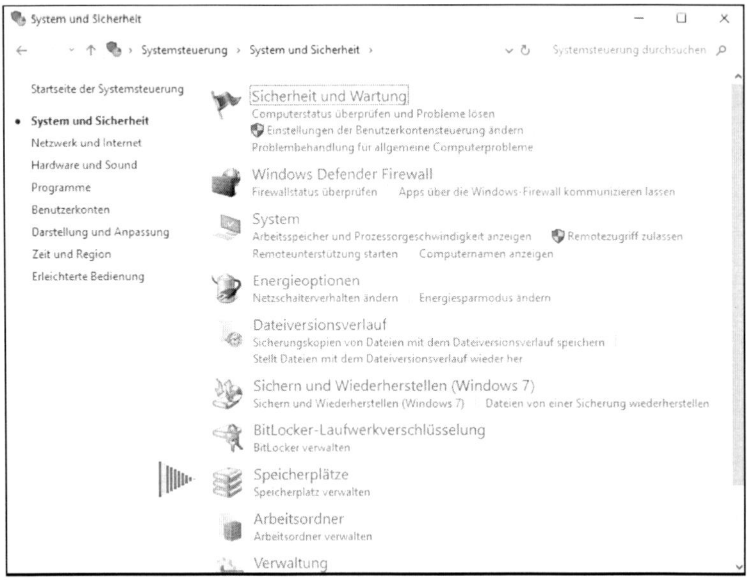

Abbildung 2.37: Speicherplätze

Nun haben Sie die Möglichkeit, gleichzeitig einen neuen Speicherpool zu definieren und daraus einen Speicherplatz zu generieren.

Abbildung 2.38: Neuen Pool und Speicher

Wählen Sie die einzige Möglichkeit aus.

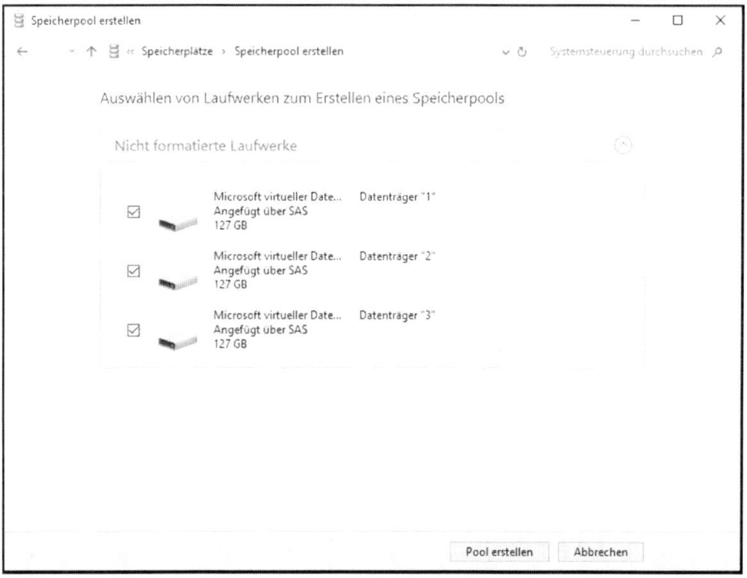

Abbildung 2.39: Festplatten werden angezeigt

Es werden alle Festplatten angezeigt, die für einen Speicherpool zur Verfügung stehen, also alle nicht formatierten Laufwerke.

Wählen Sie alle gewünschten Festplatten aus und klicken Sie auf „Pool erstellen".

Nachdem der Pool erstellt ist, wird der Speicherplatz konfiguriert.

Zunächst können Sie einen Namen und einen Laufwerksbuchstaben vergeben.

Die wichtigste Einstellung hier ist der „Resilienztyp". Hier legen Sie fest, welche Fehlertoleranz Ihre Daten haben werden.

Sie haben folgende Auswahlmöglichkeiten:

Keine

Hier gibt es keine Fehlertoleranz. Der Vorteil ist, dass der maximale Speicherplatz zur Verfügung steht, da kein Platz für die Fehlertoleranz zur Verfügung gestellt werden muss.

Zwei-Wege-Spiegelung

Dies ist ein Spiegelsatz. Wenn Sie mindestens zwei Festplatten haben, kann diese Option gewählt werden.

Der Speicherplatz kann nur zur Hälfte ausgenutzt werden, da die Daten gespiegelt werden.

Drei-Wege-Spiegelung

In diesem Fall werden die Daten auf drei Festplatten geschrieben, also haben Sie auch Fehlertoleranz, wenn zwei Festplatten ausfallen.

Parität

Hier werden die Daten durch Paritätsinformationen geschützt, wie Sie es vom Stripeset mit Parität kennen.

Der Dateizugriff ist relativ langsam, diese Art der Fehlertoleranz ist ideal für große Dateien, die selten aktualisiert werden.

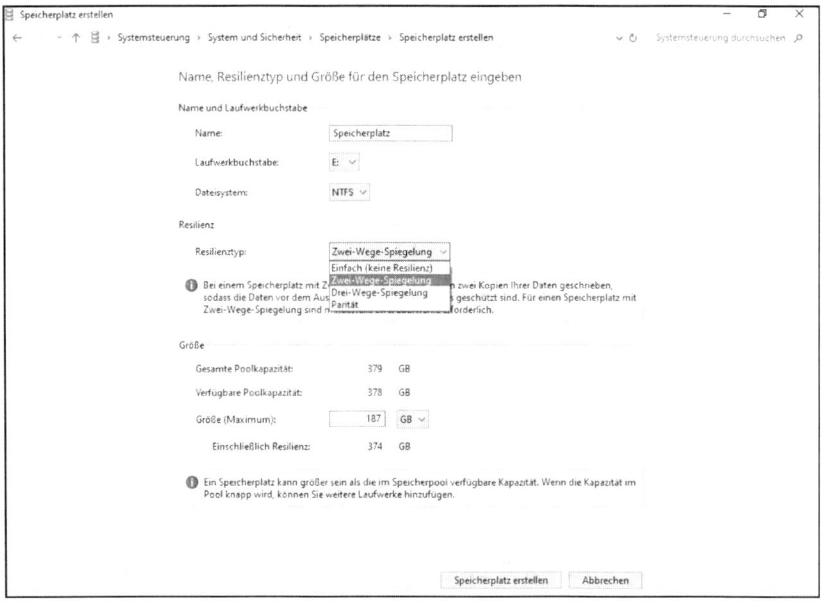

Abbildung 2.40: Einstellungen

Abhängig von der Auswahl der Fehlertoleranz schlägt Windows die Größe des Speicherplatzes vor. Diese Auswahl können Sie aber ändern.

Sie können sogar eine fiktive Größe angeben, die Ihnen gar nicht zur Verfügung steht. Wenn die physikalisch zur Verfügung stehende Grenze erreicht ist, erhalten Sie eine Meldung, dass Sie zusätzlichen Speicherplatz hinzufügen müssen.

Wenn Sie alle Einstellungen gemacht haben, klicken Sie auf „Speicherplatz erstellen".

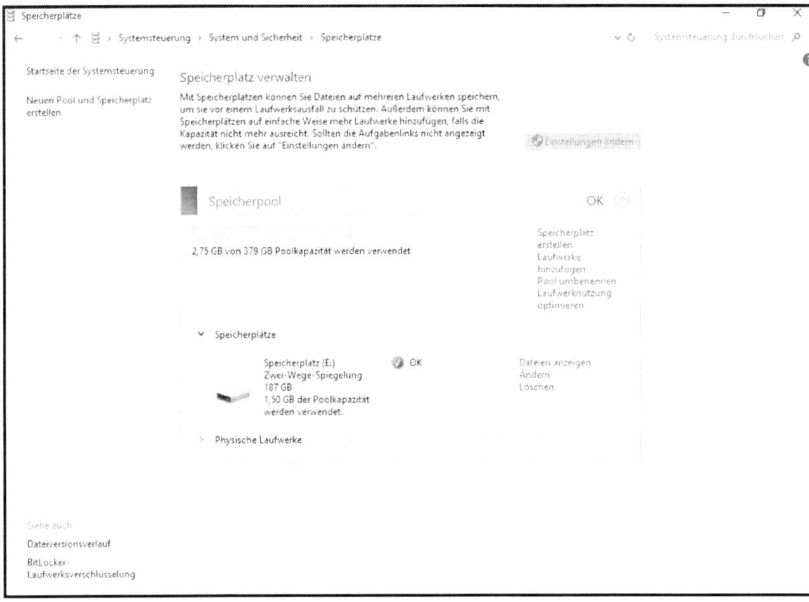

Abbildung 2.41: Speicherplatz ist erstellt

Diesen Speicherplatz können Sie nun völlig normal benutzen, denn er wird als Laufwerk angezeigt.

Verwalten von Speicherpools mit der PowerShell

Für die Verwaltung der Speicherpools mit der PowerShell gibt es unendlich viele Cmdlets. Einen Teil haben wir weiter oben bereits für die einfache Festplattenverwaltung betrachtet. Für die Verwaltung der Speicherpools stehen deutlich mehr Cmdlets zur Verfügung.

In Folge zeige ich Ihnen die wichtigsten:

Cmdlet	**Bedeutung**
Add-PhysicalDisk	Fügt einen physischen Datenträger zu einem Speicherpool hinzu
Clear-Disk	Bereinigt einen Datenträger, in dem alle Partitionsinformationen entfernt und die Initialisierung aufgehoben werden

Connect-VirtualDisk	Verbindet einen getrennten virtuellen Datenträger mit dem angegebenen Computer
Disconnect-VirtualDisk	Trennt die Verbindung eines virtuellen Datenträgers zum angegebenen Computer
Format-Volume	Formatiert ein oder mehrere vorhandene Volumes oder ein neues Volume auf einer vorhandenen Partition
Get-Disk	Ruft einen oder mehrere Datenträger ab, die für das Betriebssystem sichtbar sind
Get-Partition	Gibt eine Liste aller Partition-Objekte auf allen Datenträgern zurück
Get-PhysicalDisk	Ruft eine Liste aller PhysicalDisk-Objekte ab
Get-StoragePool	Ruft einen bestimmten Speicherpool oder einen Satz von StoragePool-Objekten aus allen Speichersubsystemen aller Speicheranbieter ab
Get-VirtualDisk	Gibt eine Liste der VirtualDisk-Objekte zurück
Get-Volume	Ruft das angegebene Volume-Objekt oder alle Volumes ab
Initialize-Disk	Initialisiert einen Rohdatenträger (RAW) für die erstmalige Verwendung
Mount-DiskImage	Stellt ein zuvor erstelltes Datenträgerimage (virtuelle Festplatte oder ISO) bereit

New-Partition	Erstellt eine neue Partition auf einem vorhandenen Disk-Objekt
New-StoragePool	Erstellt einen neuen Speicherpool
New-VirtualDisk	Erstellt einen neuen virtuellen Datenträger im angegebenen Speicherpool
New-Volume	Erstellt ein Volume
Remove-Partition	Löscht das angegebene Partitionsobjekt
Remove-PhysicalDisk	Entfernt einen physischen Datenträger aus einem angegebenen Speicherpool
Remove-VirtualDisk	Löscht einen vorhandenen virtuellen Datenträger
Resize-Partition	Ändert die Größe einer Partition
Set-StoragePool	Ändert die Eigenschaften des angegebenen Speicherpools
Set-PhysicalDisk	Legt Attribute für einen bestimmten physischen Datenträger fest
Set-VirtualDisk	Ändert die Attribute eines vorhandenen virtuellen Datenträgers

Quelle: Microsoft Technet

2.3.3 Wechelmedien und VHDs

Virtuelle Festplatten kennen wir alle. Dies sind Festplatten, die für die Virtualisierungssysteme Hyper-V benötigt werden, und im Format .vhd oder .vhdx vorliegen.

Der große Vorteil von virtuellen Festplatten ist, dass sich alle Daten in einer einzigen Datei verstecken. So ist auch ein komplettes Betriebssystem in einer einzigen Datei untergebracht.

Das neue *.vhdx-Format hat eine Metadatenstruktur, die für bessere

Datenintegrität sorgt. Auch werden in diesem Format maximal 64 TB unterstützt, beim älteren *.vhd-Format dagegen nur 2 TB.

Windows 10 kann eine solche Datei als Festplatte in das System einbinden.

Was soll das nutzen?

Nun, es ist möglich, mit dem Sicherungsprogramm ein Abbild eines Rechners zu erstellen, und zwar im Format .vhdx.

Damit liegt ein Anwendungsbeispiel bereits auf der Hand: Sie können andere Installationen als Laufwerk einbinden und prüfen, Daten sichern oder alle Dinge tun, die sonst noch wichtig sind.

Das Einbinden einer virtuellen Festplatte

Das Einbinden einer vorhandenen virtuellen Festplatte nehmen Sie auch in der „Datenträgerverwaltung" vor.

Hier klicken Sie auf „Aktion" und erhalten ein Menü, in dem Sie eine virtuelle Festplatte anfügen können.

Sie müssen nur noch die entsprechende Datei wählen.

Auch ein schreibgeschützter Modus ist möglich.

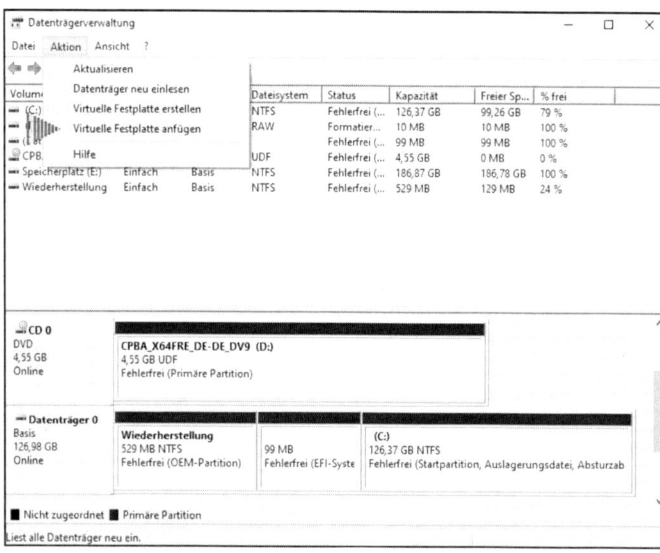

Abbildung 2.42: Datenträgerverwaltung

Erstellen einer neuen virtuellen Festplatte

Eventuell möchten Sie auch eine virtuelle Festplatte selber erstellen.

Die Vorteile dafür sind auch deutlich: alles, was Sie auf dieser Festplatte speichern, kann durch kopieren der .vhdx-Datei gesichert werden, und auf anderen Computern auf die gleiche Art als Laufwerk eingebunden werden.

Wenn Sie wählen „Virtuelle Festplatte erstellen“, erhalten Sie zunächst die Frage, wo die Datei dafür gespeichert werden soll und welche Größe diese Datei haben soll.

Abbildung 2.43: Speicherort und Größe

Dann wählen Sie noch das Format aus und die Art der Größe.

Hierbei ist zu sagen, dass die dynamisch erweiterbare Festplatte zwar praktischer ist, aber die Festplatten mit fester Größe eine bessere Performance haben.

Diese neue Festplatte muss nun initialisiert werden. Initialisieren bedeutet, dass Sie festlegen, wie die Festplatte formatiert werden soll.

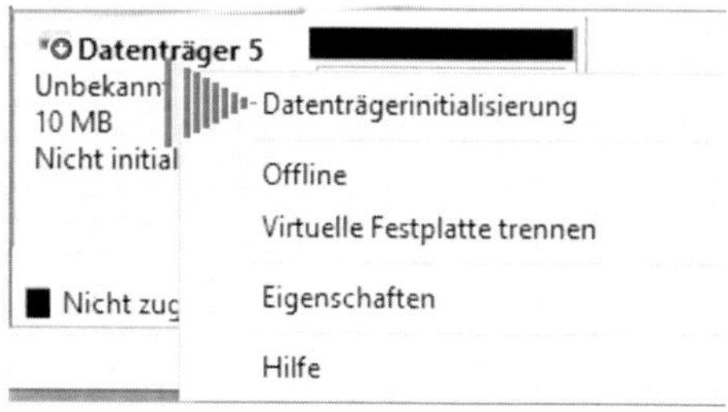

Abbildung 2.44: Initialisieren der Festplatte

Sie können zwischen MBR und GPT wählen.

Aber was sind die Unterschiede zwischen MBR und GPT?

	MBR	**GPT**
Anzahl primäre Partitionen	4	unbegrenzt (Windows: 128)
Maximale Partitionsgröße	2 TByte	18 ExaByte
Maximale Festplattengröße	2 TByte	18 ExaByte
Standarddefinition	Keine	Definiert durch EFI
Sicherheit	keine Prüfsumme	Datensektoren mit Prüfsumme und Backup-Sektoren
Versionsverlauf	keiner	Versionsnummer in GPT abgelegt
Partitionsbezeichnung	Nicht vorhanden (je nach Dateisystem innerhalb Partition abgelegt)	Eindeutige GUID und 36 Zeichen langer Partitionsname

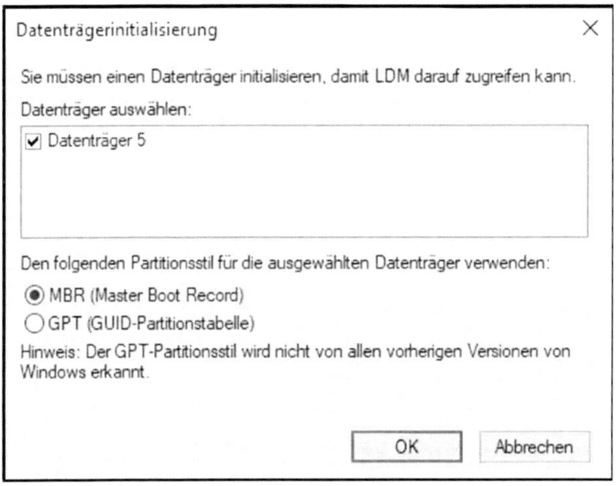

Abbildung 2.45: MBR oder GPT

Nun können Partitionen angelegt werden.

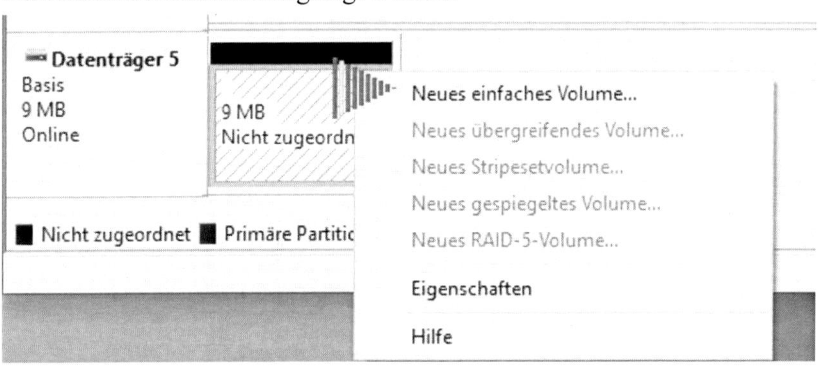

Abbildung 2.46: Erstellen eines einfachen Volumes

2.4 Datenzugriff und -nutzung

Die Grundvoraussetzung, um auf Ressourcen auf einem anderen Computer zugreifen zu können, sind Freigaben.

Wenn Sie die Freigaben im Netzwerk- und Freigabecenter aktiviert haben, haben Sie damit schon den ersten Schritt getan.

Wenn Sie dann im Explorer die Netzwerkumgebung öffnen und betrachten, welche Ordner Sie auf einem anderen Computer sehen können, werden Sie feststellen, dass nur ein Bruchteil der vorhandenen

Ordner angezeigt wird.

Nur die Ordner, die Sie hier sehen, sind auf einem anderen Rechner freigegeben worden.

Damit ergibt sich der Kernpunkt für Freigaben: Um auf einen Ordner, der sich auf einem anderen Rechner befindet, zugreifen zu können, muss dieser Ordner freigegeben worden sein. Ordner, die nicht freigegeben worden sind, sind (außer durch den Administrator, siehe weiter unten in diesem Kapitel) über das Netzwerk nicht zu erreichen.

Wenn ein Ordner freigegeben ist, haben Sie Zugriff auf alle Daten, die dieser Ordner beinhaltet, also auch auf Ordner, die unter dem freigegebenen Ordner angelegt worden sind.

Es gibt eine sogenannte einfache Dateifreigabe.

Die Einfache Dateifreigabe erlaubt keine genaue Steuerung der Zugriffsrechte, deswegen sollten Sie sie ausschalten.

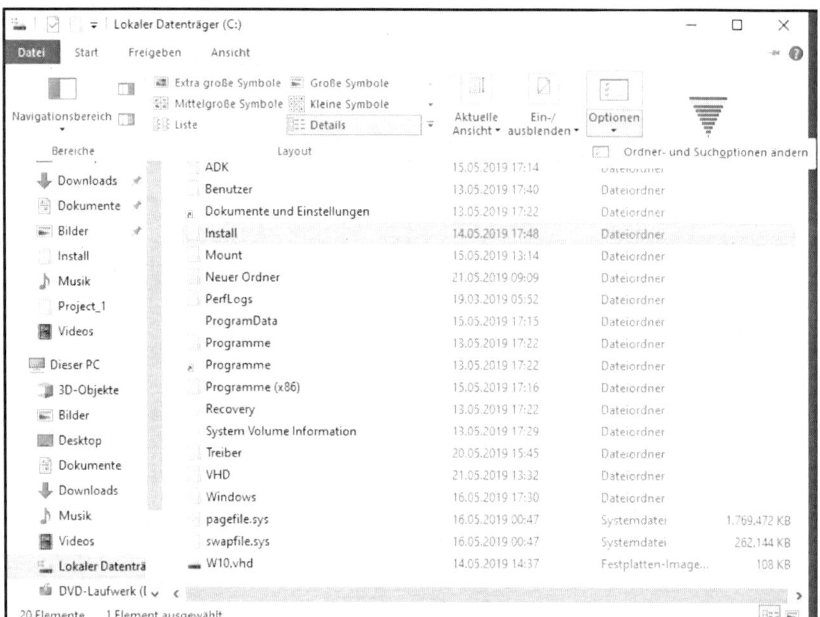

Abbildung 2.47: Ausschalten der vereinfachten Dateifreigabe

Sie klicken in diesem Fall im Explorer auf „Organisieren" und wählen „Ordner und Suchoptionen".

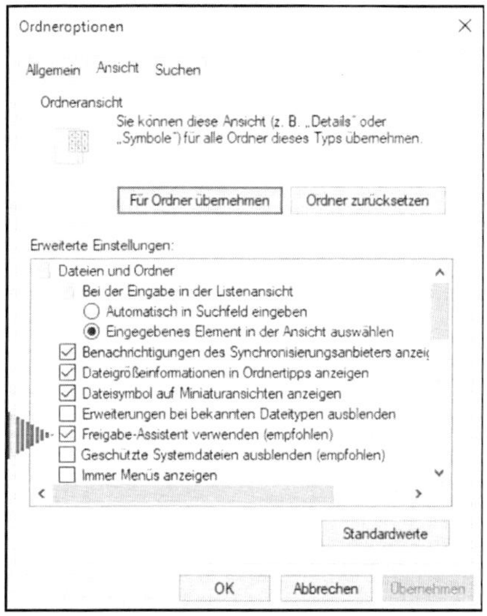

Abbildung 2.48: Freigabe-Assistent verwenden

Hier wechseln Sie auf die Registerkarte „Ansicht" und entfernen den Haken vor „Freigabe-Assistent verwenden".

Wenn Sie nun versuchen, eine Freigabe zu erstellen, sieht das Fenster etwas anders aus.

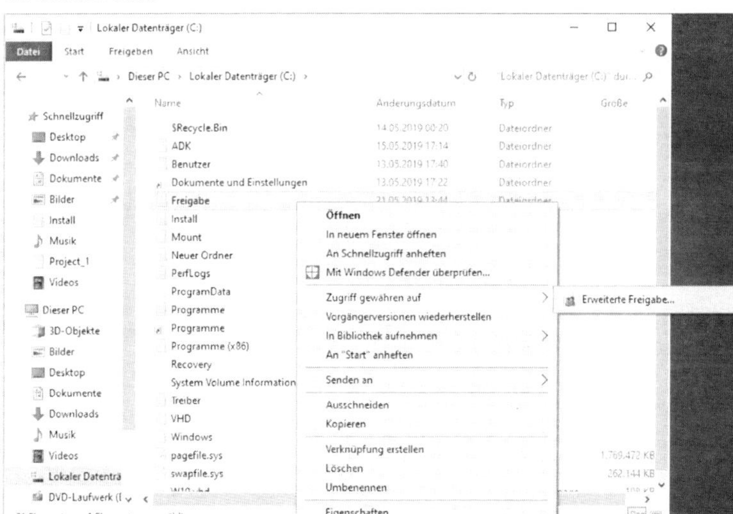

Abbildung 2.49: Freigabe erstellen

Sie haben nun die „Erweiterte Freigabe“, in der Sie die Berechtigungen feiner setzen können.

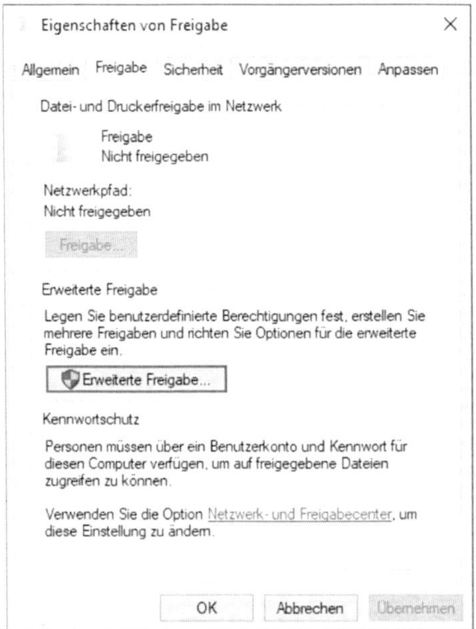

Abbildung 2.50: Erweiterte Freigabe

Wenn Sie auf die Schaltfläche „Erweiterte Freigabe“ klicken, erhalten Sie ein Fenster, in dem Sie auf „Berechtigungen“ klicken können, um genaue Berechtigungen an bestimmte Personen zu vergeben.

Abbildung 2.51: Berechtigungen

Sie können einzelne Personen, aber auch Gruppen hinzufügen und dann Berechtigungen zuweisen.

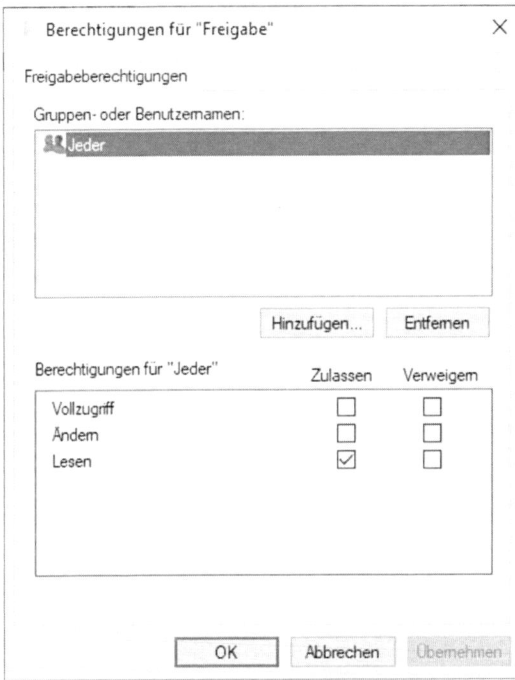

Abbildung 2.52: Berechtigungen

Es gibt drei verschiedene Arten der Berechtigungsstufen:

- Vollzugriff
- Ändern
- Lesen

Diese drei Stufen stellen die Berechtigungen dar, die ein Benutzer auf diesen Ordner hat, wenn er sich über das Netzwerk mit der Freigabe verbindet.

Lesen

„Lesen“ bedeutet, dass er alle Daten betrachten kann, aber keine Änderungen vornehmen kann. Das bedeutet, dass er keine Daten in diesem Ordner erstellen kann und die vorhandenen Daten nicht verändern kann.

Mit dem Recht „Lesen“ können auch Programme in dem freigegebenen Ordner ausgeführt werden.

Ändern

„Ändern“ gibt das Recht, auch Änderungen an den Daten vorzunehmen, also neue Daten in diesem Ordner zu speichern und vorhandene Daten zu ändern. Das Löschrecht ist auch integriert.

Vollzugriff

„Vollzugriff“ beinhaltet „Lesen“ und „Ändern“. Zusätzlich können mit der Berechtigung „Vollzugriff“ auch die NTFS-Rechte verändert werden (siehe später in diesem Kapitel).

Nun klicken Sie auf „OK“ und der Ordner ist freigegeben.

Standardmäßig wird Ihnen als Freigabename der Name des Ordners angezeigt. Diesen Namen können Sie aber ändern, Sie können den Namen der Freigabe frei wählen.

ACHTUNG!

Beachten Sie: Wenn Sie einen anderen Freigabenamen wählen, behält der freigegebene Ordner lokal auf dem Computer seinen alten Namen. Dadurch können Verwechslungen passieren.

Auch können Sie hier festlegen, wie viele gleichzeitige Verbindungen zu dieser Ressource erlaubt sein sollen.

Die Höchstanzahl von gleichzeitigen Zugriffen ist 20. Sie können diese Anzahl wählen, oder auch weniger gleichzeitige Zugriffe zulassen.

ACHTUNG!

Bei Windows 10 ist die Höchstanzahl von gleichzeitigen Zugriffen auf 20 begrenzt. Wenn Sie mehrere gleichzeitige Zugriffe auf eine Ressource erlauben wollen, benötigen Sie ein Serverprodukt.

Weitere Möglichkeiten, eine Freigabe zu erstellen

Auch wenn das Erstellen von Freigaben im Explorer die gebräuchlichste Art ist, gibt es doch noch andere Möglichkeiten, eine Freigabe zu erstellen.

In der Computerverwaltung

In der Computerverwaltungskonsole wird Ihnen eine sehr komfortable Möglichkeit geboten, eine Freigabe zu erstellen.

- Rechte Maustaste auf den Startknopf
- Computerverwaltung
- Rechte Maustaste auf „Freigaben“
- Neue Freigabe

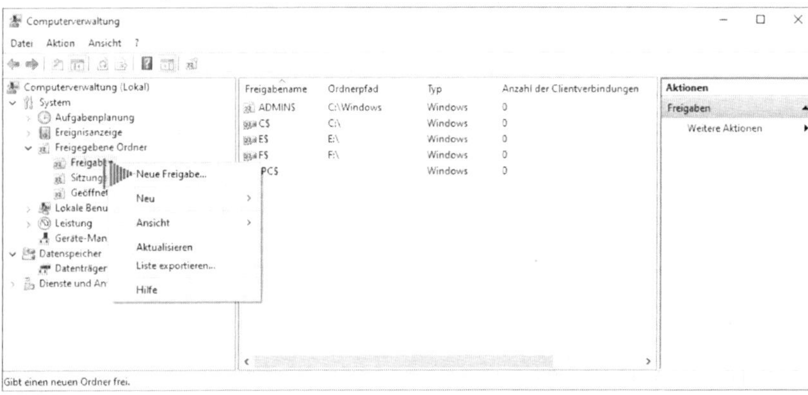

Abbildung 2.53: Erstellen einer Freigabe

Es startet ein Assistent, der Sie durch die Erstellung einer Freigabe führt.

Auf der ersten Seite geben Sie an, welcher Ordner freigegeben werden soll. Dies kann durch Angabe des Namens des Ordners geschehen. Diese Methode ist nicht zu empfehlen, da die Fehleranfälligkeit sehr hoch ist.

Abbildung 2.54: Angabe des Namens

Besser ist es, auf „Durchsuchen“ zu klicken und sich den entsprechenden Ordner mit einem Klick auszusuchen.

Auf der nächsten Seite sehen Sie auch die Einstellungen für die Offlinedateien (siehe später).

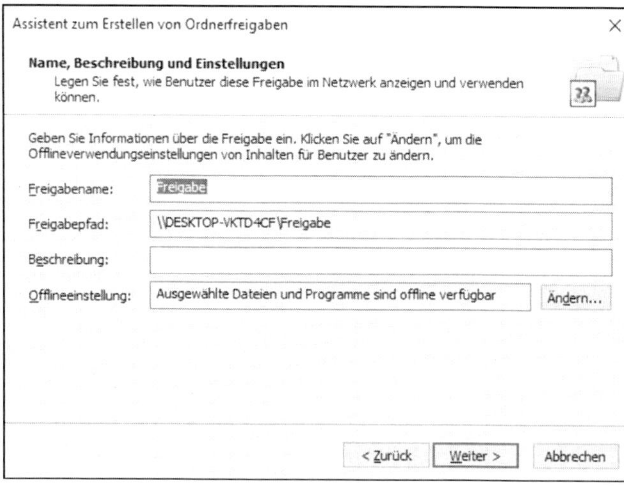

Abbildung 2.55: Offlineeinstellungen

Danach können Sie die Zugriffsberechtigungen definieren.

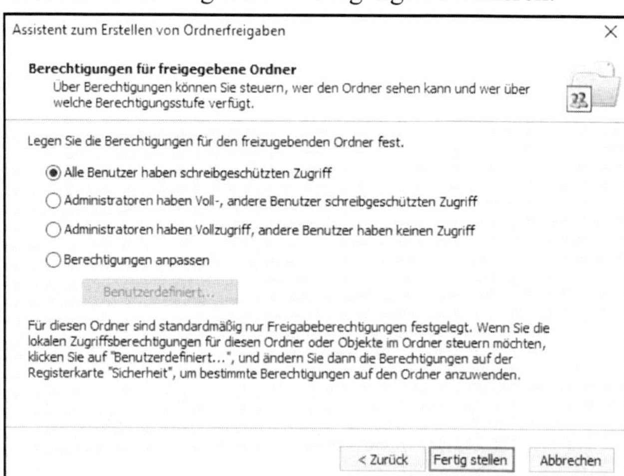

Abbildung 2.56: Zugriffsberechtigungen

Die Standardeinstellung hier ist, dass alle Benutzer schreibgeschützten Zugriff haben.

Administrative Freigaben

Wie Sie erkennen konnten, ist die Freigabe die minimale Voraussetzung, um auf Ressourcen eines Remotecomputers zugreifen zu können.

Diese Tatsache ist natürlich ein wichtiger Sicherheitsaspekt, denn so haben Sie als Administrator die Möglichkeit, den Zugriff alleine schon durch das Auswählen, welche Ordner freigegeben werden, zu steuern.

Allerdings ist es auch ein Problem für den Administrator. Er sollte im Idealfall uneingeschränkten Zugriff auf alle Ressourcen des Netzwerks haben und natürlich auch Vollzugriff und nicht nur Lesen.

Diesem Umstand hat Windows 10 mit den „Administrativen Freigaben" Sorge getragen.

Betrachten Sie in der Computerverwaltung die Freigabe des Laufwerks „C:\".

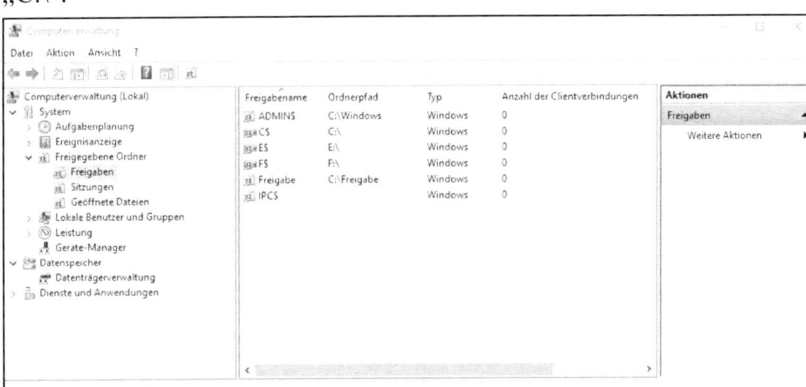

Abbildung 2.57: Freigabe des Laufwerks „C:\"

Das Laufwerk ist bereits freigegeben und zwar als „C$". Offensichtlich ist diese Freigabe anders, als die Freigaben, die wir bisher gemacht haben, denn sie ist über das Netzwerk nicht erkennbar.

ACHTUNG!

Wenn nach dem Freigabenamen ein $ steht, ist dieser Ordner freigegeben, aber versteckt. Das bedeutet, dass auf den Ordner zwar zugegriffen werden kann, aber nur, wenn der Freigabename bekannt ist.

Das ist natürlich für die Administratoren eine hervorragende Lösung. Wenn das gesamte Laufwerk freigegeben ist, können sie auf jeden einzelnen Ordner darin zugreifen und eine Art von „Fernwartung“ ausführen.

Nun stellt sich noch die Frage, ob auch hier die Standardberechtigung „Jeder“ „Lesen“ ist, denn das wäre aus zwei Gründen schlecht.

1. Jeder Benutzer könnte auf alle Ressourcen zugreifen.
2. Auch der Administrator als Mitglied der Gruppe „Jeder“ hätte nur das Recht „Lesen“.

Weitere administrative Freigaben

Zum Überprüfen, welche weiteren administrativen Freigaben es gibt, betrachten Sie die Freigaben, die auf Ihrem Computer erstellt sind, in der Computerverwaltung.

Hier sehen Sie alle Freigaben, auch die versteckten.

ADMIN$

Diese administrative Freigabe deutet immer auf das Verzeichnis hin, in dem Windows installiert ist, das Systemroot. Egal, wie das Windowsverzeichnis heißt, es ist in jedem Fall mit „ADMIN$“ freigegeben. Jeder Administrator kann so ohne weiteres auf das Systemroot eines Remoterechners zugreifen.

C$, D$

Jedes Festplattenlaufwerk ist administrativ freigegeben.

IPC$

Dies ist keine Freigabe, auf die direkt zugegriffen werden kann, sondern eine Systemfreigabe, die bei Remotezugriff zusätzlich genutzt wird.

PRINT$

Wenn Drucker auf dem Computer installiert sind, ist das Druckverzeichnis ebenfalls administrativ freigegeben.

Weitere Anwendungsmöglichkeiten von versteckten Freigaben

Wie können Sie nun die Möglichkeit der versteckten Freigaben weiterhin nutzen?

Ein Beispiel: In Ihrem Unternehmen haben Sie eine Projektgruppe, die an einem streng geheimen Projekt arbeitet. Dieses Projekt ist so geheim, dass die anderen Benutzer nicht einmal die freigegebenen Ordner sehen sollten, die dieses Projektteam benutzt.

In diesem Fall erstellen Sie eine versteckte Freigabe und teilen deren Namen nur dem Projektteam mit.

Damit haben Sie die Freigabe versteckt, kein Benutzer wird sie sehen können, nur wenn man Kenntnisse über den Namen der Freigabe hat, kann auf sie zugegriffen werden.

2.4.1 NTFS

Bisher haben wir uns mit den Freigaberechten beschäftigt. Eine Freigabe ist bekanntlich die elementare Voraussetzung für Zugriff über das Netzwerk.

Leider haben die Freigaberechte auch Grenzen:

- Es können nur Rechte auf Ordner vergeben werden, alle Daten, die in diesem Ordner sind, bekommen die gleichen Rechte wie der Ordner. Eine Differenzierung ist somit nicht möglich. Auch können keine Rechte auf einzelne Dateien gegeben werden
- Es gibt nur drei Stufen der Rechte
- Ressourcen können nur bei Zugriff über das Netzwerk geschützt werden, nicht aber wenn ein Benutzer direkt am Computer sitzt. Freigaberechte gelten nur bei Netzwerkzugriff

Dies sind Probleme, die das betagte Freigaberecht nicht lösen kann.

Datei- und Ordnerberechtigungen

NTFS hat die Möglichkeit, zusätzliche Informationen zu den Daten im Dateisystem mitzuspeichern.

Das gibt uns die Möglichkeit, zusätzlich zu den Freigaberechten eine zweite Schiene an Berechtigungen zu definieren: Die NTFS-Rechte.

Mit NTFS-Rechten ist es möglich, die lokale Maschine vor unberechtigtem Zugriff zu schützen. Freigaberechte können ja nur Netzwerkfreigaben schützen, die lokale Maschine ist aber völlig ungeschützt.

Ein Beispiel:

Ein Windows 10 Rechner hat eine Freigabe mit dem Namen „Daten“. Diese Freigabe ist mit Freigaberechten geschützt, so dass die Benutzer diese Daten nur mit lesendem Zugriff benutzen können.

Wenn nun ein Mitarbeiter lokal an der Maschine sitzt, umgeht er damit die Freigaberechte. Diese gelten nur bei Zugriff über diese Freigabe. Der lokale Benutzer greift jedoch auf die Ressource nun direkt zu.

Um alle Daten vor lokalem Zugriff zu schützen, können nur die NTFS-Rechte dienen.

NTFS-Rechte sind natürlich nur auf Datenträgern verfügbar, die mit dem Dateisystem NTFS formatiert sind. Auch hier gibt es Standardberechtigungen, die direkt nach der Erstellung einer Ressource vorhanden sind.

NTFS-Rechte können, im Gegensatz zu den Freigaberechten auch auf jede einzelne Datei angewendet werden. Es ist möglich, einen Ordner mit der Berechtigung „Lesen“ zu versehen, einer einzelnen Datei in diesem Ordner aber das Recht „Vollzugriff“ zuzuweisen.

Betrachten wir einmal die Standardrechte bei NTFS. Um die NTFS-Rechte sehen zu können, öffnen Sie den Explorer.

- Rechte Maustaste auf die Ressource, deren NTFS-Rechte Sie sehen möchten
- Eigenschaften
- Registerkarte Sicherheit

Diese Registerkarte ist nur vorhanden, wenn dies eine Partition ist, die mit dem Dateisystem NTFS formatiert ist.

Hier sehen Sie nun die Standardberechtigungen.

Was auffällt, ist die Vielfalt der Berechtigungsstufen. Im Gegensatz zu den Freigaberechten, bei denen es nur drei verschiedene Berechtigungen gibt, findet man hier mehrere Berechtigungen:

- Vollzugriff
- Ändern
- Lesen / Ausführen
- Ordnerinhalte auflisten
- Lesen
- Schreiben
- Spezielle Berechtigungen

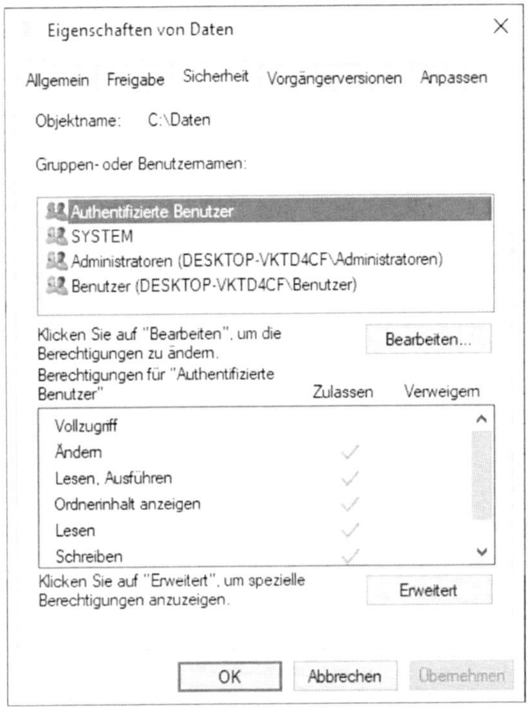

Abbildung 2.58: NTFS-Standardberechtigungen

Interessant sind die Doppelbezeichnungen, wie zum Beispiel Lesen, Ausführen. Einen Ordner kann man nicht ausführen, was ist also die Bedeutung dieser Bezeichnungen?

NTFS-Rechte können, wie bereits erwähnt, sowohl auf Ordner als auch auf Dateien angewendet werden. Daraus ergibt sich diese Doppelbezeichnung.

Wenn Sie die NTFS-Rechte einer Datei betrachten, entfällt das Recht „Ordnerinhalte auflisten“ komplett.

Aber kehren wir zurück zu den NTFS-Rechten eines Ordners.

Wenn Sie auf die Schaltfläche „Erweitert“ klicken, erhalten Sie detailliertere Informationen zur Rechtestruktur.

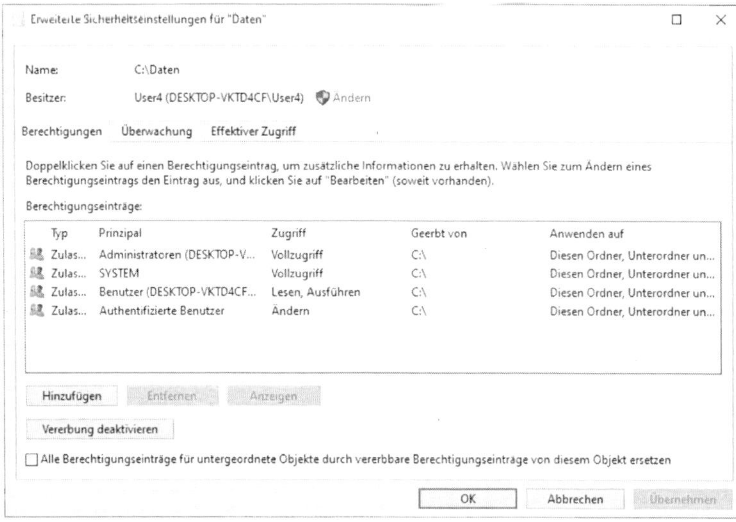

Abbildung 2.59: Die Rechte in genauerer Aufschlüsselung

Um die einzelnen Rechte anzeigen zu lassen, klicken Sie auf die Schaltfläche „Hinzufügen".

Auf der nächsten Karte müssen wir noch einmal auf „Erweiterte Berechtigungen anzeigen" klicken.

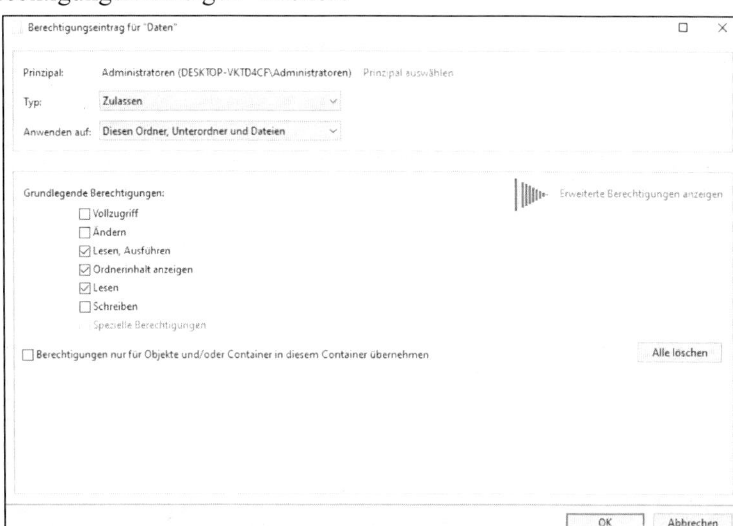

Abbildung 2.60: Die NTFS-Rechte

Die NTFS-Rechte sind eine Zusammenstellung von Einzelrechten, die dann eine sinnvolle Kombination ergeben.

Nun sehen Sie die einzelnen Rechte, aus denen sich die oben erwähnten NTFS-Rechte zusammensetzen.

Was bedeuten die „Speziellen Berechtigungen“?

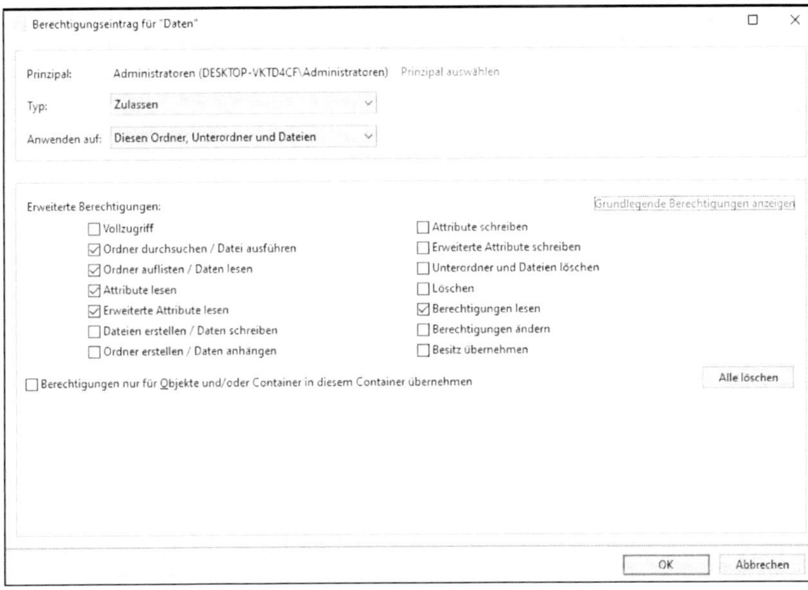

Abbildung 2.61: NTFS-Einzelrechte

Die Zusammenstellung der Einzelrechte zu den NTFS-Rechten ist genau definiert. Wenn Sie von dieser Definition abweichen und es ergibt sich aus ihrer Einzelrechtkombination kein NTFS-Recht, dann wird diese Kombination als „Spezielle Berechtigungen“ geführt.

Der Besitz

Eine weitere Einstellungsmöglichkeit ist „Besitz“.

Derjenige, der eine Datei oder einen Ordner erstellt, ist auch der Besitzer. Dies ist von großer Bedeutung, denn der Besitzer hat immer das Recht, sich die Berechtigungen an einer Ressource zu betrachten. Dies kann bei einem Rechteproblem große Bedeutung haben.

Abbildung 2.62: Der Besitzer

Ein Beispiel:

Ein Benutzer mit Namen Peter Pan erstellt einen Ordner und ist damit auch der Besitzer dieses Ordners.

Sie, als Administrator, haben die NTFS-Rechte dieses Ordners so geändert, dass niemand mehr Zugriff hat (Zum Ändern der Rechte muss die Vererbung ausgeschaltet werden, mehr dazu später).

Dies war aber ein Fehler und Sie möchten der Gruppe der Administratoren wieder Vollzugriff geben.

Wenn Sie aber versuchen, sich die aktuellen NTFS-Rechte anzeigen zu lassen, bekommen Sie eine Sicherheitswarnung, die besagt, dass Sie keinerlei Rechte haben.

Sie können also die Berechtigungen nicht ändern. Nur der Besitzer der Ressource kann sich die Berechtigungen anzeigen lassen.

Sie sind also gezwungen, sich selber zum Besitzer zu machen, sich also die Ressource „auszuleihen".

Mit der Registerkarte „Besitzer" können Sie das tun.

Standardmäßig können Sie wählen zwischen Ihrem administrativen Account und der Gruppe der Administratoren. Wählen Sie eine der Möglichkeiten aus und klicken Sie auf „OK".

Nun sind Sie in der Lage, die aktuellen Berechtigungen anzeigen zu können und sie dann auch ändern zu können.

Peter Pan wird aber merken, dass Sie sich seinen Ordner „ausgeliehen“ haben.

Das Bestimmen der effektiven Berechtigungen

Es ist nicht ganz einfach, die effektiven NTFS-Berechtigungen zu erkennen. Auch hier kann der Benutzer Mitglied in mehreren Gruppen sein und es kann eine Verweigerung eines Rechtes bestehen.

Wie bei den Freigaberechten gibt es auch hier die zwei bekannten Regeln:

1. Lehrsatz der Ermittlung der NTFS-Rechte:

Das effektive NTFS-Recht ist kumulativ, ergibt sich also aus der Addition der Einzelrechte.

Zum Beispiel:

- Mitgliedschaft in der Gruppe „Domänenadministratoren“:
  Vollzugriff
- Mitgliedschaft in der Gruppe „Datenbank Zugriff Lesen“:
  Lesen

  Addiertes Recht = effektives Freigaberecht:
  Vollzugriff

2. Lehrsatz der Ermittlung der NTFS-Rechte:

Verweigern setzt alle positiven Berechtigungen außer Kraft.

Das bedeutet in unserem Beispiel:

- Mitgliedschaft in der Gruppe „Domänenadministratoren“:
  Vollzugriff
- Mitgliedschaft in der Gruppe „Datenbank Zugriff Lesen“:
  Vollzugriff verweigert
- Addiertes Recht = effektives NTFS-Recht:
  Vollzugriff verweigert

ACHTUNG!
Verwenden Sie das Verweigern von Rechten äußerst sparsam. Verweigern ist immer das stärkste Recht und setzt immer die positiven Rechte außer Kraft.

Zur Bestimmung der effektiven NTFS-Rechte gibt es aber zum Glück eine sehr komfortable Möglichkeit.

Die Registerkarte „Effektive Rechte“ gibt uns die Möglichkeit, die NTFS-Rechte aller Benutzer oder Gruppen anzeigen zu lassen.

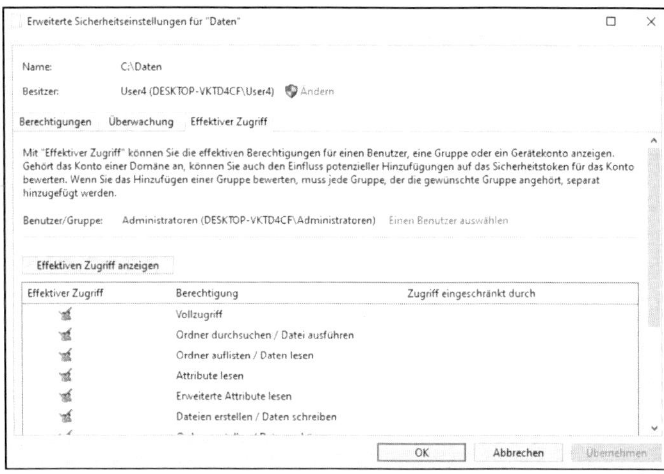

Abbildung 2.63: Die effektiven NTFS-Rechte

ACHTUNG!
Es werden hier nur die NTFS-Rechte berücksichtigt, nicht die Freigaberechte!

Die Vererbung

Bei Betrachtung der NTFS-Rechte ist Ihnen sicherlich aufgefallen, dass die Kästchen zum Ankreuzen grau unterlegt sind und dass Sie diese Berechtigungen nicht ändern können.

Abbildung 2.64: NTFS-Rechte sind vererbt

Dies liegt an der Vererbung.

In allen Windows Betriebssystemen ist die NTFS-Rechtevergabe so gelöst, dass im Stammlaufwerk bestimmte Rechte definiert werden und diese Standardrechte dann an alle untergeordneten Ordner und Dateien vererbt werden.

Wenn wir die NTFS-Rechte des Laufwerk C:\ betrachten, sehen wir, dass diese Kästchen weiß hinterlegt sind und wir auch die Berechtigungen verändern können.

Wenn wir nun mit den ererbten Rechten nicht einverstanden sind, weil wir beispielsweise nur Lesezugriff auf einen Unterordner möchten, müssen wir die Vererbung ausschalten.

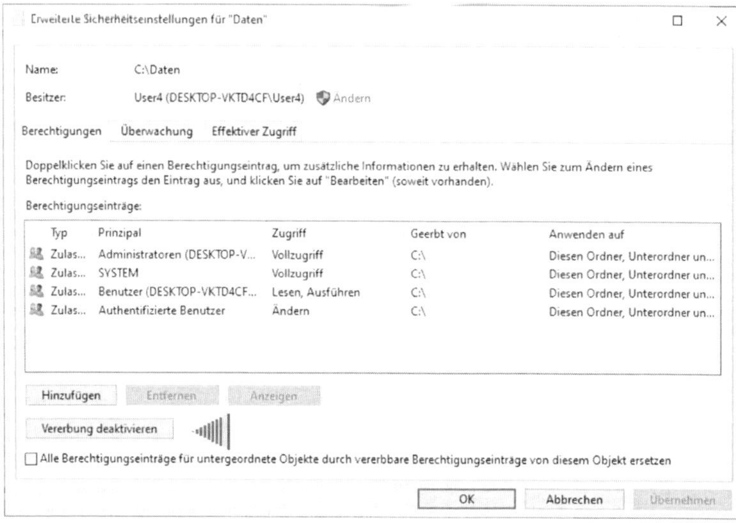

Abbildung 2.65: Vererbung ausschalten

Hier klicken wir auf „Vererbung deaktivieren“. Wir erhalten folgende Abfrage.

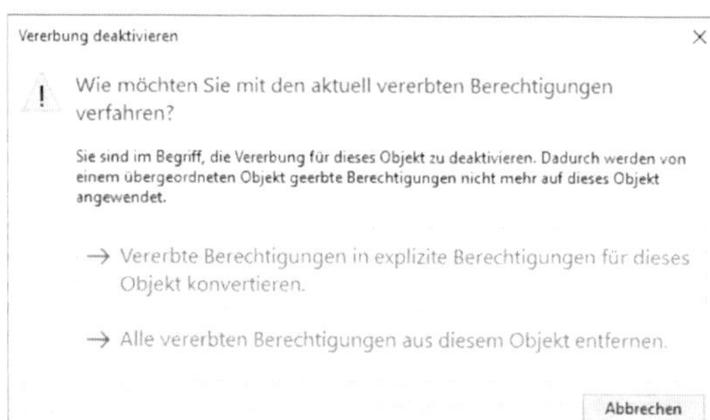

Abbildung 2.66: Sicherheitsabfrage beim Ausschalten der Vererbung

Wir können nun wählen, ob wir die Berechtigungen, die wir bis zu diesem Moment von oben erhalten haben,

- Kopieren oder
- Entfernen

möchten. Wenn die Berechtigungen kopiert werden, bleiben sie gleich, mit dem Unterschied, dass sie nun geändert werden können. Bei „Entfernen“ werden alle Berechtigungen entfernt und es müssen neue Berechtigungen definiert werden.

ACHTUNG!

Das Ausschalten der Vererbung bedeutet, dass die Verbindung nach oben durchtrennt wird. Alle Berechtigungen, die in der Ressource neu gesetzt werden, vererben sich aber sofort wieder an alle untergeordneten Ordner und Dateien. Wenn das nicht der Fall sein soll, müssen diese ebenfalls die Vererbung ausschalten.

Zuletzt gibt es noch „Bestehende vererbbare Berechtigungen aller untergeordneten Objekte durch vererbbare Berechtigungen dieses Objekts ersetzen“.

Hier ist normalerweise kein Haken gesetzt. Diese Option sollten Sie dann verwenden, wenn Sie eine Änderung an den Berechtigungen durchgeführt haben und Sie möchten, dass diese Änderungen an alle bereits bestehenden untergeordneten Ressourcen weitervererbt werden.

ACHTUNG!

Nur neu erstellte Objekte erben die Berechtigungen, die die übergeordnete Instanz für sie hat. Wenn später Berechtigungen geändert werden, hat das keine Auswirkungen auf existierende Objekte. Um hier eine Änderung der Berechtigungen zu erzwingen, muss der Haken bei „Berechtigungen für alle untergeordneten Objekte durch die angezeigten Einträge, sofern anwendbar, ersetzen“ gesetzt werden.

Wann werden Änderungen an den Berechtigungen wirksam?

Dieses Thema sorgt immer wieder für Verständnisprobleme. Sie ändern die Berechtigungen für eine Person, aber sie kann immer noch nicht auf die Ressource zugreifen.

Eigentlich ist es ganz einfach. Wenn sich ein Benutzer anmeldet, werden seine Anmeldedaten mit der jeweiligen Datenbank verglichen. Wenn die Anmeldedaten gültig sind, wird ein Zugriffstoken erstellt. In diesem Token sind alle relevanten Informationen, also auch alle Zugriffsberechtigungen gespeichert.

Wichtig!

Dieses Token wird nicht aktualisiert, solange Sie angemeldet sind!

Damit ist es sehr einfach, das Problem zu erkennen: Nur bei einer Anmeldung werden die Berechtigungen einer Person ausgelesen und damit wirksam.

Also:

Wenn Berechtigungen geändert werden, sollte sich der Benutzer einmal abmelden und wieder anmelden, damit die Änderungen auch greifen.

Anzeigen von Ordnern als Laufwerke

Ist es Ihnen auch schon passiert, dass Sie auf einen Ordner zugreifen müssen, der ganz tief im Verzeichnisbaum versteckt ist?

In diesem Fall wäre es einfacher, wenn dieser Ordner als zusätzliches Laufwerk im Explorer angezeigt würde.

Das können wir für jeden lokalen Ordner machen.

Dafür wird eine Eingabeaufforderung im Administratormodus geöffnet und der Befehl

Subst <gewünschterLaufwerksbuchstabe>: <PfadZumOrdner> eingegeben.

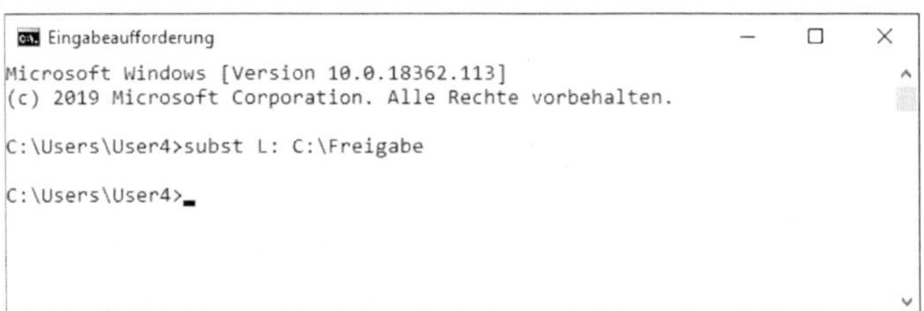

Abbildung 2.67: Befehl subst

In diesem Fall wird der Laufwerksbuchstabe „L:\“ verwendet.

Sie können die Zuordnung jederzeit wieder aufheben mit dem Befehl

subst <Laufwerksbuchstabe>: /d,

Nach einem Neustart ist die Zuordnung auch wieder aufgehoben.

PowerShell Cmdlets

Mit der PowerShell können Sie natürlich die Freigabe- und die NTFS-Rechte ebenfalls verwalten.

Wichtige Cmdlets für die Freigaberechte:

Get-SmbShareAccess	Listet die Freigabeberechtigungen auf
Grant-SmbShareAccess	Ändert Freigaberechte

Wichtige Cmdlets für die NTFS-Rechte

Get-NTFSAccess	Listet die NTFS-Rechte auf
Add-NTFSAccess	Ändert NTFS-REchte

2.4.2 Druckerfreigaben

Natürlich gibt es auch für Drucker Zugriffsberechtigungen. Diese sind den Freigabeberechtigungen sehr ähnlich und werden genauso verwaltet.

Es gibt verschiedene Druckberechtigungen:

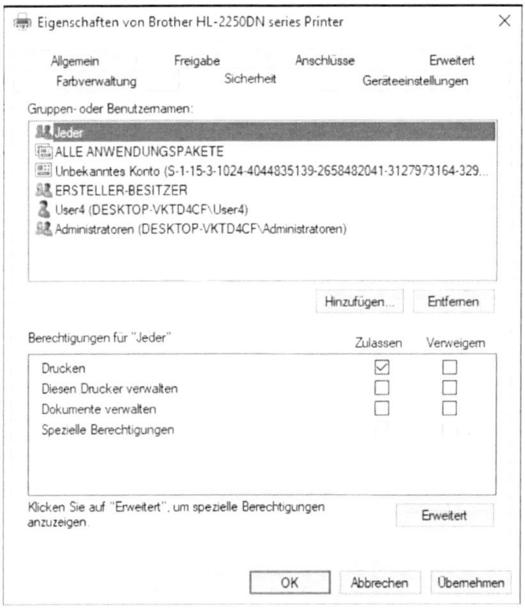

Abbildung 2.68: Druckerberechtigungen

Drucken

Die Berechtigung „Drucken“ bedeutet, dass man sich mit einem Drucker verbinden kann und Dokumente drucken darf. Im Normalfall hat die Gruppe „Jeder“ das Recht zu drucken.

Dokumente verwalten

Dokumente verwalten bedeutet, dass der Druck eines Dokumentes angehalten, unterbrochen, abgebrochen und neu gestartet werden kann und dass die Reihenfolge der Druckaufträge geändert werden kann.

Dieses Recht hat normalerweise die Gruppe „Ersteller – Besitzer“. Dadurch kann jeder seine eigenen Dokumente verwalten, aber nicht die Dokumente der anderen.

Drucker verwalten

Drucker verwalten bedeutet, dass neue Drucker installiert werden können und vorhandene Drucker verändert werden können. Dieses Recht steht natürlich den Benutzern nicht zur Verfügung.

Begriffe

Bevor wir auf den Vorgang des Druckens eingehen, müssen bestimmte Begriffe geklärt werden.

Es ist wichtig, diese Begriffe zu kennen, denn in der Literatur und in den Prüfungen werden ausschließlich diese Begriffe verwendet.

Druckgerät

Das Druckgerät ist das, was in der Alltagssprache als „Drucker“ bezeichnet wird.

Es gibt zwei Arten von Druckgeräten:

Lokales Druckgerät

Ein lokales Druckgerät ist direkt mit einer Schnittstelle des Druckservers verbunden. Es kann für den Zugriff über das Netzwerk freigegeben werden, oder es kann ausschließlich lokal verwendet werden.

Netzwerkdruckgerät

Netzwerkdruckgeräte sind nicht direkt mit einer Schnittstelle des Druckservers verbunden, sondern haben eine eigene Netzwerkkarte und eine eigene IP-Adresse.

Drucker

Der Drucker ist die Schnittstelle zwischen dem Druckgerät und dem Betriebssystem. Optisch sichtbar ist ein Drucker durch das Druckersymbol in der Verwaltungskonsole.

Durch einen Doppelklick auf den Drucker kann man die Druckerwarteschlange sehen, hier werden alle Dokumente angezeigt, die noch nicht vollständig ausgedruckt sind. Diese Druckerwarteschlange wird auch als „Spooler“ bezeichnet.

Wenn Sie die rechte Maustaste benutzen und dann „Eigenschaften“ wählen, erhalten Sie alle Konfigurationsmöglichkeiten des Druckers.

Druckserver

Auf dem Druckserver werden die Drucker verwaltet. Auf ihm sind die Drucker installiert und auf ihm werden auch die Treiber für die Clients verwaltet.

Druckertreiber

Druckertreiber sind Dateien, mit denen das Ansprechen der Drucker ermöglicht wird. Druckertreiber sind für jedes Druckgerätmodell individuell.

Spooler

Der Spooler ist die Warteschlange der zu druckenden Dokumente. Der Spooler benutzt sowohl den Festplattenspeicher, als auch den Arbeitsspeicher.

Spoolen bedeutet, dass die Daten in eine Form umgewandelt werden, die der Drucker verstehen kann. Diese Datenaufbereitung kann sehr viel Platz in Anspruch nehmen. Aus diesem Grund wird eine gespoolte Datei zunächst auf der Festplatte gespeichert. Nur immer der Teil, der gerade bearbeitet wird, wird in den Arbeitsspeicher geladen.

Es gibt sowohl den lokalen Spooler auf dem Client, als auch den Spooler auf dem Druckserver. Zunächst wird lokal auf dem Client gespoolt, danach werden die bereits gespoolten Daten über das Netzwerk an den Druckserver übertragen.

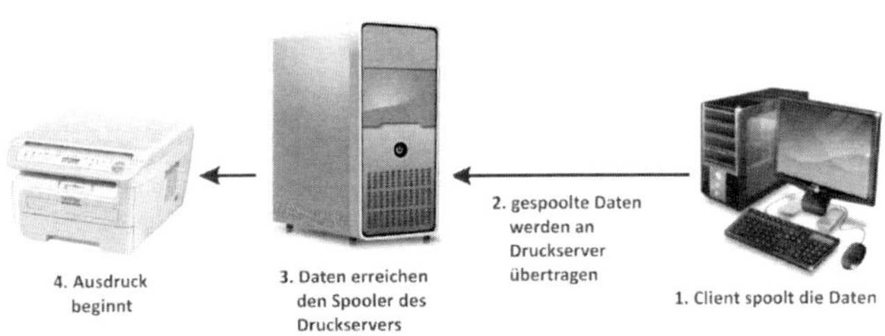

Abbildung 2.69: Der Spooler

Einstellungen der Drucker

Nachdem Drucker installiert sind, können diese natürlich verwaltet werden. Einstellungen können Sie in der Systemsteuerung jederzeit ändern, indem Sie auf den gewünschten Drucker mit der rechten Maustaste klicken und „Druckeigenschaften" wählen.

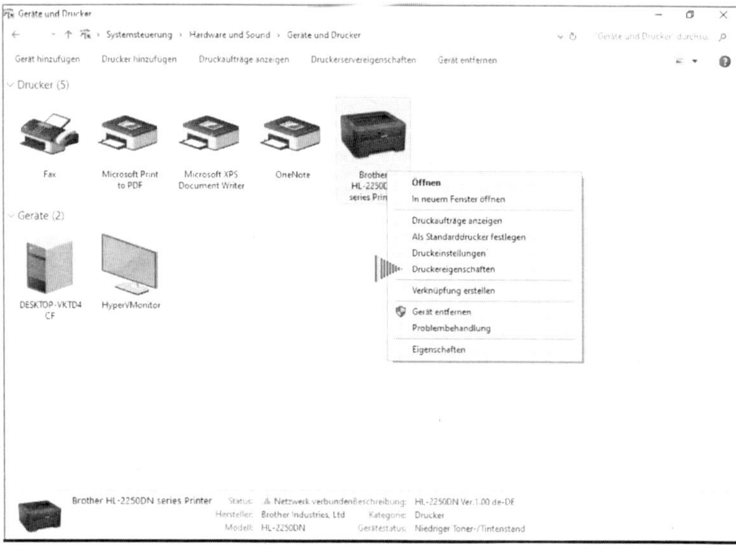

Abbildung 2.70: Eigenschaften eines Druckers

Auf der Registerkarte „Freigabe" können Sie noch einmal überprüfen, ob der Drucker auch wirklich freigegeben ist.

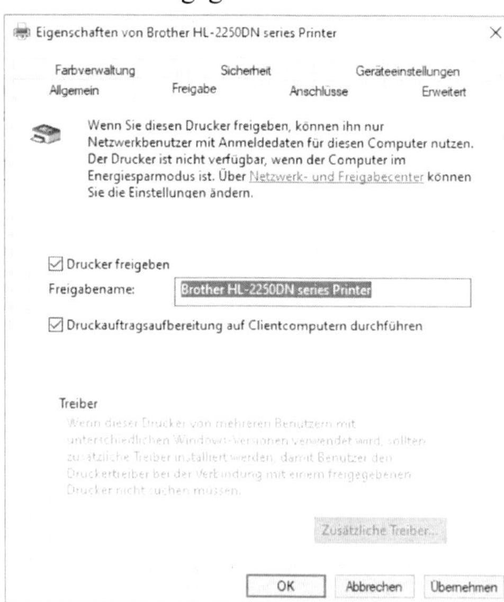

Abbildung 2.71: Freigabe

Auch das Anlegen im Verzeichnis kann hier gemacht werden.

Ein interessanter Haken ist „Druckaufbereitung auf Clientcomputern durchführen“. Das bedeutet nichts anderes, als dass der Client bereits die Arbeit übernimmt und die Daten spoolt.

Eine weitere interessante Funktion ist „Zusätzliche Treiber…“.

Hier sollten Sie alle Treiber installieren, die Sie für Ihre Clients im Netzwerk benötigen, die sich mit diesem Druckserver verbinden wollen.

Insbesondere ist hier der Unterschied zwischen den 32-bit Treibern und den 64-bit Treibern zu erwähnen. Computer, die mit einem 32-bit Betriebssystem ausgestattet sind, benötigen zwingend einen 32-bit Treiber, 64-bit Betriebssysteme brauchen auf jeden Fall einen 64-bit Treiber.

Clients, die Zugriff auf den Netzwerkdrucker haben sollen, verbinden sich mit dem Drucker. Bei dieser Erstinstallation wird ein passender Druckertreiber auf dem Druckserver gesucht und lokal auf dem Client installiert, sofern vorhanden.

Wenn der passende Druckertreiber nicht vorhanden ist, muss er lokal auf dem Client von der Installations-CD installiert werden. Dies ist natürlich keine Lösung und aus diesem Grund sollten Sie immer alle im Netzwerk benötigten Treiber auf dem Druckserver installiert haben.

Außerdem ist bei allen modernen Clients die Verbindung zum Druckserver dynamisch. Bei jedem Druckvorgang überprüfen die Clients, ob der lokal installierte Druckertreiber in derselben Version vorliegt, wie auf dem Druckserver. Wenn ja, wird der Druckvorgang eingeleitet. Wenn nein, wird der aktuelle Treiber vom Druckserver heruntergeladen und lokal installiert.

Aus diesem Grund sollten Sie aktualisierte Druckertreiber nur auf dem Druckserver installieren, die Clients können sich dann die aktualisierten Treiber bei der nächsten Verbindung herunterladen.

Auf der Registerkarte „Anschlüsse“ sind alle möglichen Anschlüsse aufgezählt.

Sie können natürlich auch manuell Anschlüsse hinzufügen, dies kann nötig sein, wenn ein DOS-Programm auf einen Drucker zugreifen will.

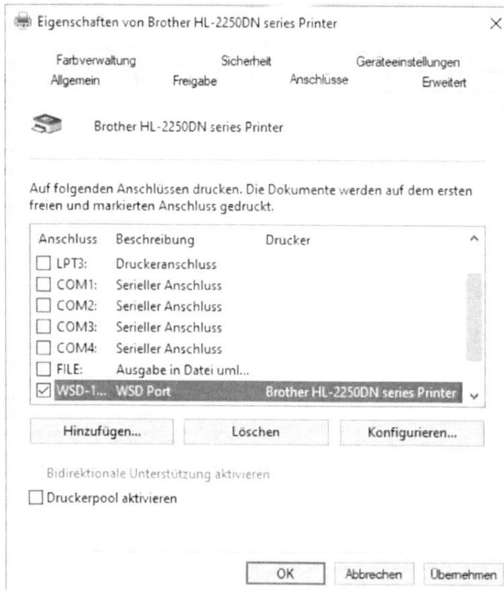

Abbildung 2.72: Anschlüsse

Die Registerkarte „Erweitert“ erlaubt Ihnen, die zeitliche Verfügbarkeit des Druckers zu definieren.

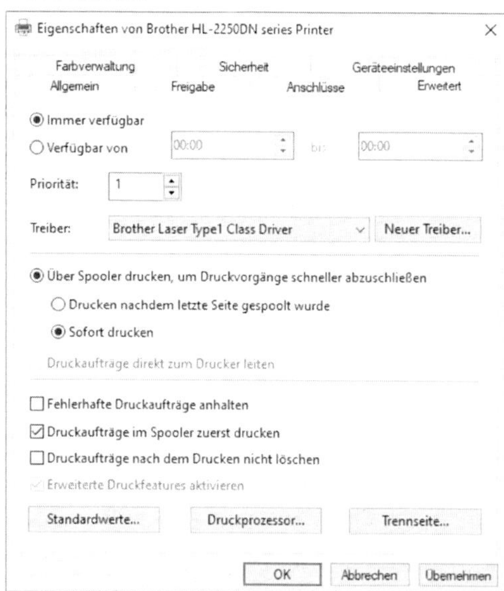

Abbildung 2.73: Erweitert

Wenn Sie beispielsweise einen Drucker haben, auf dem immer nur in der Nacht lange Listen ausgedruckt werden und der tagsüber nicht verfügbar sein soll, so aktivieren Sie „Verfügbar von...bis..." und geben hier das Zeitintervall ein, in dem der Drucker verfügbar sein soll.

Anderenfalls belassen Sie es bei der Standardeinstellung „Immer verfügbar".

Im unteren Teil der Registerkarte können Sie die Eigenschaften des Spoolers einstellen.

Sie können wählen, ob Sie den Spooler benutzen möchten, oder ob Sie die Druckaufträge direkt zum Drucker leiten möchten.

Hier ist immer die Benutzung des Spoolers zu empfehlen, da die meisten Druckgeräte nicht die nötige Kapazität haben, einen Druckauftrag aufzunehmen.

Wenn Sie den Spooler benutzen, können Sie zwischen zwei Optionen wählen:

Drucken nachdem die letzte Seite gespoolt wurde

In diesem Fall ist der Beginn des Druckens verzögert, da gewartet wird, bis der komplette Druckauftrag im Spooler angekommen ist.

Sofort drucken

Dies ist die Standardeinstellung und auch die schnellste Einstellung.

Weitere Einstellungen:

Fehlgeschlagene Druckaufträge anhalten

Wenn Druckaufträge nicht ausgeführt werden können, können Sie hier auswählen, dass diese Druckaufträge angehalten werden.

Druckaufträge im Spooler zuerst drucken

Hier wird die Priorität auf den Spooler gelegt.

Druckaufträge nach dem Drucken nicht löschen

Wählen Sie diese Einstellung nur dann, wenn Sie Druckaufträge unbedingt archivieren müssen. Dies ist eine äußerst gefährliche Einstellung, denn wenn die fertigen Druckaufträge nicht mehr gelöscht werden, ist die Festplatte des Spoolers in kurzer Zeit voll und alle weiteren Druckaufträge schlagen fehl.

Erweiterte Druckfunktionen aktivieren

Mit dieser Funktion können Sie alle zusätzlichen Funktionen des Druckers konfigurieren (herstellerabhängig).

Erweiterte Druckverwaltung

Für das Verwalten der Drucker gibt es eine Konsole. Diese öffnen Sie, indem Sie den Startknopf drücken und dann „Druckverwaltung“ eintippen.

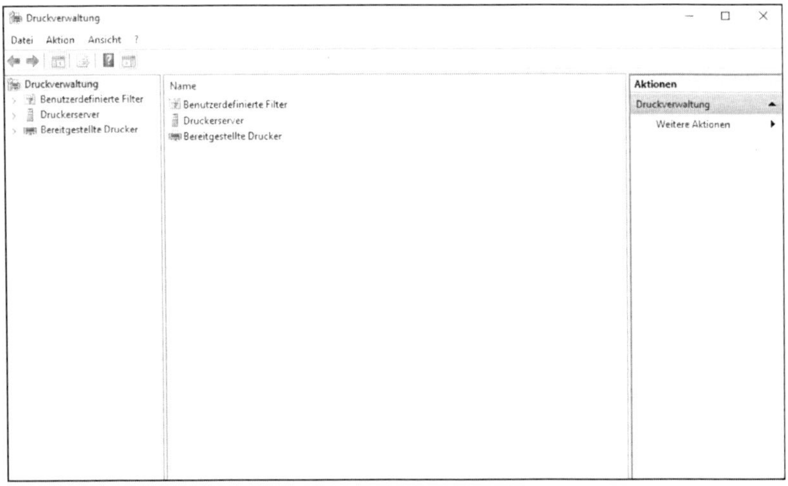

Abbildung 2.74: Konsole Druckverwaltung

Hier haben Sie die Möglichkeit, mehrere Drucker zu verwalten, die auf diesem Client bereitgestellt werden.

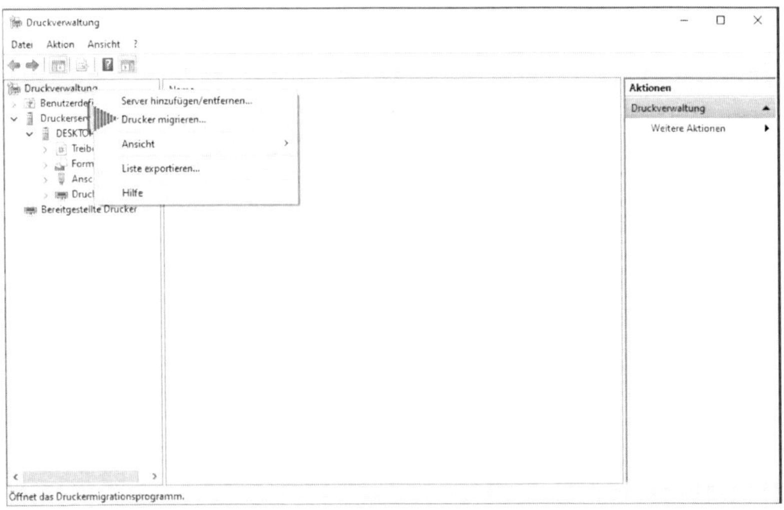

Abbildung 2.75: Drucker migrieren

Auch haben Sie hier die Möglichkeit, die Druckerwarteschlange von einem Druckserver auf einen anderen zu verschieben.

Dazu klicken Sie mit der rechten Maustaste auf „Druckverwaltung“ und wählen „Drucker migrieren“.

Nun startet ein Assistent, mit dessen Hilfe Sie Druckerwarteschlangen exportieren und importieren können.

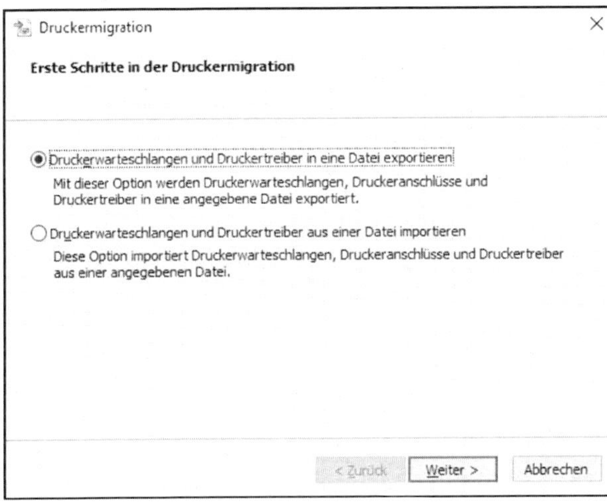

Abbildung 2.76: Assistent

Eine weitere, wichtige Möglichkeit ist es, von dieser Konsole aus auch Remotedrucker zu verwalten.

Dazu wählen Sie „Server hinzufügen / entfernen“ und suchen den Rechner aus, dessen Drucker Sie verwalten möchten.

Verwalten in der PowerShell

Wie bei allen Konfigurationseinstellungen haben wir auch bei der Druckverwaltung die Möglichkeit, dies mit der PowerShell zu bewerkstelligen.

Hier sind die wichtigsten Cmdlets:

Cmdlet	Bedeutung
Add-Printer	Fügt einen Drucker hinzu
Add-PrinterDriver	Installiert einen Druckertreiber
Get-PrintConfiguration	Zeigt die Druckerkonfiguration an
Get-Printer	Zeigt eine Liste der installierten Drucker
Get-PrinterDriver	Zeigt eine Liste der Druckertreiber
Remove-Printer	Entfernt einen Drucker
Remove-PrinterDriver	Entfernt Druckertreiber
Rename-Printer	Ändert den Namen eines Druckers
Set-Printer	Ändert die Konfiguration eines Druckers

Quelle: Microsoft Technet

2.4.3 Öffentliche Ordner

Ebenso, wie Daten freigegeben werden können, kann auch der öffentliche Ordner freigegeben werden. Dieser Ordner ist ein besonderer Ordner auf einem Windows 10 Rechner.

Der öffentliche Ordner ist eine Stelle, an der Sie alle Daten speichern können, die Sie für andere Personen zugänglich machen möchten.

Besonders praktisch ist daran, dass in einer Umgebung, in der mehrere Personen am gleichen Rechner arbeiten, alle auf diesen einen Ordner zugreifen können, und somit ein Datenaustausch stattfinden kann.

Sie finden den öffentlichen Ordner im Explorer unter <NameDesBenutzers>\Öffentlich

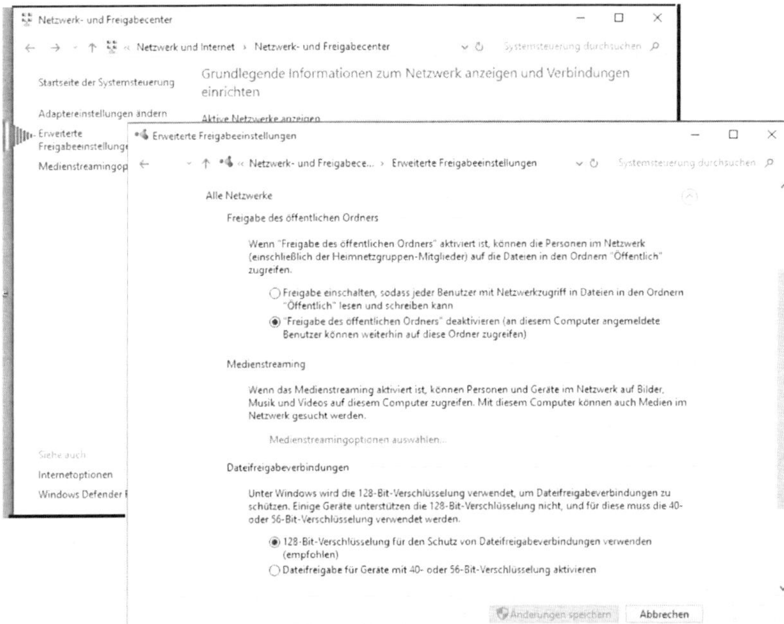

Abbildung 2.77: Öffentliche Ordner

Die Besonderheit am „öffentlichen Ordner“ ist, dass auch ohne Freigabe alle am Computer angemeldeten Benutzer auf diesen zugreifen können.

Im Netzwerk und Freigabecenter können Sie die Zugriffsberechtigungen festlegen.

Wenn Sie die Freigabe aktivieren, erhalten auch Netzwerkbenutzer die Möglichkeit, auf diesen Ordner zuzugreifen.

Hier können Sie noch differenzieren, ob die Netzwerkbenutzer die Daten im öffentlichen Ordner nur lesen sollen, oder ob sie auch die Möglichkeit haben sollen, Daten zu ändern und neue Daten zu erstellen.

2.4.4 OneDrive

Windows 10 bietet Ihnen die Möglichkeit, Daten im Cloudservice „OneDrive“ zu speichern und mit allen Ihren Geräten (PC, Tablet, Smartphone) zu nutzen.

Um OneDrive benutzen zu können benötigen Sie ein Microsoft-Konto.

Mit diesem können Sie dann von allen Geräten aus auf Ihren gemeinsamen Speicher zugreifen.

OneDrive wird wie ein Festplattenlaufwerk benutzt.

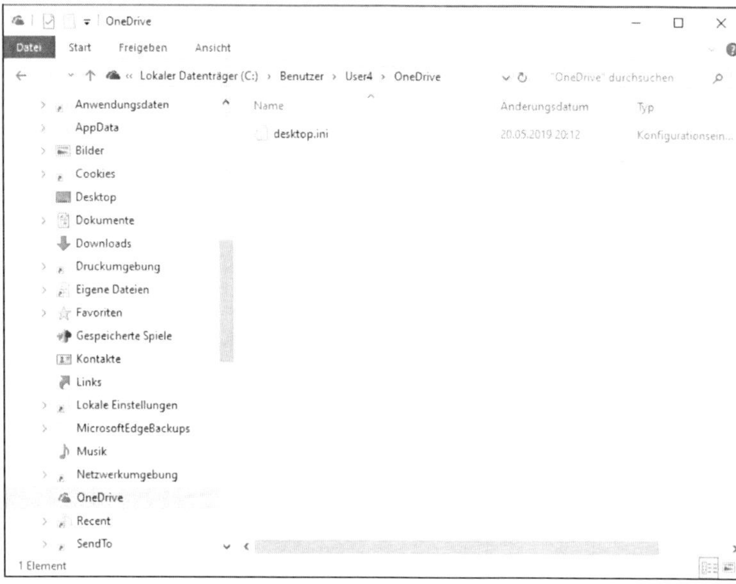

Abbildung 2.78: OneDrive

Wenn Sie auf OneDrive zugreifen möchten und nicht mit Ihrem Microsoft-Konto angemeldet sind, startet ein Assistent.

Abbildung 2.79: Assistent

Im nächsten Schritt müssen Sie Ihr Microsoft-Konto angeben.

Abbildung 2.80: Microsoft-Konto

Erst dann wird eine Verbindung zu OneDrive hergestellt.

Nun können Sie wählen, welche Daten auf dem PC automatisch mit OneDrive synchronisiert werden sollen.

Danach ist OneDrive einsatzfähig.

2.5 Implementieren von Apps

Anwendungen müssen auf Rechnern installiert, verwaltet, gewartet und auch wieder deinstalliert werden. Microsoft stellt dafür einige Möglichkeiten und auch Tools zur Verfügung.

2.5.1 Anwendungen aus dem Windows Store und der Cloud

Natürlich können auf Windows 10 auch normale Anwendungen installiert werden, der Installationsvorgang hierbei ist wie wir es schon seit langem kennen.

Es gibt aber die Möglichkeit, sogenannte Apps zu installieren, die Sie entweder aus der Cloud oder aus dem Windows Store beziehen können.

Apps sind Anwendungen, die für den mobilen Einsatz optimiert sind.

2.5.2 Installation von Windows Store Anwendungen

Eine weitere Möglichkeit, Apps zu erhalten, ist der App-Store.

Abbildung 2.81: App-Store

Hier können Sie Apps herunterladen, teilweise sind sie kostenlos, teilweise kostenpflichtig. Dieses Prinzip kennen die meisten Benutzer ja schon vom Smartphone.

Um zum App-Store zu gelangen, benötigt man nur eine Internetverbindung.

Klicken Sie auf die Kachel „Store“.

Sie gelangen sofort zum Windows Store. Hier können Sie sich Ihre Apps aussuchen.

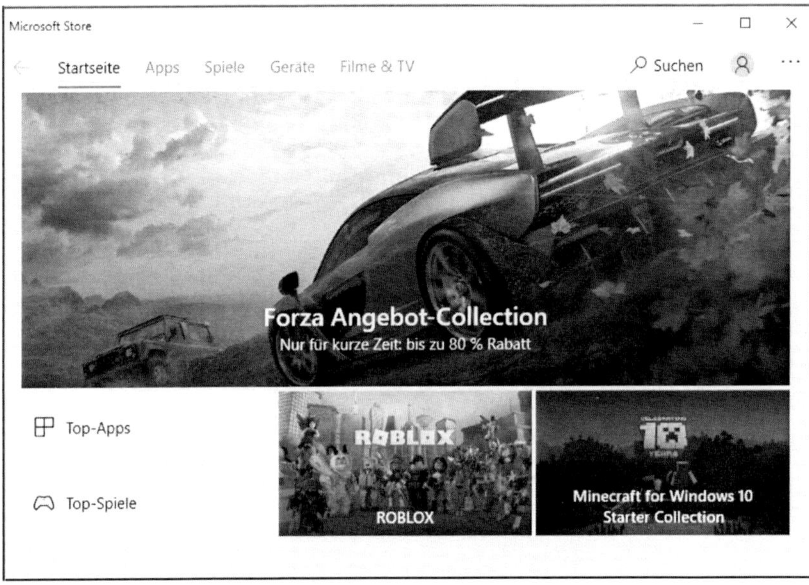

Abbildung 2.82: Store

Wenn Sie sich für eine App entschieden haben, wählen Sie diese aus.

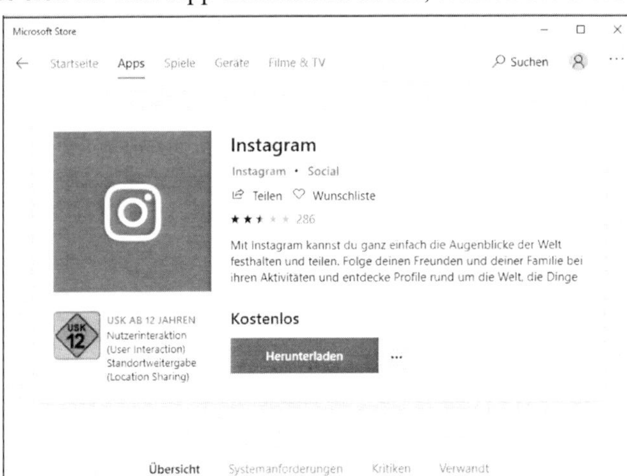

Abbildung 2.83: Auswahl

Sollten Sie nicht mit einem Windows Konto angemeldet sein, müssen Sie dies jetzt tun.

Die App wird sofort auf Ihrem Rechner installiert und ist danach gleich verfügbar.

Abbildung 2.84: App ist installiert

Updates werden automatisch erkannt und wie Sie es von Ihrem Smartphone kennen, wird Ihnen die Option für ein Update angezeigt.

Querladen von Apps

Apps können normalerweise nur aus dem App Store geladen und installiert werden.

Allerdings ist es manchmal nötig, auch Apps zu installieren, die von anderer Quelle kommen. Dies kann der Fall sein, wenn man eine App selber entwickelt hat und erst einmal testen möchte.

Für diesen Fall gibt es eine Einstellung, die es erlaubt, auch Apps, die nicht aus dem App Store kommen, zu installieren. Diese Funktion heißt „Apps querladen“.

Dazu klicken Sie auf den Startknopf und wählen „Einstellungen“.

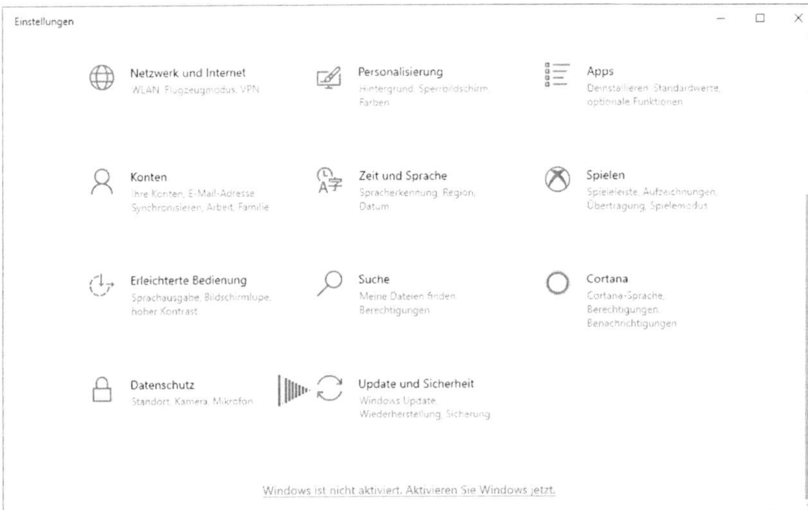

Abbildung 2.85: Update und Sicherheit

Gehen Sie zu „Update und Sicherheit".

Es öffnet sich ein weiteres Fenster, in dem Sie auf „Für Entwickler" klicken.

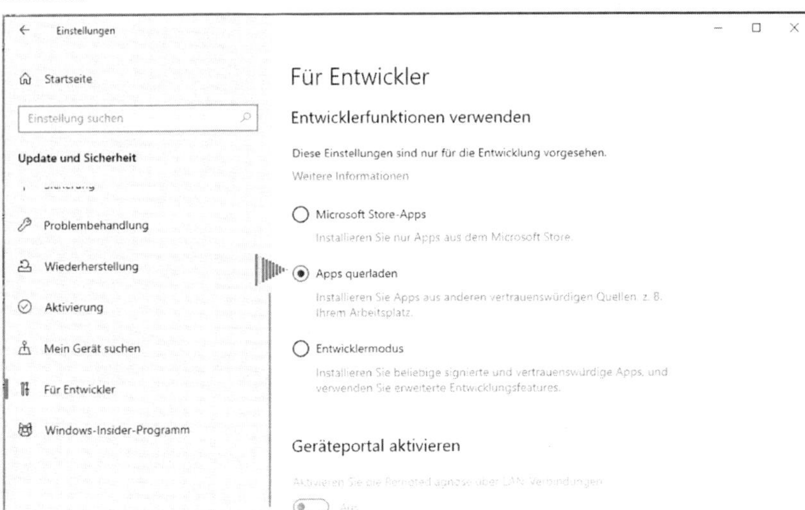

Abbildung 2.86: Für Entwickler

Hier wählen Sie „Apps querladen".

Es erscheint eine Warnmeldung.

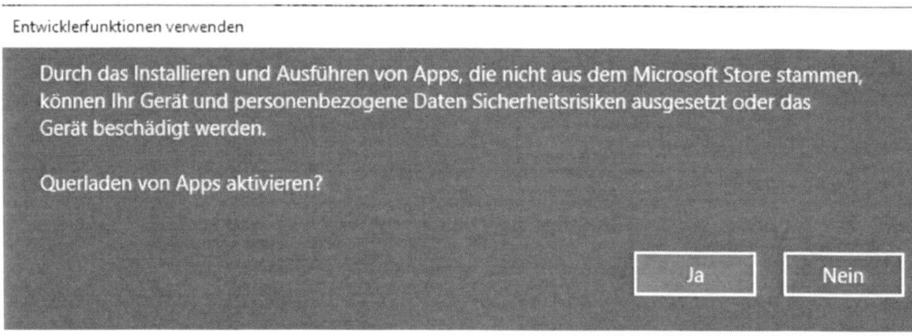

Abbildung 2.87: Warnmeldung

Nach Klicken auf „Ja“ ist der Modus aktiviert und Sie können auch unsichere Apps installieren.

2.5.3 Steuern von Installationen aus dem App-Store

Anwendungen aus dem App-Store sind schnell installiert und sofort einsetzbar.

Allerdings birgt diese Vorgehensweise auch Gefahren, denn Benutzer können sich immer mit ihrem persönlichen Microsoft-Konto anmelden und jede verfügbare App auf dem Rechner installieren.

In vielen Firmen ist das nicht erwünscht, deswegen sollten Sie wissen, wie man die Installation von Apps aus dem App-Store verhindern kann.

Prinzipiell gibt es dafür zwei verschiedene Möglichkeiten.

Für die erste Möglichkeit öffnen wir eine Gruppenrichtlinie mit dem Befehl „gpedit“.

Dann manövrieren Sie zu

- Computerkonfiguration
- Administrative Vorlagen
- Windows-Komponenten
- Store

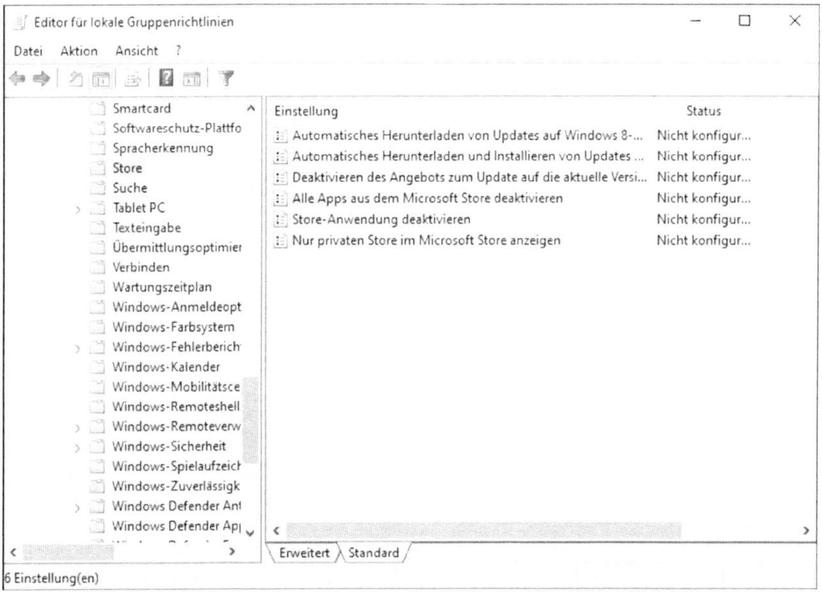

Abbildung 2.88: Einstellungen für den Store

Auf der rechten Seite sehen Sie nun alle Einstellungsmöglichkeiten für die Store-Apps.

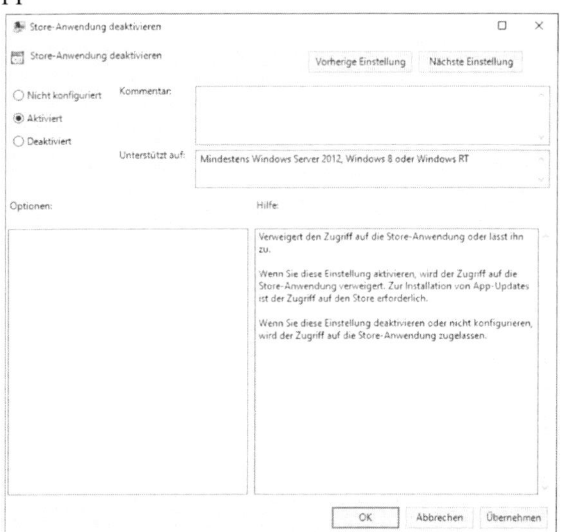

Abbildung 2.89: Store-Anwendung deaktivieren

Wenn Sie nun die Installation von Store-Anwendungen generell verbieten möchten, wählen Sie den Punkt

„Store-Anwendung deaktivieren“.

Hier gibt es eine sehr gute Erklärung, was die Einstellung bewirkt.

Wir setzen diese Einstellung auf „aktiviert“ und bestätigen mit „OK“.

Ab sofort gibt es keinen Zugriff mehr auf den App-Store, damit kann auch keine App mehr installiert werden.

Eine weitere Möglichkeit, die Installation von Apps zu verbieten, finden Sie ebenfalls in der lokalen Gruppenrichtlinie, unter

- Computerkonfiguration
- Windows-Einstellungen
- Sicherheitseinstellungen
- Anwendungssteuerungsrichtlinien
- AppLocker

Der AppLocker ist ein Tool, mit dem Sie Einfluss auf das Ausführen oder die Installation von Anwendungen nehmen können.

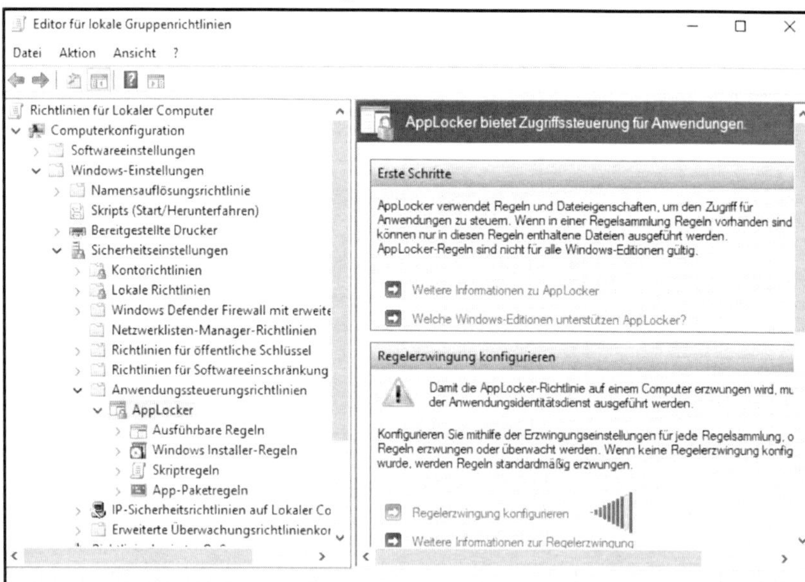

Abbildung 2.90: App-Locker

Sie sehen, es gibt vier Arten von Regeln, die Sie konfigurieren können:

- Ausführbare Regeln: Hier werden ausführbare Dateien (*.exe) erlaubt oder verboten
- Windows Installer-Regeln: Damit können Sie Installationsdateien einschränken (*.msi, *.msp)
- Skriptregeln: Damit können Sie die Skriptausführung steuern (*.ps1, *.bat, *.cmd, *.vbs, *.js)
- App-Paketregeln: Damit können Sie steuern, welche App-Pakete benutzt werden dürfen

In der Standardinstallation ist keine Regelerzwingung eingestellt, diese müssen Sie manuell aktivieren, wenn Sie das wünschen, indem Sie wählen „Regelerzwingung konfigurieren".

Sie können wählen zwischen „Regel erzwingen" oder „Nur überwachen". Wenn Sie nur überwachen wollen, wird die Regel nicht erzwungen, sondern Überschreitungen werden im Ereignisprotokoll dokumentiert.

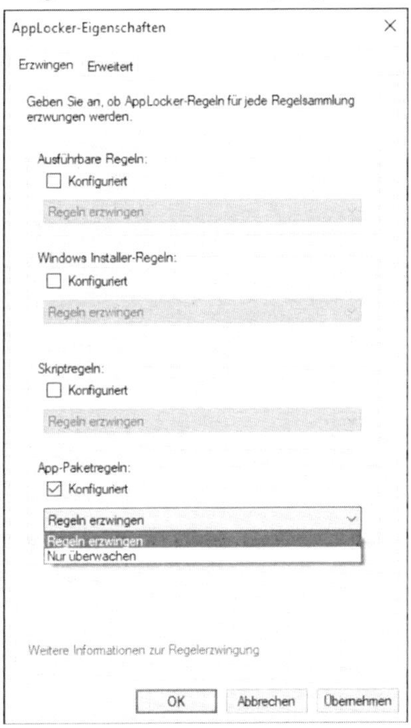

Abbildung 2.91: Aktivieren der Regeln

Aber nun sollten Sie auch Regeln einrichten!

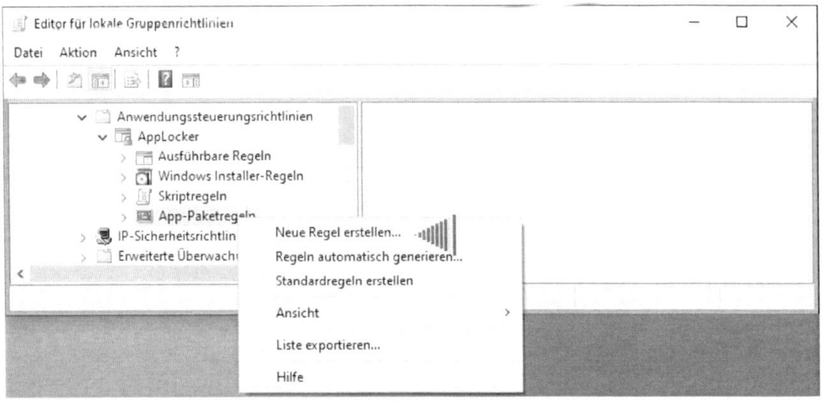

Abbildung 2.92: Regeln einrichten

Wenn Sie beispielsweise bestimmte Apps verbieten wollen, klicken Sie mit der rechten Maustaste auf „App-Paket Regeln" und wählen „Neue Regel erstellen".

Ein Assistent startet.

Im ersten Fenster wird die Vorgehensweise von AppLocker erklärt.

Sie können eine Regel erstellen und somit verbieten, dass eine bestimmte App ausgeführt werden soll. In unserem Fall wäre das die App „App-Store".

Abbildung 2.93: Zulassen oder Verweigern

Nun wählen Sie aus, ob Sie die Ausführung des festzulegenden Programms zulassen oder verweigern möchten und welche Gruppe dies betreffen soll.

Auf der nächsten Seite legen Sie fest, welches Programm Sie einschränken möchten.

Dazu klicken Sie auf „Ein installiertes App-Paket als Referenz nehmen“ und tippen oben im Suchfeld „Store“ ein.

Dann können Sie den Microsoft-Store auswählen.

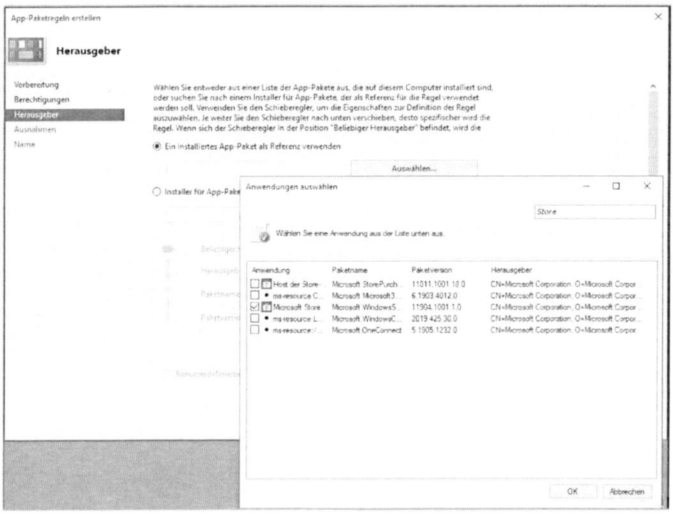

Abbildung 2.94: Auswahl des Programms

Klicken Sie auf „Weiter“.

Natürlich ist es auch möglich, Ausnahmen zu definieren, was aber in diesem Fall keinen Sinn macht.

Abbildung 2.95: Ausnahmen

Nach der letzten Bestätigung ist die Regel erstellt und der Store kann nicht mehr benutzt werden.

2.5.4 Windows Store for Business implementieren

Der Windows Store ist in Unternehmen nicht immer gerne gesehen, da die Mitarbeiter Software ohne Rücksprache auf ihren Rechner installieren können.

Windows 10 bietet die Möglichkeit, einen eigenen App-Store für Unternehmen zu erstellen, in dem die Firma Software anbieten kann, für die sie zuvor Lizenzen erworben hat. Damit hat die Firma eine bessere Möglichkeit, die Softwareinstallationen zu steuern.

Aber zurück zum Windows Store for Business.

Unter dieser URL:

https://businessstore.microsoft.com/de-de/store

finden Sie das Onlineportal.

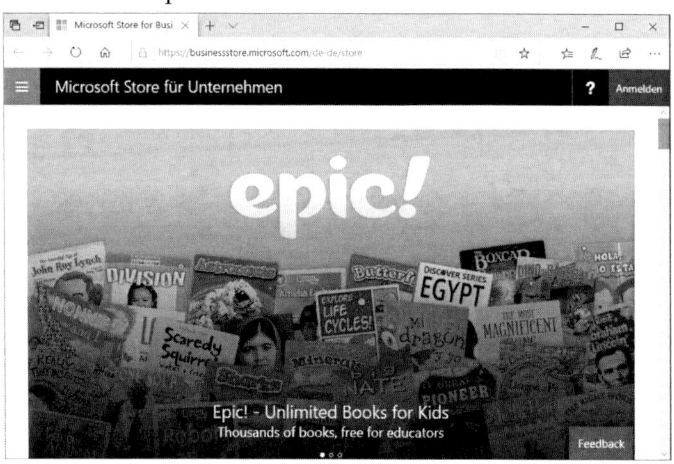

Abbildung 2.96: Windows Store for Business

Unternehmen können aus dem Store Anwendungen herunterladen, allerdings nur für Windows 10 Geräte. Geräte mit vorherigen Windows Versionen können nicht an den Shop angebunden werden.

Firmen müssen sich natürlich am Shop anmelden, dies erfolgt in den meisten Fällen mit einem Azure Active Directory Konto.

2.5.5 Die Windows Startoptionen

Es kommt immer wieder vor, dass es Probleme mit dem System gibt und Sie einige Einstellungen machen müssen, die Sie leider nicht machen können, da das System nicht sauber läuft.

Für diese Fälle stehen die erweiterten Startoptionen zur Verfügung.

Um die erweiterten Startoptionen zu erreichen, gibt es mehrere Möglichkeiten.

1. Geben Sie an der Eingabeaufforderung ein

   Shutdown.exe /r /o
2. Öffnen Sie die Einstellungen
   - Update und Sicherheit
   - Wiederherstellung
   - Erweiterter Start

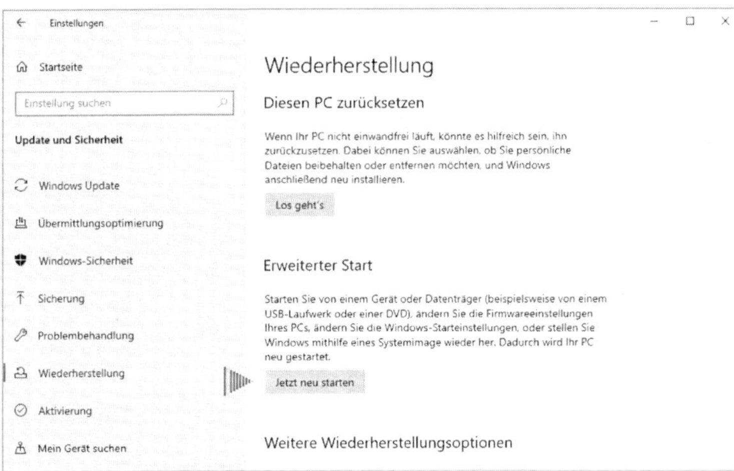

Abbildung 2.97: Jetzt neu starten

   Auf „Jetzt neu starten" klicken.

3. Klicken auf Startmenü –Ein/Aus

   Shift-Taste gedrückt halten und „Neu starten" wählen

Egal, auf welchem Weg Sie den Neustart im erweiterten Modus eingeleitet haben, Sie kommen immer zu den Optionen.

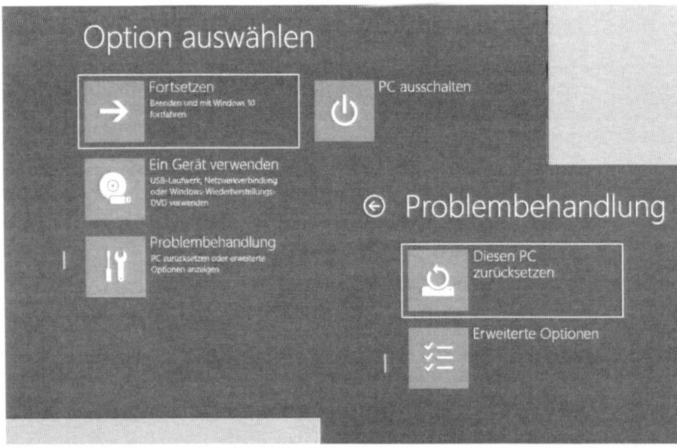

Abbildung 2.98: Problembehandlung

Hier wählen Sie „Problembehandlung“ und gelangen so zu den „Erweiterten Optionen“.

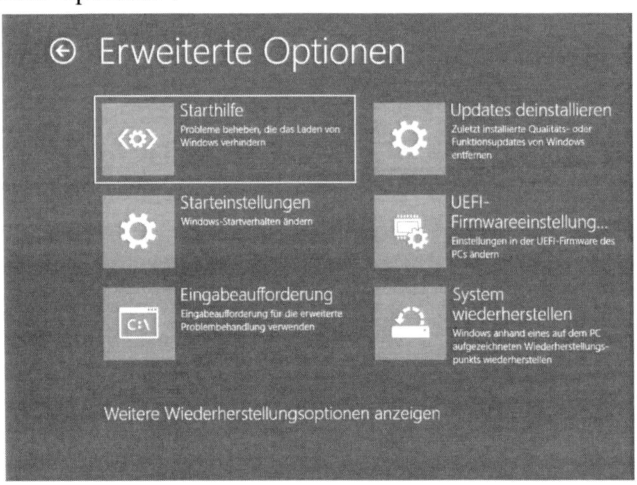

Abbildung 2.99: Erweiterte Optionen

Hier finden Sie folgende Möglichkeiten:

Starthilfe

Über diesen Punkt wird die Automatische Reparatur aktiviert. Im nächsten Fenster muss man dann ein Konto auswählen, Passwort eingeben (wenn vorhanden) und Enter drücken. Windows 10 versucht nun die Fehler automatisch zu beheben.

Starteinstellungen

Das ist die Funktion für den abgesicherten Modus, oder Treiber installieren, die keine digitale Signatur besitzen.

Eingabeaufforderung

Über die cmd.exe lassen sich Dateien löschen oder verschieben.

Updates deinstallieren

Falls ein Update Probleme macht, können Sie es hier deinstallieren.

UEFI-Firmwareeinstellungen

Dieser Punkt ist nur vorhanden, wenn Sie ein UEFI-Bios benutzen.

System wiederherstellen

Über diese Auswahl lässt sich das System auf einen angelegten Systemwiederherstellungspunkt wieder zurücksetzen.

Wenn Sie „Starteinstellungen" wählen, sehen Sie folgende Auswahl:

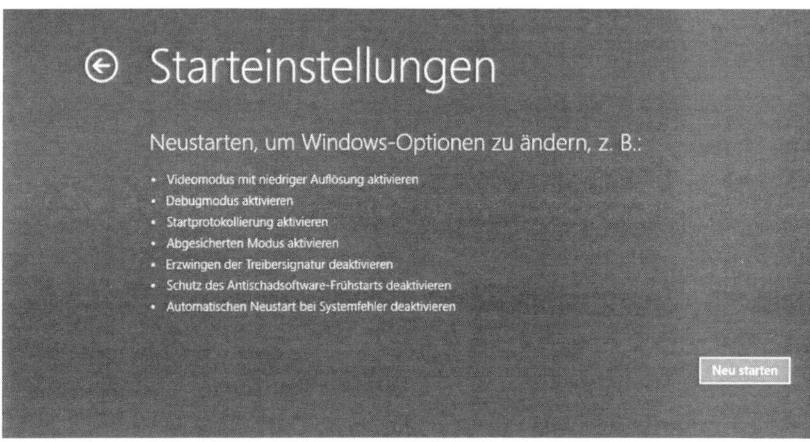

Abbildung 2.100: Erweiterte Startoptionen

Die wichtigsten Optionen sind in Folge erklärt:

Video mit niedriger Auflösung aktivieren (640 x 480)

Wenn Sie den Computer im Standard VGA Modus starten, wird alles normal gestartet, aber der Grafikkartentreiber wird auf Standard VGA gesetzt. Damit können Sie Probleme an der Grafikkarte lösen.

Debugmodus aktivieren

Startet Windows in einem erweiterten Problembehandlungsmodus, dem Debugmodus. Nur für Fachleute geeignet.

Startprotokollierung aktivieren

Erstellt die Datei „ntbtlog.txt", in der alle Treiber aufgelistet werden, die beim Starten installiert werden und für die erweiterte Problembehandlung nützlich sein kann.

Abgesicherten Modus aktivieren

Das Starten im abgesicherten Modus ist die Methode der Wahl, wenn sich das System nicht mehr normal starten lässt, und man vermutet, dass ein bestimmtes Gerät das Problem verursacht.

Im abgesicherten Modus werden nur die absolut wichtigsten Treiber und Dienste geladen, das gibt die Chance, die Treiber für alle anderen Geräte zu reparieren.

Den abgesicherten Modus gibt es auch mit Netzwerktreibern, und mit der Eingabeaufforderung, je nachdem, wo das Problem vermutet wird.

Erzwingen der Treibersignatur deaktivieren

Ermöglicht, dass Treiber mit ungültigen Signaturen installiert werden.

Schutz des Antischadsoftware-Frühstarts deaktivieren

Verhindert, dass der Treiber für den Antischadsoftware-Frühstart gestartet wird, und lässt dadurch die Installation von Treibern zu, die unter Umständen Schadsoftware enthalten.

Automatischen Neustart bei Systemfehler deaktivieren

Verhindert, dass Windows nach einem durch einen Fehler verursachten Absturz von Windows automatisch neu gestartet wird.

2.5.6 Kompatibilitätseinstellungen

Manche Programme funktionieren nur unter Windows 7, einige andere nur unter Windows 8. Mit dem Assistenten für Programmkompatibilität können Sie in den meisten Fällen diese Programme zum Laufen bringen.

- Systemsteuerung
- Programme
- Programme ausführen, die für vorherige Versionen von Windows entwickelt worden sind

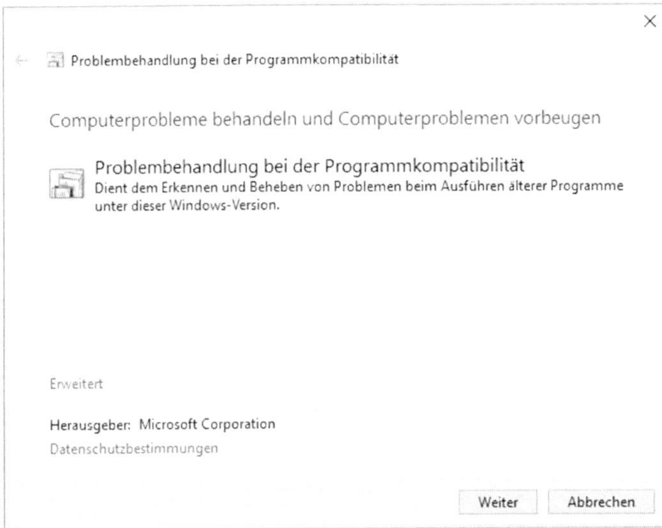

Abbildung 2.101: Assistent für die Programmkompatibilität

Zunächst suchen Sie das Programm aus, mit dem Sie Probleme haben.

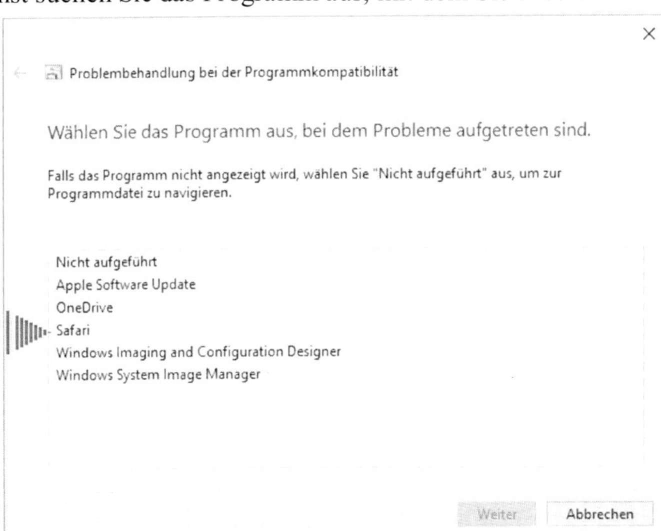

Abbildung 2.102: Programmwahl

Danach können Sie wählen, ob Windows 10 selber den Kompatibilitätsmodus festlegen soll, oder ob Sie die Probleme genauer spezifizieren möchten, um die richtige Einstellung zu finden.

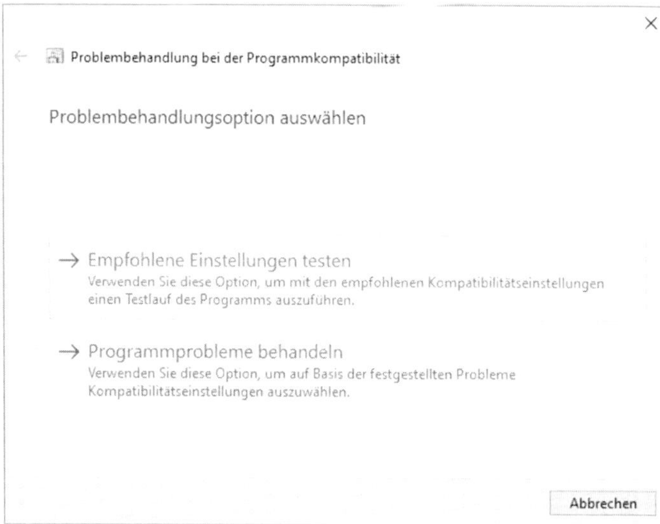

Abbildung 2.103: Option wählen

Meistens werden Sie die zweite Option wählen.
Dabei geben Sie an, welche Probleme das Programm macht.

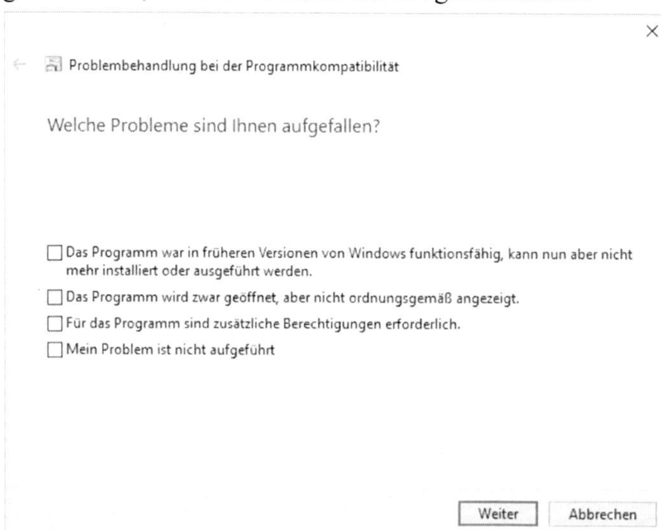

Abbildung 2.104:Auswahl Windows Version

Danach schlägt Windows 10 einen Kompatibilitätsmodus vor.

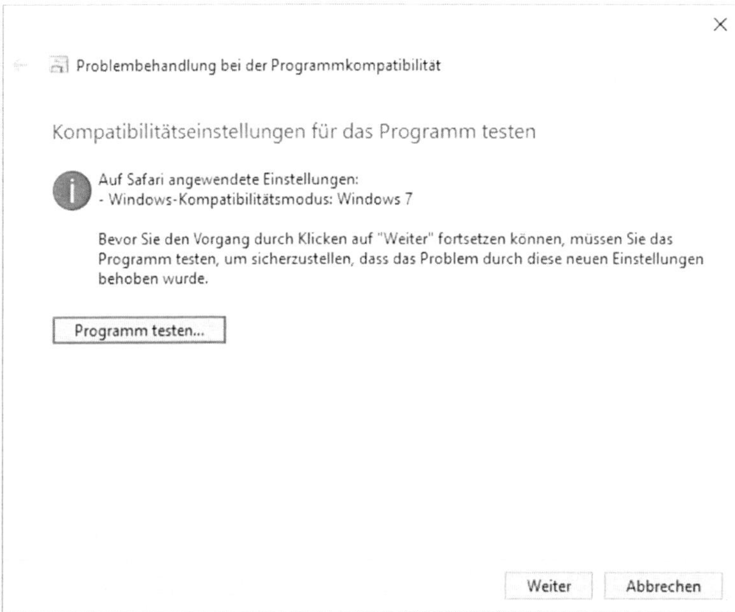

Abbildung 2.105: Kompatibilitätsmodus

Nun können Sie das Programm in diesem Modus testen.

2.5.7 Der Compatibility Administrator

Es gibt eine Möglichkeit, Kompatibilitätsprobleme zu lösen, ohne auf eine vorherige Version des Betriebssystems zurückgreifen zu müssen.

Microsoft bietet hierfür den „Compatibility Administrator“ an. Mit diesem Tool können Sie Anwendungen überprüfen und feststellen, ob diese Probleme machen werden und gegebenenfalls einschreiten, beispielsweise mit verschiedenen Patches.

Der „Compatibility Administrator” ist Bestandteil des Windows Assessment and Deployment Kit. Hier sind auch noch andere nützliche Tools vorhanden.

Laden Sie zunächst das Windows Assessment and Deployment Kit herunter und starten Sie die Installation (wenn Sie dies noch nicht vorher gemacht haben).

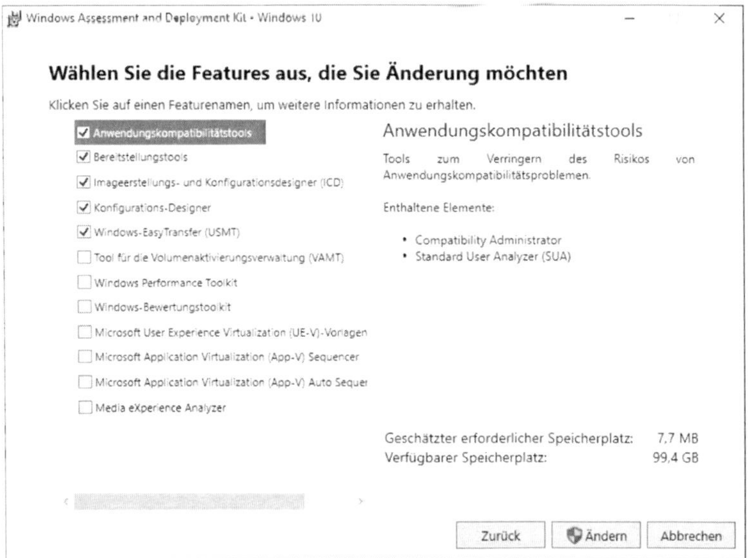

Abbildung 2.106: Installation des Assessment and Deployment Kits

Hier wählen Sie „Anwendungskompatibilitätstools“ aus.

Nun startet die Installation.

Kompatibilitätsprobleme durch die Benutzerkontensteuerung (UAC)

Viele Programme haben Probleme durch die Benutzerkontensteuerung.

Die bisherigen Möglichkeiten, Anwendungen zum Laufen zu „überreden“, beliefen sich auf das Ausführen mit administrativen Rechten.

Wenn sich berechtigte Benutzer bei ihrem Konto anmelden, aktivieren sie damit die Umgebung des Standardbenutzerkontos.

Allerdings gibt es für Standardbenutzer die Möglichkeit, Anwendungen mit allen Berechtigungen auszuführen, indem sie die entsprechende Genehmigung einholen. Nachdem ihnen diese gewährt wurde, können sie die Anwendung mit allen Berechtigungen nutzen.

Bei Windows 10-kompatiblen Anwendungen, wird unterschieden zwischen Anwendungen, die unter einem Standardbenutzerkonto ausgeführt werden und administrativen Anwendungen, die mit einem entsprechenden Eintrag markiert sind. Im letzteren Fall werden die

Benutzer darauf hingewiesen, dass sie eine administrative Anwendung starten und eine entsprechende Genehmigung benötigen.

Allerdings stellen wir ja immer wieder schmerzhaft fest, dass nicht alle Anwendungen diese Konventionen einhalten.

Mithilfe des „Compatibility Administrators" können Sie feststellen, ob die Ausführung eines Programms unter Windows 10 nur möglich ist, wenn es administrative Operationen ausführen kann.

Dieses Programm muss speziell gekennzeichnet werden, damit vom Benutzer eine Genehmigung eingeholt wird, bevor er es mit allen administrativen Berechtigungen starten kann.

Die Kennzeichnung wird mithilfe von Einträgen in der AppCompat-Datenbank bereitgestellt. Der „Compatibility Administrator" enthält alle Funktionen, die hierfür erforderlich sind.

Die Ausführungsebenen

Für die Ausführung von älteren Programmen gibt es verschiedene Ausführungsebenen:

RunAsUAC

Die Anwendung wird mit denselben Berechtigungen wie der übergeordnete Prozess ausgeführt. In diesem Fall existiert keine AppCompat-Datenbank für die Anwendung. Sie wird mit denselben Berechtigungen wie der aufrufende Prozess gestartet.

RunAsHighest

Die Anwendung wird mit den höchstmöglichen Rechten ausgeführt, die der Benutzer anfordern kann. Dies funktioniert auch, wenn der Benutzer keine administrativen Rechte hat.

RunAsAdmin

Die Anwendung muss mit administrativen Rechten gestartet werden.

Erstellen von Kompatibilitäts-Shims

Sollte ein Programm nicht sauber laufen, können Sie sogenannte Kompatibilitäts-Shims erstellen.

Dies sind Datenbankeinträge, die die Ausführungsebene für die als problematisch identifizierten Programme festlegen.

Zum Erstellen eines Shims starten Sie das Programm „Compatibility Administrator".

ACHTUNG!
Es gibt zwei „Compatibility Administrators“, einen für 32-bit Anwendungen und einen für 64-bit Anwendungen. Wählen Sie jeweils den richtigen!

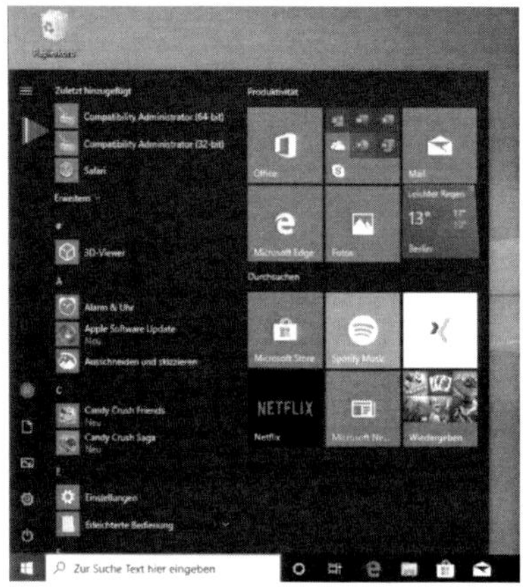

Abbildung 2.107: Compatibility Administrator

Um nun einen Shim für ein bestimmtes Programm zu erstellen, klicken Sie auf die Schaltfläche „Fix“.

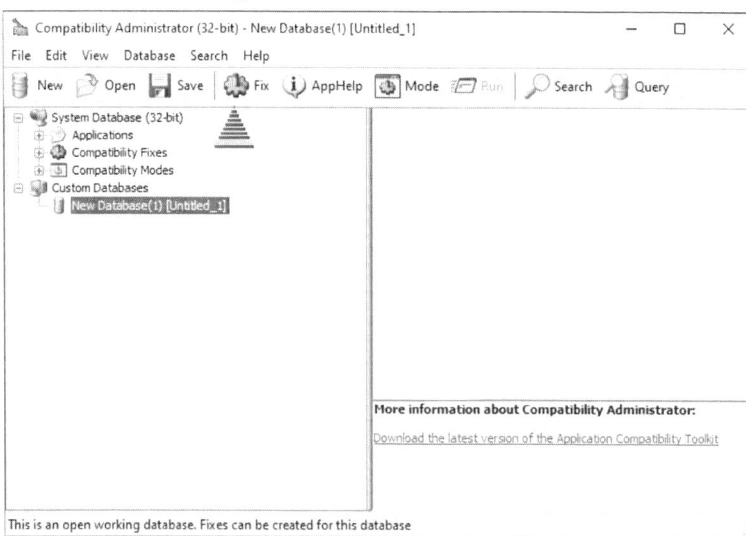

Abbildung 2.108: Shim erstellen

Sie geben nun die Daten des Programms an, für das Sie einen Shim erstellen möchten.

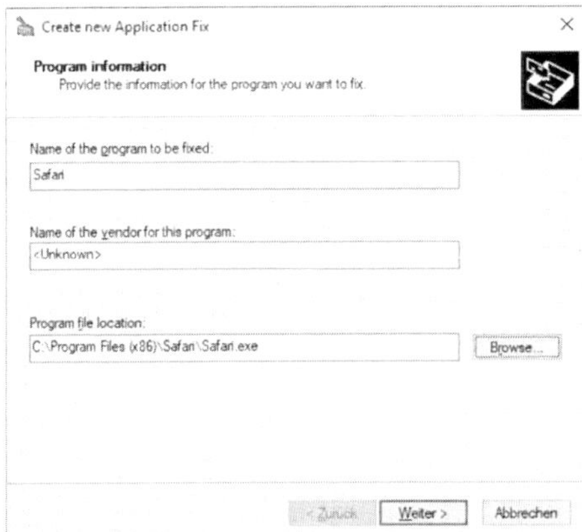

Abbildung 2.109: Erstellen eines Shims

Auf der nächsten Seite können wir entscheiden, ob wir die Anwendung in einem Kompatibilitätsmodus laufen lassen wollen.

Aber eigentlich geht es uns ja um die Ausführungsebene.

Diese können wir hier auch definieren.

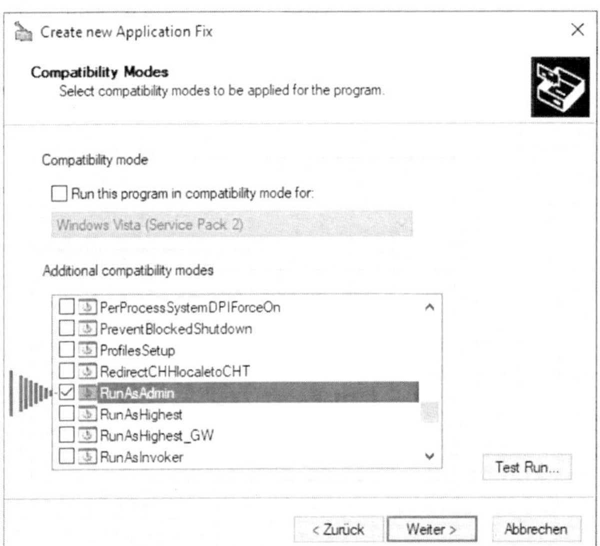

Abbildung 2.110: Definition der Ausführungsebenen

Auf der nächsten Seite können wir noch zusätzliche Kompatibilitätsparameter definieren.

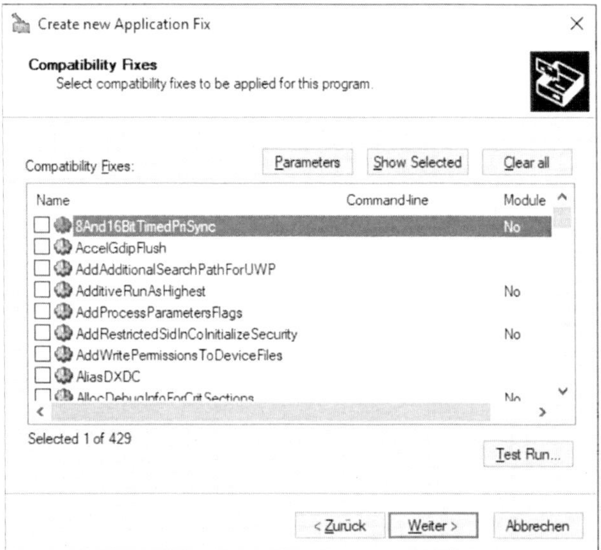

Abbildung 2.111: Weitere Kompatibilitätsparameter

Nun wählen Sie Informationen für die Dateisuche aus. Anhand dieser Informationen wird die Datei identifiziert, zu der das Shim gehört.

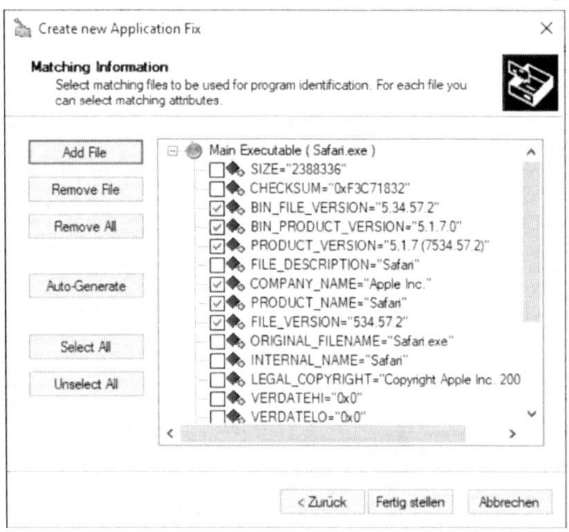

Abbildung 2.112: Attribute

Normalerweise reichen die Attribute Größe und Prüfsumme aus, um zu verhindern, dass das Shim unabsichtlich anderen Anwendungen mit identischem Namen zugewiesen wird. Die Angabe weiterer Informationen ist nur in seltenen Fällen erforderlich.

Klicken Sie auf „Fertig stellen“. Nun können Sie den Shim speichern. Sie sollten es gleich im Programmverzeichnis speichern, da es sonst nicht angewendet werden kann.

Wechseln Sie nun in das Programmverzeichnis und installieren Sie den Shim mit der Eingabeaufforderung und dem Tool „Sdbinst.exe“.

```
Administrator: Eingabeaufforderung

C:\Program Files (x86)\Safari>sdbinst.exe -q safari.sdb
Die Installation von Safari wurde abgeschlossen.

C:\Program Files (x86)\Safari>
```

Abbildung 2.113: Installation des Shims

Nun ist der Kompatibilitätsfix installiert und die Anwendung funktioniert, wie sie sollte.

Natürlich können Sie die Shims auch mithilfe des Active Directory zuweisen, indem Sie ein Anmeldeskript für die Benutzer erstellen und dort „Sdbinst.exe“ laufen lassen.

2.6 Windows Sicherheit

2.6.1 Active Directory konfigurieren

Clients können in einer Arbeitsgruppe arbeiten oder in einer Domäne zusammengeschlossen werden. Der große Vorteil einer Domäne ist, dass viele Einstellungen an einer zentralen Stelle vorgenommen werden können, der gemeinsamen Datenbank Active Directory.

Die komplette Einrichtung und Konfiguration von Active Directory ist äußerst komplex und kann an dieser Stelle nicht behandelt werden.

Wir beschränken uns hier auf die Konfigurationsmöglichkeiten, die für die Clients von Bedeutung sind, das sind in erster Linie die Gruppenrichtlinien.

2.6.2 Domänenbeitritt eines Clients

Damit ein Client über die Domäne gesteuert werden kann, muss er der Domäne zunächst beitreten.

Der Hintergrund ist folgender: Beim Systemstart muss der Computer sich selber validieren.

Wenn aber der Computer Mitglied in einer Domäne ist, muss ein Domänencontroller bestätigen, dass dieser Computer das Recht hat, auf Domänenressourcen zugreifen zu können.

Ein Computer muss also zunächst einer Domäne beitreten, dies bedeutet, dass ein Computerkonto in der Domäne angelegt wird, mit dem er sich validieren kann.

Der erste Schritt hierfür ist das Überprüfen, ob ein gültiger DNS-Server für die Domäne in der IP-Konfiguration eingetragen ist.

ACHTUNG!

DNS ist ein Dienst, der normalerweise für die Namensauflösung benutzt wird. In einer Active Directory Domäne hat DNS aber noch weitere Aufgaben zu erfüllen. Jeder Domänencontroller trägt seine Dienste im DNS-Server ein und gibt den Clients so die Möglichkeit, einen Domänencontroller zu finden. Vertieft wird dieses Thema im Themenbereich Active Directory in einem eigenen Buch.

Nachdem die IP-Konfiguration des Clients angepasst ist, kann er der Domäne hinzugefügt werden.

- Systemsteuerung
- System und Sicherheit
- System

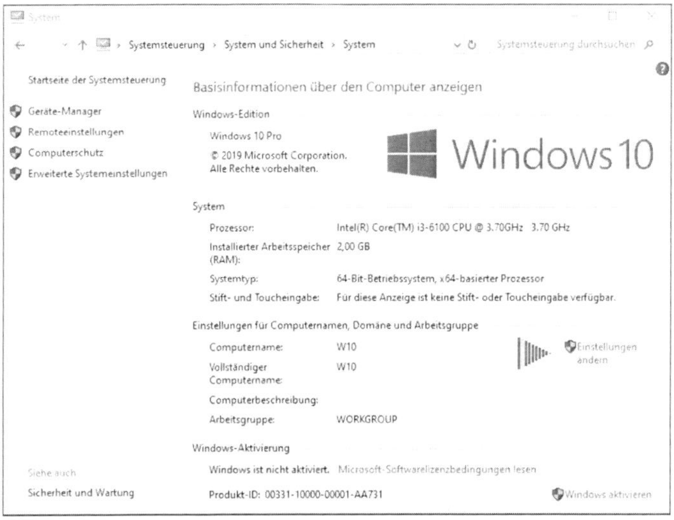

Abbildung 2.114: Domänenbeitritt

Hier wählen Sie „Einstellungen ändern".

Abbildung 2.115: Einstellungen ändern

In diesem Fenster werden Ihnen der Computername und die Arbeitsgruppen- bzw. Domänenzugehörigkeit angezeigt.

Um einer Domäne beizutreten, klicken Sie auf „Ändern".

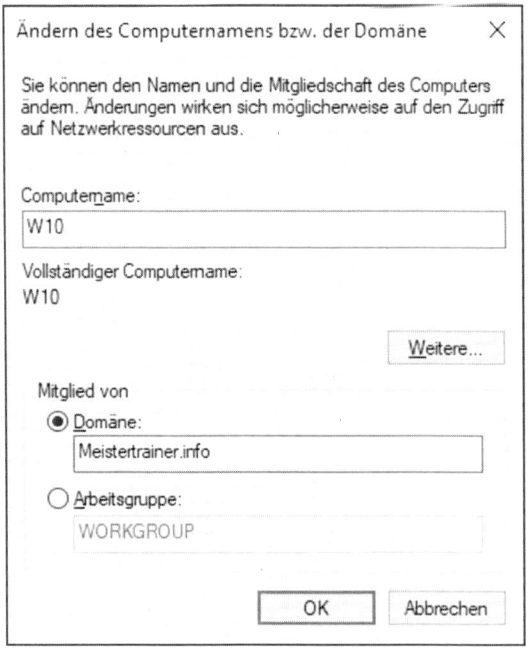

Abbildung 2.116: Eingeben des Namens der Domäne

Klicken Sie nun auf „Domäne" und tragen Sie den Namen der Domäne ein, in diesem Fall „Meistertrainer.info".

Als nächstes erfolgt eine Abfrage, in der Sie einen Benutzernamen und ein Kennwort eingeben müssen.

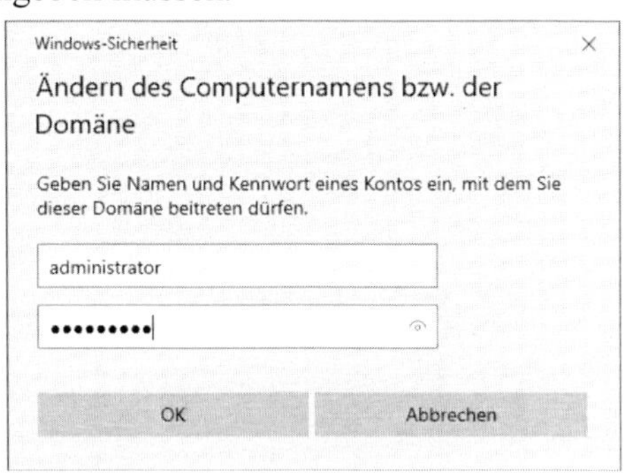

Abbildung 2.117: Eingabe der Berechtigung

Hier müssen Sie ein Domänenbenutzerkonto eingeben, welches das Recht hat, der Domäne beizutreten.

ACHTUNG!
Standardmäßig hat jeder Domänenbenutzer das Recht, bis zu 10 Rechner der Domäne hinzuzufügen.

Nach einer kurzen Zeit erscheint die Meldung, dass Sie nun der Domäne beigetreten sind.

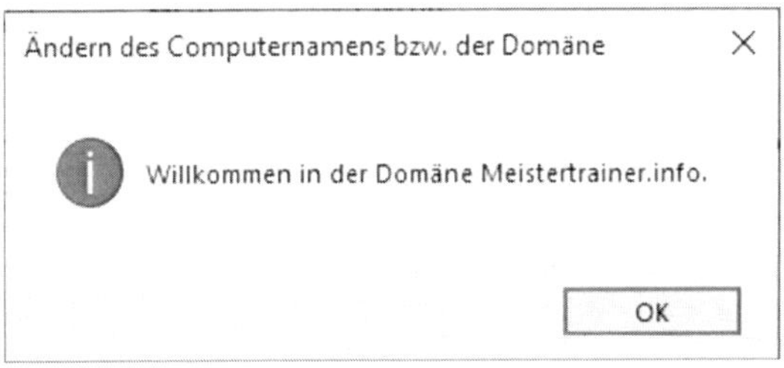

Abbildung 2.118: Der Domänenbeitritt ist beendet

Nach einem Neustart, der zwingend erforderlich ist, können Sie sich nun entweder am lokalen Computer oder an der Domäne anmelden.

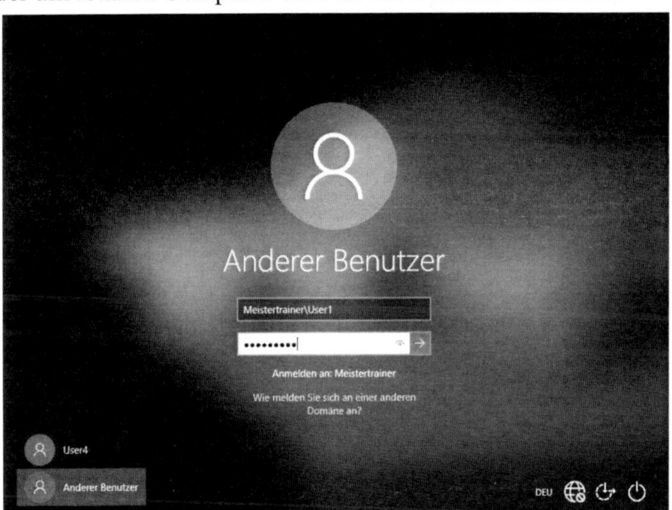

Abbildung 2.119: Anmeldung

Beim Domänenbeitritt wird die Gruppe „Domänenbenutzer“ in die lokale Gruppe „Benutzer“ hinzugefügt, damit Domänenbenutzer auf diesem Computer Rechte haben.

Genauso wird die Gruppe „Domänen-Admins“ der lokalen Gruppe „Administratoren“ hinzugefügt.

2.6.3 Benutzer- und Computereinstellungen

Zum besseren Verständnis sollten wir eine Gruppenrichtlinie betrachten. Wir erstellen hierfür eine MMC und fügen die benötigten Snap-Ins hinzu.

Es gibt lokale Gruppenrichtlinien und Gruppenrichtlinien in der Domäne. Lokale Gruppenrichtlinien haben nur Auswirkung auf die lokale Maschine, und werden in erster Linie auf alleinstehenden Rechnern ohne Verbindung zu einer Domäne benutzt.

Gruppenrichtlinien in einer Domäne dagegen haben Auswirkungen auf die komplette Domäne.

Aus diesem Grund werden wir uns von Anfang an mit den Gruppenrichtlinien der Domäne beschäftigen.

Öffnen Sie auf dem Domänencontroller unter „Tools" die „Gruppenrichtlinienverwaltung".

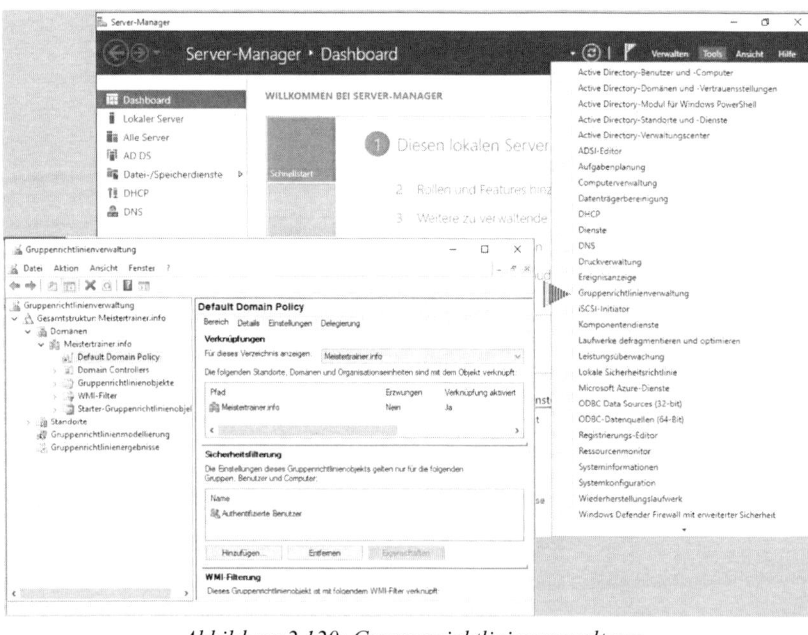

Abbildung 2.120: Gruppenrichtlinienverwaltung

Sie sehen, dass in dieser Ansicht die Struktur der Domäne dargestellt wird. Ob es mehrere Gruppenrichtlinien gibt, können wir in dieser

Darstellung noch nicht erkennen, aber wir sehen eine „Default Domain Policy“.

Diese wählen wir aus, indem wir auf sie klicken.

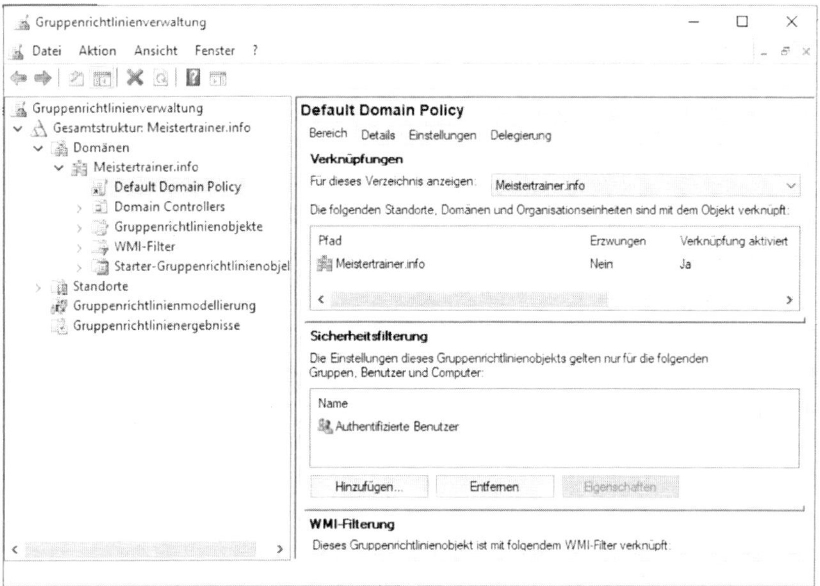

Abbildung 2.121: Die „Default Domain Policy“

Wir erhalten diverse Informationen über diese Gruppenrichtlinie.

ACHTUNG!
Sie sollten sich die Zeit nehmen und diese Einstellungen alle gut betrachten!

Wir wechseln nun auf die Registerkarte „Einstellungen“.

Hier werden die momentan aktiven Einstellungen angezeigt.

Das ist uns aber nicht genug, wir möchten die Einstellungen genauer sehen. Dazu klicken wir mit der rechten Maustaste ins Fenster und wählen „Bearbeiten“.

Es öffnet sich ein neues Fenster und wir sehen endlich alle Einstellungen der Gruppenrichtlinie.

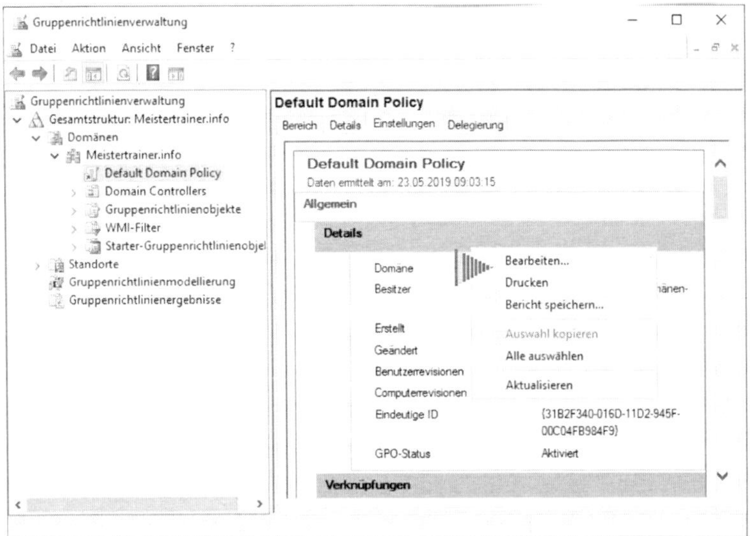

Abbildung 2.122: Einstellungen der Gruppenrichtlinie

Alle Gruppenrichtlinien, egal ob sie lokal oder im Active Directory verwaltet werden, haben die gleiche Struktur. Es gibt

- Benutzereinstellungen
- Computereinstellungen

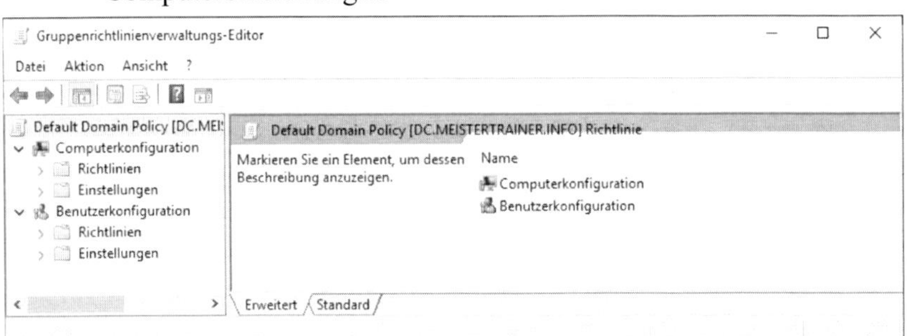

Abbildung 2.123: Alle Einstellungen der Gruppenrichtlinie

Optisch dargestellt werden diese Einstellungen in einer Darstellung, die uns sehr gut aus Explorer und Active Directory bekannt ist.

Sowohl auf der Computerseite als auch auf der Benutzerseite gibt es zwei Hauptkonfigurationsgruppen:

- Richtlinien
- Einstellungen

Die Richtlinien teilen sich in

- Softwareeinstellungen
- Windows-Einstellungen
- Administrative Vorlagen

Natürlich unterscheiden sich diese Einstellungen auf beiden Seiten etwas, denn nicht alle Einstellungen können für Computer vorgenommen werden. Andere können wiederum nicht für Benutzer gemacht werden.

Nehmen Sie sich nun einen Augenblick Zeit und betrachten Sie die Vielfalt der Einstellungsmöglichkeiten auf beiden Seiten. Beachten Sie auch, dass bei einigen Einstellungen sehr gute Erklärungen zu finden sind, die einen Einsatz der Gruppenrichtlinie vereinfachen.

Die „Einstellungen" sind eine Neuerung, die mit Server 2008 eingeführt worden sind. Sie finden diese nur in den domänenbasierten Gruppenrichtlinien, nicht aber in einer lokalen.

Hier können Sie zusätzlich verschiedene Einstellungen machen, wie

- Laufwerkszuordnungen
- Variablenzuordnung
- Einstellungen für Dateien, Ordner und ini-Dateien

etc.

Eine der interessantesten Einstellungsmöglichkeiten ist aber, dass Sie verschiedene Geräteklassen aktivieren oder deaktivieren können, womit Sie die Möglichkeit haben, den Zugriff auf bestimmte Geräte zu verbieten!

2.6.4 Der Geltungsbereich der Gruppenrichtlinien

Welche Bedeutung hat nun diese Einteilung in „Benutzerrichtlinien" und „Computerrichtlinien"?

Halten wir uns vor Augen, dass der eigentliche Einsatzbereich der

Gruppenrichtlinien das Active Directory und nicht die lokale Maschine ist. Es macht wenig Sinn, Einstellungen auf jeder Maschine lokal zu regeln.

Aus diesem Grund werden die meisten Gruppenrichtlinien im Active Directory verwaltet. Hier gibt es unter anderem (später genaueres) die Möglichkeit, Gruppenrichtlinien einzelnen OUs zuzuordnen.

Für das Anwenden der einzelnen Komponenten gilt nun folgendes:

- Computerrichtlinien werden auf alle Computerkonten im Geltungsbereich angewendet
- Benutzerrichtlinien werden auf alle Benutzerkonten im Geltungsbereich angewendet

Der Geltungsbereich ist immer die OU, der die Gruppenrichtlinie zugeordnet ist und alle untergeordneten OUs, denn auch hier gilt die Vererbung.

Was passiert nun beim Systemstart eines Clients?

Zunächst einmal startet der Client und überprüft in der Domäne sein Computerkonto. Nun ist dem Client bekannt, in welcher OU sich sein Computerkonto befindet.

Er kann nun die Liste der Einstellungen anfordern, die für sein Computerkonto gilt, und anwenden.

Danach meldet sich der Benutzer an. Hier ist der Vorgang ähnlich. Das Benutzerkonto wird in der Domäne überprüft, und damit ist festgelegt, in welcher OU sich das Benutzerkonto befindet. Nun wird die Liste der Einstellungen angefordert und abgearbeitet.

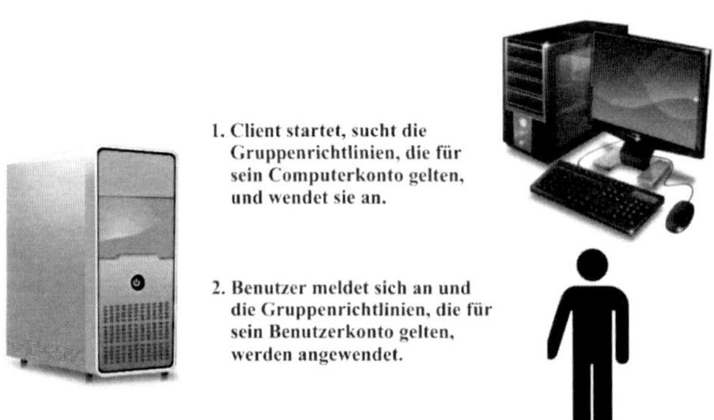

Abbildung 2.124: Abarbeitung der Gruppenrichtlinien beim Systemstart

Ein Beispiel:

Wir betrachten folgendes Szenario:

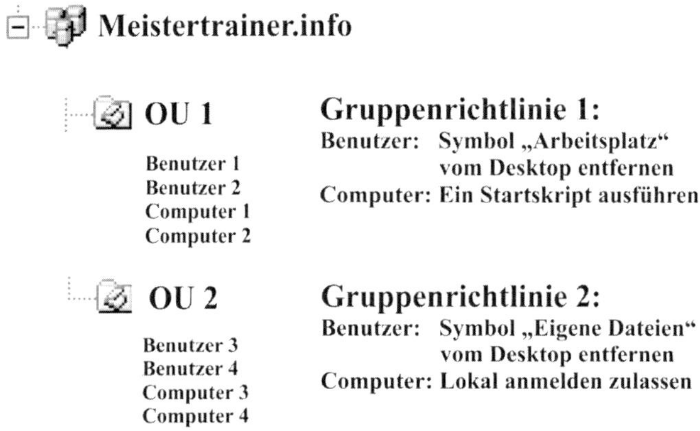

Abbildung 2.125: Die Funktionsweise der Benutzer- und Computereinstellungen

Aus dieser Zeichnung geht hervor, dass in der OU 1 zwei Benutzerkonten und zwei Computerkonten zu finden sind. In der OU 2 ist es ähnlich.

Daraus ergeben sich folgende Zuordnungen:

Benutzer 1 meldet sich an Computer 1 an:

Computer 1 startet und erkennt, dass die Computereinstellungen der Gruppenrichtlinie 1 für ihn relevant sind.

Er wendet die Einstellung „*Ein Startskript ausführen*" an.

Benutzer 1 meldet sich an und durch sein Benutzerkonto in OU 1 gilt die Benutzereinstellung von Gruppenrichtlinie 1 für ihn:

Symbol „Arbeitsplatz" vom Desktop entfernen.

Benutzer 1 meldet sich an Computer 3 an:

Computer 3: *Lokal anmelden zulassen.*

Benutzer 1: *Symbol „Arbeitsplatz" vom Desktop entfernen.*

Gehen Sie gedanklich alle Kombinationen durch!

2.6.5 Überprüfen von Einstellungen der Gruppenrichtlinien

Nach dem Einblick in das Active Directory und die Wirkungsweise von Gruppenrichtlinien, fragen Sie sicher, wie man die Ausführung der Gruppenrichtlinien auf einem Client überprüfen kann.

Zunächst einmal sollten wir überlegen, welche Gruppen der Domäne Rechte für die Erstellung und Verwaltung von Gruppenrichtlinien haben.

Das sind in erster Linie natürlich die Mitglieder der Gruppe „Domänen-Admins".

Aber es gibt noch eine zweite Gruppe, die Rechte bezüglich der Gruppenrichtlinie hat:

„Richtlinien Ersteller-Besitzer".

Die Mitglieder dieser Gruppe dürfen neue Gruppenrichtlinien erstellen und diese bearbeiten.

Aber Vorsicht!

Bereits vorhandene Gruppenrichtlinien können Mitglieder dieser Gruppe nicht bearbeiten!

Das ist eine Besonderheit der Gruppenart „Ersteller-Besitzer".

Nur wenn Mitglieder dieser Gruppe neue Objekte erstellen, in diesem Fall Gruppenrichtlinien, sind sie auch deren Besitzer und können Sie dann bearbeiten.

Zum Überprüfen der Anwendung von Gruppenrichtlinien gibt es auf einem Domänencontroller ein sehr schönes Analysetool mit Namen „Gruppenrichtlinienergebnisse".

Sie finden es unter

- Tools
- Gruppenrichtlinienverwaltung
- Gruppenrichtlinienergebnisse

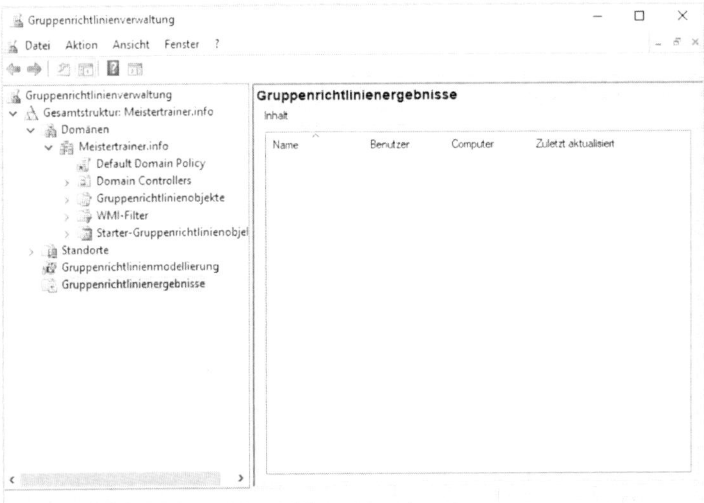

Abbildung 2.126: Gruppenrichtlinienergebnisse

Sie klicken mit der rechten Maustaste und wählen „Gruppenrichtlinienergebnis-Assistent“.

Der Assistent startet.

Sie wählen aus, welchen Computer und welchen angemeldeten Benutzer Sie überprüfen möchten.

Abbildung 2.127: Auswahl

Nun werden die Gruppenrichtlinien analysiert und die Anwendung auf den gewählten Computer zusammen mit den Einstellungen des gewählten Benutzers angezeigt.

Die Seite „Zusammenfassung“ überprüft zunächst, ob alle Einstellungen fehlerfrei angewendet werden können.

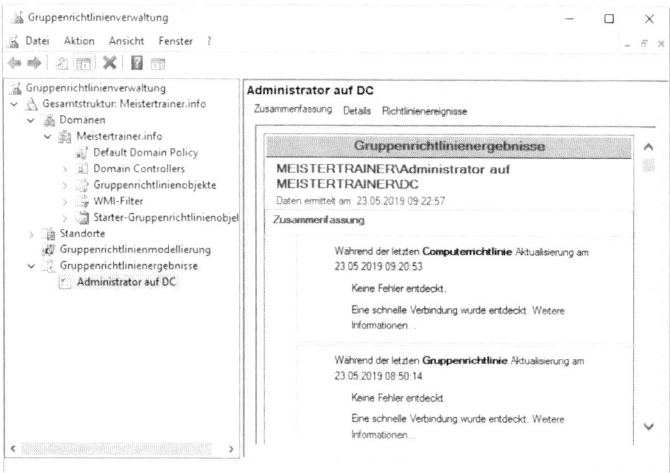

Abbildung 2.128: Zusammenfassung

Wenn Sie auf die Seite „Details“ wechseln, sehen Sie eine detaillierte Auflistung aller angewendeten Einstellungen.

Auch auf den Clients kann eine Analyse der angewendeten Gruppenrichtlinien erstellt werden. Natürlich ist dies nur eine Momentaufnahme, die die Einstellungen des momentan angemeldeten Benutzers auf diesem Computer darstellt. Allerdings werden viele zusätzliche Informationen angezeigt.

Abbildung 2.129: GPRESULT

Dafür öffnen Sie auf dem Client eine administrative Eingabeaufforderung und geben ein:

Gpresult /r.

2.6.6 Die Einstellungen der Benutzerkontensteuerung

Die Benutzerkontensteuerung wurde mit Windows Vista eingeführt. Sie soll verhindern, dass Benutzer zu hohe Rechte haben.

Dies kann zu einem Problem werden, wenn sich beispielsweise Schadsoftware auf dem Rechner eingenistet hat und im Kontext des angemeldeten Users das System verändern will.

Windows 10 ist sehr benutzerfreundlich, denn hier können Sie in der Systemsteuerung die Eingriffstiefe konfigurieren.

Öffnen Sie die Systemsteuerung und wählen Sie

- System und Sicherheit
- Sicherheit und Wartung

Dort klicken Sie auf „Einstellungen der Benutzerkontensteuerung ändern".

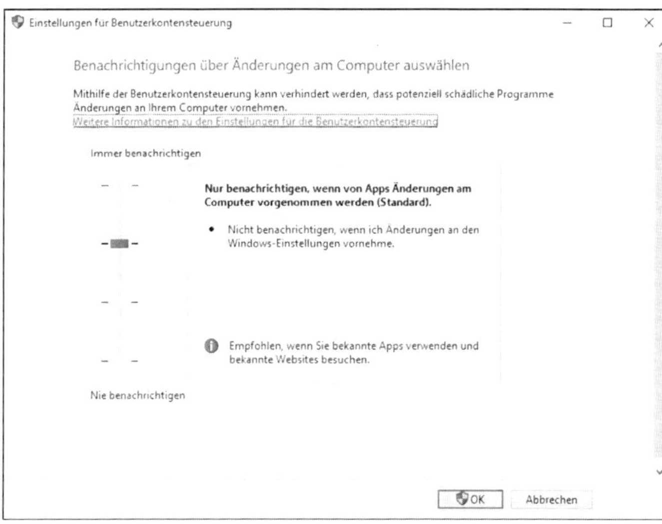

Abbildung 2.130: Benutzerkontensteuerung

Hier haben Sie verschiedene Einstellungen zur Auswahl.

Die Benutzerkontensteuerung in Gruppenrichtlinien

Sie können die Benutzerkontensteuerung aber auch in einer Gruppenrichtlinie konfigurieren.

Natürlich ist die Einstellung auf dem lokalen Rechner genauso möglich wie in der Domäne.

Für den lokalen Rechner ist der folgende Weg zu gehen:

Sie öffnen den Gruppenrichtlinieneditor durch Eingabe von

Gpedit.msc

Dann navigieren Sie zu

- Computerkonfiguration
- Windows-Einstellungen
- Sicherheitseinstellungen
- Lokale Richtlinien
- Sicherheitsoptionen

Hier sind die verschiedenen Einstellungsmöglichkeiten, die Sie gut kennen sollten.

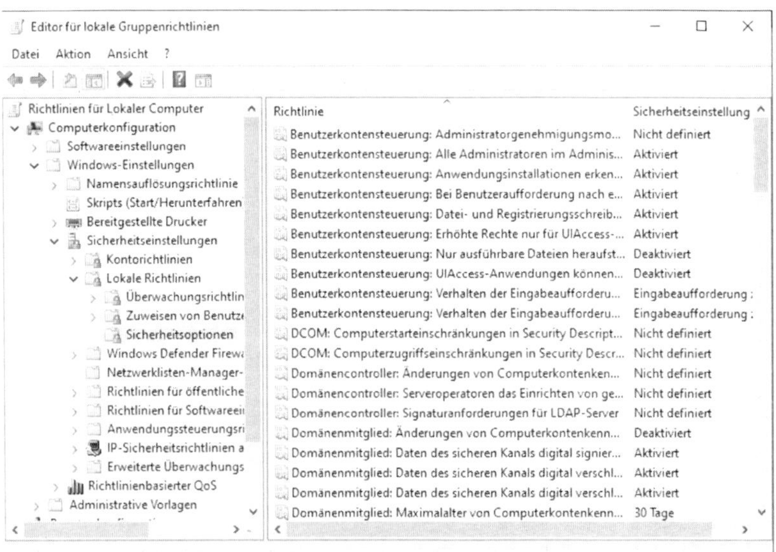

Abbildung 2.131: Einstellungen der Benutzerkontensteuerung

Benutzerkontoschutz: Administratorbestätigungsmodus für das integrierte Administratorkonto

Hier wird das Verhalten des integrierten Administratorkontos festgelegt. Dieses Konto ist standardmäßig deaktiviert, kann aber aktiviert werden.

Optionen:

Aktiviert:

Der integrierte Administrator wird im so genannten Administratorbestätigungsmodus angemeldet. Dies ist der Modus, der bei jeder Aktion, die systemnah ist, bestätigt oder abgelehnt werden muss.

Deaktiviert:

Wenn Sie deaktiviert wählen, gibt es für das Administratorkonto keine Benutzerkontensteuerung und der Administrator hat volle Rechte (dies ist der XP-kompatible Modus).

Standardeinstellung:

Deaktiviert

Benutzerkontensteuerung: Alle Administratoren im Administratorbestätigungsmodus ausführen

Hier wird das Verhalten aller Administratorenkonten festgelegt.

Optionen:

Aktiviert:

Der Administratorgenehmigungsmodus ist aktiviert. Die Richtlinie muss aktiviert werden und zugehörige UAC-Richtlinieneinstellungen müssen ebenfalls ordnungsgemäß festgelegt werden, um die Ausführung des integrierten Administratorkontos und aller anderen Benutzer, die Mitglieder der Administratorgruppe sind, im Administratorgenehmigungsmodus zu ermöglichen.

Deaktiviert:

Wenn Sie deaktiviert wählen, werden der Administratorgenehmigungsmodus und alle zugehörigen UAC-Richtlinieneinstellungen deaktiviert.

> **ACHTUNG!**
> Wird die Richtlinieneinstellung deaktiviert, werden Sie vom Sicherheitscenter benachrichtigt, dass die Gesamtsicherheit des Betriebssystems verringert wurde.

Standardeinstellung:

Aktiviert

Benutzerkontensteuerung: Anwendungsinstallationen erkennen und erhöhte Rechte anfordern

Hier legen Sie fest, wie das Verhalten des Systems ist, wenn Anwendungen installiert werden sollen.

Optionen:

Aktiviert:

Wenn Anwendungen installiert werden sollen, erscheint automatisch die entsprechende Abfrage.

Deaktiviert:

In einer Unternehmensumgebung wird oftmals nicht am Einzelplatz installiert, sondern durch Tools, wie SMS oder auch Gruppenrichtlinien. Hier sollte die Option deaktiviert sein.

Standardeinstellung:

- Aktiviert (privat)
- Deaktiviert (Unternehmen)

Benutzerkontensteuerung: Bei Benutzeraufforderung nach erhöhten Rechten zum sicheren Desktop wechseln

Hier legen Sie fest, ob die Anforderung erhöhter Rechte als Benutzeraufforderung auf dem interaktiven Benutzerdesktop oder auf dem sicheren Desktop angezeigt wird.

Optionen:

Aktiviert:

Alle Anforderungen nach erhöhten Rechten werden standardmäßig auf dem sicheren Desktop angezeigt.

Deaktiviert:

Alle Anforderungen nach erhöhten Rechten werden auf dem interaktiven Benutzerdesktop angezeigt.

Standardeinstellung:

Aktiviert

Benutzerkontensteuerung: Nur erhöhte Rechte für UIAccess-Anwendungen, die an sicheren Orten installiert sind

Diese Einstellung sorgt dafür, dass sich Anwendungen, die eine

Ausführung mit einer UIAccess-Integritätsebene anfordern (über das Kennzeichnen von UIAccess=true in ihrem Anwendungsmanifest) an bestimmten Stellen im Dateisystem befinden müssen. Tun sie das nicht, werden ihnen keine erhöhten Rechte gewährt.

Folgendes sind diese bestimmten Stellen:

- ...\Programme\, einschließlich Unterverzeichnissen
- ...\Windows\system32\
- ...\Programme (x86)\, einschließlich Unterverzeichnissen für 64-bit-Versionen von Windows

Optionen:

Aktiviert:

Nur Anwendungen, die sich an den richtigen Speicherorten befinden, werden mit UIAccess-Integrität gestartet.

Deaktiviert:

Auch Anwendungen, die sich nicht an den richtigen Speicherorten befinden, werden mit UIAccess-Integrität gestartet.

Standardeinstellung:

Aktiviert

Benutzerkontensteuerung: Nur ausführbare Dateien heraufstufen, die signiert und überprüft sind

Mit dieser Einstellung können Sie PKI-Signaturüberprüfungen für interaktive Anwendungen mit erhöhten Rechten erzwingen.

Sie können eine Liste mit zugelassenen Anwendungen erstellen und diese durch Zertifikate steuern.

Optionen:

Aktiviert:

Die Überprüfung der PKI-Zertifikatkette wird erzwungen, bevor sie ausgeführt werden darf.

Deaktiviert:

Die Überprüfung der PKI-Zertifikatkette wird nicht erzwungen, bevor sie ausgeführt werden darf.

Standardeinstellung:

Deaktiviert

Benutzerkontensteuerung: UIAccess-Anwendungen das Anfordern erhöhter Rechte ohne Verwendung des sicheren Desktop erlauben

Mit dieser Richtlinieneinstellung wird gesteuert, ob Programme für Eingabehilfen für die Benutzeroberfläche (UIAccess oder UIA) den sicheren Desktop für von einem Standardbenutzer verwendete Eingabeaufforderungen für erhöhte Rechte automatisch deaktivieren können.

Optionen:

Aktiviert:

UIA-Programme, einschließlich Windows-Remoteunterstützung, deaktivieren automatisch den sicheren Desktop für Benutzeraufforderungen mit erhöhten Rechten.

Deaktiviert:

Der sichere Desktop kann nur vom Benutzer des interaktiven Desktops oder durch Deaktivieren der Einstellung „Benutzerkontensteuerung: Bei Eingabeaufforderung für erhöhte Rechte zum sicheren Desktop wechseln" deaktiviert werden.

Standardeinstellung:

Deaktiviert.

Benutzerkontensteuerung: Verhalten der Benutzeraufforderung mit erhöhten Rechten für Standardbenutzer

Hier legen Sie fest, was bei Anforderungen eines Standardbenutzers passiert.

Optionen:

Aufforderung zur Eingabe der Anmeldeinformationen:

Der Benutzer muss einen Benutzernamen und ein Kennwort eines Kontos mit administrativen Rechten angeben, damit der Vorgang fortgesetzt werden kann.

Anhebungsaufforderung automatisch abweisen:

Hier wird ein Versuch, eine Aktion auszuführen, die höhere Rechte benötigt, sofort abgewiesen.

Standardeinstellung:

Aufforderung zur Eingabe der Anmeldeinformationen (privat).

Anhebungsaufforderung automatisch abweisen (Unternehmen).

Benutzerkontensteuerung: Verhalten der Benutzeraufforderung mit erhöhten Rechten für Administratoren im Administratorbestätigungsmodus

Der Administratorenbestätigungsmodus ist der Modus, in dem ein Administrator eine Aktion, die systemnah ist, bestätigen oder ablehnen kann (Standardeinstellung).

Optionen:

Aufforderung zur Eingabe der Zustimmung:

Der Administrator muss zustimmen oder kann ablehnen.

Aufforderung zur Eingabe der Anmeldeinformationen:

Hier reicht Zustimmen nicht, sondern es müssen die Kontodaten mit administrativen Rechten eingegeben werden.

Keine Aufforderung:

In diesem Fall wird keine Abfrage gemacht. Dies ist eine nicht sichere Einstellung.

Standardeinstellung:

Aufforderung zur Eingabe der Zustimmung.

Die Virtualisierung

Sicher ist Ihnen aufgefallen, dass wir gerade eine Einstellung der Benutzerkontensteuerung in der Besprechung ausgelassen haben.

Diese Einstellung ist besonders bemerkenswert, denn sie erlaubt, dass ältere Anwendungen eventuell trotz eingeschalteter Benutzerkontensteuerung funktionieren können.

Wie Sie sicherlich immer wieder merken werden, funktionieren nicht alle Anwendungen unter Windows 10.

Das liegt unter anderem daran, dass viele ältere Anwendungen nicht nur in der Registry, sondern auch in die nun geschützten Ordner, wie beispielsweise %systemroot% schreiben möchten.

Dafür sind aber erhöhte Benutzerrechte nötig, was dazu führt, dass diese Anwendungen nicht funktionieren.

ACHTUNG!

Auch wenn Sie als ein Administrator angemeldet sind, funktionieren diese Programme nicht automatisch, denn Sie haben ja auch nur normale Benutzerrechte!

In diesem Fall könnte die „Virtualisierung“ helfen.

Das Prinzip funktioniert folgendermaßen:

Das Programm versucht, in einen geschützten Bereich zu schreiben, was von der Benutzerkontensteuerung verboten wird.

Allerdings wird nun dieser Bereich als virtuelle Ressource bereitgestellt, in die das Programm schreiben kann und damit die Möglichkeit hat, ausgeführt zu werden.

Diese virtuellen Verzeichnisse werden für jeden Benutzer im Profil gespeichert.

ACHTUNG!

Also stehen für das Ausführen dieser älteren Programme mehrere Möglichkeiten zur Verfügung: einmal die Virtualisierung, wie eben besprochen.

Sie können aber natürlich auch die Anwendung mit dem Flag „Als ein Administrator ausführen“ setzen, dann hat die Anwendung immer erhöhte Rechte.

Nun betrachten wir die Einstellung in der Gruppenrichtlinie noch einmal im Detail:

Benutzerkontensteuerung: Datei- und Registrierungsschreibfehler an Einzelbenutzerstandorte virtualisieren

Mit dieser Einstellung können ältere Anwendungen, die in geschützte Verzeichnisse, wie "%Programme%, %Windir%, %Windir%\system32" oder "HKLM\Software\..." schreiben möchten, ein virtualisiertes Verzeichnis zugewiesen bekommen.

Optionen:

Aktiviert:

Vereinfacht die Umleitung von Anwendungsschreibfehlern zur Laufzeit an definierte Benutzerspeicherorte für das Dateisystem und die Registrierung.

Deaktiviert:

Für Anwendungen, die Daten in geschützte Speicherorte schreiben, wird wie in vorherigen Windows-Versionen auch ein Fehler zurückgegeben.

Standardeinstellung:

Aktiviert.

2.6.7 Die Windows Firewall

Auch die Firewall ist ein zentraler Bestandteil von Windows 10.

In früheren Versionen war es bei den integrierten Firewallprodukten von Microsoft ein großer Kritikpunkt, dass es zwar möglich war, Regeln für den Zugriff von außen auf den Computer festzusetzen, aber leider gab es bisher keine Möglichkeit, Regeln für den Datenverkehr von innen nach außen zu definieren.

Dies ist mit dieser Firewall möglich.

Die Firewall-Grundkonfiguration nehmen Sie in der Systemsteuerung vor.

- System und Sicherheit
- Windows Defender Firewall

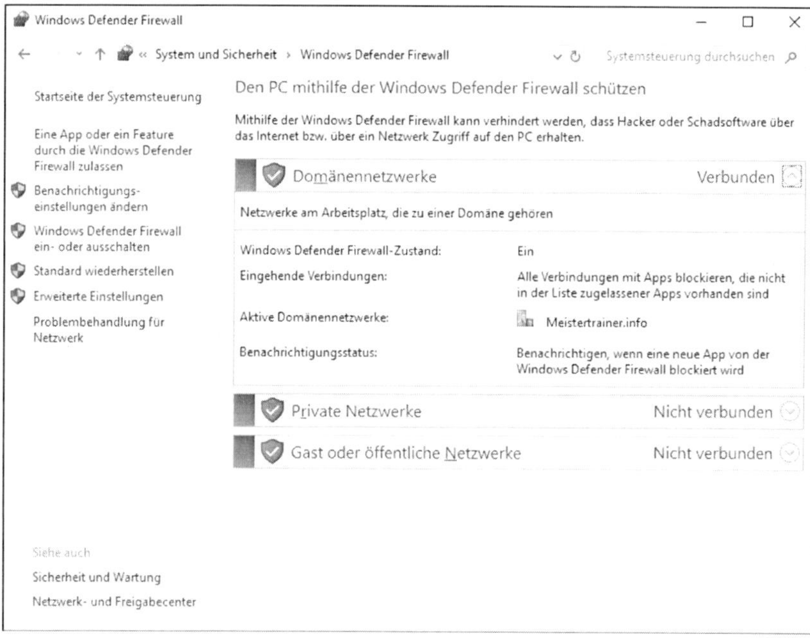

Abbildung 2.132: Windows Defender Firewall

Zunächst sollten Sie wählen, ob Sie die Firewall ein- oder ausschalten möchten. Normalerweise sollte die Firewall immer eingeschaltet sein!

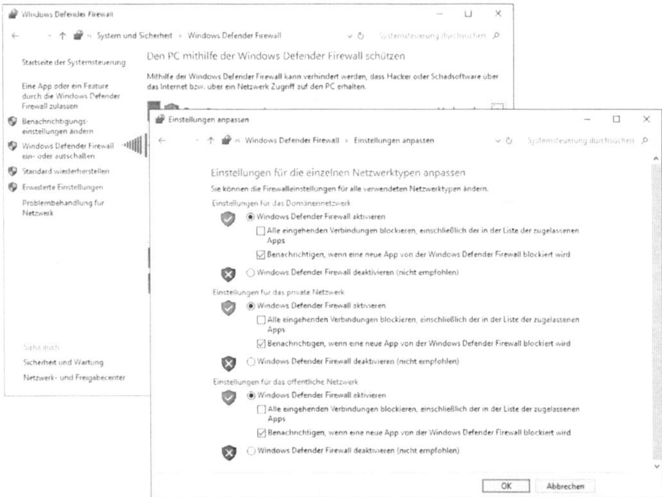

Abbildung 2.133: Konfiguration nach Netzwerktypen

Wenn Sie möchten, dass bestimmte Programme miteinander kommunizieren können, auch wenn die Firewall aktiviert ist, klicken Sie auf „Eine App oder Feature durch die Windows-Firewall zulassen“.

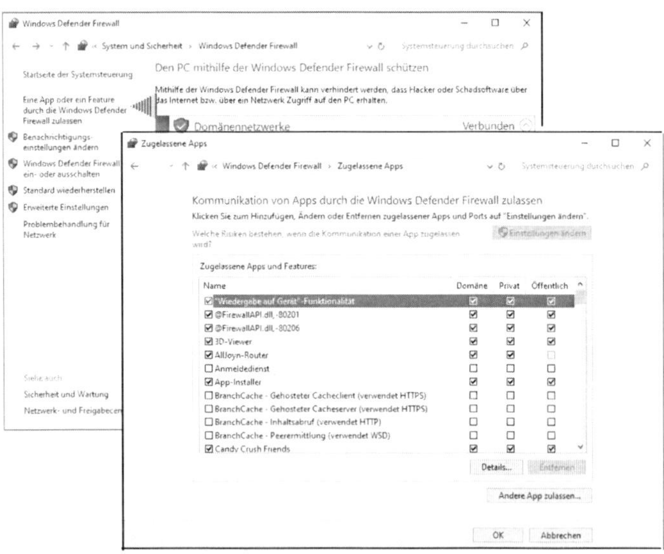

Abbildung 2.134: Programme konfigurieren

Aber hier ist doch immer noch nichts über Regeln für den ausgehenden Verkehr zu finden!

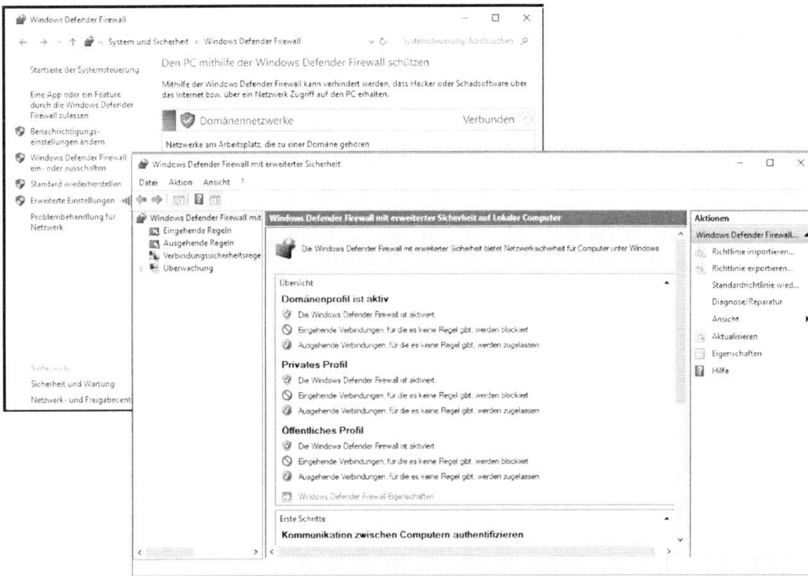

Abbildung 2.135: Windows-Firewall mit erweiterter Sicherheit

Um auch diese Einstellungen machen zu können, klicken Sie auf „Erweiterte Einstellungen".

Ah, hier finden wir endlich sowohl die eingehenden Regeln, als auch die ausgehenden Regeln.

Sie finden hier

- Eingehende Regeln (für den Datenverkehr von außen)
- Ausgehende Regeln (für den Datenverkehr von innen)
- Verbindungssicherheitsregeln (für den Datenverkehr über IPSec)
- Überwachung (Protokolle für die Überwachung)

Natürlich können Sie nun auch eigene Regeln erstellen. Dafür wählen Sie aus, ob Sie eine eingehende oder eine ausgehende Regel erstellen möchten und klicken dann auf „Neue Regel erstellen".

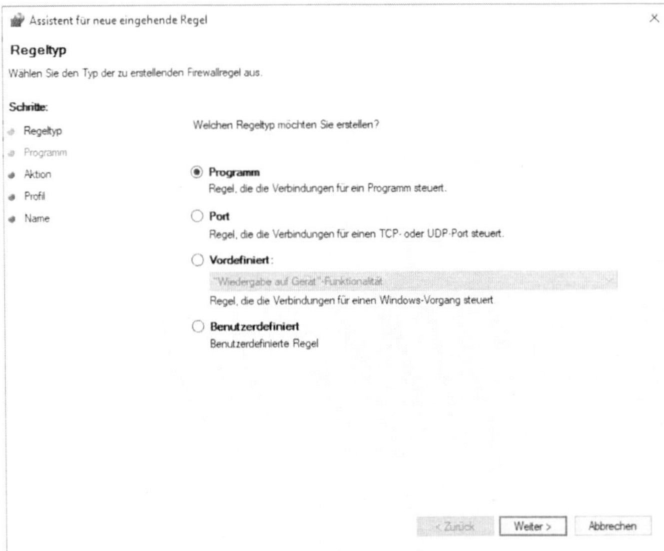

Abbildung 2.136: Neue Regel

Zunächst legen Sie fest, ob Sie eine Regel für ein Programm oder für einen Port erstellen wollen.

Natürlich können Sie auch eine vordefinierte Regel benutzen, oder benutzerdefiniert eine eigene Regel erstellen.

Sie können einfach dem Assistenten folgen, der Sie durch die Erstellung einer Regel leiten wird.

Alle Regeln werden auf die verschiedenen Netzwerktypen bezogen, so dass Sie hier sehr genaue Sicherheitseinstellungen machen können!

Auch für die Konfiguration der Firewall gibt es Cmdlets. Ein wichtiges ist:

New-NetFirewallRule

Damit können Sie neue Firewallregeln erstellen.

2.6.8 Verschlüsseln von Daten mit EFS

EFS, Encrypting File System, ist eine Möglichkeit, seine Daten gegen unbefugten Zugriff zu schützen, aber mit ausgewählten Personen teilen zu können.

EFS verschlüsselt die Daten auf Dateisystemebene und ist deswegen auch nur auf NTFS-Partitionen möglich.

Die Grundlagen des Verschlüsselns

Verschlüsseln – Sichern von Dateien

Das Verschlüsseln von Daten kann man mit dem Versperren der eigenen Wohnung vergleichen. Durch das Absperren mit meinem eigenen Schlüssel kann ich meine Wohnung vor unbefugtem Zugriff schützen. Genau auf diese Art werden Daten verschlüsselt. Sie haben einen Schlüssel, der an Ihr Benutzerkonto gekoppelt ist, mit dem Sie die Daten verschlüsseln. Entschlüsseln können Sie die Daten auch nur mit eben diesem Schlüssel. Der Schlüssel wird auch „Zertifikat“ genannt.

ACHTUNG!
Der Schlüssel wird erst in dem Moment generiert, wenn Sie zum ersten Mal eine Ressource verschlüsseln. Vorher sind Sie nicht im Besitz eines Schlüssels!

Mehrere Personen haben Zugriff auf verschlüsselte Daten

Es ist nicht ungewöhnlich, dass mehrere Personen auf ein und dieselbe Datei zugreifen müssen, obwohl die Datei verschlüsselt ist. Dies lässt sich mit der Vergabe von Zweitschlüsseln an Familienmitglieder vergleichen.

Derjenige, der die Datei verschlüsselt hat, kann entscheiden, ob noch andere Personen diese Datei benutzen dürfen.

Notfallabsicherung: Wenn die Datei nicht mehr entschlüsselt werden kann

Was passiert nun aber, wenn die Person, die die Datei verschlüsselt hat, nicht in der Lage ist, die Datei wieder zu entschlüsseln? So könnte ein Urlaub hier schon für Probleme sorgen, falls diese Datei wichtig ist.

In unserem Beispiel mit dem Wohnungsschlüssel könnte man hier den Hausmeister bemühen, der immer einen Ersatzschlüssel hat, um im Notfall jede Wohnung öffnen zu können. Genauso wird es mit den Daten gelöst, es gibt immer einen „Wiederherstellungsagenten“, der das Recht hat, alle verschlüsselten Daten zu entschlüsseln.

Dieser Wiederherstellungsagent ist im Normalfall der Administrator. Leider könnte man ihm unterstellen, Daten unbefugt zu lesen, da er die Möglichkeit hat.

Um solchen Vorwürfen zu entgehen, wird empfohlen, das Zertifikat auf einen Wechseldatenträger zu exportieren und damit dem Wiederherstellungsagenten die Möglichkeit zu nehmen, verschlüsselte Daten zu lesen.

Erst wenn ein Notfall eintritt, sollte das Zertifikat (der Schlüssel) wieder importiert werden, um die verschlüsselten Daten entschlüsseln zu können.

Windows 10 bietet auch die Möglichkeit, die Schlüssel auf einer Smartcard zu speichern und auch der Datentransfer über das Netzwerk ist verschlüsselt, wenn Sie verschlüsselte Daten auf einem Server speichern.

Das Verschlüsseln

Wie bereits erwähnt, wird ein Zertifikat (ein Schlüssel) zum Verschlüsseln erst erstellt, wenn zum ersten Mal eine Datei verschlüsselt wird.

Abbildung 2.137: Zertifikate

Wir wollen überprüfen, ob dies richtig ist.

- Eingabeaufforderung: MMC
- Snap-In hinzufügen
- Zertifikate
- Eigenes Benutzerkonto

Wechseln Sie in der Konsole auf

- Eigene Zertifikate

Also ist noch kein Zertifikat für das Verschlüsseln von Dateien angelegt.

Wir müssen zunächst einmal Daten verschlüsseln.

Wenn wir einen Ordner mit allen enthaltenen Dateien verschlüsseln möchten, wählen Sie den entsprechenden Ordner aus und öffnen das Eigenschaftenmenü.

Klicken Sie auf „Erweitert."

Nun können Sie den Haken bei „Inhalt verschlüsseln, um Daten zu schützen" setzen.

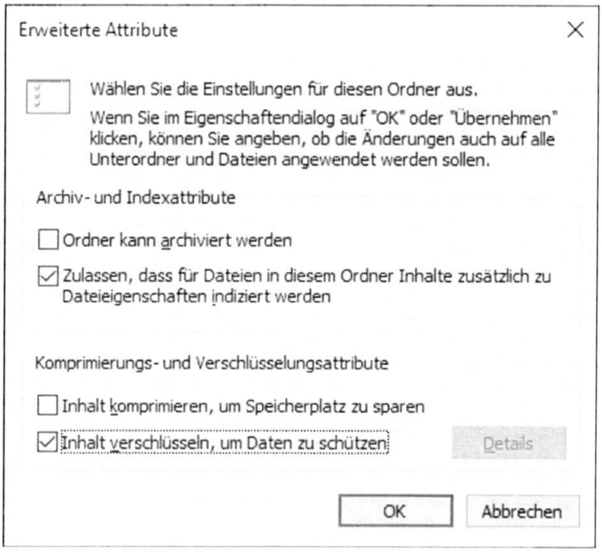

Abbildung 2.138: Dateien verschlüsseln

ACHTUNG!
Sie können Daten entweder verschlüsseln oder komprimieren. Beide Attribute zugleich können nicht vergeben werden!

Nach dem Verschlüsseln der Daten werden Ihnen die Daten und Ordner grün angezeigt, damit Sie auch visualisieren können, dass es sich hierbei um verschlüsselte Daten handelt.

Wenn Sie nun erneut den Zertifikatsspeicher betrachten, sehen Sie, dass das Zertifikat zum Verschlüsseln erstellt worden ist. Mit diesem Zertifikat können Sie nun weitere Daten verschlüsseln und die bereits verschlüsselten Daten wieder entschlüsseln.

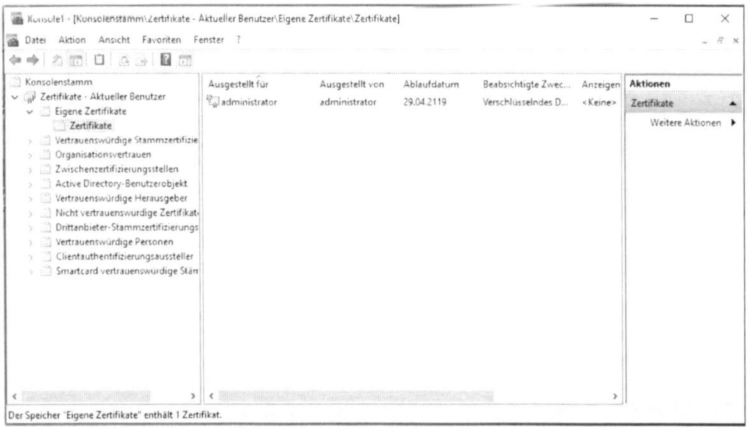

Abbildung 2.139: Das Zertifikat ist nun vorhanden

Übrigens:

Am unteren Rand des Bildschirms erscheint eine Meldung, dass Sie den Schlüssel (also das Zertifikat) sichern sollten. Dies sollten Sie wirklich machen, denn ein Verlust eines Zertifikats kann den kompletten Verlust der Daten bedeuten!

Hintergründe

Das Zertifikat

Betrachten wir das Zertifikat einmal genauer. Mit einem Doppelklick kann es geöffnet werden.

Ohne tiefer in die komplexe Materie der Zertifizierungsstellen einzusteigen, kann wenig über das Zertifikat gesagt werden.

Auffällig ist aber, dass im unteren Teil des Zertifikats der private Schlüssel erwähnt wird. Solange Sie im Besitz dieses Schlüssels sind, können Sie das Zertifikat benutzen. Das Verschlüsseln verlangt beides:

- Zertifikat
- Privaten Schlüssel

Multiuser-EFS

Ein interessantes Feature ist das Multiuser-EFS. Mit Windows 10 ist es möglich, mehreren Benutzern den Zugriff auf verschlüsselte Dateien zu gestatten. Dies entspricht auch der Realität, da ganz selten nur eine einzige Person Zugriff auf eine bestimmte Datei haben soll.

Wenn Sie den Zugriff auf eine bestimmte Datei mehreren Benutzern gestatten möchten, gehen Sie in das Eigenschaftsmenü der Datei und klicken auf „Erweitert".

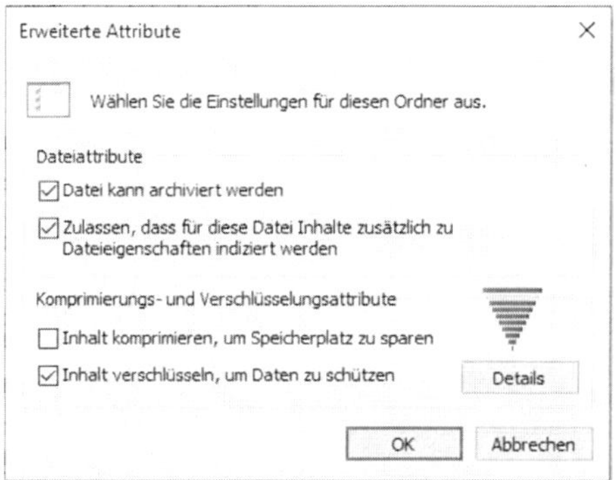

Abbildung 2.140: Multiuser EFS

Hier können Sie nun auf die Schaltfläche „Details" klicken.

ACHTUNG!
Diese Schaltfläche ist nur für Dateien, nicht für Ordner anwählbar!

Ein Fenster erscheint, in dem Sie im oberen Teil zusätzliche Benutzer hinzufügen können.

Im unteren Teil sehen Sie die definierten Wiederherstellungsagenten.

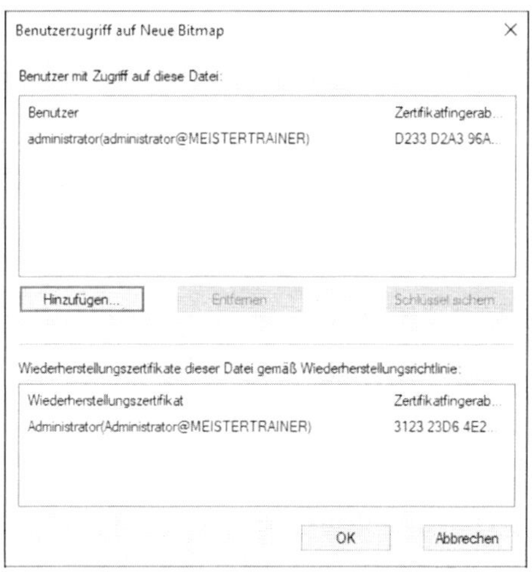

Abbildung 2.141: Berechtigte Benutzer

Nach dem Klicken auf die Schaltfläche „Hinzufügen“ erhalten Sie eine Auswahl von Zertifikaten, die Sie hinzufügen können.

ACHTUNG!
Eigentlich fügen Sie keine Benutzer hinzu, sondern deren Zertifikate. Das bedeutet, dass Sie nur Benutzer hinzufügen können, die bereits ein Verschlüsselungszertifikat auf diesem Computer haben!

Nach dem Hinzufügen hat der berechtigte Benutzer die Möglichkeit, Daten, die von Ihnen verschlüsselt worden sind, zu öffnen und zu bearbeiten.

Wiederherstellung

Wie bereits erwähnt, sollte es immer einen Wiederherstellungsagenten geben, der die verschlüsselten Daten im Zweifelsfall wiederherstellen kann, auch wenn das Zertifikat des Besitzers der Datei zerstört worden ist.

Wenn Sie einen Windows 10 Rechner ohne Domänenzugehörigkeit betreiben, müssen Sie das Zertifikat für einen Wiederherstellungsagenten zunächst erstellen und dann importieren.

Das Erstellen eines Zertifikats für die EFS-Wiederherstellung ist ein Kommandozeilenbefehl:

Cipher /r:Name

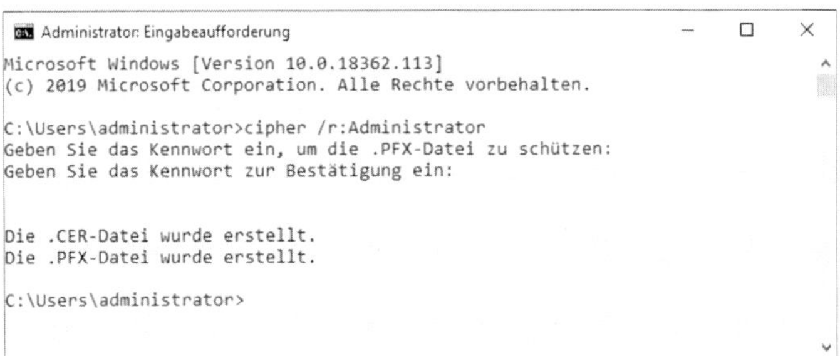

Abbildung 2.142: Erstellen eines Wiederherstellungszertifikats

Dabei werden für den momentan angemeldeten Benutzer zwei Dateien erstellt, eine .cer-Datei und eine .pfx-Datei.

Nun muss das Zertifikat nur noch importiert werden. Dies können Sie ebenfalls in einer MMC mit dem Snap-In „Zertifikate“ vornehmen.

Sie klicken mit der rechten Maustaste auf „Eigene Zertifikate“ und wählen „Alle Aufgaben – Importieren“.

Nun folgen Sie dem Assistenten zum Import eines Zertifikats.

Danach erkennen Sie in der Konsole das eben importierte Zertifikat für den Wiederherstellungsagenten.

In einer Domäne gilt Ähnliches: Dort gibt es zwar einen Wiederherstellungsagenten, aber zum Wiederherstellen auf einem Client ist der sicherste Weg, das Zertifikat auf dem entsprechenden Client zu importieren.

> **ACHTUNG!**
> Verschlüsselte Dateien bleiben verschlüsselt, wenn sie in einen anderen NTFS-Ordner verschoben oder kopiert werden. Wenn sie jedoch auf ein FAT- oder FAT32-Volume verschoben oder kopiert werden, werden sie entschlüsselt.

2.6.9 BitLocker und BitLocker To Go

Das Verschlüsseln von Daten können Sie mit EFS vornehmen, das Verschlüsseln von ganzen Laufwerken dagegen ist bedeutend aufwändiger.

Für Datenträger, die fest in den Client eingebaut sind, stellt Microsoft den „BitLocker“ zur Verfügung, für Wechseldatenträger gibt es den „BitLocker To Go“.

BitLocker

Lassen Sie uns mit dem BitLocker beginnen.

BitLocker ist eine Möglichkeit, ganze Laufwerke komplett zu verschlüsseln, so dass beim Systemstart immer ein Verschlüsselungscode abgefragt wird. Diese Funktion steht in den Versionen Windows 10 Pro und Enterprise zur Verfügung.

Damit wird sichergestellt, dass das Betriebssystem und die lokalen Festplatten sicher sind. Dies kann auf zwei verschiedene Arten erreicht werden:

Die Computer der neuen Generation haben einen TPM Chip 1.2 oder höher. In diesem Fall kann die Verschlüsselung auf diesem Chip gespeichert werden.

Computer hat kein TPM (Trusted Platform Module) Chip 1.2

Alle anderen Computer, die den TPM Chip nicht haben, können

BitLocker trotzdem verwenden, indem die Verschlüsselung auf einem USB Stick gespeichert wird.

ACHTUNG!
Die Speicherung des Schlüssels auf einem USB-Stick kann natürlich nur ein Notbehelf sein. Ein USB-Stick ist ein Medium, das nicht die Zuverlässigkeit hat, wie ein Hardwarechip!

Sie sehen, bei einer BitLocker Verschlüsselung wird die Festplatte verschlüsselt und die Verschlüsselungsinformation wird auf der Hardware gespeichert.

Dadurch ergeben sich folgende Schutzszenarien, die durch BitLocker abgedeckt sind:

- Falls die Festplatte aus dem System ausgebaut wird und in ein anderes System eingebaut wird, ist die Entschlüsselungssequenz nicht verfügbar und das System kann nicht gestartet werden.

  Dies kann natürlich nur funktionieren, wenn der Schlüssel entweder auf dem TPM-Chip gespeichert worden ist, oder der USB-Stick nicht verfügbar ist, deswegen sollten Sie den USB-Stick immer abziehen, wenn Sie das System nicht benutzen!
- Falls Änderungen an den Startdateien, (die natürlich nicht verschlüsselt werden können) oder am BIOS vorgenommen worden sind, stimmt der Schlüssel nicht mehr und das System kann ebenfalls nicht mehr gestartet werden.

ACHTUNG!
Natürlich gibt es für diese Fälle auch ein Wiederherstellungskennwort, denn es ist ja möglich, dass Startdateien geändert werden müssen, oder dass Sie eine Festplatte in ein anderes System übernehmen müssen.

Dieses Kennwort sollten Sie sehr gut verwahren!

Wenn Sie den BitLocker aktivieren wollen, gehen Sie folgendermaßen vor:

- Systemsteuerung
- System und Sicherheit
- BitLocker-Laufwerksverschlüsselung

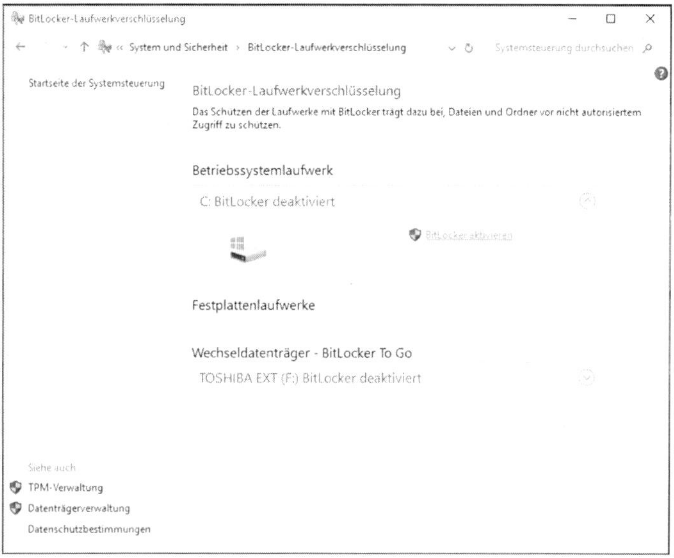

Abbildung 2.143: BitLocker Laufwerksverschlüsselung

Sie klicken hier auf „BitLocker aktivieren“.

Nun überprüft Windows die Hardware. Wenn ein TPM-Chip gefunden wird, erhalten Sie folgende Meldung:

Abbildung 2.144: TPM-Chip gefunden

Nach einem Neustart wird BitLocker gestartet.

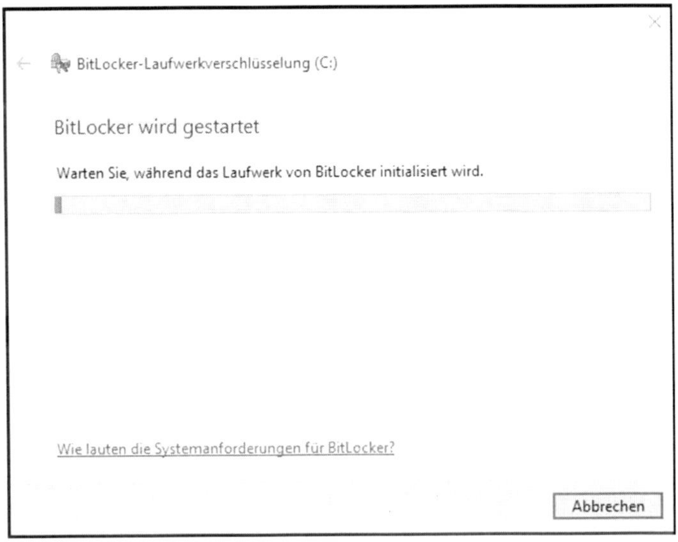

Abbildung 2.145: BitLocker wird gestartet

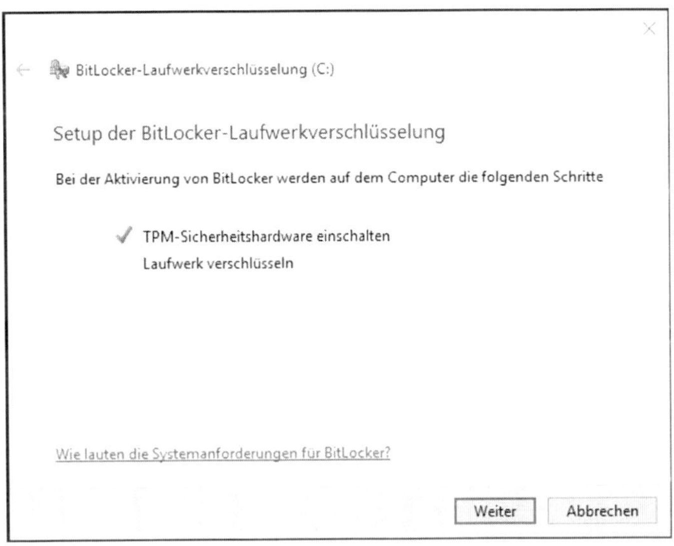

Abbildung 2.146: Verschlüsselung

Nun wählen Sie aus, wo das komplexe Wiederherstellungskennwort gespeichert wird, das Sie benutzen müssen, wenn der Start von BitLocker verhindert wird.

Dies kann immer dann passieren, wenn Sie die Festplatte in ein anderes Gerät einbauen, oder wenn Sie beispielsweise die Startdateien geändert haben.

Dieses Kennwort wird in einer Datei oder im Microsoft-Konto gespeichert und kann auch ausgedruckt werden.

ACHTUNG!
Sie können das Kennwort auf Diskette, auf dem USB-Stick oder auf der Festplatte speichern, nicht aber auf der verschlüsselten Partition!

Bedenken Sie auch, dass es auf dem USB-Stick vielleicht nicht so gut aufgehoben ist, denn gerade bei einem Ausfall des Sticks brauchen Sie das Kennwort!

Abbildung 2.147: Wiederherstellungsschlüssel

Allerdings kann es auch passieren, dass der Computer, den Sie verschlüsseln möchten, keinen TPM-Chip hat.

In diesem Fall erhalten Sie eine Fehlermeldung, wenn Sie BitLocker aktivieren möchten.

Abbildung 2.148: Kein TPM-Chip

In diesem Fall müssen wir BitLocker für USB-Stick konfigurieren.

BitLocker mit USB-Stick

Wenn Sie allerdings, wie wir in diesem Beispiel, keine TPM-Hardware haben, müssen Sie Windows 10 nun so konfigurieren, dass der BitLocker-Schlüssel nicht auf einem TPM-Chip gespeichert wird, sondern auf einem USB-Stick.

Dies können Sie wieder in der lokalen Gruppenrichtlinie konfigurieren.

Diese öffnen wir mit der Eingabe von gpedit

Nun gehen Sie folgenden Weg:

- Computerkonfiguration
- Administrative Vorlagen
- Windows Komponenten
- BitLocker-Laufwerksverschlüsselung

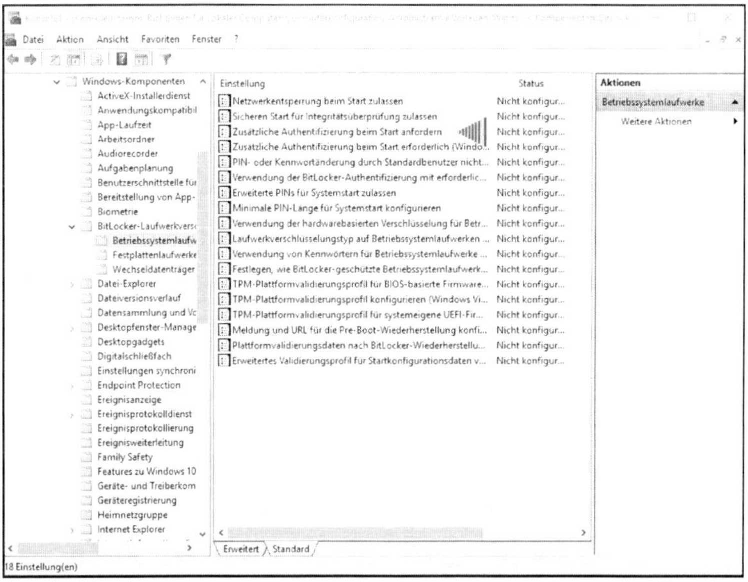

Abbildung 2.149: Gruppenrichtlinieneinstellung

Dort wechseln Sie ins Untermenü „Betriebssystemlaufwerk“ und wählen die Einstellung: „Zusätzliche Authentifizierung beim Start anfordern“ aus.

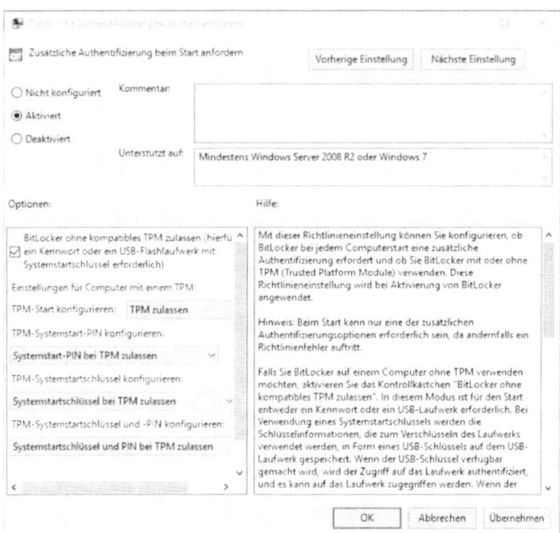

Abbildung 2.150: Zusätzliche Authentifizierung

Hier können Sie den Haken setzen vor „BitLocker ohne kompatibles TPM zulassen". Dann wird für den Systemstart ein USB-Stick vorausgesetzt, der TPM ersetzt.

Nun können Sie BitLocker aktivieren.

BitLocker To Go

BitLocker To Go ist für Wechselmedien gedacht. Es werden folgende Dateisysteme unterstützt:

- exFat
- FAT 16
- FAT 32
- NTFS

In der Standardkonfiguration wird mit 128 Bit AES verschlüsselt, dies können Sie aber in einer Gruppenrichtlinie anpassen.

Wenn ein Wechseldatenträger, wie ein USB-Stick, einmal mit BitLocker To Go verschlüsselt worden ist, kann er an jedem Windows Rechner ab Windows XP gelesen werden.

Der Zugriff auf die verschlüsselten Dateien wird durch ein Passwort oder eine Smart Card geschützt.

Konfiguration von BitLocker To Go

BitLocker To Go wird an der gleichen Stelle wie BitLocker konfiguriert.

- Systemsteuerung
- System und Sicherheit
- BitLocker-Laufwerksverschlüsselung

Abbildung 2.151: BitLocker To Go

Sie starten die Verschlüsselung des USB-Sticks, indem Sie auf „BitLocker deaktiviert" klicken.

Nun wird BitLocker gestartet.

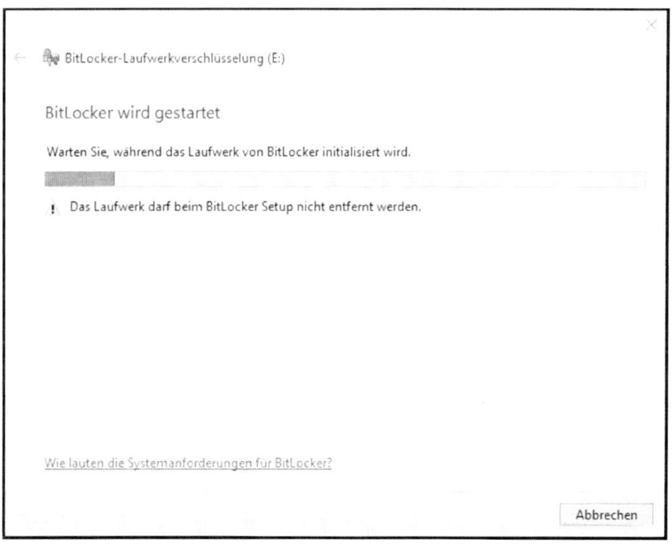

Abbildung 2.152: BitLocker wird gestartet

Nun legen Sie fest, ob der Stick mit einem Kennwort oder mit einer Smartcard entschlüsselt werden soll.

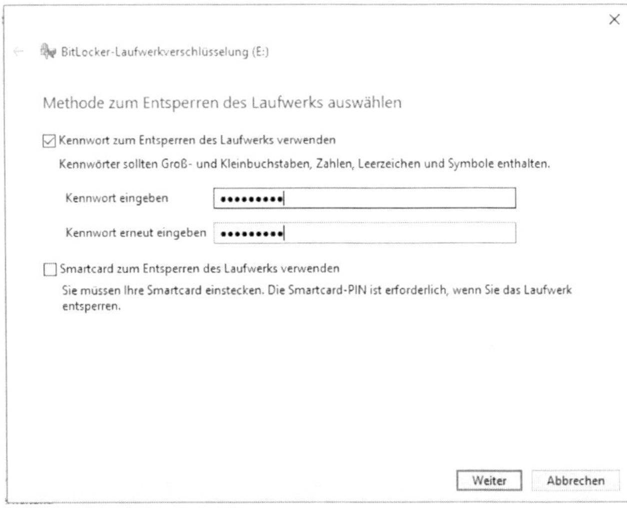

Abbildung 2.153: Kennwort oder Smartcard

Der Wiederherstellungsschlüssel wird nun generiert und Sie können wählen, ob Sie ihn ausdrucken wollen, oder in einer Datei speichern wollen. Sie können es auch in Ihrem Microsoft-Konto speichern!

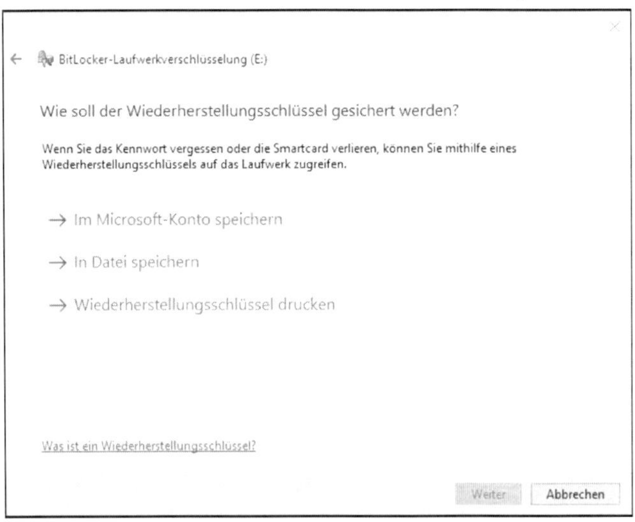

Abbildung 2.154: Wiederherstellungsschlüssel

Die nächste Frage ist, ob Sie den gesamten USB-Stick oder nur die bereits vorhandenen Daten schützen wollen.

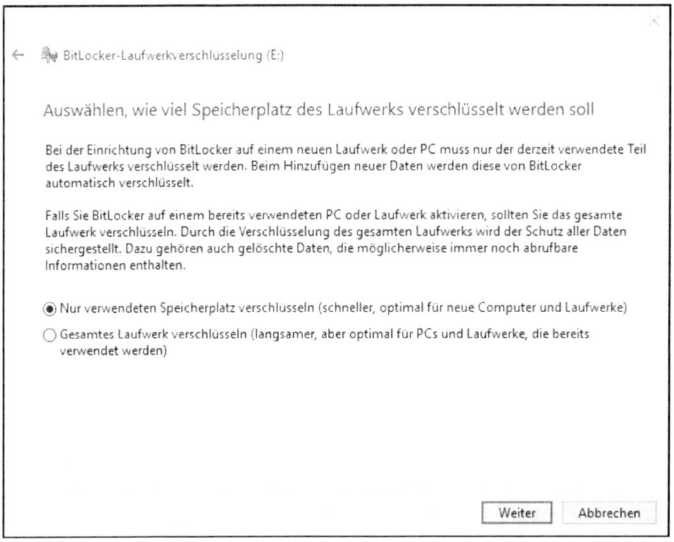

Abbildung 2.155: Was soll geschützt werden?

Nun wird das Laufwerk verschlüsselt.

Abbildung 2.156: Verschlüsselung läuft

Nach Abschluss der Verschlüsselung erkennen Sie dies in der Konsole.

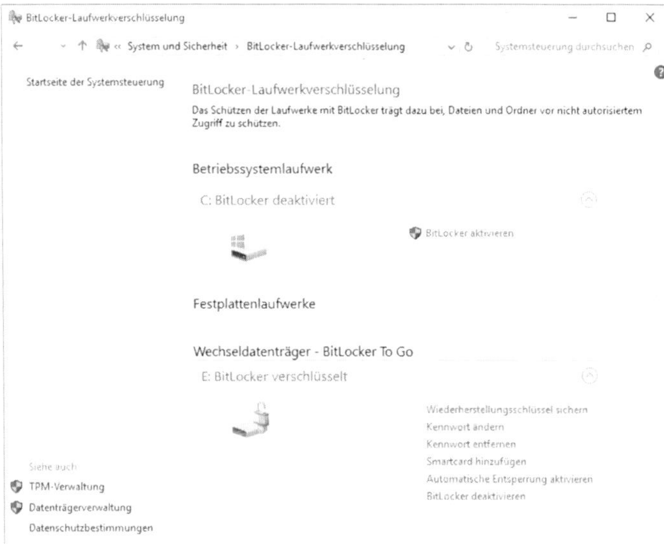

Abbildung 2.157: Verschlüsselung war erfolgreich

Sie können natürlich BitLocker To Go hier wieder deaktivieren, oder Konfigurationseinstellungen vornehmen.

Wiederherstellung durch Active Directory

Falls Sie die mit BitLocker geschützten Daten wiederherstellen müssen, haben Sie ja für diesen Fall den Wiederherstellungsschlüssel, den Sie in einer Datei gespeichert haben und ihn eventuell auch ausgedruckt haben.

Wenn Sie BitLocker in einer Domäne einsetzen, besteht auch die Möglichkeit, die Informationen für die Wiederherstellung im Active Directory zu speichern.

Diese Konfiguration nehmen Sie in einer Gruppenrichtlinie vor.

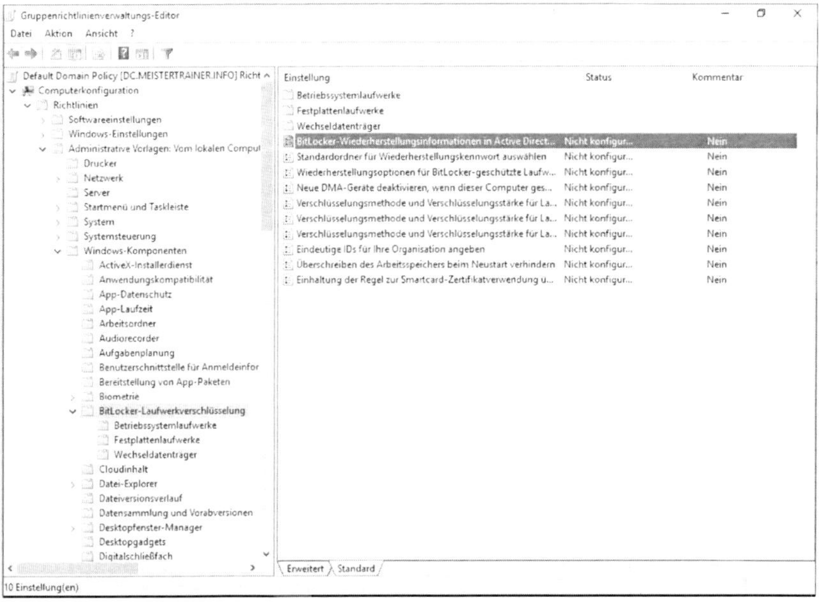

Abbildung 2.158: Gruppenrichtlinie

- Computerkonfiguration
- Administrative Vorlagen
- Windows Komponenten
- BitLocker-Laufwerksverschlüsselung

Bitte beachten Sie, dass Sie hierfür mindestens eine Windows Server 2008 Domäne benötigen!

Hier aktivieren Sie den Punkt „BitLocker-Wiederherstellungsinformationen in Active-Directory-Domänendiensten speichern".

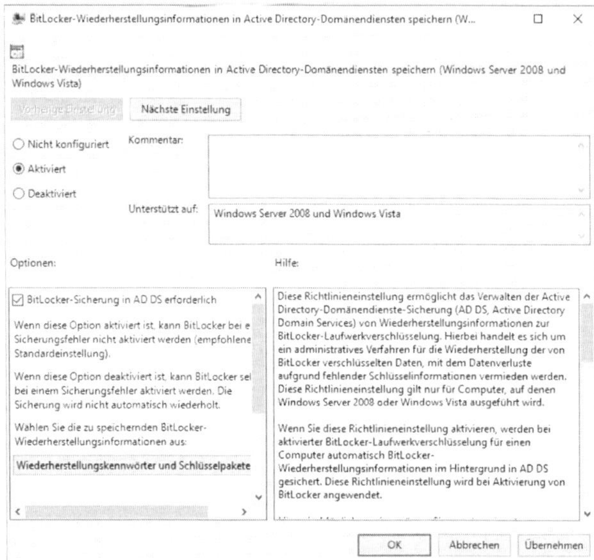

Abbildung 2.159: Konfigurationseinstellungen

2.6.10 Überwachungsrichtlinien

Manchmal ist es nötig nachzuprüfen, ob das Netzwerk wirklich so sicher ist, wie man es gerne hätte. Microsoft hat eine ganze Reihe an Überwachungsmöglichkeiten mit Windows 10 mitgeliefert, es sollte in jedem Fall möglich sein, das Netzwerk nach Schwachpunkten zu untersuchen.

Ein großer Schwachpunkt ist die Sicherheit nach außen. Wie sollen Sie zum Beispiel nachvollziehen, dass niemand versucht, durch Erraten des Kennwortes in das Netzwerk einzudringen?

Oder ist es in Ihrer Firma auch schon passiert, dass Dateien verschwunden sind, aber niemand hat sie gelöscht?

Um solche Manipulationsversuche von außen (oder auch von innen!) festzustellen, benötigen Sie eine Überwachungsfunktion.

In der lokalen Sicherheitsrichtlinie wird auch ein Menüpunkt „Überwachungsrichtlinie" verwaltet.

Für die Überwachungsrichtlinien öffnen wir den lokalen Gruppenrichtlinieneditor mit gpedit und navigieren zu

- Computerkonfiguration
- Windows-Einstellungen
- Sicherheitseinstellungen
- Lokale Richtlinien
- Überwachungsrichtlinien

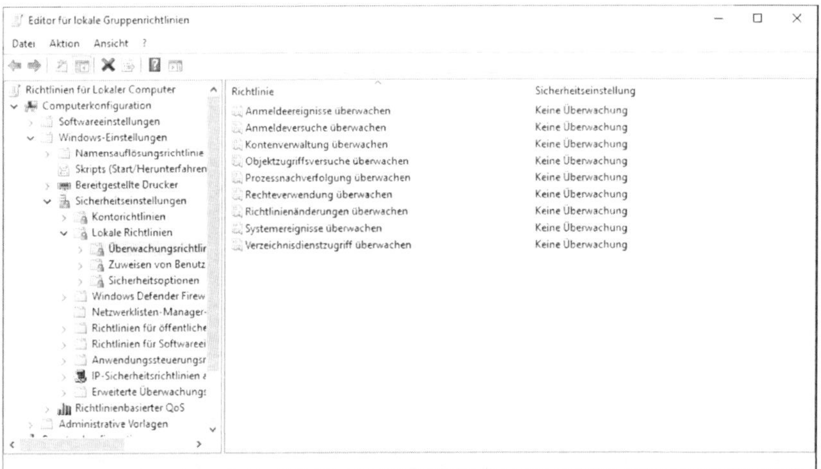

Abbildung 2.160: Überwachungsrichtlinie

Hier sind verschiedene Überwachungseinstellungen dargestellt.

Einstellung	**Bedeutung**
Anmeldeereignisse überwachen	Zugriffe auf den lokalen Computer, um sich lokal anzumelden, können überwacht werden
Anmeldeversuche überwachen	Zugriffe auf das Active Directory, um sich an der Domäne anzumelden, können überwacht werden
Kontenverwaltung überwachen	Zugriff auf Konten, mit dem Ziel der Erstellung, Änderung oder Löschung, können überwacht werden
Objektzugriffsversuche überwachen	Zugriffe auf Ordner, Dateien oder Drucker können überwacht werden

Prozessverfolgung überwachen	Einzelne Prozesse, das sind Teile eines Programms, können überwacht werden
Rechteverwendung überwachen	Das Einsetzen eines Benutzerrechts kann überwacht werden
Richtlinienänderung überwachen	Änderungen an Gruppenrichtlinien können überwacht werden
Systemereignisse überwachen	Ereignisse, die das System betreffen, können überwacht werden. Beispiel: Herunterfahren eines Computers
Verzeichnisdienstzugriff überwachen	Der Zugriff auf Objekte im Active Directory kann überwacht werden

Wenn Sie hier Konfigurationen vornehmen, werden die entsprechenden Überwachungseinträge im Ereignisprotokoll vorgenommen.

Wie Sie sehen, sind die Überwachungsmöglichkeiten mehr als ausreichend.

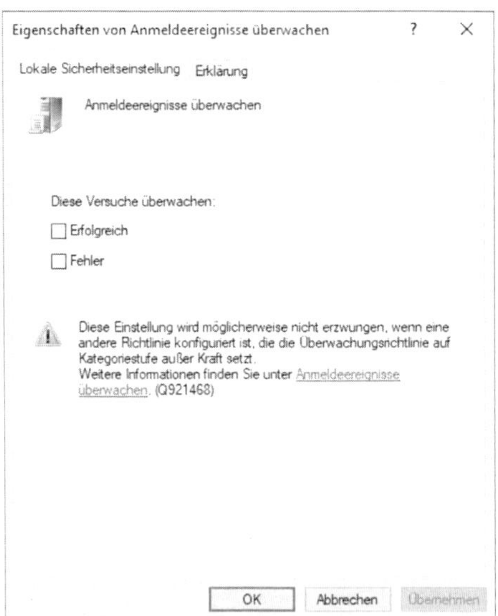

Abbildung 2.161: Erfolg oder Fehlschlag

Im nächsten Schritt müssen Sie überlegen, ob Sie

- Erfolg oder
- Fehlschlag

einer Aktion aufzeichnen möchten.

Ein Beispiel:

Seit einiger Zeit vermuten Sie Zugriffsversuche auf die Domäne von unbefugten Personen. Sie möchten gerne wissen, wann und von welcher Maschine aus Angriffe versucht werden.

In diesem Fall sollten Sie „Anmeldeversuche“ und dabei „Fehlschlag“ aktivieren. Erfolgreiche Anmeldeversuche können Sie getrost außen vor lassen, denn sonst zeichnen Sie auch alle Anmeldeversuche aller Mitarbeiter auf.

ACHTUNG!
Jede Überwachung ist ein Eingriff in die Arbeitsumgebung der Mitarbeiter. Sprechen Sie jede Überwachung mit den Mitarbeitern oder dem Betriebsrat ab!

Nun stellt sich die Frage, ob das einfache Aussuchen, ob Erfolg oder Fehlschlag aufgezeichnet werden soll, ausreicht.

In den allermeisten Fällen wird es ausreichen, aber bei einigen Zugriffen wäre die Überwachungsbandbreite zu groß und das Ereignisprotokoll würde in kürzester Zeit überquellen.

Diese Ereignisse sind

- Objektzugriffsversuche
- Verzeichnisdienstzugriffe

Wenn Sie Objektzugriffe nicht weiter einschränken könnten, würde jedes Öffnen, Benutzen oder Löschen einer Datei oder eines Ordners von Jedem aufgezeichnet werden. Das kann natürlich keine Lösung sein.

Auch bei Verzeichnisdienstzugriffen ist das Problem vorhanden. Aus diesem Grund müssen für diese zwei Überwachungsrichtlinien weitere Einschränkungen getroffen werden.

Weitere Einschränkungen: Objektzugriff auf Ordner und Dateien

Um die Überwachung des Objektzugriffs auf Ordner oder Dateien weiter einzuschränken, öffnen Sie den Explorer.

Ein Beispiel:

Aus einem Ordner mit Namen „Daten“ verschwinden regelmäßig Dateien, aber niemand will sie gelöscht haben. Aus diesem Grund haben Sie eine Überwachungsrichtlinie erstellt, die den Erfolg und den Fehlschlag des Objektzugriffs überwachen soll. Sie möchten nicht nur wissen, wer erfolgreich eine Datei gelöscht hat, sondern auch, wer es erfolglos probiert hat.

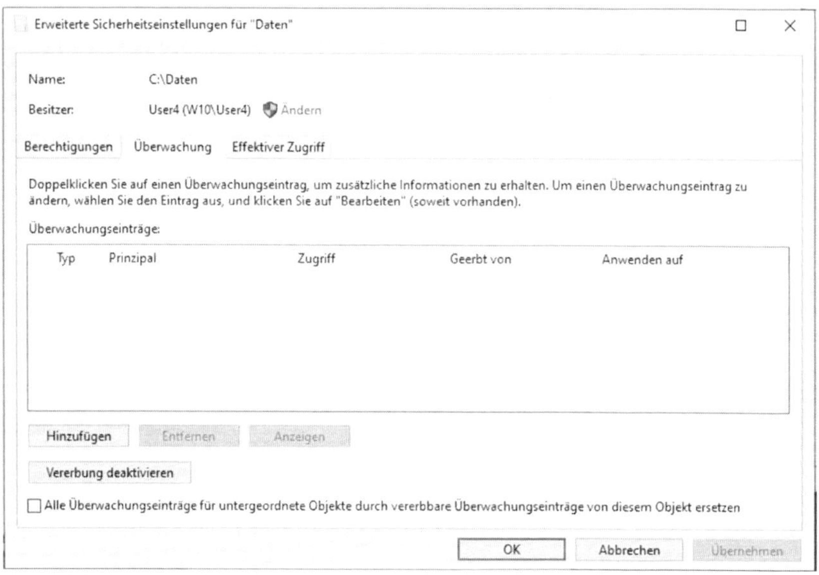

Abbildung 2.162: Überwachen eines Ordners

Um nun die weiteren Einschränkungen zu treffen, öffnen Sie die Eigenschaften des Ordners „Daten“.

- Sicherheit
- Erweitert
- Überwachung

Wie Sie sehen, ist kein Überwachungseintrag erstellt.

Um die Überwachung zu konfigurieren, klicken Sie auf „Hinzufügen“.

Hier suchen Sie sich die Gruppe oder den Benutzer aus, den Sie überwachen wollen.

In unserem Beispiel haben wir noch keine Ahnung, wer der Übeltäter sein könnte. Aus diesem Grund wählen wir die zu überwachende Gruppe sehr groß, nämlich die Benutzer.

Nun erscheint ein Fenster, in dem wir noch die Art der Aktion eintragen müssen, die überwacht werden soll.

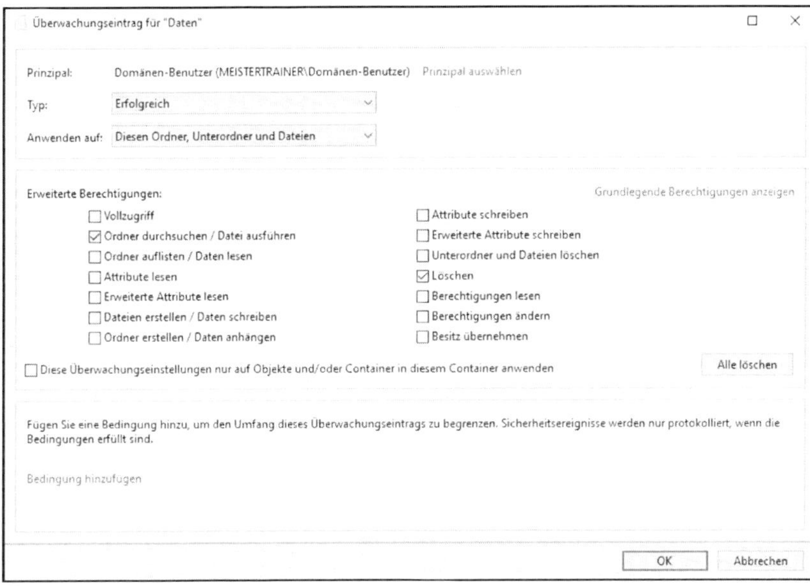

Abbildung 2.163: Welcher Zugriff soll überwacht werden

Da wir in unserem Beispiel nur wissen möchten, wer Daten löscht, wählen wir auch nur „Löschen“ aus.

ACHTUNG!
Wie Sie bemerkt haben, werden hier die NTFS-Rechte bearbeitet. Deswegen ist es nur auf NTFS-Partitionen möglich, Datei- und Ordnerzugriff zu überwachen. Auf einer FAT Partition besteht dafür keine Möglichkeit!

Ein Tipp:

Entfernen Sie die Überwachungseinträge nach Beendigung der Überwachung wieder. Wenn Sie nur die Überwachung deaktivieren, haben Sie auf den ersten Blick zwar das Gleiche erreicht, aber wenn Sie später ein anderes Objekt überwachen möchten und die Überwachung in der Sicherheitskonsole wieder einrichten, bekommen Sie ansonsten auch die alten Einträge angezeigt. Um diesen Datenmüll zu vermeiden und um das Ganze übersichtlich und verwaltbar zu halten, sollten Sie die NTFS-Rechte auf jeden Fall entfernen.

Die Verzeichnisdienstzugriffsüberwachung wird ähnlich eingerichtet, allerdings werden hier die Einstellungen im Active Directory auf dem Domänencontroller vorgenommen.

2.7 Zusammenfassung, Übungen / Aufgaben

2.7.1 Zusammenfassung

Gerätetreiber sind Softwareprodukte, die die Schnittstelle zwischen dem Gerät und dem Betriebssystem darstellen.

Gerätetreiber und auch die anderen Geräteeinstellungen werden im Geräte-Manager verwaltet.

Falls Sie einen Treiber installiert haben, der nicht funktioniert, oder der Ihr System instabil macht, können Sie so auf sehr einfache Art den ursprünglichen Treiber wiederherstellen.

Ein Treiberpaket besteht immer aus folgenden Dateien:

- Treiber.inf: Diese Datei enthält die Setup-Informationen
- Treiber.cat: Eine Katalogdatei, die weitere Dateien enthält
- Diverse andere Dateien, auf die in der Installationsroutine verwiesen wird

Um den Treiber zu installieren, wählen Sie die Treiber.inf-Datei aus, klicken mit der rechten Maustaste und wählen „Installieren".

Microsoft hat in Bezug auf die Treiber bereits seit Längerem einen sehr strengen Weg eingeschlagen, alle Treiber müssen eine digitale Signatur besitzen.

Digitale Treibersignaturen werden von Microsoft vergeben. Sie bedeuten, dass Microsoft diesen Treiber getestet hat, und dass er in einem Standardsystem funktionieren wird.

Windows 10 liefert Ihnen einige ganz nützliche Tools mit, mit deren Hilfe Sie die Integrität der Systemdateien und der Treiberversionen feststellen können.

- SFC.EXE
- SIGVERIF.EXE

Windows 10 kann zwei Arten von Festplatten verwalten: Basisfestplatten und dynamische Festplatten. Dort können Volumes angelegt und bearbeitet werden.

Es gibt noch eine zweite Art der Festplattenverwaltung direkt vom Client aus: „Speicherplatz“ ist eine fehlertolerante Speichervirtualisierung.

Sie können auch virtuelle Festplatten in das System einbinden.

Die Grundvoraussetzung, um auf Ressourcen auf einem anderen Computer zugreifen zu können, sind Freigaben.

Wenn Sie die Freigaben im Netzwerk- und Freigabecenter aktiviert haben, haben Sie damit schon den ersten Schritt getan.

NTFS hat die Möglichkeit, zusätzliche Informationen zu den Daten im Dateisystem mitzuspeichern.

Das gibt uns die Möglichkeit, zusätzlich zu den Freigaberechten eine zweite Schiene an Berechtigungen zu definieren: Die NTFS-Rechte.

Natürlich gibt es auch für Drucker Zugriffsberechtigungen. Diese sind den Freigabeberechtigungen sehr ähnlich und werden genauso verwaltet.

Es gibt verschiedene Druckberechtigungen:

- Drucken
- Dokumente verwalten
- Drucker verwalten

Nachdem Drucker installiert sind, können diese natürlich verwaltet werden. Einstellungen können Sie in der Systemsteuerung jederzeit ändern, indem Sie auf den gewünschten Drucker mit der rechten Maustaste klicken und „Druckeigenschaften“ wählen.

Ebenso, wie Daten freigegeben werden können, kann auch der öffentliche Ordner freigegeben werden. Dieser Ordner ist ein besonderer Ordner auf einem Windows 10 Rechner.

Windows 10 bietet Ihnen die Möglichkeit, Daten im Cloudservice „OneDrive“ zu speichern und mit allen Ihren Geräten (PC, Tablet, Smartphone) zu nutzen.

Um OneDrive benutzen zu können benötigen Sie ein Microsoft-Konto.

Mit diesem können Sie dann von allen Geräten aus auf Ihren gemeinsamen Speicher zugreifen.

OneDrive wird wie ein Festplattenlaufwerk benutzt.

Anwendungen müssen auf Rechnern installiert, verwaltet, gewartet und auch wieder deinstalliert werden. Microsoft stellt dafür einige Möglichkeiten und auch Tools zur Verfügung.

Eine Möglichkeit, Apps zu erhalten, ist der App-Store.

Der Windows Store ist in Unternehmen nicht immer gerne gesehen, da die Mitarbeiter Software ohne Rücksprache auf ihren Rechner installieren können.

Windows 10 bietet die Möglichkeit, einen eigenen App-Store für Unternehmen zu erstellen, in dem die Firma Software anbieten kann, für die sie zuvor Lizenzen erworben hat. Damit hat die Firma eine bessere Möglichkeit, die Softwareinstallationen zu steuern.

Es kommt immer wieder vor, dass es Probleme mit dem System gibt und Sie einige Einstellungen machen müssen, die Sie leider nicht machen können, da das System nicht sauber läuft.

Für diese Fälle stehen die erweiterten Startoptionen zur Verfügung.

Windows installiert nicht alle Funktionen bei einer Standardinstallation.

Manche Programme funktionieren nur unter Windows 7, einige andere nur unter Windows 8. Mit dem Assistenten für Programmkompatibilität können Sie in den meisten Fällen diese Programme zum Laufen bringen.

- Systemsteuerung
- Programme
- Programme ausführen, die für vorherige Versionen von Windows entwickelt worden sind

Es gibt eine Möglichkeit, Kompatibilitätsprobleme zu lösen, ohne auf eine vorherige Version des Betriebssystems zurückgreifen zu müssen.

Microsoft bietet hierfür den “Compatibility Administrator“ an. Mit dem Tool können Sie Anwendungen überprüfen und feststellen, ob diese nach einer Migration Probleme machen werden und gegebenenfalls bereits im Vorfeld einschreiten, beispielsweise mit verschiedenen Patches.

Clients können in einer Arbeitsgruppe arbeiten oder in einer Domäne zusammengeschlossen werden. Der große Vorteil einer Domäne ist, dass viele Einstellungen an einer zentralen Stelle vorgenommen werden können, der gemeinsamen Datenbank Active Directory.

Mit Gruppenrichtlinien können Einstellungen erzwungen werden, dies funktioniert sowohl auf dem lokalen Computer als auch in einer Domäne.

Die Einstellungen der Gruppenrichtlinien können entweder mit dem Tool „Gruppenrichtlinienergebnisse“ auf einem Domänencontroller oder lokal am Client mit „Gpresult.exe“ überprüft werden.

Die Benutzerkontensteuerung wurde mit Windows Vista eingeführt. Sie soll verhindern, dass Benutzer zu hohe Rechte haben.

Konfigurationseinstellungen können auch hier sowohl am lokalen Client als auch in der Domäne vorgenommen werden.

Die Firewall schützt den Rechner vor Angriffen von innen und von außen.

EFS, Encrypting File System, ist eine Möglichkeit, seine Daten gegen unbefugten Zugriff zu schützen, aber mit ausgewählten Personen teilen zu können.

EFS verschlüsselt die Daten auf Dateisystemebene und ist deswegen auch nur auf NTFS-Partitionen möglich.

Das Verschlüsseln wird über ein Zertifikat bewerkstelligt, das bei der ersten Verschlüsselung generiert wird.

Ein interessantes Feature ist das Multiuser-EFS. Mit Windows 10 ist es möglich, mehreren Benutzern den Zugriff auf verschlüsselte Dateien zu gestatten. Dies entspricht auch der Realität, da ganz selten nur eine einzige Person Zugriff auf eine bestimmte Datei haben soll.

Wie bereits erwähnt, sollte es immer einen Wiederherstellungsagenten geben, der die verschlüsselten Daten im Zweifelsfall wiederherstellen kann, auch wenn das Zertifikat des Besitzers der Datei zerstört worden ist.

Für Datenträger, die fest in den Client eingebaut sind, stellt Microsoft den „BitLocker" zur Verfügung, für Wechseldatenträger gibt es den „BitLocker To Go".

Falls Sie die mit BitLocker geschützten Daten wiederherstellen müssen, haben Sie ja für diesen Fall den Wiederherstellungsschlüssel, den Sie in einer Datei gespeichert haben und ihn eventuell auch ausgedruckt haben.

Mit den Überwachungsrichtlinien können Sie Zugriff auf Ihre Rechner protokollieren und für die Fehlersuche verwenden.

2.7.2 Übungen

1. Starten Sie die virtuelle Maschine „DC“ und melden Sie sich als Administrator der Domäne mit dem Kennwort „Kennw0rt!“ an.
2. Starten Sie die virtuelle Maschine „W10“ und melden Sie sich als lokaler Administrator mit dem Kennwort „Kennw0rt!“ an.
3. Öffnen Sie den Geräte-Manager und betrachten Sie alle Möglichkeiten.
4. Aktivieren Sie die Möglichkeit, unsignierte Treiber auf dem System zu verwenden.
5. Ändern Sie in den virtuellen Maschinen „W7-Upgrade“ und „W10“ die Netzwerkeinstellungen auf „privater Switch“.
6. Treten Sie mit den virtuellen Maschinen „W10“ und „W7-Upgrade“ der Domäne „Meistertrainer.info“ bei.
7. Melden Sie sich nach dem Neustart der Clients mit den Anmeldedaten „Administrator“ und dem Kennwort „Kennw0rt!“ an der Domäne an.
8. Erstellen Sie einen Snapshot der virtuellen Maschine „W10“. Nennen Sie diesen Snapshot „W10-S1“.
9. Erstellen Sie einen Snapshot der virtuellen Maschine „W7-Upgrade“. Nennen Sie diesen Snapshot „W7-Upgrade-S1“.
10. Erstellen Sie einen Snapshot der virtuellen Maschine „DC“. Nennen Sie diesen Snapshot „DC-S1“.
11. Fahren Sie die virtuelle Maschine „W10“ herunter.
12. Erstellen Sie drei weitere Festplatten für diese virtuelle Maschine.
13. Starten Sie „W10“ wieder und melden Sie sich als Administrator der Domäne an.
14. Initialisieren Sie die zweite Festplatte. Achten Sie darauf, dass **nur** die zweite Festplatte initialisiert wird!
15. Erstellen Sie einfache Volumes auf der zweiten Festplatte.
16. Erstellen Sie ein einfaches Volume auf der gleichen Festplatte, das Sie in einen NTFS-Ordner mounten.
17. Wandeln Sie die zweite Festplatte in eine dynamische Festplatte um.

18. Verkleinern Sie eine beliebige Partition.
19. Vergrößern Sie eine beliebige Partition.
20. Betrachten Sie, welche Möglichkeiten der Volumes Ihnen nun zur Verfügung stehen.
21. Erstellen Sie einen Speicherplatz aus den beiden verbleibenden zusätzlichen Festplatten.
22. Wählen Sie als Resilienztyp „Zwei-Wege-Spiegelung" aus.
23. Erstellen Sie eine virtuelle Festplatte in der Datenträgerverwaltung.
24. Erstellen Sie auf „W10" Freigaben.
25. Erstellen Sie auch Freigaben in der Computerverwaltung.
26. Greifen Sie von „W10" über die administrative Freigabe „C$" auf „DC" zu (\\DC\C$).
27. Öffnen Sie eine Freigabe und betrachten Sie die NTFS-Rechte des Ordners und der Freigabe.
28. Schalten Sie in diesem Ordner die Vererbung aus. Ändern Sie nun die NTFS-Rechte.
29. Installieren Sie auf „W10" einen Drucker und betrachten Sie die Konfigurationsmöglichkeiten.
30. Konfigurieren Sie auf „W10" die öffentlichen Ordner.
31. Starten Sie „W10" mit den erweiterten Startoptionen und betrachten Sie die Möglichkeiten.
32. Starten Sie „W10" wieder normal.
33. Überprüfen Sie auf „W10", ob das ADK mit dem „Compatibility Administrator" installiert ist. Wenn nicht, installieren Sie dieses Tool.
34. Erstellen Sie ein Shim für eine beliebige Anwendung.
35. Erstellen Sie auf „W10" eine MMC mit dem Snap-In „Zertifikate". Haben Sie bereits ein EFS-Zertifikat?
36. Verschlüsseln Sie eine Datei. Haben Sie nun ein Zertifikat?
37. Versuchen Sie, einer anderen Person Zugriff auf diese verschlüsselte Datei zu gewähren. Ist das möglich?
38. Melden Sie sich ab und mit einem anderen Konto wieder an. Wenn noch kein weiteres Konto vorhanden ist, legen Sie eins an. Verschlüsseln Sie eine Datei.

39. Melden Sie sich ab und als „Administrator“ wieder an.
40. Können Sie nun dem neuen Benutzer Zugriff auf Ihre zuvor verschlüsselte Datei gewähren?
41. Erstellen Sie einen Wiederherstellungsagenten und importieren Sie das Zertifikat.
42. Öffnen Sie die lokale Gruppenrichtlinie. Betrachten Sie die Überwachungsrichtlinie und interpretieren Sie die jeweilige Vorgehensweise.

2.7.3 Aufgaben

1. Sie sind der Administrator der Firma Meistertrainer.

   Auf einem Windows 10 Rechner existiert ein Ordner mit Namen „Rechnungen“.

   Es existieren folgende Berechtigungen:

	Freigaberechte	NTFS-Rechte
Gruppe Administratoren	Ändern	Vollzugriff
Gruppe Benutzer	Lesen	Lesen/Ausführen
Benutzer 1	Ändern	

   Benutzer 1 ist Mitglied der Gruppe „Benutzer“.

   Beurteilen Sie die Richtigkeit folgender Aussagen:

   a) Benutzer 1 kann Daten im Ordner „Rechnungen“ erstellen, wenn er lokal auf den Rechner zugreift
   b) Benutzer 1 kann Daten im Ordner „Rechnungen“ erstellen, wenn er über das Netzwerk auf den Rechner zugreift
2. Sie sind der Administrator der Firma Meistertrainer.

   Sie geben das PowerShell Cmdlet „*Get-SmbShareAccess*“ ein.

   Welche Information erhalten Sie durch diesen Befehl?

3. Sie sind der Administrator der Firma Meistertrainer.

   Wie können Sie verhindern, dass Benutzer Apps aus dem App-Store installieren können?

4. Sie sind der Administrator der Firma Meistertrainer.

   Sie möchten BitLocker Laufwerksverschlüsselung ohne USB-Stick benutzen.

   Welche Hardwarevoraussetzung muss dafür erfüllt sein?

5. Sie sind der Administrator der Firma Meistertrainer.

   Warum haben Mitglieder der Gruppe „Domänen-Admins“ automatisch administrative Rechte auf den Computern der Domäne, sobald der Domänenbeitritt abgeschlossen ist?

6. Sie sind der Administrator der Firma Meistertrainer.

   Sie haben einen Windows 10 Rechner mit mehreren Festplatten, alle sind mit NTFS- formatiert.

   Sie verschieben einen mit EFS verschlüsselten Ordner auf ein anderes Laufwerk.

   Wie wirkt sich das auf die Verschlüsselung aus?

7. Sie sind der Administrator der Firma Meistertrainer.

   Sie haben die Benutzerkontensteuerung mit „Benutzerkontensteuerung: Alle Administratoren im Administratorbestätigungsmodus ausführen“ konfiguriert.

   Was bedeutet das?

8. Sie sind der Administrator der Firma Meistertrainer.

   Wie können Sie auf einem Client der Domäne erkennen, welche Gruppenrichtlinien ausgeführt werden?

9. Sie sind der Administrator der Firma Meistertrainer.

   Sie möchten auf einem Windows 10 Rechner einen EFS-Wiederherstellungsagenten erstellen.

   Was ist der erste Schritt, den Sie ausführen müssen?

10. Sie sind der Administrator der Firma Meistertrainer.

    Sie haben einen Windows 10 Rechner mit zwei eingebauten Festplatten. Sie möchten Fehlertoleranz einrichten und die Leistung beim Schreiben von Daten optimieren.

    Welche Art von Volume richten Sie ein?

11. Sie sind der Administrator der Firma Meistertrainer.

    Sie möchten auf einem Windows 10 Rechner einen Speicherplatz mit einer Zwei-Wege-Spiegelung erstellen.

    Welcher Festplattenspeicher wird dafür benötigt?

12. Sie sind der Administrator der Firma Meistertrainer.

    Auf einem Windows 10 Rechner haben Sie einen Speicherpool eingerichtet, der mehrere Festplatten enthält.

    Eine dieser Festplatten geht kaputt.

    Welches Cmdlet benutzen Sie, damit die Daten auf anderen Festplatten im Speicherpool gespeichert werden?

13. Sie sind der Administrator der Firma Meistertrainer.

    Mit welchem Cmdlet können Sie die Größe eines Speicherplatzes ändern?

14. Sie sind der Administrator der Firma Meistertrainer.

    Mit welchem Cmdlet können Sie Festplatten einem Speicherpool hinzufügen?

15. Sie sind der Administrator der Firma Meistertrainer.

    Mit welchem Cmdlet können Sie einen neuen Speicherplatz zu einem Speicherpool hinzufügen?

16. Sie sind der Administrator der Firma Meistertrainer.

    Mit welchem Cmdlet können Sie Festplatten aus einem Speicherpool entfernen?

17. Sie sind der Administrator der Firma Meistertrainer.

    Sie ändern die Zugriffsberechtigungen für einen Kollegen auf eine Freigabe, damit er mit diesen Daten arbeiten kann.

    Er berichtet, dass er immer noch keinen Zugriff hat.

    Was sagen Sie ihm?

18. Sie sind der Administrator der Firma Meistertrainer.

    Wie können Sie im Explorer Ordner als einzelne Laufwerke anzeigen lassen?

19. Sie sind der Administrator der Firma Meistertrainer.

    Ihre Firma entwickelt eine App, die nicht im Windows Store vorhanden ist.

    Das Paket ist ein AppX-Paket.

    Sie möchten diese App lokal installieren. Was müssen Sie machen?

20. Sie sind der Administrator der Firma Meistertrainer.

    Sie listen in Ihrem Windows Store mehrere Apps.

    Was sind die Voraussetzungen, dass die Mitarbeiter darauf zugreifen können?

21. Sie sind der Administrator der Firma Meistertrainer.

    Wie können Sie einen Windows 10 Rechner mit erweiterten Startoptionen starten?

    Benutzen Sie die Eingabeaufforderung oder die PowerShell.

22. Sie sind der Administrator der Firma Meistertrainer.

    Sie installieren auf einem Windows 10 Rechner eine Anwendung. Die App läuft nicht, da die Bildschirmparameter nicht geeignet sind. Diese wollen Sie aber nicht ändern.

    Was können Sie tun?

23. Sie sind der Administrator der Firma Meistertrainer.

    Auf einem Windows 10 Rechner erhalten Sie beim Starten einer App eine Fehlermeldung, die besagt, dass die Anwendung nicht kompatibel ist.

    Was können Sie tun? Benutzen Sie die sicherste Methode.

24. Sie sind der Administrator der Firma Meistertrainer.

    Sie möchten überwachen, wer in einem Ordner Dateien löscht.

    Welche Überwachungsrichtlinie konfigurieren Sie?

3 Konfigurieren der Konnektivität

- Konfigurieren von Netzwerken
- Konfigurieren der Remote-Konnektivität

Quelle: Microsoft

3.1 Einführung

Um einen Client in Betrieb zu nehmen, müssen die „Basics" stimmen. Da wäre zum Beispiel die IP-Konfiguration. Diese muss im Netzwerk korrekt sein.

Auch WLAN, VPN und Remoteverwaltung sind Basiskomponenten, die die tägliche Arbeit als Administrator betreffen.

3.2 Konfigurieren von Netzwerken

Sowohl IPv4 als auch IPv6 werden uns in den nächsten Jahren beschäftigen, deshalb sollten Sie solide Kenntnisse der Adressierung von Computern haben.

3.2.1 IPv4

In einem professionellen Netzwerk muss jeder Computer eindeutig identifiziert werden können, dafür bekommt jeder Rechner eine IP-Adresse.

Momentan ist noch IPv4 der Standard, deswegen besprechen wir dies hier in erster Linie. Auch IPv6 wird von Windows 10 voll unterstützt, später mehr dazu.

Die IP-Adressierung

Eine komplette IP-Adressierung setzt sich immer aus vier verschiedenen Komponenten zusammen:

- IP-Adresse: in jedem Fall nötig
- Subnetzmaske: in jedem Fall nötig
- Standardgateway: nicht immer nötig
- DNS-Server: nicht immer nötig

IP-Adresse und Subnetzmaske

IP-Adresse und Subnetzmaske bilden eine Einheit in der IP-Adressierung. Sie definieren genau den Standort des Computers.

Eine IP-Adresse besteht aus vier Zahlenabfolgen, die zwischen 0 und 255 liegen. Diese Zahlenabfolgen werden auch „Oktette" genannt, da die Werte in binärer Schreibweise maximal 8 Stellen haben.

Jede IP-Adresse hat einen Netzwerkanteil, der in einem Netzwerkbereich eindeutig sein muss und einen Hostanteil, der im entsprechenden Netzwerk eindeutig sein muss.

Man kann eine IP-Adresse mit einer Postadresse vergleichen:

Es gibt einen Straßennamen (Netzwerkanteil), den alle Personen (Häuser) in der gleichen Straße (im gleichen Netzwerk) teilen und einen Hostanteil (Hausnummer), der für alle individuell verschieden ist.

Die Subnetzmaske hilft uns, zu sehen, wo der Netzwerkanteil endet und wo der Hostanteil beginnt.

Eine Subnetzmaske besteht meistens aus den Zahlen 255 und 0.

Um zu ermitteln, welchen Netzwerkanteil und welchen Hostanteil eine IP-Adresse hat, schreiben Sie die IP-Adresse und die Subnetzmaske untereinander.

Alle Oktette der IP-Adresse, die oberhalb der Zahl 255 der Subnetzmaske stehen, gehören zum Netzwerkanteil, alle Oktette der IP-Adresse, die oberhalb der Zahl 0 der Subnetzmaske stehen, gehören zum Hostanteil.

Ein Beispiel:

IP-Adresse:	192.168.2.200
Subnetzmaske:	255.255.255.0

Daraus ergibt sich:

Netzwerkanteil:	192.168.2.0 (Der Netzwerkanteil wird auf 4 Oktette ergänzt)
Hostanteil:	200

Subnetzmasken werden unterteilt in Klassen.

Klasse A:	255.0.0.0
Klasse B:	255.255.0.0
Klasse C:	255.255.255.0

Andere Klassen haben für die normale IP-Adressierung keine Bedeutung.

ACHTUNG!

Es gibt verschiedene Schreibweisen für die Klassendarstellung.

Der Wert 255 setzt sich ja aus einem vollen Oktett zusammen (8). Wenn die Subnetzmaske 255.255.0.0 lautet, haben wir zwei volle Oktette, die den Netzwerkanteil darstellen (16). Ein Klasse C Netz hat demzufolge 3 volle Oktette (24).

Deswegen sind folgende drei Schreibweisen für eine IP-Adressierung völlig identisch:

192.168.2.200, Klasse C

192.168.2.200, 255.255.255.0

192.168.2.200/24

Standardgateway

Der Standardgateway ist die Schnittstelle des Routers, der im eigenen Netzwerk liegt.

Um aus dem eigenen Netzwerk herauszukommen, wird ein Router benötigt. Ein Router ist die Verbindung zu anderen Netzwerken. TCP/IP ist ein routingfähiges Netzwerkprotokoll und kann deswegen über Router kommunizieren.

Wenn ein Standardgateway eingetragen ist, wird ein Datenpaket, das einen anderen Netzwerkanteil in der IP-Adresse hat, an das Standardgateway geschickt. Von dort aus wird es weiterverteilt.

Wenn ein Computer in seiner IP Konfiguration kein Standardgateway eingetragen hat, kann er in der Regel nicht außerhalb des eigenen Netzwerkes kommunizieren.

Auch der Kontakt zum Internet wird häufig über Router hergestellt. Wenn in diesem Fall kein Standardgateway eingetragen ist, ist es nicht möglich, das Internet zu benutzen.

DNS-Server

Der DNS-Server dient der Namensauflösung und stellt einige andere Dienste für eine Windows Domäne zur Verfügung.

Statische Adressen

Sie können den Computern statische IP-Adressen geben. Um eine IP-Adresse einzutragen, gehen Sie folgenden Weg:

- Start
- Einstellungen
- Netzwerk und Internet
- Ethernet
- Adapteroptionen ändern
- Rechte Maustaste auf die zu konfigurierende Netzwerkkarte
- Eigenschaften
- Internetprotokoll Version 4
- Eigenschaften

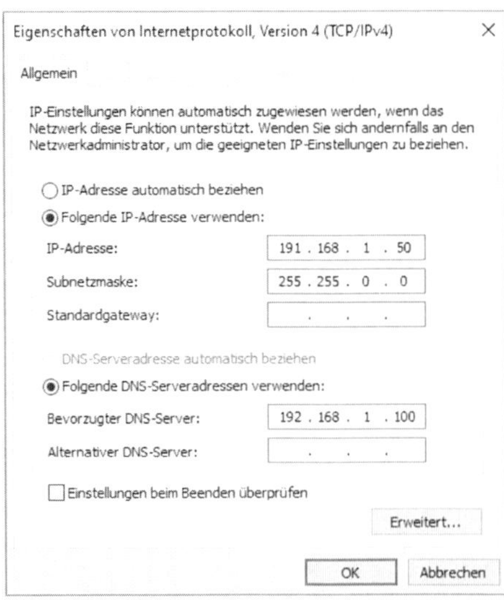

Abbildung 3.1: Statische IP-Adresse

Hier tragen Sie alle relevanten Daten der IP-Adresse ein.

Wenn Sie weitere Eintragungen machen möchten, klicken Sie auf die Schaltfläche „Erweitert…“.

Sie gelangen zunächst auf die Registerkarte „IP-Einstellungen“.

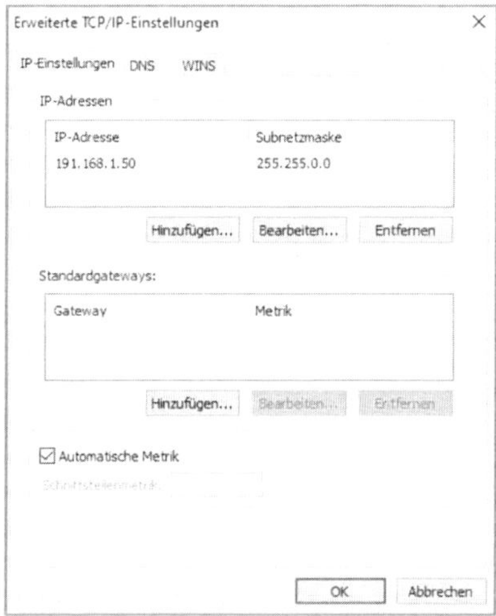

Abbildung 3.2: IP-Einstellungen

Hier haben Sie die Möglichkeit, zusätzliche IP-Adressen an diese Karte zu binden und eventuell weitere Routerschnittstellen einzutragen.

Abbildung 3.3: Registerkarte „DNS“

Auf der Registerkarte „DNS“ können Sie zusätzliche DNS-Server eintragen, die benutzt werden können, falls der erste DNS nicht erreichbar ist. Außerdem haben Sie hier noch weitere Konfigurationsmöglichkeiten für DNS.

Auf der Registerkarte „WINS“ können Sie WINS-Server eintragen.

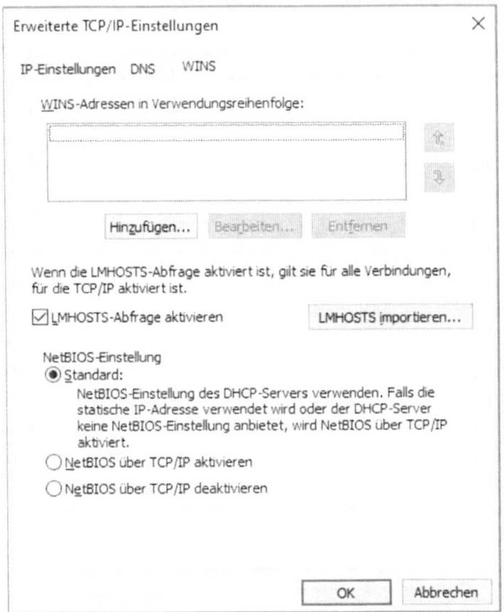

Abbildung 3.4: Registerkarte „WINS“

Der WINS-Server wird heutzutage im Normalfall nicht mehr benötigt.

Die anderen Einstellungen auf dieser Karte sollten Sie so belassen.

Dynamische Adressen

Die wichtigsten IP-Adressierungen können Sie auch dynamisch zuweisen lassen.

Dazu benötigen Sie im Netzwerk einen DHCP-Server (Dynamic Host Configuration Protocol). Dieser DHCP-Server verwaltet einen Pool von IP-Adressen und die Computer, die starten, bitten bei diesem Server um eine IP-Adresse.

Wenn Sie diese Funktionalität benutzen, dürfen Sie natürlich keine statische IP- Adresse eintragen, sondern müssen die Haken setzen bei

- IP-Adresse automatisch beziehen
- DNS-Serveradresse automatisch beziehen

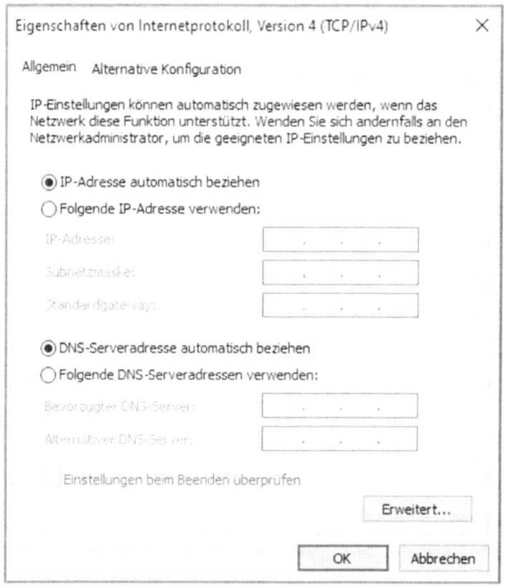

Abbildung 3.5: dynamische IP-Adressierung

> **ACHTUNG**
> Damit der Empfang einer dynamischen IP-Adresse auch funktioniert, muss der Dienst „DHCP-Client" gestartet sein!

Sie können natürlich in diesem Fall die IP-Adresse nicht in dieser Maske sehen, deswegen müssen Sie sich die IP-Adressierung mit der Eingabeaufforderung betrachten.

Geben Sie an der Eingabeaufforderung ein:

IPCONFIG

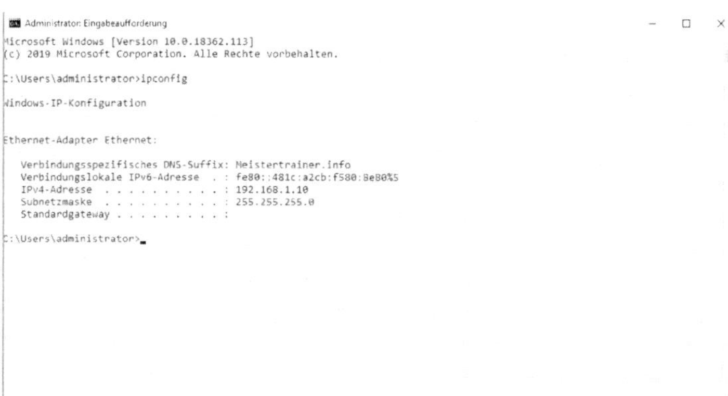

Abbildung 3.6: Ipconfig

Sie sehen hier natürlich auch die IPv6 Adresse, die aber momentan noch keine Bedeutung hat.

Alternative Konfiguration

Manchmal werden Computer in mehreren Netzwerken benutzt. Dieser Fall tritt häufig bei Notebooks ein. Ein Mitarbeiter reist mit dem Notebook in eine andere Filiale und möchte dort dem Netzwerk beitreten.

Wenn in beiden Netzwerken mit DHCP gearbeitet wird, ist dies aus Sicht der IP-Adressierung kein Problem. Der Client fordert eben in jedem Netzwerk beim Systemstart eine IP-Adresse an und erhält jeweils eine gültige IP-Adresse.

Sollte aber in einem der beiden Netzwerke mit statischen IP-Adressen gearbeitet werden, wird der DHCP-Client in diesem Netzwerk nicht funktionieren.

Aus diesem Grund stellt Microsoft bei Windows 10 eine alternative IP-Adressierung zur Verfügung.

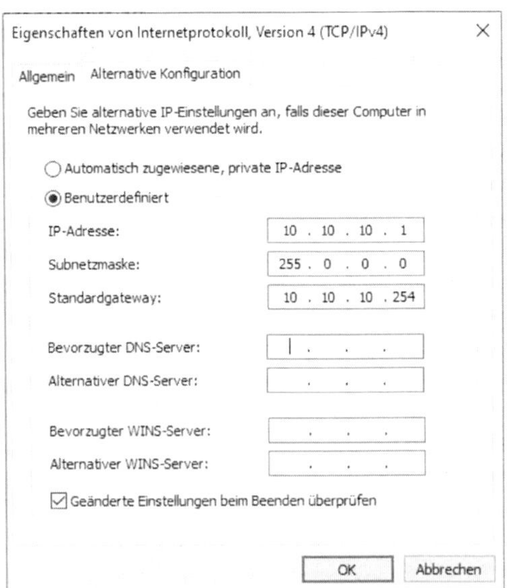

Abbildung 3.7: Alternative Konfiguration

Wenn der Client auf DHCP-Client konfiguriert ist, existiert eine zweite Registerkarte mit Namen „alternative Konfiguration“.

Hier können Sie statische Werte eintragen, die dann verwendet werden, wenn kein DHCP-Server erreicht werden kann.

DHCP-Server ist nicht erreichbar

Wie eben bereits erwähnt, kann es in Netzwerken passieren, dass der DHCP-Server nicht erreichbar ist. Dies kann ein Versehen sein, es kann aber auch Absicht sein, beispielsweise kann es sein, dass gar kein DHCP-Server installiert wurde.

In einem Netzwerk mit DHCP-Server versuchen die Clients alle 15 Minuten, den DHCP-Server zu erreichen.

Wenn nun ein Client, der DHCP-Client ist, also seine IP-Adresse automatisch beziehen soll, keinen DHCP-Server antrifft, wie kann er dann eine IP-Adresse bekommen?

Eine Möglichkeit haben Sie bereits kennen gelernt: Die alternative IP-Adressierung.

Aber wenn keine alternative IP-Adressierung definiert ist, muss ein anderer Mechanismus zum Tragen kommen.

In diesem Fall gibt es die APIPA-Adressierung (Automatic Privat IP-Adressing).

Der Client versucht, eine IP-Adresse zu bekommen. Gelingt ihm das nicht, versucht er eine alternative, statische Adresse zu benutzen. Erst wenn keine alternative Adresse definiert ist, macht er APIPA.

Er gibt sich selber eine IP-Adresse aus dem Bereich 169.254.0.0 / 16.

Das hat natürlich Auswirkungen. Sollte es nicht beabsichtigt sein, dass kein DHCP- Server verfügbar ist, erhält der Client keine Fehlermeldung, sondern eine gültige IP- Adresse aus dem APIPA-Bereich.

Da wahrscheinlich alle Server IP-Adressen aus einem anderen Bereich haben, kann der Client keine Netzwerkressource erreichen.

Sollte dieser Fall auftreten und ein Client in Ihrem Netzwerk kann keinen Server erreichen, sollten Sie immer die IP-Adressierung überprüfen. Häufig liegt es an einer APIPA-Adressierung.

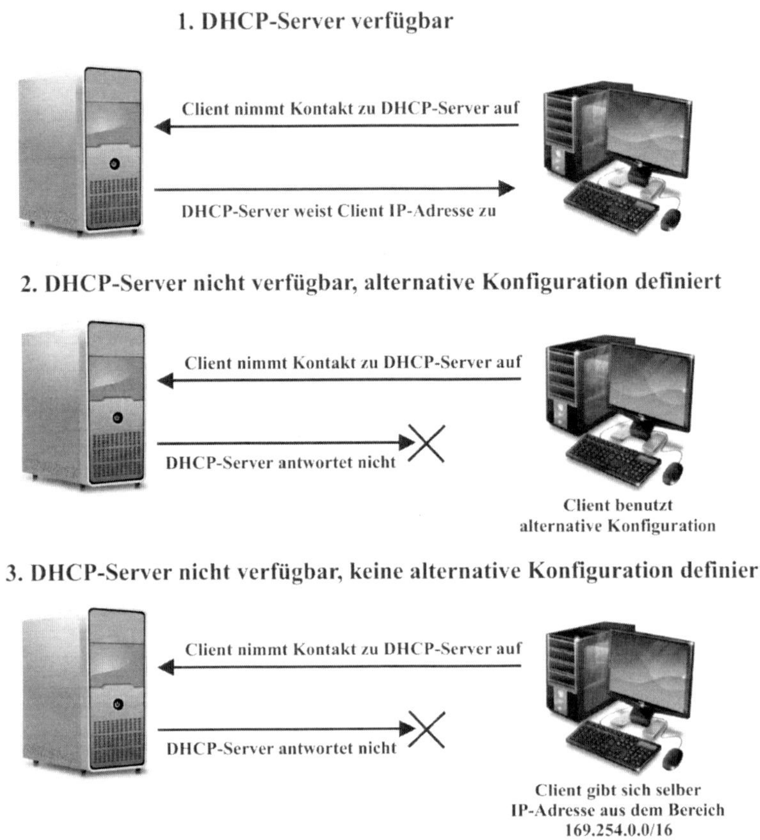

Abbildung 3.8: Die drei Möglichkeiten des DHCP-Clients

ACHTUNG!

APIPA wurde mit Windows 98 vorgestellt. Der Grundgedanke war, dass jeder ein Netzwerk mit TCP/IP aufbauen kann, ohne tiefere Kenntnisse über die IP-Adressen zu haben. Wenn man in einem Netzwerk alle Clients als DHCP-Clients konfiguriert, aber keinen DHCP-Server installiert, bekommen alle Clients eine APIPA-Adresse. In diesem Fall können sie wieder miteinander kommunizieren, da sich alle Clients im gleichen Netzwerk befinden.

3.2.2 Die Namensauflösung

Ein kritischer Punkt bei der Kommunikation mit anderen Computern im Netzwerk ist immer die Namensauflösung.

Wir benutzen gerne Computernamen, um andere Rechner zu identifizieren. Für die Kommunikation benötigen die Rechner jedoch die IP-Adressen.

Der Vorgang des Umwandelns des Computernamens in die entsprechende IP-Adresse wird „Namensauflösung" genannt.

Microsoft Computer – zwei verschiedene Architekturen

Microsoft hat bis einschließlich Windows NT 4.0 alle Computer als so genannte NetBios Rechner ausgelegt. NetBios Rechner waren nicht vollkommen für die Benutzung des Protokolls TCP/IP konzipiert und sind einige Sonderwege gegangen.

Ab Windows 2000 hat Microsoft seine Philosophie geändert und seine Computerarchitektur komplett an den Internetstandard mit dem Protokoll TCP/IP angepasst.

Dies ist der Hintergrund dafür, dass NetBios Rechner (Windows 3.x, 95. 98. ME, NT) eine andere Namensauflösung machen, als Hosts (ab Windows 2000, UNIX, LINUX).

Hilfsmittel für die Namensauflösung

Für die Namensauflösung im Netzwerk stehen verschiedene Hilfsmittel zur Verfügung:

Dies sind dynamische Datenbanken, in denen die Zuordnung von Namen zu IP- Adressen gespeichert wird:

- WINS-Server (nur NetBios Rechner eingetragen)
- DNS-Server (nur HOSTS eingetragen)

Die genaue Funktionsweise der dynamischen Datenbanken ist nicht Bestandteil einer Clientadministration und wird in diesem Buch nicht behandelt.

Außerdem gibt es statische Tabellen, in denen die Zuordnung von Namen zu IP- Adressen eingetragen werden kann.

- LMHOSTS (nur NetBios Rechner eingetragen)
- HOSTS (nur HOSTS eingetragen)

Diese Tabellen finden Sie auf jedem Computer im Ordner %SYSTEMROOT%\System32\Drivers\etc.

Hier können Sie diese Dateien betrachten und editieren.

Die genaue Reihenfolge für die Namensauflösung ist für NetBios Rechner und HOSTS verschieden.

Namensauflösung NetBios Rechner	**Namensauflösung HOSTS**
NetBios Namenscache	LocalHostName
Wins-Server	DNS-Cache
Broadcast	HOSTS
LMHOSTS	DNS
HOSTS	NetBios Namenscache
DNS	Wins-Server
	Broadcast
	LMHOSTS

Tabelle 3.1: Die Reihenfolge der Namensauflösung

Wenn Sie also ein gemischtes Netzwerk haben, in dem sowohl NetBios Rechner als auch HOSTS zu finden sind, sollten Sie darauf achten, dass in jedem Fall ein WINS-Server vorhanden ist.

Hilfsprogramme

Zum Überprüfen der IP-Adressierung stehen Ihnen einige Hilfsprogramme zur Verfügung.

IPCONFIG

Das bekannteste Tool ist das Tool IPCONFIG. Mit ihm können Sie die IP- Konfiguration anzeigen.

IPCONFIG gibt es mit mehreren Parametern.

IPCONFIG /ALL

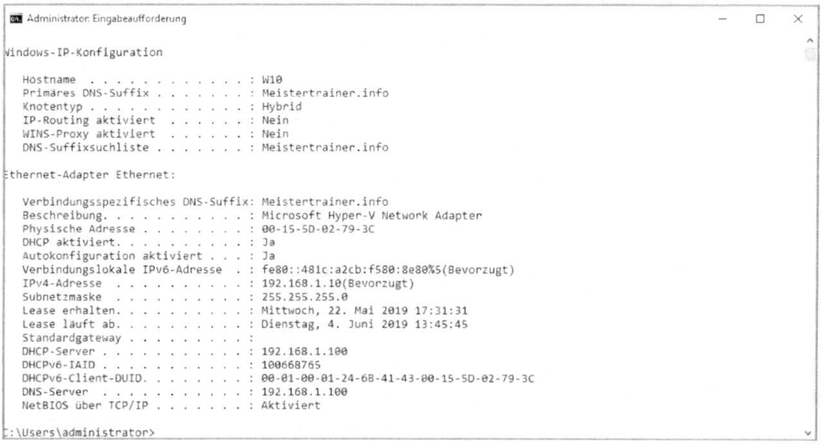

Abbildung 3.9: ipconfig /all

Mit dem Befehl ipconfig /all können Sie sich alle Parameter der IP-Adressierung anzeigen lassen, nicht nur die IP-Adresse, Subnetzmaske und Standardgateway.

IPCONFIG /RELEASE

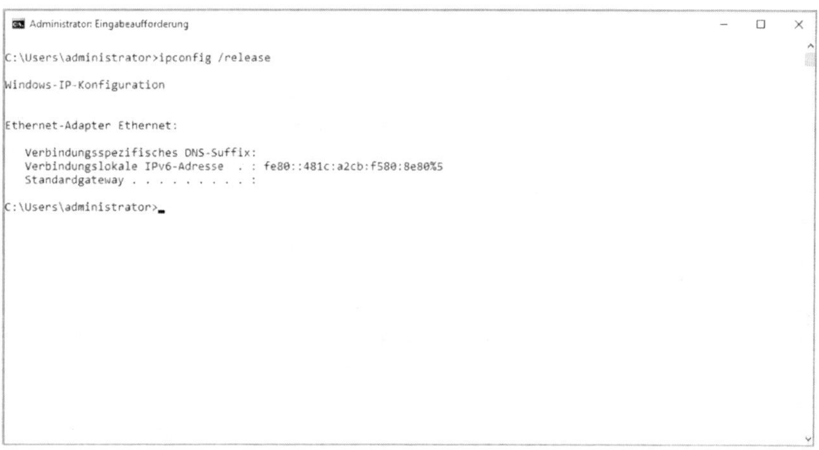

Abbildung 3.10: ipconfig /release

Mit ipconfig /release können Sie eine IP-Adresse, die Sie per DHCP erhalten haben, zurückgeben. Dies tun Sie, wenn Ihre IP-Adresse nicht ordentlich funktioniert.

> **ACHTUNG!**
> Zum Ausführen vieler dieser Befehle benötigen Sie erhöhte Rechte, das heißt, Sie müssen die Eingabeaufforderung als Administrator öffnen!

IPCONFIG /RENEW

Anschließend holen Sie sich mit dem Befehl ipconfig /renew eine neue IP-Adresse vom DHCP-Server.

IPCONFIG /REGISTERDNS

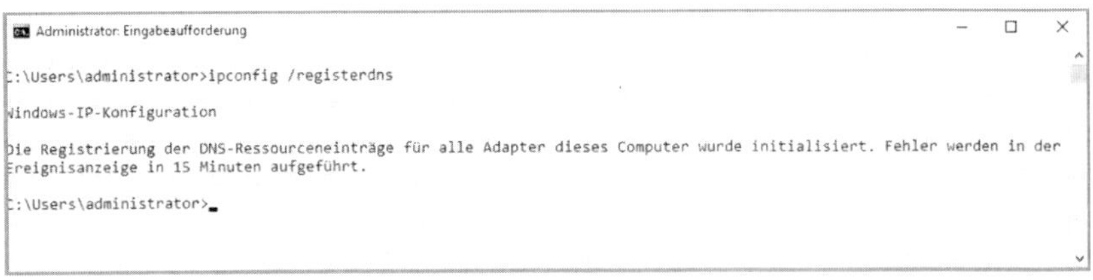

Abbildung 3.11: ipconfig /registerdns

Dieser Befehl zwingt Ihren Computer, seine IP-Adresse im DNS-Server zu registrieren. Falls andere Computer Ihren Computer nicht finden können, da er im DNS nicht eingetragen ist, ist dieser Befehl die Lösung.

IPCONFIG /FLUSHDNS

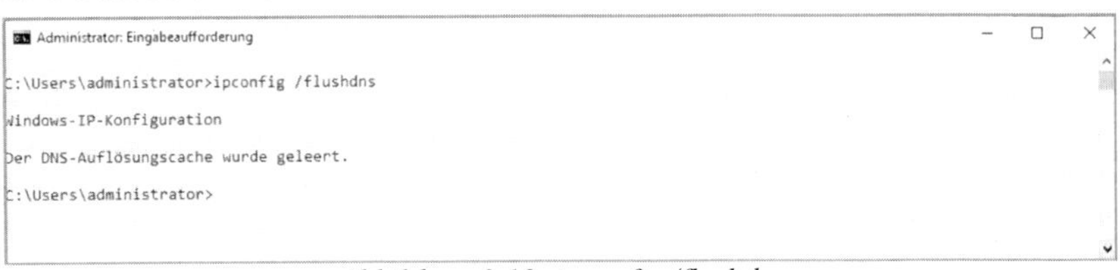

Abbildung 3.12: ipconfig /flushdns

Ihr Computer speichert die Zuordnung von Computernamen zu IP-Adressen in einem DNS-Cache zwischen.

Falls nun ein Computer eine andere IP-Adresse erhalten hat, zum Beispiel durch DHCP, stimmt der Eintrag in Ihrem DNS-Cache nicht mehr und Sie können den Computer nicht mehr erreichen.

Wenn ein solches Problem auftaucht, müssen Sie den DNS-Cache leeren und das tun Sie mit dem Befehl ipconfig /flushdns.

PING

Mit dem Befehl „Ping“ können Sie untersuchen, ob Sie einen Rechner erreichen können.

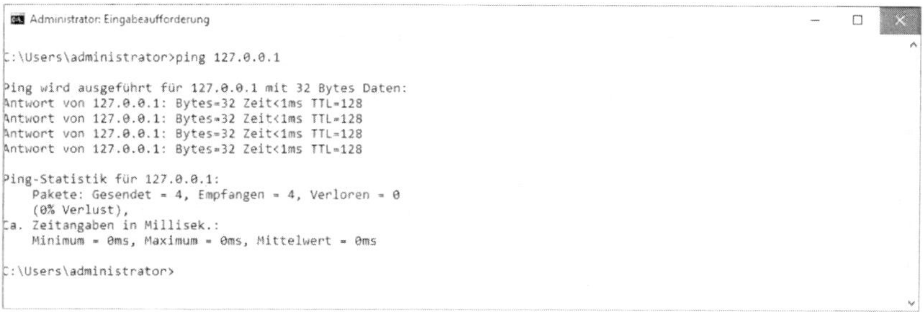

```
Administrator: Eingabeaufforderung

C:\Users\administrator>ping 127.0.0.1

Ping wird ausgeführt für 127.0.0.1 mit 32 Bytes Daten:
Antwort von 127.0.0.1: Bytes=32 Zeit<1ms TTL=128
Antwort von 127.0.0.1: Bytes=32 Zeit<1ms TTL=128
Antwort von 127.0.0.1: Bytes=32 Zeit<1ms TTL=128
Antwort von 127.0.0.1: Bytes=32 Zeit<1ms TTL=128

Ping-Statistik für 127.0.0.1:
    Pakete: Gesendet = 4, Empfangen = 4, Verloren = 0
    (0% Verlust),
Ca. Zeitangaben in Millisek.:
    Minimum = 0ms, Maximum = 0ms, Mittelwert = 0ms

C:\Users\administrator>
```

Abbildung 3.13: Ping

Wenn Sie den Namen anpingen, testen Sie auch gleich die Namensauflösung.

NBTSTAT

NBTSTAT zeigt Ihnen Statistiken über NetBios Namensauflösungen an. NBTSTAT muss mit Parametern benutzt werden.

Parameter	**Bedeutung**
/?	Zeigt die Hilfe an der Eingabeaufforderung an
-a Remotename	Zeigt die NetBIOS-Namentabelle eines Remotecomputers an, wobei Remotename dem NetBIOS-Computernamen des Remotecomputers entspricht. Die NetBIOS-Namentabelle ist die Liste der NetBIOS-Namen, die auf diesem Computer ausgeführten NetBIOS-Anwendungen entsprechen
-A IP-Adresse	Zeigt die NetBIOS-Namentabelle eines Remotecomputers an, der durch die IP-Adresse des Remotecomputers (in punktierter Dezimalschreibweise) angegeben wird
-c	Zeigt den Inhalt des NetBIOS-Namenzwischenspeichers, die Tabelle der NetBIOS-Namen und deren aufgelöste IP-Adressen an

-n	Zeigt die NetBIOS-Namentabelle des lokalen Computers an. Der Status „Registriert" zeigt an, dass der Name entweder durch Broadcast oder auf einem WINS-Server registriert ist
-r	Zeigt NetBIOS-Namensauflösungsstatistiken an. Auf einem Computer unter Windows XP, der zur Verwendung von WINS konfiguriert wurde, gibt dieser Parameter die Anzahl der Namen zurück, die über Broadcast und WINS registriert sind
-R	Löscht den Inhalt des NetBIOS-Namenzwischenspeichers und lädt dann erneut die durch #PRE gekennzeichneten Einträge aus der Datei Lmhosts
-RR	Gibt NetBIOS-Namen für den lokalen Computer frei, der auf WINS-Servern registriert ist und aktualisiert sie dann
-s	Zeigt NetBIOS-Client- und -Serversitzungen an und versucht dabei, die Ziel-IP-Adresse in einen Namen zu konvertieren
-S	Zeigt NetBIOS-Client- und -Serversitzungen an, wobei für Remotecomputer nur die IP-Adresse aufgelistet wird

Die Parameter von nbtstat

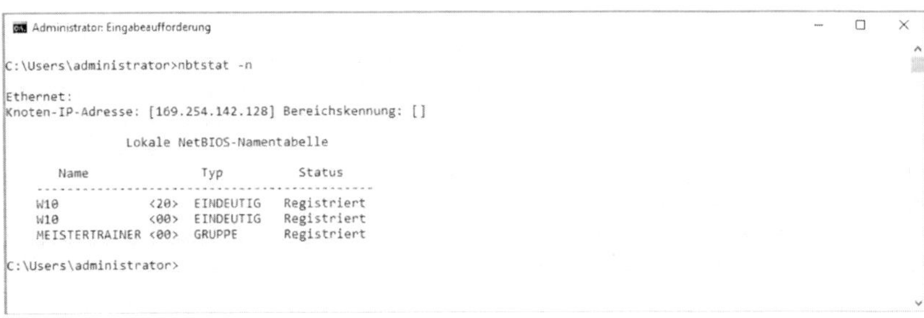

Abbildung 3.14: nbtstat -n

NETSTAT

Parameter	Bedeutung
/?	Zeigt Hilfe an der Eingabeaufforderung an
-a	Zeigt alle aktiven TCP-Verbindungen sowie die TCP- und UDP-Anschlüsse an, an denen der Computer empfangsbereit ist
-e	Zeigt Ethernet-Statistiken an, beispielsweise die Anzahl gesendeter und empfangener Bytes und Pakete. Dieser Parameter kann mit -s kombiniert werden
-n	Zeigt aktive TCP-Verbindungen an. Die Adressen und Anschlussnummern werden jedoch in numerischer Form angezeigt und es wird nicht versucht, Namen zu ermitteln
-o	Zeigt aktive TCP-Verbindungen an und enthält die Prozess-ID (PID) für jede Verbindung. Sie können die Anwendung anhand der PID auf der Registerkarte Prozesse im Windows Task-Manager finden. Dieser Parameter kann mit -a, -n und -p kombiniert werden
-p Protokoll	Zeigt Verbindungen für das in Protokoll angegebene Protokoll an. Mögliche Werte für Protokoll sind hier tcp, udp, tcpv6 oder udpv6. Wird dieser Parameter zusammen mit -s zur Anzeige von Statistiken nach Protokollen verwendet, kann für Protokoll tcp, udp, icmp, ip, tcpv6, udpv6, icmpv6 oder ipv6 angegeben werden
-s	Zeigt Statistiken nach Protokollen an. Standardmäßig werden Statistiken für die Protokolle TCP, UDP, ICMP und IP angezeigt. Wenn das IPv6-Protokoll für Windows XP installiert ist, wird die Statistik für die Protokolle TCP über IPv6, UDP über IPv6, ICMPv6 und IPv6 angezeigt. Mit dem Parameter -p können Sie eine Gruppe von Protokollen angeben
-r	Zeigt den Inhalt der IP-Routingtabelle an. Dieser Parameter entspricht dem Befehl route print

Die Parameter von netstat

Netstat zeigt Ihnen eine Netzwerkstatistik an. Sinnvolles Benutzen des Befehls ist nur mit Parametern möglich.

Ein häufig benutzter Befehl ist netstat –r. Hierbei können Sie sich die Routingtabelle betrachten.

```
Administrator: Eingabeaufforderung

C:\Users\administrator>netstat -r
===========================================================================
Schnittstellenliste
  5...00 15 5d 02 79 3c ......Microsoft Hyper-V Network Adapter
  1...........................Software Loopback Interface 1
===========================================================================

IPv4-Routentabelle
===========================================================================
Aktive Routen:
     Netzwerkziel    Netzwerkmaske          Gateway    Schnittstelle Metrik
        127.0.0.0        255.0.0.0   Auf Verbindung         127.0.0.1    331
        127.0.0.1  255.255.255.255   Auf Verbindung         127.0.0.1    331
  127.255.255.255  255.255.255.255   Auf Verbindung         127.0.0.1    331
      169.254.0.0      255.255.0.0   Auf Verbindung   169.254.142.128    271
  169.254.142.128  255.255.255.255   Auf Verbindung   169.254.142.128    271
  169.254.255.255  255.255.255.255   Auf Verbindung   169.254.142.128    271
        224.0.0.0        240.0.0.0   Auf Verbindung         127.0.0.1    331
        224.0.0.0        240.0.0.0   Auf Verbindung   169.254.142.128    271
  255.255.255.255  255.255.255.255   Auf Verbindung         127.0.0.1    331
  255.255.255.255  255.255.255.255   Auf Verbindung   169.254.142.128    271
===========================================================================
Ständige Routen:
  Keine

IPv6-Routentabelle
===========================================================================
Aktive Routen:
 If Metrik Netzwerkziel             Gateway
```

Abbildung 3.15: netstat -r

Was Sie hier sofort erkennen können, ist das eingetragene Standardgateway, an das alle Pakete geschickt werden, die nicht im eigenen Netzwerk aufgelöst werden können.

TRACERT und PATHPING

Mit den Befehlen tracert und pathping können Sie eine Route zu einem anderen Rechner verfolgen.

```
Administrator: Eingabeaufforderung

C:\Users\administrator>tracert 127.0.0.1

Routenverfolgung zu W10.Meistertrainer.info [127.0.0.1]
über maximal 30 Hops:

  1    <1 ms    <1 ms    <1 ms  W10.Meistertrainer.info [127.0.0.1]

Ablaufverfolgung beendet.

C:\Users\administrator>
```

Abbildung 3.16: tracert

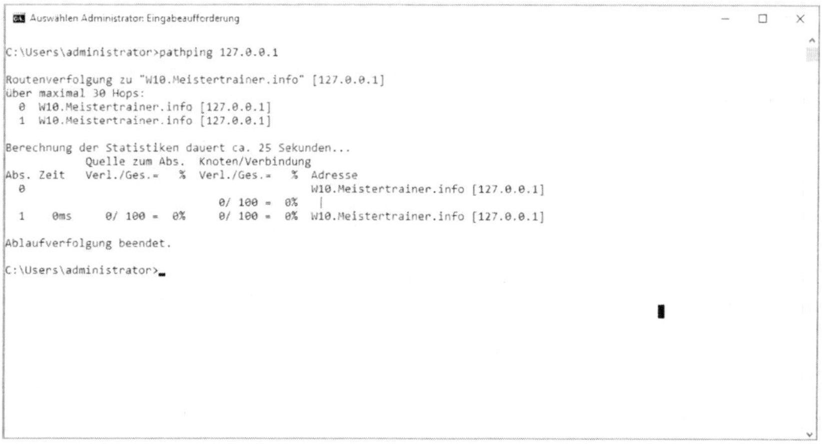

Abbildung 3.17: pathping

Netsh

Netsh ist ein Befehlszeilenprogramm, mit dem Sie die IP-Konfiguration ändern und bearbeiten können.

Die wichtigsten Befehle sind

Set <address; dns; wins….>	Einstellungen ändern
Add <address; dns; wins….>	Werte hinzufügen
Delete <address; dns; wins….>	Werte löschen
Show <address; dns; wins….>	Werte anzeigen

IPv4 – Die Kommunikation im Netzwerk

IPv4 ist nicht nur ein Protokoll, es handelt sich hierbei vielmehr um eine ganze Reihe von Protokollen, die Hand in Hand arbeiten. Jedes einzelne dieser Protokolle hat seine genau definierte Aufgabe im Kommunikationsablauf und alle Schnittstellen sind exakt definiert.

Das DARPA-Modell

Die meisten von Ihnen haben sich wahrscheinlich bereits mit dem OSI-Modell beschäftigt. Dieses Modell ist das allgemein gültige Modell, wenn es um die gesamte Kommunikation geht. Die gesamte Kommunikation beinhaltet natürlich auch die Vorgänge im Betriebssystem.

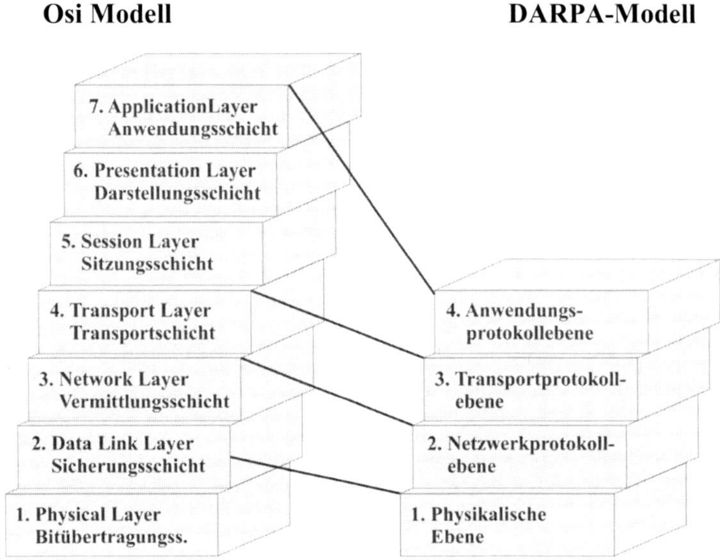

Abbildung 3.18: Das DARPA-Modell

Um den Kommunikationsweg mit dem Schwerpunkt der Protokolle zu betrachten, reicht jedoch ein vereinfachtes Modell. Dieses Modell nennt sich DARPA-Modell (Defense Advanced Research Projects Agency).

Das DARPA-Modell ist eine Vereinfachung des OSI-Modells. Leider ist die Zuordnung nicht immer ganz genau, da sich einige Protokolle nicht an diese Vereinbarung halten.

Trotzdem ist das DARPA-Modell sehr nützlich, um den recht komplexen Kommunikationsverlauf der Protokolle zu verstehen.

Wir werden uns in diesem Kapitel alle Protokolle und deren Schnittstellen mithilfe des DARPA-Modells erarbeiten.

Der Weg eines Datenpakets

Die Kommunikationsstrecke kann man sich gut vorstellen, wenn man sich eine einfache Kommunikation als Leitbeispiel nimmt.

In unserem Fall ist das Leitbeispiel ein einfaches Zugreifen auf eine Freigabe auf dem Computer Ihres Übungspartners. Sie erstellen ein statisches Mapping dieser Freigabe auf Ihrem Rechner und geben dieser Freigabe den Laufwerksbuchstaben „G:“.Dafür benutzen Sie den Befehl „Net use“.

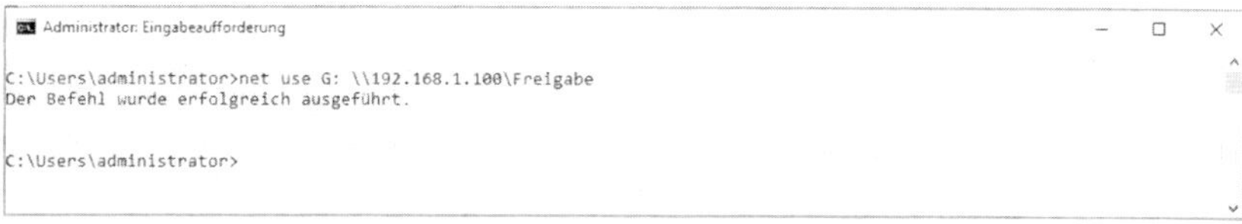

Abbildung 3.19: Net use

Dieser einfache Vorgang beinhaltet doch alle Schritte, die in jeder Kommunikation abgearbeitet werden müssen.

ACHTUNG!

Achten Sie auf die korrekte Syntax dieses Befehls! Er lautet:

Net use G: \\192.168.1.100\freigabe.

Wichtig ist hierbei das Leerzeichen nach der Laufwerksbezeichnung „G:"!

Der Quellrechner muss den Zielrechner ansprechen und erreichen können und der Zielrechner muss auf die Anforderungen reagieren und die Daten zum Quellrechner senden.

Die physikalische Ebene

Die physikalische Ebene umfasst im DARPA-Modell sowohl die Bitübertragungsschicht, als auch die Sicherungsschicht. Dies sind die Schichten des Kabels und der Netzwerkkarte.

Protokolle arbeiten auf diesen Ebenen noch nicht, also ist diese Schicht von geringer Bedeutung für die Analyse der Protokolle.

Die Netzwerkprotokollebene

Die Kommunikation beginnt also auf der Netzwerkprotokollebene. Hier gibt es mehrere Schritte, die getan werden müssen.

IP

Als erste Aktion muss festgestellt werden, ob sich der Zielhost lokal oder in einem anderen Netzwerk befindet.

Dies ist deshalb von zentraler Bedeutung, da manche anderen Protokolle, die später zum Einsatz kommen, mit Broadcast arbeiten und Broadcast bekanntlich einen Router nicht überwinden kann.

Für diese Auswahl ist das Protokoll „IP" (Internet Protocol) zuständig.

Ich kenne	Ich benötige	Wie ?
IP-Adresse des entfernten Computers	Information, ob Zielhost - Lokal - Remote	IP

Das Protokoll IP ist nur für diesen einen Vorgang zuständig: Es muss lediglich erkennen, ob sich der Zielhost im eigenen Netzwerk (lokal) oder in einem anderen Netzwerk (remote) befindet.

Dazu nutzt IP die Informationen, die es zu diesem Zeitpunkt der Kommunikation bereits besitzt.

IP hat folgende Informationen:

- Eigene IP-Adresse
- Eigene Subnetzmaske
- Remote IP-Adresse
- Remote Subnetzmaske

Nun beginnt das Protokoll IP, die sogenannte Netzwerk-ID auszurechnen.

Die Netzwerk-ID ist der Anteil der IP-Adresse, der den Straßennamen repräsentiert. Wenn beide Adressen, sowohl die eigenen, als auch die Remote-Adresse die gleiche Netzwerk-ID besitzen, bedeutet dies, dass sie sich im gleichen Netzwerk befinden, also nicht durch einen Router getrennt sind.

Sollten sich aber bei der Berechnung unterschiedliche Netzwerk-IDs ergeben, bedeutet dies wiederum, dass sich die Rechner in verschiedenen Netzwerken befinden, also durch einen Router getrennt sind.

Ein Beispiel:

Der Rechner mit den Daten:

IP-Adresse: 192.168.1.100

Subnetzmaske: 255.255.255.0

Standardgateway: 192.168.1.254

möchte den Rechner erreichen, der folgende Daten hat:

IP-Adresse: 192.168.1.1

Subnetzmaske: 255.255.255.0

Standardgateway: 192.168.1.254

Das Protokoll IP errechnet nun zunächst einmal bei der eigenen IP-Adresse die Netzwerk-ID. Dies geschieht, indem die IP-Adresse und die Subnetzmaske miteinander binär addiert werden (die genaue Berechnungsweise ist in diesem Kapitel noch nicht von Bedeutung, es handelt sich hierbei um das binäre „Anding").

Eigene Netzwerk-ID:

IP-Adresse:	192	168	1	100
Subnetzmaske:	255	255	255	0
Netzwerk-ID:	???			

In stark vereinfachter Form funktioniert das binäre „Anding" nach zwei Regeln:

1. Wenn die Subnetzmaske den Wert „255" hat, bleibt die Zahl so, wie sie in der IP-Adresse ist
2. Wenn die Subnetzmaske den Wert „0" hat, wird der errechnete Wert zu „0"

Das bedeutet für unsere Beispielrechnung:

Eigene Netzwerk-ID:

IP-Adresse:	192	168	1	100
Subnetzmaske:	255	255	255	0
Netzwerk-ID:	192	168	1	0

Nun muss noch die Netzwerk-ID des Zielrechners errechnet werden. Dies funktioniert nach genau demselben Schema:

Netzwerk-ID des Zielrechners:

IP-Adresse:	192	168	1	1
Subnetzmaske:	255	255	255	0
Netzwerk-ID:	192	168	1	0

Wie wir erkennen können, ist die Netzwerk-ID in beiden Fällen gleich.

Das bedeutet, IP hat festgestellt, dass sich beide Rechner im gleichen Netzwerk befinden, also auch mithilfe von Broadcast erreicht werden können.

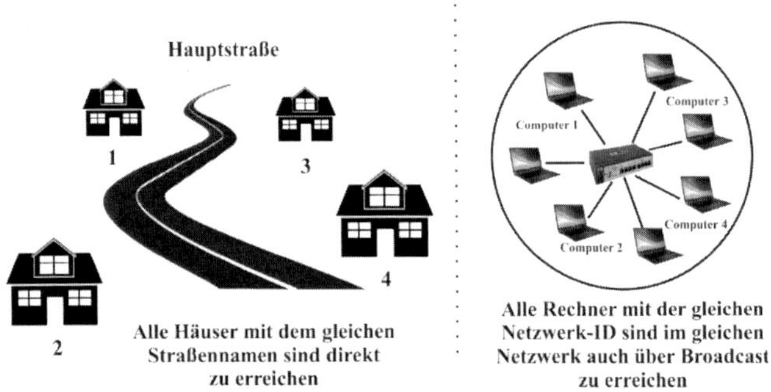

Abbildung 3.20: Prinzip gleicher Netzwerk-IDs

Betrachten wir ein zweites Beispiel:

Der gleiche Rechner, mit den Daten

IP-Adresse:	192.168.1.100
Subnetzmaske:	255.255.255.0
Standardgateway:	192.168.1.254

möchte einen anderen Rechner erreichen, der folgende Daten hat:

IP-Adresse:	192.168.2.10
Subnetzmaske:	255.255.255.0
Standardgateway:	192.168.2.254

Auch hier errechnet das Protokoll IP die zwei Netzwerk-ID:

Eigene Netzwerk-ID:

IP-Adresse:	192	168	1	100
Subnetzmaske:	255	255	255	0
Netzwerk-ID:	192	168	1	0

Netzwerk-ID des Zielrechners:

IP-Adresse:	192	168	2	10
Subnetzmaske:	255	255	255	0
Netzwerk-ID:	192	168	2	0

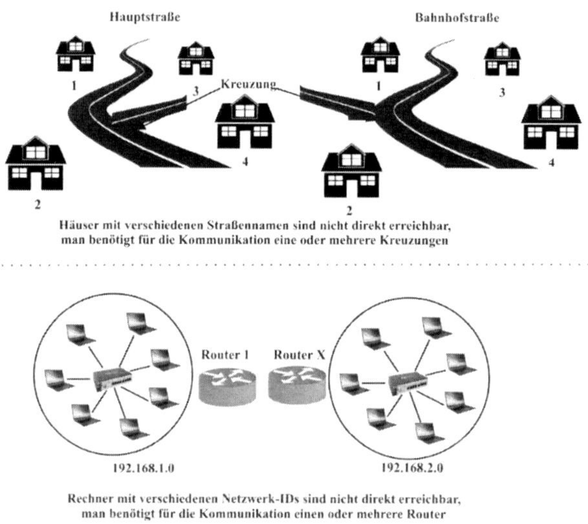

Abbildung 3.21: Prinzip verschiedener Netzwerk-IDs

In diesem Fall sind die Netzwerk-IDs nicht identisch. Das bedeutet, dass sich die beiden Rechner nicht im gleichen Netzwerk befinden, also auch nicht über Broadcast kommunizieren können. Sie benötigen in jedem Fall einen oder mehrere Router.

Das Protokoll IP muss also nur eine einzige Aufgabe erledigen: Feststellen, ob sich der Zielhost im eigenen Netzwerk befindet, oder ob er sich in einem anderen Netzwerk befindet.

ARP

Der nächste Schritt, der getan werden muss, ist das Erkennen der MAC-Adresse.

Auch wenn die primäre Identifikation der Computer über die IP-Adresse stattfindet, ist doch die MAC-Adresse diejenige Adresse, an die die

Datenpakete zugestellt werden.

Bleiben wir beim bekannten Beispiel der Straße. Die Zustellung des Datenpakets muss an einen Briefkasten erfolgen, die MAC-Adresse kann mit diesem Briefkasten verglichen werden, der zusätzlich zum Straßennamen und der Hausnummer vorhanden sein muss.

Ich kenne	**Ich benötige**	**Wie ?**
IP-Adresse des entfernten Computers	Information, ob Zielhost - Lokal - Remote	IP
IP-Adresse des entfernten Computers	MAC-Adresse	ARP

Die Aufgabe der Auflösung von IP-Adressen zu MAC-Adressen wird von einem der Protokolle erledigt: vom Protokoll „ARP“ (Adress Resolution Protocol).

ARP arbeitet nach folgendem Schema:

1. Der lokale ARP-Cache wird überprüft. Wenn mit dem Zielhost bereits eine Kommunikation stattgefunden hat, wird sich die Zuordnung bereits im ARP-Cache befinden.

2. Wenn kein Eintrag im ARP-Cache gefunden worden ist, wird eine ARP-Anfrage per Broadcast gesendet.

3. Der Zielhost empfängt die ARP-Anfrage und fügt die Zuordnung von IP-Adresse zu MAC-Adresse des Quellcomputers in seinen eigenen ARP-Cache hinzu. Dies macht die zukünftige Kommunikation effizienter.

4. Der Zielhost sendet eine Antwort an den Quellhost.

5. Der Quellhost fügt diese Antwort zu seinem ARP-Cache hinzu.

6. Nun kann das Datenpaket zugestellt werden.

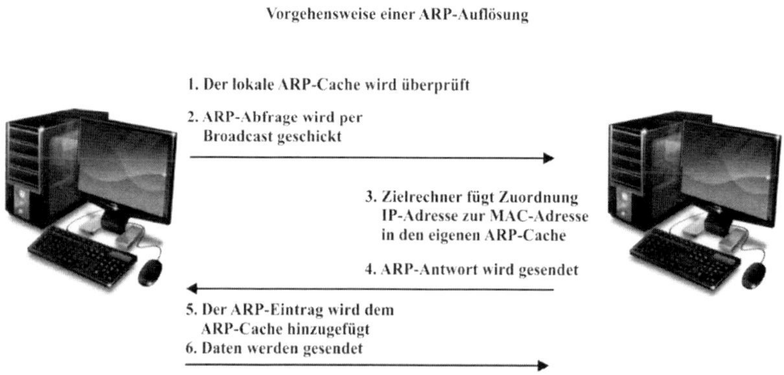

Abbildung 3.22: Funktionsweise der ARP-Auflösung

Sie können den ARP-Cache auch betrachten, dafür gibt es den Dienstbefehl „arp“.

Geben Sie an der Eingabeaufforderung den Befehl „arp“ ein.

Sie erhalten eine Anzeige aller Parameter, die Ihnen für diesen Befehl zur Verfügung stehen.

Der interessanteste Parameter ist „arp –a“.

Mit diesem Parameter wird Ihnen der Inhalt des ARP-Caches angezeigt, Sie sehen also die Zuordnungen von IP-Adressen zu MAC-Adressen.

Sie sehen, ARP löst IP-Adressen zu MAC-Adressen auf, damit die Datenpakete zugestellt werden können. ARP arbeitet mit Broadcast.

Problem: Broadcast kann einen Router nicht überwinden!

Wie ist es aber dann möglich, einen Zielhost zu erreichen, der nicht im gleichen Netzwerk liegt? Nur hier kann Broadcast funktionieren!

Die Lösung liegt in der Vorarbeit, die das Protokoll IP bereits geleistet hat.

IP hat ja bereits festgestellt, ob der Zielhost im gleichen Netzwerk liegt, also per Broadcast erreicht werden kann, oder ob der Zielhost in einem anderen Netzwerk liegt und somit nicht durch Broadcast erreicht werden kann, was den direkten Einsatz von „ARP“ unmöglich macht.

„ARP“ kann nur IP-Adressen aus dem eigenen Subnetz zu MAC-Adressen auflösen, also können Datenpakete auch nur an Rechner im eigenen Subnetz zugestellt werden.

Wenn ein Rechner erreicht werden soll, der nicht im eigenen Subnetz liegt, muss also das Datenpaket trotzdem an einen Rechner geschickt werden, der im eigenen Subnetz liegt.

Diese Funktion übernimmt der Router. Ein Router ist im einfachsten Fall ein Computer, der in mindestens zwei Netzwerken eine Schnittstelle hat. Also gibt es immer eine Schnittstelle des Routers im eigenen Netzwerk.

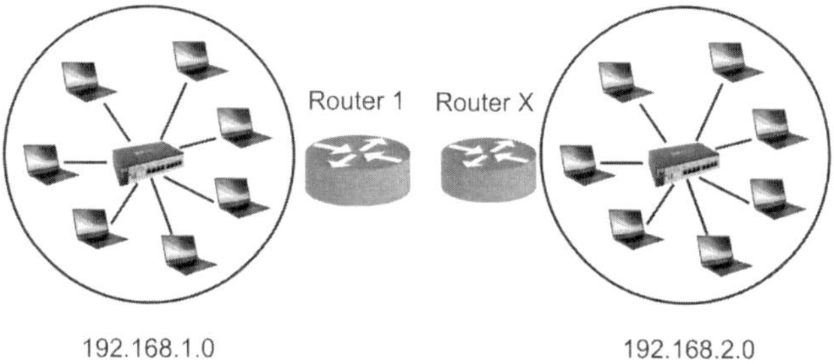

Abbildung 3.23: Router

Dies ermöglicht es, dass „ARP“ doch eine MAC-Adresse auflösen kann. „ARP“ holt nämlich in diesem Fall nicht die MAC-Adresse des Zielrechners, da dies unmöglich ist, sondern die MAC-Adresse des Routers, über den das Datenpaket geschickt werden muss.

Damit erfolgt die Auflösung der IP-Adresse zur MAC-Adresse in jedem Fall korrekt.

Ich kenne	**Ich benötige**	**Wie ?**
IP-Adresse des entfernten Computers	Information, ob Zielhost - Lokal - Remote	IP
- IP-Adresse des entfernten Computers im eigenen Subnetz	MAC-Adresse des Zielrechners	ARP
- IP-Adresse des entfernten Computers in einem anderen Subnetz	MAC-Adresse des Routers	ARP

Weitere Protokolle der Netzwerkprotokollebene

In dieser Ebene gibt es noch zwei weitere Protokolle, die aber am Kommunikationsvorgang nicht aktiv beteiligt sind.

ICMP

„ICMP“ (Internet Control Message Protocol) ist ein Protokoll, das Fehler erkennt und meldet. So kann das „ICMP“ feststellen, wenn ein Router überlastet ist und dann dem sendenden Host melden, dass er die Übertragungsgeschwindigkeit verringern sollte. „ICMP“ wurde 1981 im RFC 792 definiert.

„ICMP“ benutzt das Protokoll „IP“, indem es seine Informationen in einen IP-Datenrahmen einbindet.

Viele Dienstprogramme benutzen das Protokoll „ICMP“, so zum Beispiel das Programm „PING“.

IGMP

Auch das Protokoll „IGMP“ (Internet Group Management Protocol) ist ein Hilfsprogramm des Protokolls „IP“.

IGMP definiert die Hosts und ihre benachbarten Multicast Router für den Gebrauch von Multicast.

Multicast ist ja bekanntlich das einmalige Senden von Daten an eine definierte Gruppe von Rechner. Es erlaubt dem Host seinen lokalen Router zu informieren, dass er Pakete, welche an eine bestimmte Multicasting Gruppe gesendet werden, ebenfalls an ihn übermitteln soll.

Die Transportprotokollebene

In der Transportprotokollebene wird für den Transport der Daten gesorgt. Hier gibt es nur zwei verschiedene Protokolle, die für den Datentransport sorgen.

TCP

TCP oder „Transmission Control Protocol“ ist ein verbindungsorientiertes Transportprotokoll, das eine zuverlässige Zustellung garantiert. TCP richtet zunächst eine Sitzung ein, das bedeutet, dass die Gegenstelle gefragt wird, ob eine Bereitschaft zum Empfangen von Daten besteht. Der Vorgang des Einrichtens dieser Sitzung wird „TCP-Handshake“

genannt und erfolgt in drei Schritten:

1. Zuerst schickt der Host, der eine Verbindung wünscht, ein TCP-Paket an das Zielsystem, in dem das SYN-bit (Synchronize-bit) angeschaltet ist. Dieses signalisiert dem Zielsystem, dass ein Verbindungsaufbau erwünscht ist.
2. Das Zielsystem sendet eine Antwort, bei der ebenfalls das SYN-bit und zusätzlich das ACK-bit (Acknowledge-bit) gesetzt ist und signalisiert damit seine Bereitschaft.
3. Der initiierende Host bestätigt mit einem ACK-bit. Damit steht die Verbindung.

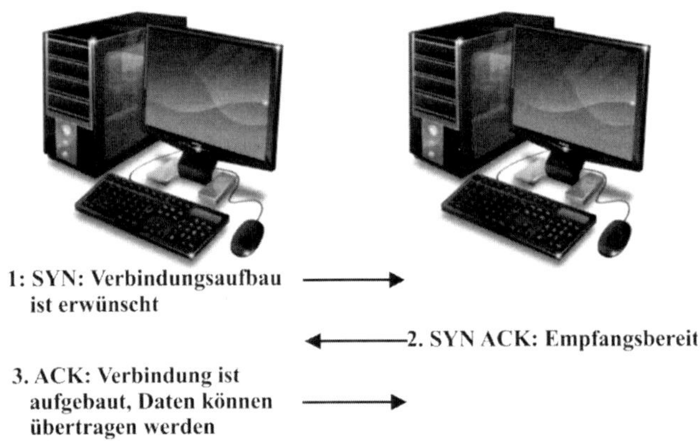

Abbildung 3.24: Der TCP-Handshake

Mit TCP können Daten sicher zugestellt werden, da TCP sich vor und während der Kommunikation versichert, dass die Gegenstelle empfängt.

TCP ist deswegen aber relativ langsam. TCP wird hauptsächlich benutzt, um viele Daten am Stück zu übertragen, hier ist die Zuverlässigkeit wichtiger als die Geschwindigkeit.

UDP

UDP dagegen ist ein verbindungsloses Protokoll. Hier wird keine Session eingerichtet, die Zuverlässigkeit der Verbindung liegt bei den höheren Ebenen.

Ich kenne	**Ich benötige**	**Wie ?**
IP-Adresse des entfernten Computers	Information, ob Zielhost - Lokal - Remote	IP
- IP-Adresse des entfernten Computers im eigenen Subnetz - IP-Adresse des entfernten Computers in einem anderen Subnetz	MAC-Adresse des Zielrechners MAC-Adresse des Routers	ARP ARP
Route für die Zustellung	Zustellung der Daten	- TCP: verbindungsorientiert zuverlässig TCP-Handshake langsam - UDP: verbindungslos unzuverlässig keine Sitzungseinrichtung schnell

UDP garantiert nicht, dass die Daten, die zwei Rechner austauschen, in der Reihenfolge ankommen, in der sie verschickt wurden, oder ob diese Daten überhaupt ankommen. UDP ist aber sehr schnell, da es nicht auf die Quittierung vom Zielrechner warten muss, bevor das nächste Paket abgeschickt werden kann.

Daten zu schicken mit UDP ist ähnlich dem Verschicken eines Briefes. Wenn man den Brief in den Briefkasten wirft, hofft man, dass dieser Brief auch an der Zieladresse ankommt, aber es gibt keine Garantie dafür.

UDP wird für Broadcast verwendet, was im Internet eigentlich nicht üblich ist. Daher verwenden die meisten Internetanwendungen nicht das Transportprotokoll UDP.

Wir als Administratoren haben keinerlei Einflussmöglichkeit, welche Programme TCP und welche UDP verwenden. Dies ist von den Programmierern festgelegt worden.

Die Anwendungsprotokollebene

Anwendungsprotokolle sind die Protokolle, an die TCP beziehungsweise UDP ausliefert. Anwendungsprotokolle können beispielsweise HTTP oder FTP sein, aber auch SMTP oder andere.

Nachdem die Daten zugestellt worden sind, egal ob mit TCP oder mit UDP, müssen sie noch an die Programme weitergegeben werden, mit denen sie bearbeitet oder gelesen werden können.

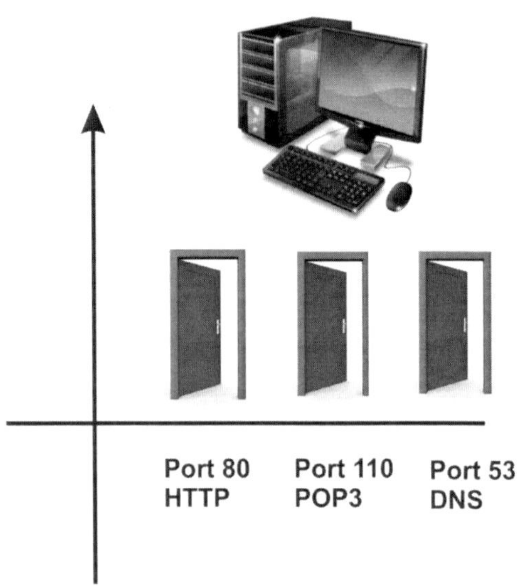

Abbildung 3.25: Die Ports

Die Schnittstelle zwischen den Transportprotokollen und den Anwendungsprotokollen sind die so genannten Ports. Man kann sie sich als Endpunkte der TCP/UDP Kommunikation vorstellen, als definierte Übergabevereinbarungen.

Die wichtigsten Ports sollten Sie kennen.

Eine Aufstellung häufig benutzter Ports:

Port	Schlüsselwort	TCP	UDP	Beschreibung
20	ftp-data	X	X	File Transfer (default Data)
21	ftp	X	X	File Transfer (Control)
23	telnet	X	X	Telnet
25	smtp	X	X	Simple Mail Transfer
37	time	X	X	Time
42	nameserver	X	X	Host Name Server
53	domain	X	X	DNS
67	bootp	X	X	Bootstrap Protocol Server
68	bootp	X	X	Bootstrap Protocol Client
69	tftp	X	X	Trivial File Transfer Protocol
80	http	X	X	http
88	kerberos	X	X	Kerberos
110	pop3	X	X	POP3
118	sqlserv	X	X	SQL Services
119	nntp	X	X	NNTP
137	netbios-ns	X	X	NETBIOS Name Service
138	netbios-dgm	X	X	NETBIOS Datagram Service
139	netbios-ssn	X	X	NETBIOS Session Service
150	sql-net	X	V	SQL-Net
156	sqlsrv	X	X	SQL Service

161	snmp	X	X	SNMP
389	ldap	X	X	LDAP
443	https	X	X	HTTPS

Tabelle 3.5:Auszug aus den Well-Known-Ports

Es gibt Ports für UDP und für TCP, wobei beide Protokolle häufig die gleichen Ports benutzen. Die Ports von 0 bis 1023 werden die Well-Known Ports genannt, sie sind im RFC 1700 definiert. Ab Port Nummer 1024 werden die Ports als „Registered Ports“ bezeichnet, sie sind nicht mehr zentral geregelt.

Ich kenne	**Ich benötige**	**Wie ?**
IP-Adresse des entfernten Computers	Information, ob Zielhost - Lokal - Remote	IP
- IP-Adresse des entfernten Computers im eigenen Subnetz - IP-Adresse des entfernten Computers in einem anderen Subnetz	MAC-Adresse des Zielrechners MAC-Adresse des Routers	ARP ARP
Route für die Zustellung	Zustellung der Daten	- TCP: verbindungsorientiert zuverlässig TCP-Handshake langsam - UDP: verbindungslos unzuverlässig schnell

Zustellung der Daten	Übergabe an die Anwendungs-programme	Ports

Nicht-klassenbasierte IP-Adressierung

Die IP-Adressen sind durch die Klassen in ein relativ starres Schema gepresst.

Nicht immer ist es möglich, sich an diese Einteilung zu halten und auch nicht immer sinnvoll. Die „Nicht klassenbasierte IP-Adressierung“ gehört mittlerweile zum Standardwerkzeug jedes Administrators, der sich mit effizienter IP-Adressierung beschäftigen muss. Ein bekannter Begriff aus diesem Bereich ist „CIDR“ (Classless Inter Domain Routing), was bedeutet, dass die Klassenbasierung der IP-Adressen aufgehoben wird.

Die Verschwendung von IP-Adressen

Die TCP/IP Protokollsuite ist zwischen 1969 und 1982 vom DOD (Department of Defence), also dem amerikanischen Verteidigungsministerium entwickelt worden.

Zu diesem Zeitpunkt konnte sich niemand vorstellen, dass dieses Protokoll sich durchsetzen würde und dadurch ein weltweites Netzwerk aufgebaut werden würde.

Deswegen war es auch nicht nötig, auf die Effizienz der vergebenen Adressen zu achten.

Betrachten wir einmal eine normale Firma, die fünf Subnetze mit jeweils 100 Rechnern betreibt.

Diese Firma benötigt IP-Adressen, mit denen jedem Mitarbeiter ein Internetzugriff gewährt werden kann. Wenn diese Firma nun öffentliche IP-Adressen beantragt, erfolgt die Adressvergabe anhand der Daten

- Fünf Subnetze
- 100 Rechner pro Subnetz

Daraus ergibt sich, dass diese Firma fünf verschiedene IP-Bereiche benötigt, damit alle fünf Subnetze miteinander kommunizieren können. Für 100 Rechner pro Subnetz werden also fünf Netzwerke Klasse C benötigt.

Dies ist natürlich keine akzeptable Lösung, um sparsam mit IP-Adressen umzugehen. Es steht fest, dass die IP-Adressen weltweit knapp werden. Solche Verschwendungen, wie oben gezeigt, darf es nicht mehr geben.

Zur Vermeidung der Verschwendung gibt es mehrere Möglichkeiten.

Eine davon ist die Unterteilung der Klassen in kleinere Netzwerke, „VLSM“ (Variable Length Subnet Mask).

	Klasse	Zur Verfügung stehende Hosts	Benötigte Hosts	Verschwendete Adressen
Subnetz 1	C	254	100	154
Subnetz 2	C	254	100	154
Subnetz 3	C	254	100	154
Gesamt:		762	300	462

Umrechnung von Dezimalzahlen ins Binärformat und umgekehrt

Die IP-Adressen werden für uns in einer Form dargestellt, die für uns Menschen angenehm zu lesen ist, nämlich in der Dezimaldarstellung.

Leider kann ein Computer dies nicht lesen, er benötigt die Zahlen der IP-Adresse in einer binären Darstellung mit „0“ und „1“.

Die Umrechnung von dezimal auf binär kann leicht mit dem Windows Rechner gemacht werden.

Dazu stellen Sie die Ansicht auf „Programmierer“ um und geben die dezimale Zahl ein.

Wählen Sie dann „Bin“ und die Zahl wird in binärer Schreibweise dargestellt.

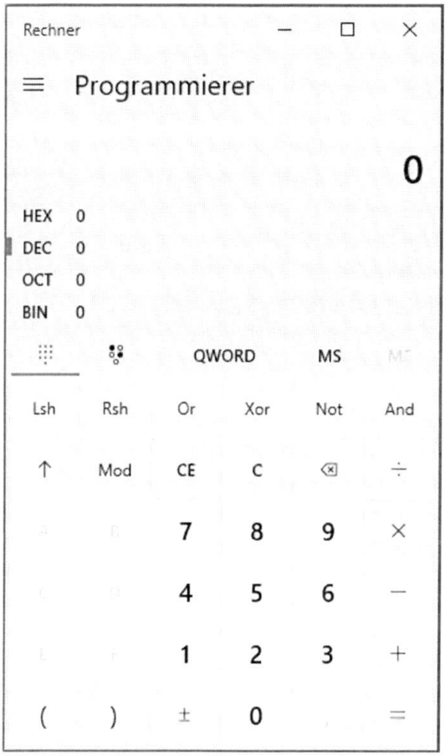

Abbildung 3.26: Windows Rechner

Auf die gleiche Weise können Sie auch binäre Zahlen in das Dezimalformat umrechnen.

Unterteilen der Klassen in kleinere Netzwerke (VLSM)

VLSM (Variable Length Subnet Mask) ist eine Methode, ein Netzwerk, beispielsweise ein Klasse C Netzwerk, in mehrere kleinere Netzwerke zu unterteilen.

Die Bedeutung der Punkte zwischen den Bytes

In der dezimalen Schreibweise sind alle IP-Adressen durch Punkte getrennt dargestellt.

Diese Schreibweise hat für die Bearbeitung der Adressen durch das

Protokoll IP keinerlei Bedeutung.

Im Gegenteil, wenn die Bytes in binäre Schreibweise umgewandelt worden sind, liest das Protokoll IP diese Werte als Gesamtheit von 32 bit und nicht als 4 Byte.

Dies gibt uns die Möglichkeit, die starre Klasseneinteilung zu umgehen.

Nehmen wir als Beispiel ein Klasse C Netzwerk, das einer Firma offiziell zur Verfügung gestellt worden ist, das Netzwerk 194.107.1.0 mit der Subnetzmaske 255.255.255.0.

Zunächst einmal werden wir diese Adresse in binäre Schreibweise umwandeln.

Dezimal:

IP-Adresse:	194	107	1	0
Subnetzmaske	255	255	255	0

Binär:

IP-Adresse:	11000010	01101011	00000001	00000000
Subnetzmaske	11111111	11111111	11111111	00000000

Was wir hier deutlich sehen können, ist die Tatsache, dass die Subnetzmaske immer aus einer kontinuierlichen Abfolge aus Einsen besteht und erst die letzten Bit bestehen aus Nullen.

Eine Klasse C Subnetzmaske besteht also aus 24 Einsern und 8 Nullen.

Diese Tatsache erlaubt uns eine neue Schreibweise für eine IP-Adresse.

Bisher mussten wir eine Adresse oder ein Netzwerk immer angeben mit

IP-Adresse (bzw. IP-Netzwerk) und Subnetzmaske.

Die gleiche Aussagekraft hat aber die Darstellung

IP-Adresse (bzw. IP-Netzwerk)/Anzahl der Einser-Bit der Subnetzmaske.

In unserem Fall wäre die Schreibweise also:

194.107.1.0/24

Diese Schreibweise ist viel schneller und hat sich mittlerweile durchgesetzt.

Das binäre Berechnen der Netzwerk-ID

Wie bereits besprochen, errechnet das Protokoll IP die eigene Netzwerk-ID und die des Remoterechners und vergleicht diese beiden IDs.

Bisher haben wir uns auf die klassenbasierte Vereinfachung beschränkt, nun aber betrachten wir, wie das IP wirklich vorgeht.

Das IP-Protokoll addiert die beiden Werte (IP-Adresse und Subnetzmaske) binär, um so die Netzwerk-ID zu errechnen.

Um diesen Rechenvorgang nachzuvollziehen, schreibt man die Werte untereinander, wie wir es auch vom dezimalen Addieren kennen.

Ein Beispiel:

Wir möchten die Netzwerk-ID der IP-Adresse 194.107.1.1/24 berechnen.

	194	107	1	1
IP-Adresse:	11000010	01101011	00000001	00000001
Subnetzmaske	11111111	11111111	11111111	00000000

Nun wird jedes einzelne Bit addiert („binäres Anding“).

Die Berechnung der binären Netzwerk-ID erfolgt nach zwei einfachen Rechenregeln:

X+1=X

X+0=0

X+1=X:

Diese Regel bedeutet, dass der Wert der Netzwerk-ID gleich dem Wert der IP-Adresse bleibt, wenn in der Subnetzmaske eine 1 steht.

Dies zeigt sich in den ersten 3 Oktetten. Hier entsteht durch „Anding“ die Netzwerk-ID, die den Werten der IP-Adresse gleich ist.

	194	107	1	1
IP-Adresse:	11000010	01101011	00000001	00000001
Subnetzmaske	11111111	11111111	11111111	00000000
Netzwerk-ID	11000010	01101011	00000001	
	194	107	1	

X+0=0:

Diese zweite Rechenregel bedeutet, dass der Wert der Netzwerk-ID 0 wird, wenn in der Subnetzmaske eine 0 steht.

Das ist in unserem Beispiel im vierten Oktett der Fall.

	194	107	1	1
IP-Adresse:	11000010	01101011	00000001	00000001
Subnetzmaske	11111111	11111111	11111111	00000000
Netzwerk-ID	**11000010**	**01101011**	**00000001**	**00000000**
	194	107	1	0

Auf diese Art errechnet das IP die Netzwerk-ID beider Computer und stellt dann fest, ob der Zielrechner im gleichen Netzwerk liegt, oder eine andere Netzwerk-ID hat und somit durch mindestens einen Router getrennt ist.

Die Verteilung der Bit

Im obigen Beispiel haben wir gesehen, dass die Länge der Subnetzmaske genau definiert, wie die Netzwerk-ID lautet.

Einen öffentlichen IP-Adressbereich bekommen wir häufig klassenbasiert zugeteilt, die Subnetzmasken lauten also /8, /16 oder /24.

Wenn wir also einen IP-Adressbereich erhalten haben der 194.107.1.0/24 lautet, bedeutet dies, dass die ersten 24 Bit festgelegt sind und wir an Ihnen natürlich nichts ändern dürfen. Dieser Teil ist der öffentliche Bereich.

Die letzten 8 Bit dagegen sind eigentlich für 254 Hosts gedacht, für die wir die Host-IDs frei vergeben können.

Momentan haben wir also folgenden Zustand:

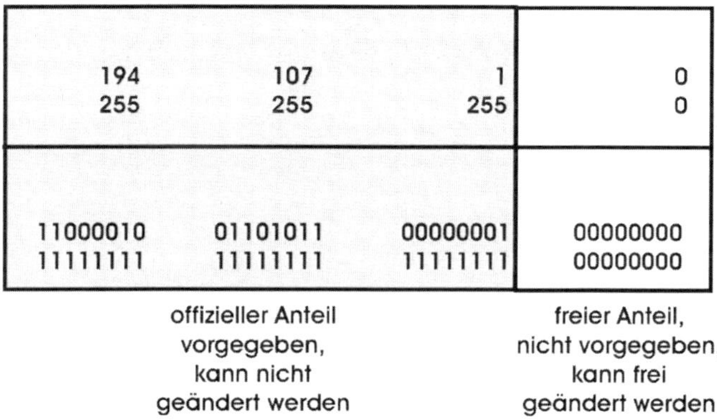

Abbildung 3.27: IP Bereich nach offizieller Zuteilung

Im Normalfall werden wir in diesem Beispiel also die letzten 8 Bit komplett für die Host-ID nutzen.

Dies ist aber nicht zwingend vorgeschrieben, wir können mit den letzten 8 Bit verfahren, wie wir wollen.

Ein Beispiel:

Wir haben ein Firmennetz, das drei Subnetze umfasst, die jeweils 50 Rechner beinhalten.

Von der Menge der Hosts würde ja dieses Klasse C Netzwerk genügen, aber leider benötigen wir ja drei Netzwerke, die verschiedene Netzwerk-IDs haben, um eine funktionierende Netzwerkumgebung zu erhalten.

Für die Hosts stehen uns 8 Bit zur Verfügung. Aber werden für diese Aufgabe überhaupt 8 Bit benötigt?

Wir sollten einmal berechnen, wie viele Bit benötigt werden, um 50 Rechner eindeutig zu kennzeichnen.

Dezimal:	**50**
Binär:	**110010**

Um die Zahl 50 in binärer Schreibweise darzustellen, benötigen wir also nur 6 Bit, das siebente und achte Bit wird für die Darstellung der Hosts nicht mehr benötigt.

Daraus ergibt sich für uns eine logische Schlussfolgerung:

Wenn nur 6 Bit benötigt werden, um 50 Rechner darzustellen, könnte man doch die anderen zwei Bit benutzen und die Netzwerk-ID in den frei zur Verfügung stehenden Bereich verschieben.

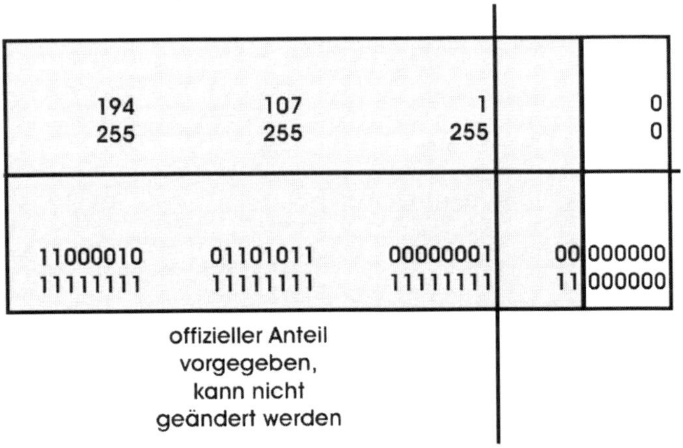

Abbildung 3.28: Verschieben der Netzwerk-ID

Was würde das bringen?

Wenn die Netzwerk-ID um zwei Stellen nach hinten verschoben wird, erhalten wir die Möglichkeit, aus einem einzigen Netzwerk, das 254 Hosts beherbergen kann, mehrere Netzwerke zu machen, die zwar weniger Hosts beherbergen, aber dafür mehrere verschiedene Netzwerk-IDs haben, also genau den Zweck erfüllen, den wir benötigen.

In unserem Beispiel würde das erste mögliche Netzwerk nun lauten

194.107.1.0/**26**

Die Subnetzmaske hat sich verändert, da wir ein Bit des frei zur Verfügung stehenden vierten Oktetts benutzen.

Wir haben damit die Verteilung von Netzwerkanteil und Hostanteil verschoben. Für den Netzwerkanteil benutzen wir nun 26 Bit, für den Hostanteil dagegen nur noch 6 Bit.

Diese Verschiebung ist möglich und gebräuchlich, da durch diese Maßnahme mehrere kleinere Subnetze geschaffen werden können.

Bevor wir nun das Netzwerk in kleinere Subnetze unterteilen, müssen wir noch die Regeln für die IP-Adressierung überarbeiten. Diese Regeln haben wir ohne Kenntnisse der binären Schreibweise aufgestellt und nun können wir diese verfeinern und präzisieren. Die relevanten zwei Regeln sind folgende:

Die Host-ID darf nicht nur aus Nullen bestehen

Die Host-ID ist immer der Wert, der über den Bytes der Subnetzmaske mit dem Wert 0 steht.

Die Host-ID kann nur dann auf Null stehen, wenn die Subnetzmaske nur aus Nullen besteht, denn nur der Anteil der Subnetzmaske, der aus Einsern besteht, definiert die Netzwerk-ID.

Wenn die Host-ID komplett aus Nullen besteht, ist dies die ausgeschriebene Netzwerk-ID, die durch das „binäre Anding“ entstanden ist.

Die Host-ID darf nicht aus Wiederholungen des Wertes 255 bestehen

Diese Regel war stark vereinfacht. Wir wissen mittlerweile, dass in einer klassenbasierten Einteilung der Wert 255 aus 8 Einsern besteht.

Diese Regel müsste nach unseren neuen Kenntnissen eigentlich lauten: Die Host-ID darf in binärer Schreibweise nicht nur aus Einsern bestehen, egal, wie lang der Hostanteil ist.

Wenn der Hostanteil aus lauter Einsern besteht, ist dies die Broadcastadresse, die natürlich keinem Host zugewiesen werden darf.

Classless Subnetting

Betrachten wir nun das erste Netzwerk, das uns somit zur Verfügung gestellt wird.

Binäre Schreibweise					Bezeichnung	Dezimale Schreibweise			
11000010	01101011	00000001	00	000000	Ausgangsnetzwerk	194	107	1	0
11111111	11111111	11111111	11	000000	Subnetzmaske	255	255	255	192
11000010	01101011	00000001	00	000000	Erstes Netzwerk	194	107	1	0
11000010	01101011	00000001	00	000001	Erste gültige IP-Adresse	194	107	1	1
...									
11000010	01101011	00000001	00	111110	Letzte gültige IP-Adresse	194	107	1	62
11000010	01101011	00000001	00	111111	Broadcastadresse	194	107	1	63
11000010	01101011	00000001	01	000000	Zweites Netzwerk	194	107	1	64
11000010	01101011	00000001	01	000001	Erste gültige IP-Adresse	194	107	1	65
..									
11000010	01101011	00000001	01	111110	Letzte gültige IP-Adresse	194	107	1	126
11000010	01101011	00000001	01	111111	Broadcastadresse	194	107	1	127
...									

Abbildung 3.29: Erstellen von neuen Subnetzen

Das erste Netzwerk, das wir benutzen können, hat die binäre Schreibweise

11000010 01101011 00000001 00 | 000000

11111111 11111111 11111111 11 | 000000

Wie wir sehen, stehen alle 6 Bit, die für den Hostanteil stehen auf 0, was den Regeln der IP-Adressierung entspricht.

Die erste gültige IP-Adresse ist in diesem Fall die kleinste Zahl, die für den Hostanteil möglich ist.

Dies ist die

11000010 01101011 00000001 00 | 000001

Die letzte gültige IP-Adresse ist die größte Zahl, die vor der Broadcastadresse kommt:

11000010 01101011 00000001 00 | 111110

Die Broadcastadresse ist die Adresse, bei der alle Host-Bit auf 1 stehen:

11000010 01101011 00000001 00 | 111111

Die nächste Adresse ist bereits wieder die Netzwerkadresse des zweiten Subnetzes:

11000010 01101011 00000001 01 | 000000

Auch hier ist die erste gültige IP-Adresse die kleinste Zahl, die für den Hostanteil möglich ist:

11000010 01101011 00000001 01 | 000001

Die letzte gültige IP-Adresse ist die größte Zahl, die vor der Broadcastadresse kommt:

11000010 01101011 00000001 01 | 111110

Die Broadcastadresse ist die Adresse, bei der alle Host-Bit auf 1 stehen:

11000010 01101011 00000001 01 | 111111

und so weiter. Diese Rechnung lässt sich beliebig fortführen.

IPv6

Wie Sie sehen, ist das TCP/IP, das wir kennen gelernt haben, mit einigen Problemen behaftet. In einigen Jahren, wenn auch Menschen anderer Länder, die momentan noch keinen Internetzugang haben, das Internet benutzen wollen, ist das bekannte IP-System nicht mehr praktikabel.

Die größten Probleme sind

- Zu wenige Adressen
- Komplexe Konfiguration
- Wenig implementierte Sicherheit
- Keine Möglichkeit der Datenpriorisierung

Aus diesem Grund gibt es bereits einen Nachfolger für das IPv4: IPv6. Dieser Standard wurde bereits 1994 empfohlen. Übrigens: IPv5 hat es nie gegeben, mit der Versionsnummer 6 sollte gezeigt werden, wie revolutionär der Fortschritt gegenüber dem IPv4 ist.

Im Gegensatz zu den 32 Bit, die bei einer IPv4 Adresse zur Verfügung stehen, stellt IPv6 128 Bit zur Verfügung. Dies würde bedeuten, dass es nicht mehr nur vier Oktette geben kann, sondern

es könnte 16 Oktette geben. Eine mögliche Adresse unter IPv6 wäre also

63.254.4.0.2.128.0.0.0.0.0.0.0.0.0.1

Dies ist nicht mehr verwaltbar. Aus diesem Grund wird die Schreibweise auf hexadezimal umgestellt. In hexadezimaler Schreibweise können 16 Stellen dargestellt werden. So können jeweils 2 Oktette von IPv6 als eine hexadezimale Stelle dargestellt werden.

Dafür werden die dezimalen Werte zweier Oktette zusammengeschrieben und dann in einen hexadezimalen Wert umgerechnet.

<table>
<tr><td>63</td><td>254</td><td>4</td><td>0</td><td>2</td><td>128</td><td>0</td><td>0</td><td>0</td><td>0</td><td>0</td><td>0</td><td>0</td><td>0</td><td>0</td><td>1</td></tr>
<tr><td colspan="2">3FFE</td><td colspan="2">400</td><td colspan="2">250</td><td colspan="2">0</td><td colspan="2">0</td><td colspan="2">0</td><td colspan="2">0</td><td colspan="2">1</td></tr>
</table>

Diese Schreibweise benutzt als Trennzeichen keine Punkte mehr, sondern Doppelpunkte.

3FFE:400:250:0:0:0:0:1

Als Besonderheit können wiederholte Nullen einmalig durch zwei Doppelpunkte dargestellt werden.

3FFE:400:250::1

Durch die Umstellung der IP-Adressierung werden wir 340.282.366.920.938.463.463.374.607.431.768.211.456 mögliche Adressen zur Verfügung haben.

Dies ist eine unvorstellbar große Zahl, mit der theoretisch jeder Quadratkilometer der Erdoberfläche mit 665.570.793.348.866.943.898.599 Adressen abgedeckt werden könnte.

Die Adressbereiche von IPv6

Microsoft unterstützt IPv6 seit Windows XP SP2 nativ. Mit einem aktuellen Microsoft Betriebssystem sind Sie für die Herausforderung der Umstellung gut gerüstet.

Natürlich gibt es auch in IPv6 bestimmte Adressbereiche die für bestimmte Gegebenheiten benutzt werden. Alle IPv6-Adressen haben, wie die IPv4 Adresse einen Netzwerkanteil und einen Hostanteil. Der Netzwerkanteil wird „Prefix" genannt, der Hostanteil „Suffix". Allerdings gibt es hier keine Subnetzmaske, eine IPv6 Adresse wird immer in der CIDR-Schreibweise dargestellt.

Die Adressen haben normalerweise folgendes Format:

2001:DB8:3F:2AO::/64

Das bedeutet, diese IPv6-Adresse hat ein Prefix von 64 bit, was gleichbedeutend ist mit einem Netzwerkanteil von 64 bit.

ACHTUNG!
Alle IPv6 Adressen haben ein Prefix von 64 bit!

IPv6 kennt folgende Adressbereiche:

- Unicast
- Multicast
- Anycast

Sie sehen, der klassische Broadcast wird nicht mehr unterstützt.

Unicast

Betrachten wir die Unicast-Adressen genauer. Hier gibt es auch eine Unterteilung

- Global Unicast (entspricht etwa den öffentlichen IPv4 Adressen)
- Link Local Unicast (entspricht etwa der APIPA-Adresse)
- Site Local und Unique Local (entspricht etwa den privaten IP-Adressen)

Global Unicast

Eine „Global Unicast" Adresse setzt sich folgendermaßen zusammen:

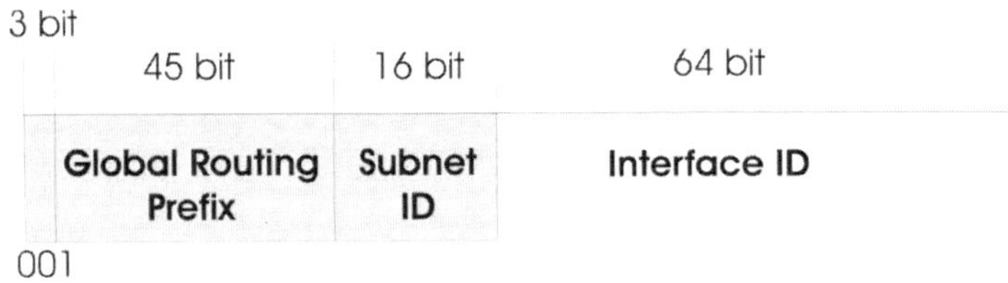

Abbildung 3.30: Global Unicast

Die ersten 3 bit

Der Wert der ersten drei bit ist 001.

Global Routing Prefix

Das ist ein Wert, der zusammen mit den ersten drei bit zusammen 48 bit darstellt. Er wird einem Teil einer Organisation zugewiesen.

Subnet ID

Diese 16 bit können verwendet werden, um individuelle Subnets zu bilden.

Interface ID

Die letzten 64 bit sind der Hostanteil der Adresse.

Diese Äquivalente der öffentlichen IP-Adressen werden auf absehbare Zeit genügen.

Link-Local Adresse

Link-Local-Adressen werden automatisch zugewiesen. Damit entsprechen sie etwa der automatischen APIPA-Adresse. Link- Local Adressen haben folgenden Aufbau:

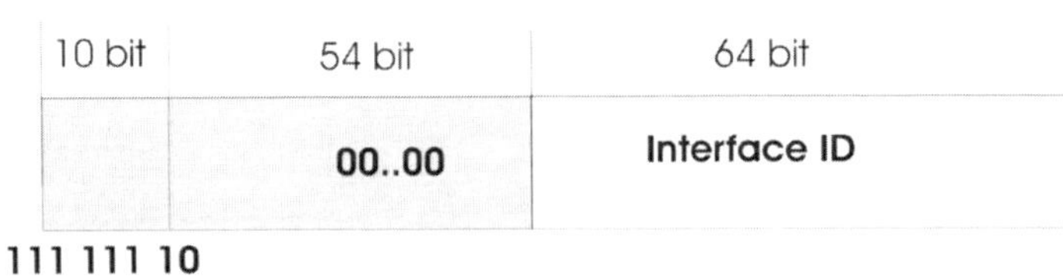

Abbildung 3.31: Link-Local Adresse

Eine Link-Local Adresse ist zwar ebenfalls eine Unicast-Adresse, hat aber eine völlig andere Zielausrichtung. Mit ihnen kann eine

Kommunikation innerhalb eines Segments vorgenommen werden, sie sind nicht routingfähig.

Diese Link-Local Adressen beginnen immer mit FE80::/64

Site-Local Adressen

Site-Local Adressen sind in etwa mit den früheren privaten IP-Adressen zu vergleichen. Sie haben folgenden Aufbau:

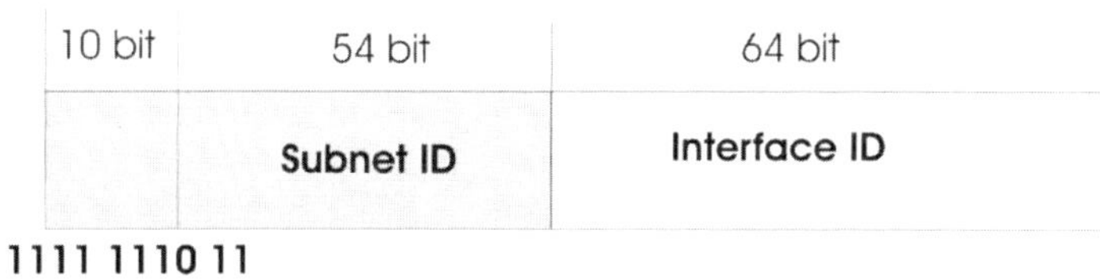

Abbildung 3.32: Site-Local Adresse

Site-Local Adressen beginnen immer mit

FECO::

Unique Local Adressen

Da die Site-Local Adressen leider in der Konfiguration relativ komplex sind, wurde eine zweite Definition der privaten Adressen eingeführt, die Unique Local Adressen.

Diese sind einfacher zu konfigurieren und sollten deswegen benutzt werden. Der Aufbau ist folgender:

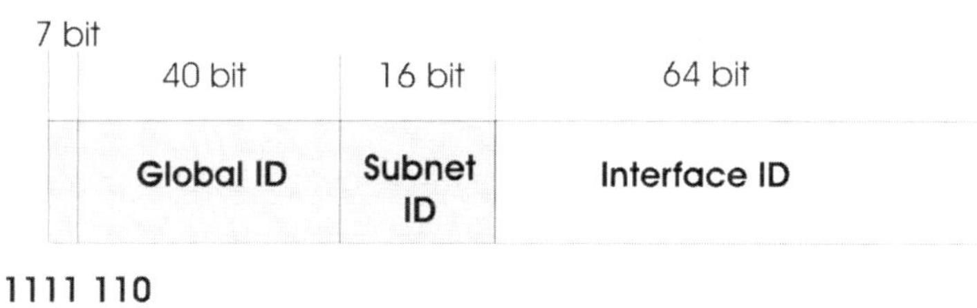

Abbildung 3.33: Unique-Local Adresse

Die Unique Local Adressen beginnen immer mit

FC00::

Multicast IPv6 Adressen

Die Multicast Adressen sind natürlich auch in IPv6 notwendig.

Der Aufbau ist folgender:

Abbildung 3.34: Multicast Adresse

Flags:

Hier werden diverse Flags angegeben, laut RFC.

Scope:

Hier wird der Multicast-Bereich festgelegt. Auch hierfür gibt es einen RFC (RFC 4291).

Anycast IPv6 Adresse

Die letzte relevante Adresse ist die Anycast Adresse. Sie wird mehreren Schnittstellen zugewiesen und spielt beim Routing eine Rolle.

Sie sehen, die IPv6 Adressen sind zwar unterschiedlich von den IPv4 Adressen, aber auch hier finden wir gewisse Regelmäßigkeiten und Vorschriften, wie sie einzusetzen sind.

Namensauflösung mit IPv6

LLMNR ist ein neues Protokoll für die Namensauflösung unter IPv6, das nur funktioniert, wenn das Betriebssystem mindestens Windows 7 oder Windows Server 2008 ist. Frühere Betriebssysteme unterstützen diese Art der Namensauflösung nicht!

LLMNR benutzt Multicast für die Namensauflösung und kann benutzt werden, wenn kein DNS-Server zur Verfügung steht. Es kann allerdings nur Namen im gleichen Netzwerk auflösen, da es nicht routingfähig ist.

Dass eine Namensauflösung über Broadcast stattfinden kann, wissen wir bereits. Diese Namensauflösung funktioniert allerdings nur mit IPv4 und auch nur, wenn NetBIOS aktiviert ist.

Sollten Sie NetBIOS deaktiviert haben, oder mit IPv6 arbeiten, bliebe Ihnen in diesem Fall nur die Namensauflösung mithilfe der Hosts-Datei.

LLMNR löst sozusagen das NetBIOS-Protokoll für die Namensauflösung ab. Der Host, der eine Namensauflösung vornehmen möchte, sendet eine Anfrage an die Multicastadresse (IPv4: 224.0.0.252, IPv6: FF02::1:3).

Alle Rechner, die das Protokoll LLMNR unterstützen, hören eben diese Multicastadressen nach entsprechenden Anfragen ab und können dann eine Antwort senden.

Die Vorgehensweise der Namensauflösung bei einem Windows 10-Client ist folgende:

- DNS-Namensauflösung

Wenn diese fehlschlägt:

- LLMNR-Namensauflösung (bis zu 2 Mal)

Wenn auch diese fehlschlägt und NetBIOS aktiviert ist:

- Broadcast-Namensauflösung mit NetBIOS

3.2.3 Netzwerkeinstellungen

Microsoft hat in Windows 10 eine sehr anschauliche grafische Darstellung für die Verwaltung des Netzwerks gewählt. Hier erkennen wir Elemente von Windows 8 wieder.

Öffnen Sie

- Einstellungen
- Ethernet
- Netzwerk- und Freigabecenter

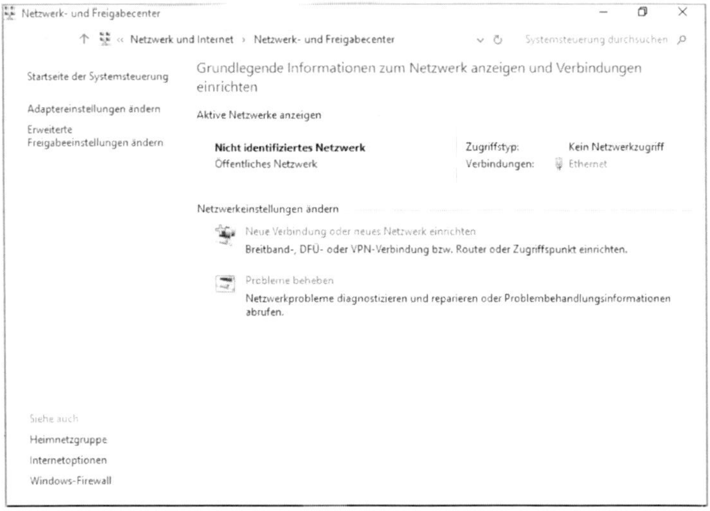

Abbildung 3.35: Netzwerk- und Freigabecenter

Netzwerkprofile

Netzwerkprofile ist ein Tool, mit dem Sie einen Windows 10 Rechner den Sicherheitsanforderungen anpassen können.

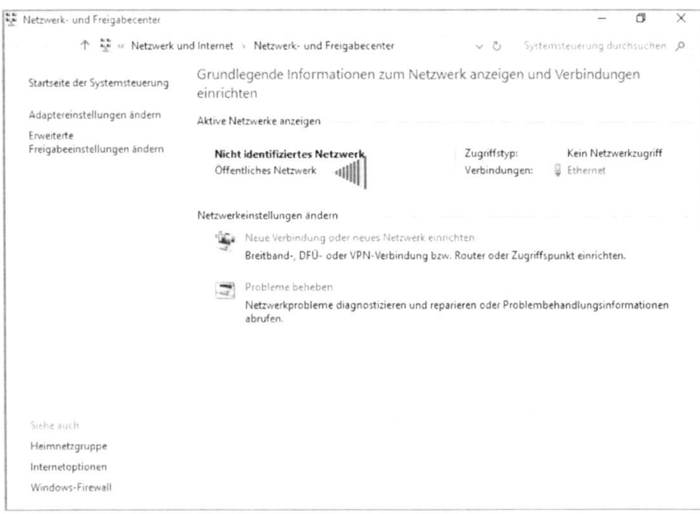

Abbildung 3.36: Netzwerkstandort

Momentan befinden wir uns in einem „öffentlichen Netzwerk“. Wenn Sie das ändern möchten, klicken Sie auf „Erweiterte Freigabeeinstellungen ändern“.

Sie können auswählen zwischen

- Heimnetzwerk
- Arbeitsplatznetzwerk
- Öffentliches Netzwerk

Heimnetzwerk und Arbeitsplatznetzwerk bedeutet, dass der Computer sich nicht an einem öffentlich zugänglichen Platz befindet und Sie zulassen möchten, dass dieser Computer mit anderen Computern Daten austauschen kann.

Öffentlich bedeutet, dass der Computer an einem öffentlichen Platz betrieben werden kann, wie beispielsweise mit einem direkten Zugang zum Internet und trotzdem sicher ist.

Die Firewall ist automatisch so konfiguriert, dass keine Ausnahmen zugelassen sind, die Netzwerkerkennung ist ausgeschaltet.

Sie sehen, diese Einteilung in verschiedene Standorttypen ermöglicht Ihnen, einen Computer, der sich an einem öffentlich zugänglichen Ort befindet, schnell so zu konfigurieren, wie die Situation es erfordert.

Ein Beispiel:

Sie haben ein Notebook und arbeiten normalerweise in einem kleinen privaten Netzwerk, das über einen Router an das Internet angeschlossen ist.

In diesem Fall werden Sie den Computer wahrscheinlich in einem „privaten Netzwerk“ betreiben und dies auch konfigurieren. Damit können Sie auf alle Ressourcen Ihres Rechners zugreifen lassen und die Firewall ist dementsprechend konfiguriert.

Nun müssen Sie verreisen und Sie möchten Ihr Notebook am Flughafen benutzen und dort über einen öffentlichen Access-Point ins Internet gehen.

In dieser Situation sollte Ihr Notebook so gut wie möglich geschützt sein, da es an einem öffentlichen Ort betrieben wird und niemand sollte auf Ihre Daten zugreifen können.

Sie stellen einfach den Standorttyp auf „Öffentliches Netzwerk“ um und Windows 10 ist geschützt. Die entsprechenden Firewalleinstellungen werden automatisch gemacht.

Die verschiedenen Netzwerkstandorte bieten Ihnen große Konfigurationsmöglichkeiten.

So können Sie auch weiter Anpassungen in den jeweiligen Netzwerkstandorten vornehmen, beispielsweise die Firewall weiter an die Bedürfnisse anpassen, weitere Ports öffnen oder schließen.

Für die Konfiguration gibt es natürlich auch ein Cmdlet:
Set-NetConnectionProfile

Freigabe und Erkennung

Im linken Teil des Fensters befinden sich die Einstellungen für die Freigaben.

Hier können Sie sehr fein festlegen, ob Zugriff von außen auf bestimmte Daten erlaubt sein soll, oder nicht. Außerdem haben Sie die Möglichkeit die Art des Zugriffs zu bestimmen.

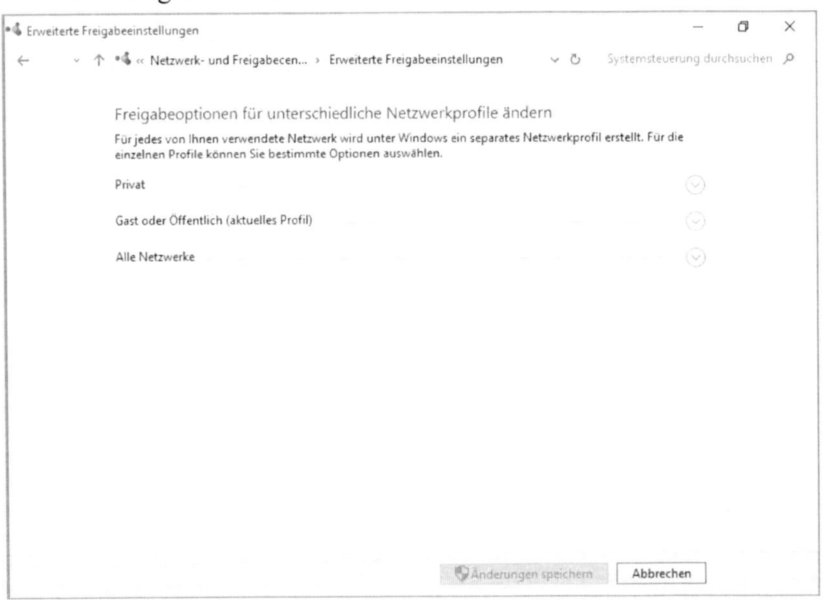

Abbildung 3.37: Freigabeoptionen für Netzwerkprofile

Sie sehen, Sie können für die eben erwähnten Netzwerkprofile hier die Freigabeeinstellungen festlegen und so den Computer abhängig von seinem Standort konfigurieren.

Netzwerkerkennung

Mit der Netzwerkerkennung legen Sie prinzipiell fest, ob der Rechner im Netzwerk überhaupt in Erscheinung treten soll, oder nicht.

Wenn Sie die Netzwerkerkennung einschalten, kann der Computer andere Rechner im Netzwerk sehen und nur dann kann er selber auch gesehen werden.

Datei- und Druckerfreigabe

Wenn Daten im Netzwerk verfügbar gemacht werden sollen, können Sie das an dieser Stelle einschalten.

Auch die gemeinsame Benutzung von lokal angeschlossenen Druckern können Sie hier konfigurieren.

Sie können die Freigabe von Daten natürlich auch ausschalten, in diesem Fall ist es nicht möglich, dass andere Rechner auf Ressourcen dieses Computers zugreifen können.

Netzwerkverbindungen

Mit den Netzwerkeinstellungen im unteren Teil des Netzwerk- und Freigabecenter können Sie eine neue Verbindung konfigurieren.

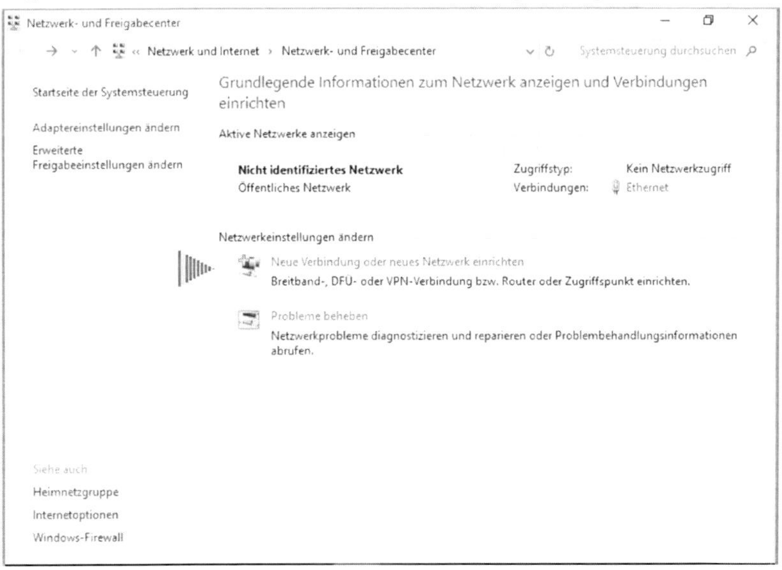

Abbildung 3.38: Neue Verbindung

Hier wählen Sie danach die Art der Verbindung aus und nehmen die weiteren Konfigurationsschritte vor.

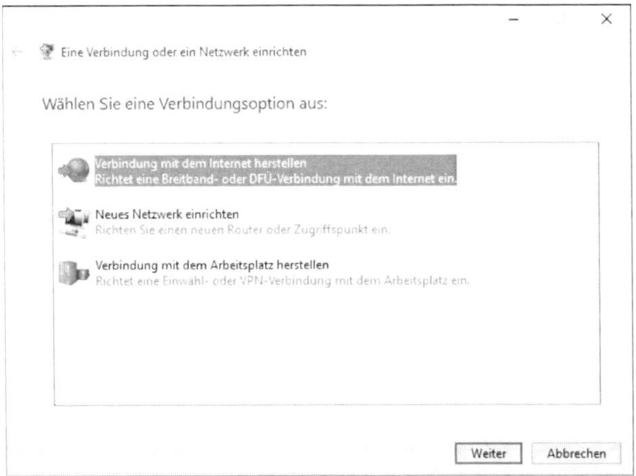

Abbildung 3.39: Art der Verbindung

Netzwerkprobleme beheben

Sollten Netzwerkprobleme auftauchen, wie zum Beispiel, dass eine Verbindung nicht aufgebaut werden kann, haben Sie die Möglichkeit, eine Problemlösung zu initiieren.

Dazu klicken Sie auf „Probleme beheben".

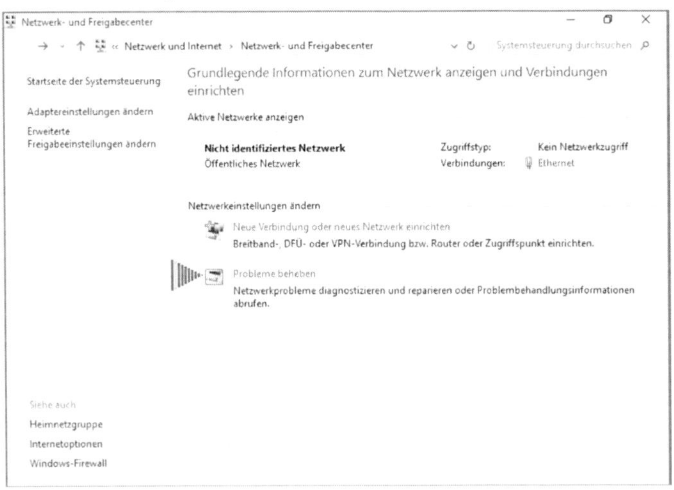

Abbildung 3.40: Probleme beheben

Es öffnen sich die „Einstellungen“ und es wird sofort zur „Problembehebung“ gewechselt.

Sie sehen, dass viele Probleme an dieser Stelle aufgeführt sind. In unserem Beispiel beschränken wir uns auf die Probleme mit den Internetverbindungen.

Nach Auswahl werden die Probleme ermittelt.

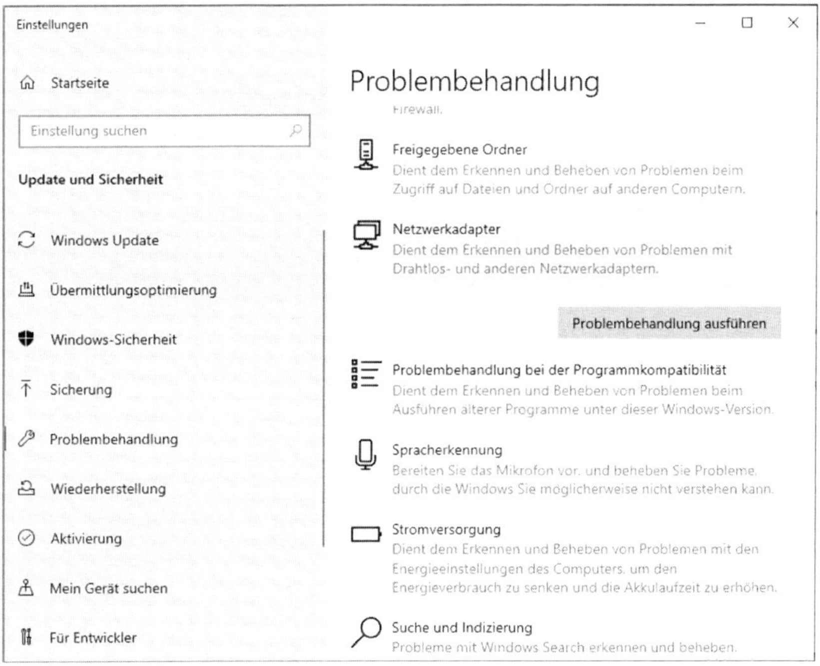

Abbildung 3.41: Einstellungen

3.2.4 WLAN-Einstellungen konfigurieren

Gerade bei mobilen Computern ist ein Wireless Netzwerk von größter Bedeutung. Mittlerweile haben alle Notebooks, auch die der niedrigen Preiskategorie, eine WLAN-Karte eingebaut und der grenzenlosen Kommunikation steht eigentlich nichts mehr im Weg.

Wireless LAN kann auf verschiedene Arten aufgebaut werden.

Peer-to-Peer WLAN

In einem Peer-to-Peer WLAN werden einige Rechner direkt über das

WLAN miteinander verbunden.

Dieses Netzwerk ist sehr schnell aufgebaut, hat aber keine Möglichkeit, auf Ressourcen zuzugreifen, die sich außerhalb dieses Netzes befinden.

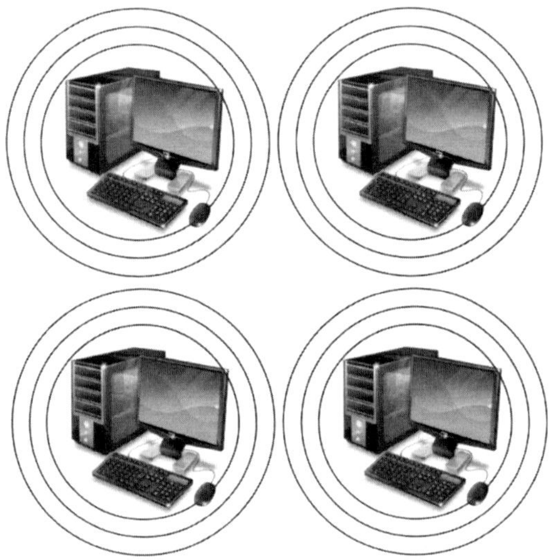

Abbildung 3.42: Peer-to-Peer WLAN

Jeder Rechner muss in der Funkreichweite jedes anderen Rechners liegen. Diese Konfiguration wird oftmals auch als „Ad Hoc" Modus bezeichnet.

In seiner ursprünglichen Auslegung blieb der „Ad Hoc Modus“ wenig genutzt.

Wi-Fi Direct

2009 wurde die Spezifikation von der Wifi Alliance überarbeitet.

Heraus kam „Wi-Fi Direct“.

Vom Grundsatz her ähnelt Wi-Fi Direct dem Ad Hoc Netzwerk, da kein AccessPoint manuell eingerichtet wird.

Ein Gerät, das den Wi-Fi-Direct Standard erfüllt, übernimmt die Funktion des AccessPoints. Mit diesem können sich nun andere Geräte verbinden.

Auf diese Weise können sich auch mehrere Geräte verbinden.

Windows 10 unterstützt Wi-Fi Direct.

Infrastruktur-WLAN

Hierbei wird der Kontakt über einen drahtlosen Zugriffspunkt (AccessPoint) hergestellt, der auch eine Anbindung an das restliche Netzwerk vornehmen kann.

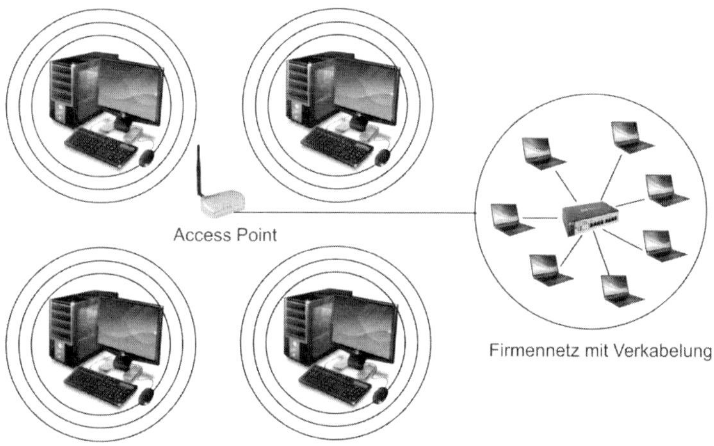

Abbildung 3.43: Infrastruktur-WLAN

Je nach Gebäudestruktur und Übertragungsrate können Funkzellen mit ca. 35-200 Metern innerhalb von Gebäuden gebildet werden.

WLANs sind einer ständigen Entwicklung unterworfen. Momentan gibt es folgende Standards, die sich in einigen Punkten unterscheiden:

Standard	Jahr	Frequenzen	Streams	Geschwindigkeit (maximal)
IEEE 802.11	1997	2,4 GHz	1	2 MBit/s
IEEE 802.11b	1999	2,4 GHz	1	11 MBit/s
IEEE 802.11a/h/j	1999	5 GHz	1	54 MBit/s
IEEE 802.11g	2002	2,4 GHz	1	54 MBit/s

IEEE 802.11n	2006	2,4	1 2 3 4	150 MBit/s 300 MBit/s 450 MBit/s 600 MBit/s
		5 GHz	1 2 3 4	150 MBit/s 300 MBit/s 450 MBit/s 600 MBit/s
IEEE 802.11ac	2012	5 GHz	1 2 3 4 5...8	433 MBit/s 867 MBit/s 1.300 MBit/s 1.733 MBit/s bis 6.936 MBit/s
IEEE 802.11ad	2012	60 GHz	1	4.620 MBit/s 6.757 MBit/s

Sicherheitsstandards für Wireless Netzwerke

Wireless Netzwerke haben ein großes Problem: Alle Daten werden über ein nicht geschütztes Medium übertragen, nämlich über die Luft.

Das erleichtert es natürlich nicht gerade, die Übertragungen sicher gegen Abhören zu machen.

Aus diesem Grund gibt es verschiedene Schutzmodelle für Wireless Netzwerke, die mit Verschlüsselung in verschiedenen Stärken arbeiten.

WEP (Wired Equivalent Privacy)

WEP ist die einfachste, älteste und auch schlechteste Methode, ein Wireless Netzwerk zu schützen. Bei WEP werden die Daten mit einem 40, 128, 154 oder 256 Bit Schlüssel geschützt, der allen Seiten bei der Kommunikation bekannt sein muss.

Das Problem bei WEP ist, dass es möglich ist, den Schlüssel auf aufgezeichneten Datenpaketen zu errechnen. Es ist bereits mit unter 100.000 Datenpaketen möglich, den Schlüssel mit einer Wahrscheinlichkeit von etwa 95% zu errechnen. Dies kann in wenigen

Minuten Datenverkehr geschehen.

Vermeiden Sie die Verschlüsselung mit WEP, wenn Sie die Möglichkeit haben, andere Sicherheitsmaßnahmen zu ergreifen, wie zum Beispiel

WPA (Wi-Fi Protected Access)

WPA ist eine Weiterentwicklung von WEP, bringt jedoch zusätzlichen Schutz durch dynamische Schlüssel, die auf dem Temporal Key Integrity Protocol (TKIP) basieren und bietet zur Authentifizierung von Nutzern Pre-Shared Keys (PSK) oder Extensible Authentication Protocol (EAP) über IEEE 802.1x an.

WPA2

WPA2 ist die logische Weiterentwicklung von WPA und existiert seit 2004. Hier wird der Verschlüsselungsalgorithmus AES benutzt.

WPA und WPA2 werden in der Konstellation eines einfachen Wireless Netzwerks im so genannten „Personal" Mode benutzt, in dem jeder Benutzer einen Schlüssel erhält, über den die Verschlüsselung vorgenommen wird.

Hierbei hängt die Sicherheit des Netzwerks natürlich von der Güte des Pre-Shared Keys ab.

ACHTUNG!
Nutzen Sie, wenn möglich, die maximale Schlüssellänge von 63 Zeichen, kombinieren Sie Buchstaben, Ziffern und Sonderzeichen und verwenden Sie Groß- und Kleinschreibung!

802.1x-Authentifizierung

Die momentan sicherste Möglichkeit, ein Wireless Netzwerk zu schützen, ist die Methode 802.1x.

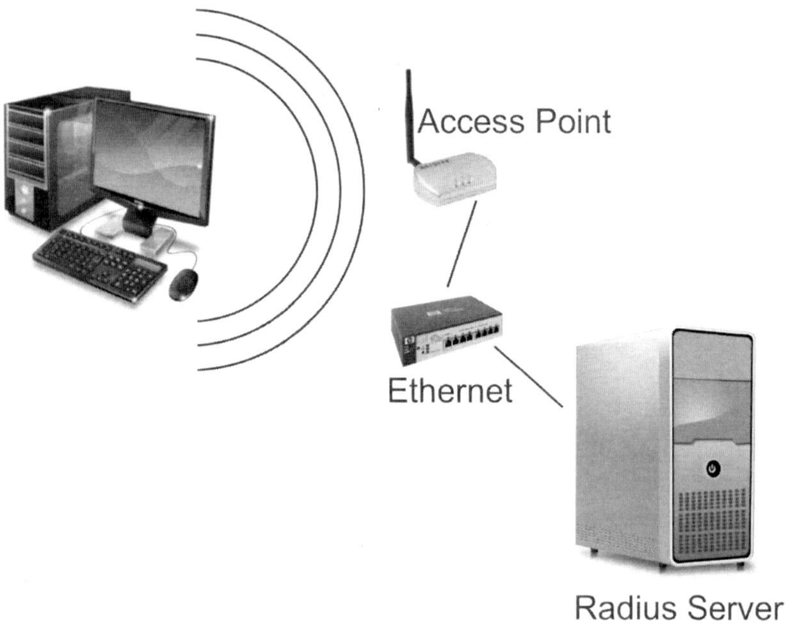

Abbildung 3.44: 802.1x

Der Wireless Client möchte über den AccessPoint Zugriff auf das Netzwerk erhalten. Damit der Zugriff stattfinden kann, muss zunächst eine Authentifizierung stattfinden, die von einem Authentifizierungsserver (RADIUS-Server) vorgenommen wird.

Somit muss sich der Client zunächst authentifizieren, bevor er Zugriff auf das Netzwerk erhalten kann.

In einem Netzwerk mit 802.1x Authentifizierung kann WPA und WPA2 im Enterprise Modus benutzt werden.

Verbindung mit einem Wireless Netzwerk herstellen

Das Herstellen einer Verbindung zu einem Wireless Netzwerk ist in der Regel recht einfach. Normalerweise erkennt die Netzwerkkarte automatisch ein Wireless Netzwerk in Reichweite und Sie werden gefragt, ob Sie sich mit diesem Netzwerk verbinden wollen.

Wenn das nicht automatisch passiert, gehen Sie folgendermaßen vor:

Klicken Sie im Infobereich auf das Symbol des Netzwerks.

Abbildung 3.45: Netzwerkeinstellungen

Nun sucht Windows 10 nach verfügbaren Wireless Netzwerken in Reichweite.

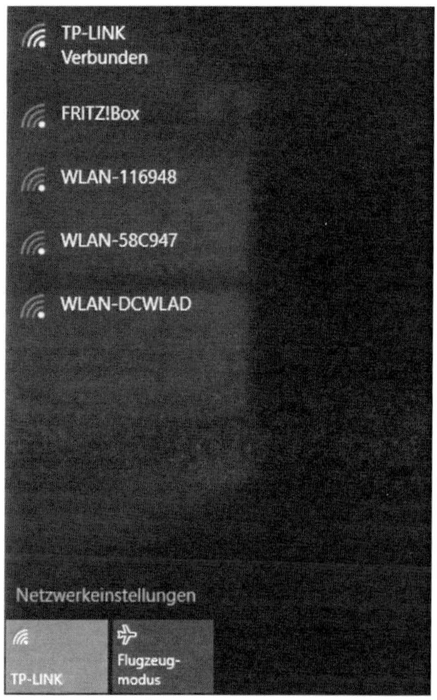

Abbildung 3.46: Wireless Netzwerk in Reichweite

Alle Netzwerke, die gefunden werden, finden Sie in einer Liste dargestellt. Suchen Sie sich das gewünschte Netzwerk aus und klicken Sie darauf.

Sie können ein bevorzugtes Netzwerk festlegen, indem Sie „Automatisch verbinden" auswählen.

Normalerweise ist das Drahtlosnetzwerk gesichert. In diesem Fall erhalten Sie ein Fenster, in dem Sie den Sicherheitsschlüssel eingeben müssen.

Abbildung 3.47: Netzwerksicherheitsschlüssel

Unten haben Sie noch die Möglichkeit, in den Flugmodus zu schalten, und auch die erweiterten Einstellungen vorzunehmen.

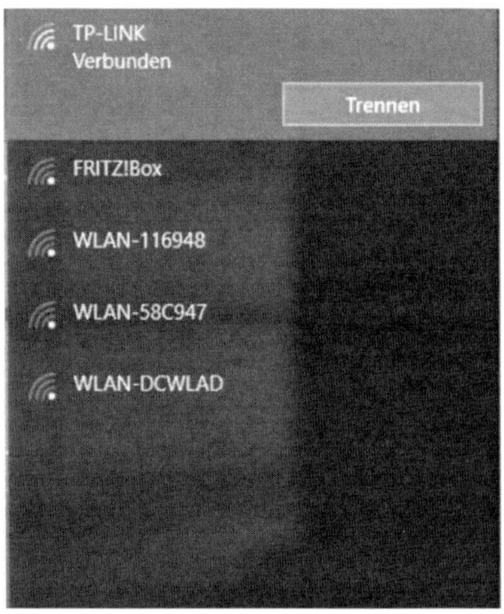

Abbildung 3.48: Netzwerkeinstellungen

In der App „Einstellungen" können Sie das WLAN konfigurieren.

Besonders wichtig ist die Einstellung „Automatisch verbinden, wenn in Reichweite".

Damit können Sie vermeiden, dass Sie sich jedes Mal manuell mit einem Netzwerk verbinden müssen, wenn Sie im Bereich dieser Verbindung sind.

3.2.5 VPN konfigurieren

Nun wollen wir uns mit dem Einrichten und der Konfiguration einer VPN-Verbindung beschäftigen.

Zuvor in diesem Kapitel haben wir schon kurz betrachtet, wie eine Netzwerkverbindung eingerichtet wird.

Nun wollen wir dies am Beispiel einer VPN-Verbindung konkretisieren.

Ein VPN benutzt das Internet als Kommunikationsweg. Sie stellen über Ihren Internet Service Provider (ISP) eine Verbindung zum Internet her und Ihre Daten werden dann durch das Internet bis zum VPN-Server der Firma geschickt.

Eine VPN-Verbindung stellen Sie im Netzwerk- und Freigabecenter her.

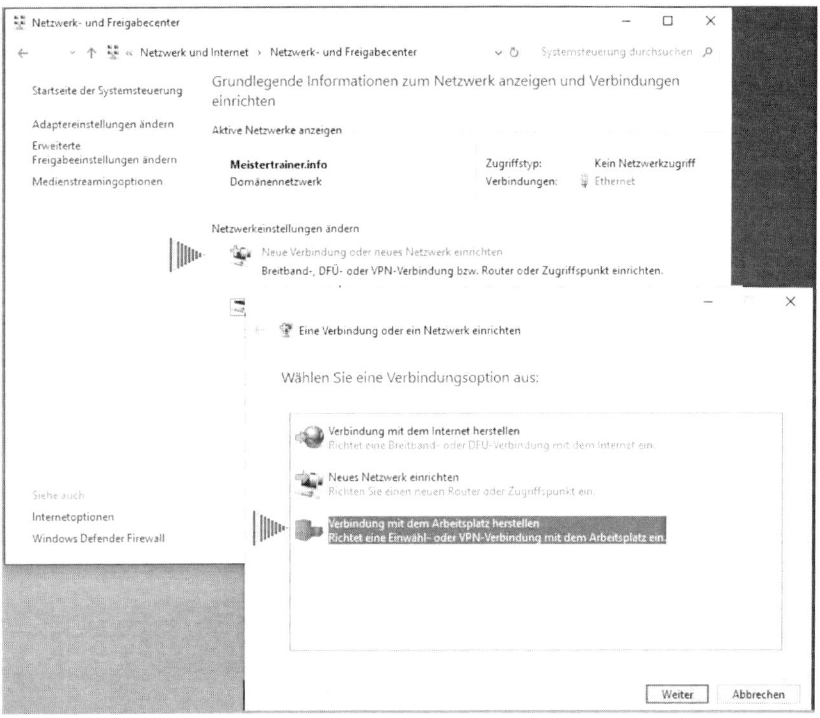

Abbildung 3.49: Erstellen einer VPN-Verbindung

Sie können natürlich auch die so genannte Anfangsverbindung definieren. Das ist die Verbindung, die Sie zunächst wählen müssen, um sich mit Ihrem ISP zu verbinden.

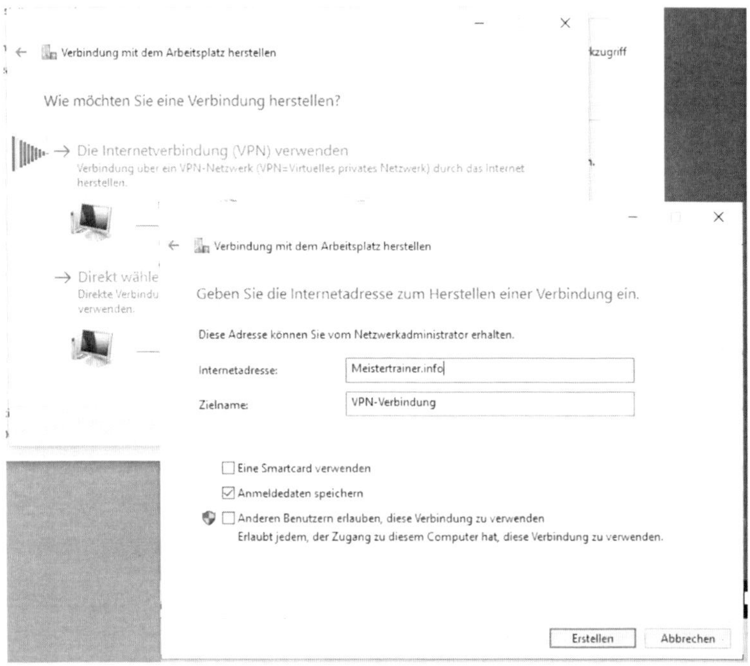

Abbildung 3.50: Anfangsverbindung

Zum Schluss müssen Sie noch den Namen oder die IP-Adresse des VPN-Servers in der Firma angeben, wobei der Name oder die IP-Adresse natürlich öffentlich und im Internet bekannt sein muss.

VPN-Protokolle

Gerade in einem VPN müssen wir Sorge tragen, dass die Daten unversehrt ankommen.

Die Datenübertragung über das Internet erfolgt natürlich über ein DFÜ-Protokoll, also entweder PPP oder PPPoE.

Damit das Internet benutzt werden kann, muss aber noch eine zweite Protokollschicht darüber gelegt werden, nämlich ein VPN-Protokoll.

Momentan gibt es drei verschiedene VPN-Protokolle:

PPTP:	Das ältere Protokoll
L2TP:	Neuer und moderner
SSTP:	vorhanden ab Windows Vista SP1

Aber bleiben wir zunächst bei PPTP und L2TP.

L2TP erscheint in allen Belangen besser, bis auf den wichtigsten: L2TP kann nicht verschlüsseln.

Das ist aber kein Problem, denn L2TP erlaubt eine Verschlüsselung, die viel besser ist, als die eigene Verschlüsselung von PPTP.

Mit L2TP ist es möglich, eine Verschlüsselung über IPSec zu machen.

IPSec ist ein Industriestandard und momentan wohl eine der sichersten Verschlüsselungen. Bei IPSec werden die Daten von der sendenden Netzwerkkarte bis zur empfangenden Netzwerkkarte verschlüsselt.

Versuchen Sie, wenn möglich, bei einem VPN immer L2TP zusammen mit IPSec zu benutzen.

Funktion	**PPTP**	**L2TP**
Header Komprimierung	Nein	Ja
Tunnel Authentifizierung	Nein	Ja
Eigene Verschlüsselung	Ja	Nein
Kann mit IP-basierten Netzwerken benutzt werden	Ja	Ja
Kann mit Netzwerken benutzt werden, die auf Frame Relay, X25 oder ATM basieren	Nein	Ja

SSTP (Secure Socket Tunneling Protocol)

SSTP verfolgt einen völlig anderen Weg: Es ermöglicht einen Transport der Daten über HTTPS.

Damit haben Sie die Möglichkeit, eine VPN-Verbindung durch eine Firewall einzurichten, ohne weitere Ports öffnen zu müssen.

SSTP benutzt standardmäßig Port 443, dies ist der SSL-Port. Dadurch ergibt sich zwangsläufig, dass auf dem VPN-Server ein Computerzertifikat installiert sein muss.

ACHTUNG!

SSTP ist ein wirklich gutes VPN-Protokoll, da die Konfiguration der Firewall sehr einfach ist.

Allerdings können Sie SSTP nur benutzen, wenn der VPN-Server mindestens Windows Server 2008 als Betriebssystem hat und die Clients mindestens Windows Vista ab SP1.

VPN Reconnect

Leider ist es immer wieder möglich, dass VPN-Verbindungen abreißen. Schön wäre es, wenn sie sofort wieder aufgebaut werden könnten.

In diesem Fall gibt es die Funktion des „VPN Reconnect“.

Damit wird eine VPN-Verbindung immer wieder aufgenommen, falls der Client den Zugang zum Internet verloren hat.

Die Konfiguration ist sehr einfach.

Sie wählen „Adaptereinstellungen ändern“ und wechseln auf die gewünschte VPN-Verbindung. Dort konfigurieren Sie die „Eigenschaften“.

Wechseln Sie auf die Registerkarte „Sicherheit“.

Abbildung 3.51: Sicherheitseinstellungen der VPN-Verbindung

Dort klicken Sie auf „Erweiterte Einstellungen“.

Wechseln Sie zur Registerkarte „IKEv2“.

Abbildung 3.52: IKEv2

Dort aktivieren Sie den Haken vor „Mobilität" und wählen den Zeitraum, nachdem die Verbindung wiederhergestellt wird. Die Auswahl liegt zwischen 5 Minuten und 8 Stunden.

Routing der Internetverbindung

Eine wichtige Eigenschaft für die VPN-Verbindung ist, dass Sie konfigurieren können, ob der Internetzugriff über das lokale Netzwerk oder das Remotenetzwerk geleitet wird.

Dafür gibt es in der IP-Konfiguration der VPN-Verbindung eine Einstellung "Standardgateway für das Remotenetzwerk verwenden".

Ist diese Option aktiviert, wird immer über das Remotenetzwerk auf das Internet zugegriffen, wenn sie deaktiviert ist, wird über das lokale Netzwerk auf das Internet zugegriffen, und nur der Datenverkehr für das Remotenetzwerk über die VPN-Verbindung geroutet.

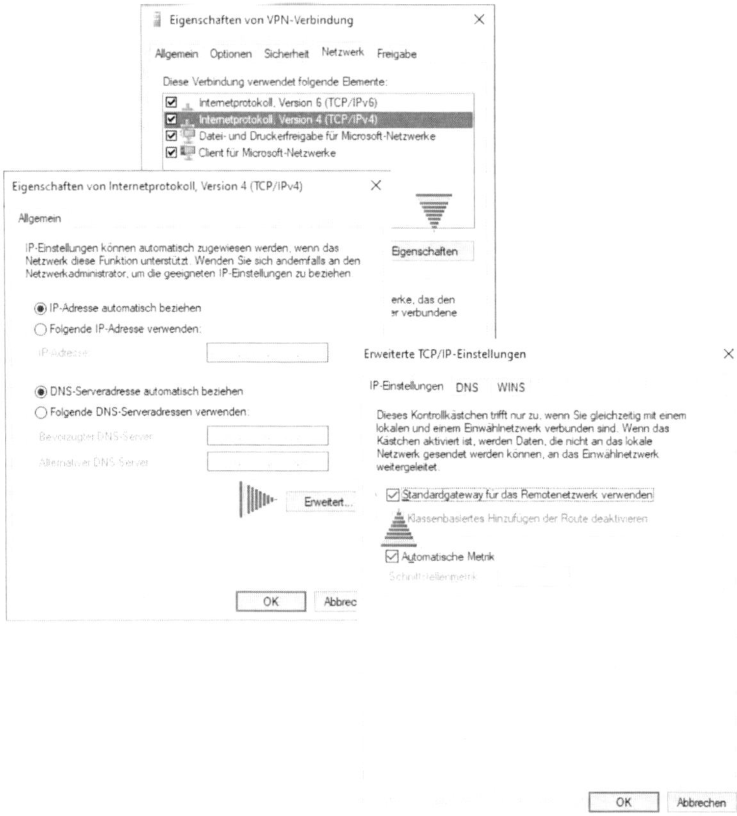

Abbildung 3.53: Standardgateway für das Remotenetzwerk verwenden

3.2.6 IPSec konfigurieren

IPSec ist eine Möglichkeit, Kommunikation über ein ungeschütztes Netzwerk zu verschlüsseln.

Wir haben ja schon gehört, dass eine VPN-Verbindung über L2TP aufgebaut werden kann, diese aber nicht von alleine verschlüsselt ist. Wir sollten diese Verbindung immer mit IPSec verschlüsseln.

Um eine bestehende VPN-Verbindung für IPSec zu konfigurieren, öffnen Sie die Eigenschaften der entsprechenden Verbindung.

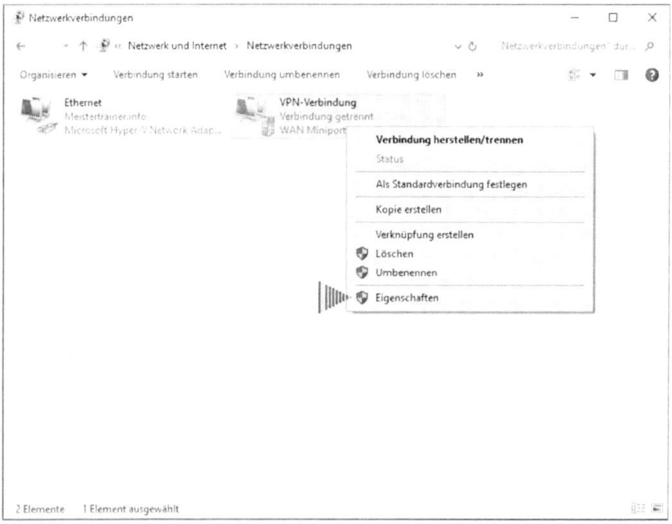

Abbildung 3.54: Eigenschaften der VPN-Verbindung

Hier wechseln Sie auf den Reiter „Sicherheit“.

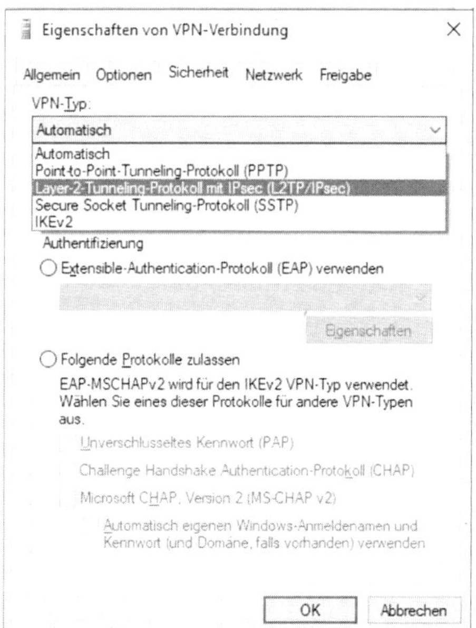

Abbildung 3.55: Sicherheit

Bei „VPN-Typ“ können Sie nun „L2TP/IPsec“ auswählen.

Im Bereich „Datenverschlüsselung“ haben Sie die Auswahl, wie sicher die Verbindung sein soll, was also passieren soll, wenn die Sicherheitsanforderungen des Servers nicht erfüllt werden.

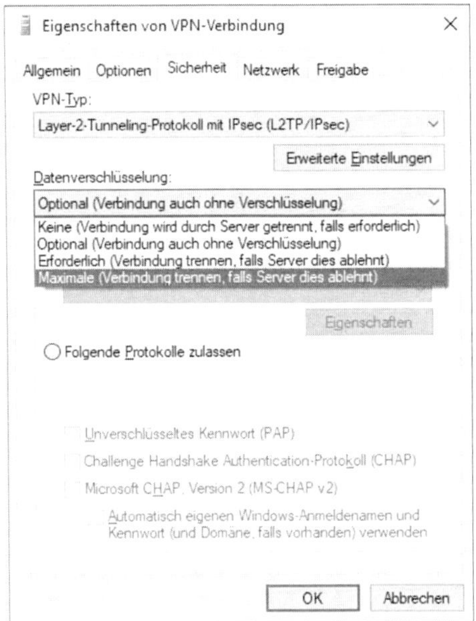

Abbildung 3.56: Datenverschlüsselung

Und wie erfolgt überhaupt die Verschlüsselung?

Das erfahren wir hinter der Schaltfläche „Erweiterte Einstellungen“.

Hier wird festgelegt, ob die Verschlüsselung durch ein Zertifikat oder einen gemeinsamen Schlüssel erfolgen soll.

Abbildung 3.57: Verschlüsselung

Zertifikate werden häufig in einer Domänenumgebung benutzt, ein gemeinsamer vorinstallierter Schlüssel ist auch ohne Domäne möglich und gebräuchlich.

Wichtig ist an dieser Stelle, dass die Verschlüsselung mit einem Algorithmus vorgenommen wird, der auf beiden Seiten (Client und Server) bekannt ist.

Im unteren Teil können Sie die Authentifizierungsprotokolle festlegen.

ACHTUNG!
Dieser Teil betrifft nicht die Datenverschlüsselung sondern nur die Verschlüsselung der Anmeldeinformationen!

PAP (Password Authentication Protocol)

Sendet Benutzername und Kennwort unverschlüsselt, und ist aus diesem Grund möglichst nicht zu wählen.

CHAP (Challange Authentication Protocol)

Auch CHAP verschlüsselt zwar Benutzername und Kennwort, sendet aber Daten unverschlüsselt.

Für eine VPN-Verbindung über PPTP muss CHAP benutzt werden.

MS-CHAP v2 (Microsoft Challange Authentication Protocol Version 2)

Dies ist die modernste und beste Version des Protokolls CHAP.

3.3 Remoteverwaltung

Zum Remotezugriff gehören natürlich alle Arten von Zugriff von außen auf das Netzwerk. Ein weiteres, wichtiges Thema ist die Verwaltung von mobilen Geräten.

Gerade bei Notebooks ist es immer wieder der Fall, dass man von außen auf das Netzwerk zugreifen muss. Hierfür gibt es viele Möglichkeiten, die wir uns in diesem Kapitel ansehen werden.

3.3.1 Remotedesktop

Eine Remoteverwaltungsmöglichkeit stellt der Remote Desktop dar. Sie verbinden sich mit einem Remotecomputer und können ihn benutzen, als wenn Sie direkt an der Maschine sitzen würden.

Ganz besonders praktisch ist der Remote Desktop, wenn Sie sowohl in der Firma als auch zu Hause mit einem Windows 10 Client arbeiten und beispielsweise von zu Hause aus auf Ihren Firmenrechner zugreifen möchten.

Im Prinzip erfolgt eine Remote Desktop Sitzung folgendermaßen:

- Sie stellen eine Verbindung zum Zielrechner her
- Sie melden sich am Zielrechner an
- Sie arbeiten am Zielrechner, Ihr momentaner Client stellt Ihnen nur Tastatur, Maus und Bildschirm zur Verfügung.

> **ACHTUNG!**
> Windows 10 erlaubt nur eine Verbindung! Wenn Sie sich an einem Rechner Remote anmelden, wird der Benutzer, der an der Maschine arbeitet, sofort abgemeldet!

Voraussetzung

Die Voraussetzungen, um eine Remotesitzung aufbauen zu können, sind einfach.

1. **Das Aufbauen einer Remotesitzung muss am Zielrechner genehmigt werden.**

- Am Server rechte Maustaste auf Computer
- Eigenschaften

Oder Sie gehen folgenden Weg:

- Systemsteuerung
- System und Sicherheit
- System

In beiden Fällen klicken Sie nun links auf die Schaltfläche „Remoteeinstellungen".

Im unteren Teil der Registerkarte finden Sie „Remotedesktop".

Abbildung 3.58: Grundeinstellungen für Remotedesktop

Hier haben Sie drei Auswahlmöglichkeiten:

Keine Remoteverbindung zu diesem Computer zulassen

Auf diesen Computer kann nicht über Remotedesktop zugegriffen werden.

Remoteverbindung mit diesem Computer zulassen

Mit dieser Wahl werden auch noch die älteren Versionen von Remotedesktop unterstützt.

Verbindungen nur von Computern zulassen, auf denen Remotedesktop mit Authentifizierung auf Netzwerkebene ausgeführt wird (empfohlen)

Wenn Sie sicher wissen, dass es nur ein Windows Vista, Windows 7 oder Windows 10 Client sein kann, der auf Ihren Rechner zugreifen möchte, dann wählen Sie diese Einstellung. Windows 10 unterstützt die Authentifizierung auf Netzwerkebene, wobei diese Funktionalität auch für ältere Clients heruntergeladen und installiert werden kann.

2. Der Benutzer muss das Recht haben, sich Remote anzumelden.

Der Benutzer muss Mitglied in einer Gruppe sein, die das Recht hat, sich an einem Remotesystem anzumelden.

Dieses Recht haben zwei Gruppen:

- Administratoren
- Remotedesktopbenutzer

Für administrative Tätigkeiten ist sowieso nur die Gruppe der Administratoren von Bedeutung. Falls Sie zusätzlich einigen Benutzern das Recht zum Anmelden an einem Remotesystem geben möchten, fügen Sie sie einfach der Gruppe „Remotedesktopbenutzer" hinzu.

Es gibt aber auch noch eine zweite Möglichkeit, einzelnen Benutzern den Remotezugriff auf einen einzelnen Rechner zu gewähren, indem Sie auf die Schaltfläche „Benutzer auswählen" klicken und die ausgewählten Benutzer hinzufügen.

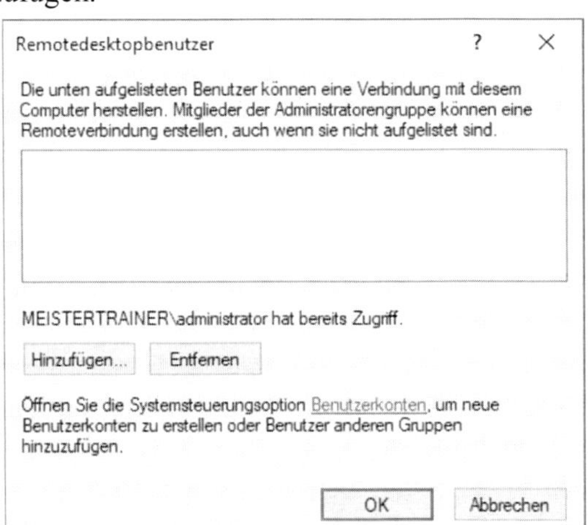

Abbildung 3.59: Benutzer hinzufügen

3. Die Firewall muss eine Remotedesktopsitzung zulassen.

Natürlich müssen Sie darauf achten, dass die Windows Firewall eine Remotedesktopsitzung erlaubt.

Dazu kontrollieren Sie, ob der Haken bei der Ausnahme „Remotedesktop“ gesetzt ist.

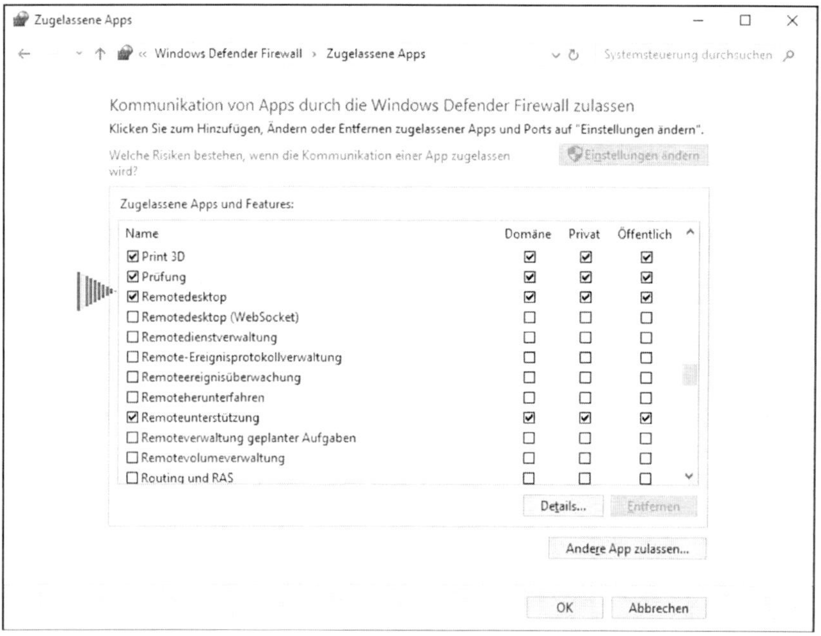

Abbildung 3.60: Konfiguration der Firewall

Aufbauen einer Remotesitzung

Nun können Sie vom Client aus eine Remotesitzung aufbauen.

Dies können Sie mit einer App machen.

Öffnen Sie das Startmenü und geben Sie ein „Remotedesktopverbindung“.

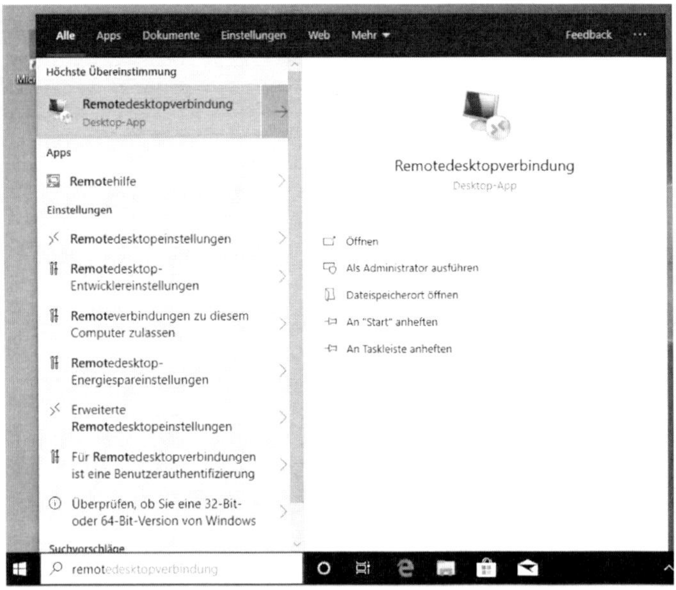

Abbildung 3.61: Remotedesktopverbindung

Aber egal, auf welche Weise Sie die App öffnen, es erscheint immer das Fenster, in dem Sie gefragt werden, mit welchem Computer Sie sich verbinden möchten.

Abbildung 3.62: Verbindung zum Remotecomputer

Wenn Sie hier den Namen oder IP-Adresse des gewünschten Remotecomputers eintragen, werden Sie sofort verbunden und bekommen das Anmeldefenster.

Abbildung 3.63: Allgemeine Einstellungen

Sie können aber auch auf die Schaltfläche „Optionen“ klicken und noch einige Einstellungen machen.

Auf der Registerkarte „Allgemein“ können Sie die Verbindungseinstellungen in einer RDP-Datei speichern. Dadurch können Sie auf Ihre einmal getroffenen Konfigurationseinstellungen jederzeit zurückgreifen.

Abbildung 3.64: Anzeigeoptionen

Auf der Registerkarte „Anzeige“ können Sie die Einstellungen Ihres Bildschirms definieren. Der obere Schieber stellt die Größe des Remotebildes dar. Wenn der Schieber ganz rechts ist, wird das Remotebild im Vollbild dargestellt.

Auch die Farbtiefe können Sie hier einstellen. Der Haken bei „Verbindungsleiste bei Vollbild anzeigen“ ist standardmäßig gesetzt. Das bedeutet, dass Sie im Vollbildmodus eine Leiste am oberen Bildschirmrand sehen, die Sie daran erinnert, dass Sie auf einem Remotesystem arbeiten.

Abbildung 3.65: Lokale Ressourcen

Auf der Registerkarte „Lokale Ressourcen“ stellen Sie ein, wie die Ressourcen des Clients, an dem Sie sitzen, verwendet werden.

Sie können auswählen, ob Sounds auf Ihrem Computer wiedergegeben werden sollen.

Interessant ist auch die Verwendung von Tastenkürzeln. Hier sollten Sie die Einstellung belassen „Nur im Vollbildmodus anwenden“. So vermeiden Sie Verwechslungen mit Ihrem lokalen Desktop.

Auch weitere lokale Geräte können vom Remotecomputer aus benutzt werden. Hier ist der Drucker sehr wichtig, wobei auf dem Remotecomputer der entsprechende Druckertreiber installiert sein muss.

Auf der Registerkarte „Leistung“ können Sie die Übertragungsrate wählen. In Abhängigkeit dieser Rate können Sie auch verschiedene Dinge anzeigen oder nicht anzeigen lassen.

Bei einer niedrigen Übertragungsrate ist es besser, wenn aufwändige Grafiken, wie das Hintergrundbild, nicht übertragen werden. Diese Einstellungen können Sie hier nach Ihren Wünschen vornehmen.

Abbildung 3.66: Leistung

Die letzte Registerkarte „Erweitert“ beschäftigt sich mit der Authentifizierung auf Netzwerkebene. Sie können wählen, ob Sie eine Warnmeldung sehen wollen, falls die Authentifizierung fehlschlägt.

Abbildung 3.67: Erweitert

Wenn Sie auf „Einstellungen“ klicken, können Sie die Einstellung „Remotedesktop-Gateway“ machen.

Abbildung 3.68: Remotedesktop-Gateway

Ein Remote-Desktop Gateway ist ein Server, auf dem dieser Rollendienst aktiviert ist. Hierbei wird das Protokoll RDP über https getunnelt. Damit ist eine Kommunikation über eine Firewall viel einfacher möglich.

Die Remotesitzung

Wenn Sie auf die Schaltfläche „Verbinden“ klicken, wird die Remotedesktopsitzung aufgebaut. Ein eventuell momentan am Remoterechner angemeldeter Benutzer wird abgemeldet.

Abbildung 3.69: Meldung

Es ist möglich, dass eine Fehlermeldung erscheint, die einen Zertifikatsfehler anzeigt. Windows benutzt für den Remotedesktop ein selbstsigniertes Zertifikat, das vom Client nicht akzeptiert wird.

Sie können die Verbindung aber trotzdem herstellen, wenn Sie sicher sind, dass der Zielcomputer vertrauenswürdig ist.

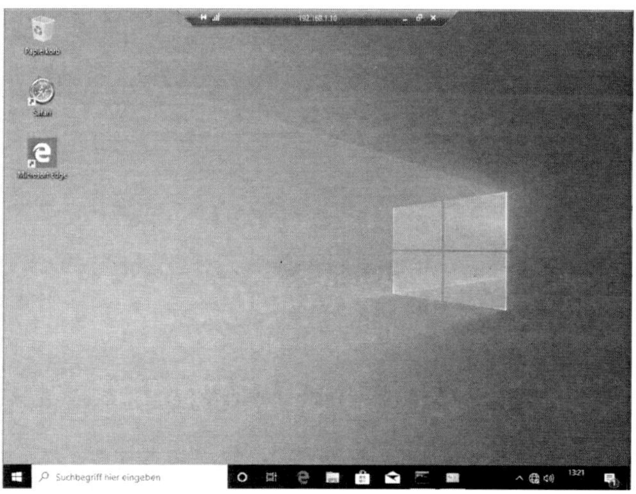

Abbildung 3.70: Remotesitzung

Sie sehen den Desktop des entfernten Computers und im Vollbild ist eine Leiste am oberen Ende eingeblendet, die Ihnen bestätigt, dass es sich um eine Remotesitzung handelt.

Nun können Sie alle administrativen Aufgaben durchführen.

Beenden einer Remotesitzung

Es gibt zwei Möglichkeiten, das Ende einer Sitzung zu gestalten:

- Sitzung trennen
- Sitzung beenden

Bei einer getrennten Sitzung werden auf dem Server die Ressourcen nicht wieder freigegeben, ein Trennen ist also nur für eine kurze Abwesenheit vom Arbeitsplatz richtig.

ACHTUNG!
Wenn Sie eine Remotesitzung ordnungsgemäß beenden wollen, wählen Sie „Abmelden“.

Besonderheiten beim Remotedesktop

Sollten Sie eine Firewall betreiben, muss der entsprechende Port offen sein, das ist der Port 3389 (RDP). Andernfalls sollten Sie ein Remotedesktop-Gateway in der Firma konfigurieren, damit Sie RDP über https tunneln können. Damit muss an der Firewall im Normalfall nichts mehr geändert werden, da der https Port 443 sowieso meistens offen ist.

Häufig ist es ein Problem, dass Internetverbindungen aus Kostengründen bei Leerlauf schnell gekappt werden. Sie sollten auf jeden Fall vermeiden, dass Ihre Internetverbindung während der Sitzung beendet und wieder aufgebaut wird. Meistens bekommen Sie dann eine andere IP-Adresse und die Kommunikation kann nicht mehr stattfinden.

ACHTUNG!
Dies ist auch ein häufiges Problem bei der Remoteunterstützung. Sie senden einen Hilferuf und beenden die Internetverbindung. Der Helfer kann nun nicht antworten, da die IP-Adresse, die ihm mit dem Hilferuf zugegangen ist, nicht mehr gültig ist. Sorgen Sie dafür, dass Sie während des Wartens auf Antwort nicht vom Internet getrennt werden!

3.3.2 Remoteunterstützung

Eine sehr sinnvolle Hilfe für Benutzer, die ein Problem haben, ist die Remoteunterstützung. Sie basiert auf einem ähnlichen Prinzip wie der Remotedesktop.

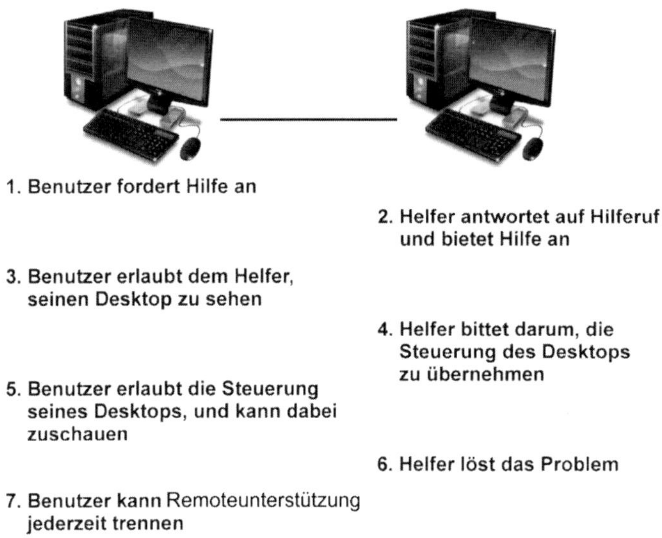

Abbildung 3.71: Das Prinzip der Remoteunterstützung

Ein Benutzer, der ein Problem hat, bittet einen anderen Benutzer um Hilfe. Dieser kann sich mit dem Desktop des Benutzers verbinden und das Problem sehen.

Wenn der Benutzer es dem Helfer erlaubt, kann der Helfer sogar die Steuerung des Desktops übernehmen und der Benutzer kann zuschauen, wie der Helfer das Problem löst.

Die Voraussetzungen

Damit eine Remoteunterstützung stattfinden kann, müssen folgende Voraussetzungen erfüllt sein:

1. **Das Senden einer Hilfeanfrage muss am anfragenden Rechner genehmigt werden.**

- Systemsteuerung
- System und Sicherheit
- System

Klicken Sie links auf die Schaltfläche „Remoteeinstellungen".

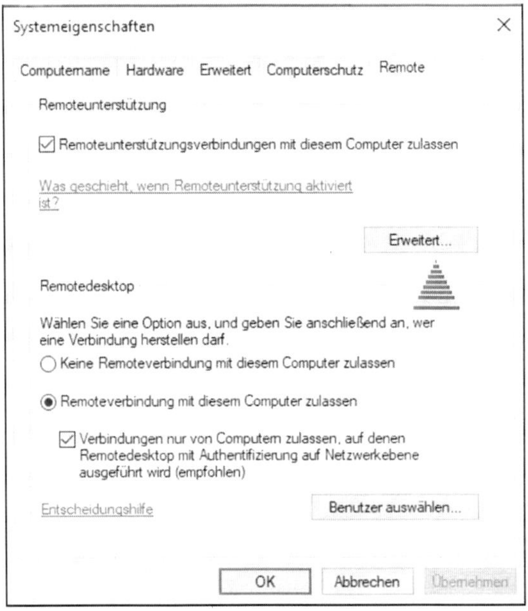

Abbildung 3.72: Remoteunterstützung

Um zu erlauben, dass von diesem Computer aus Remoteunterstützungsanfragen geschickt werden können, setzen Sie den Haken vor „Remoteunterstützungsverbindungen mit diesem Computer zulassen".

ACHTUNG!
Dieser Haken muss nur bei demjenigen gesetzt sein, der um Hilfe bittet. Der Helfer benötigt die Aktivierung nicht!

Klicken Sie auf „Erweitert" und setzen Sie die maximale Dauer der Gültigkeit der Anforderung fest.

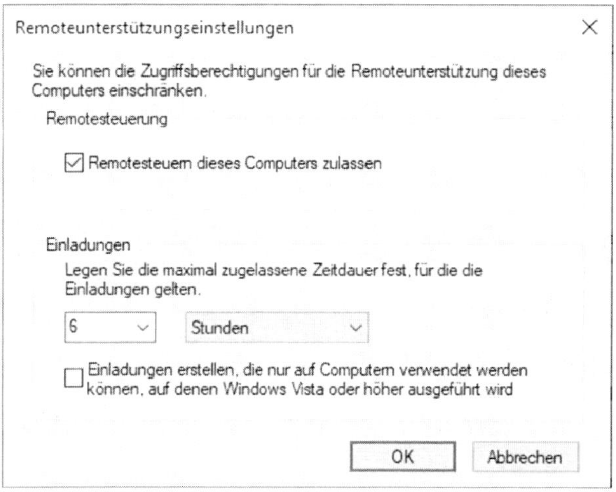

Abbildung 3.73: Zeitdauer der Einladungen

2. Die Windows Firewall ist für Remoteunterstützung geöffnet

Natürlich müssen Sie wieder darauf achten, dass die Windows Firewall für Remoteunterstützung geöffnet ist.

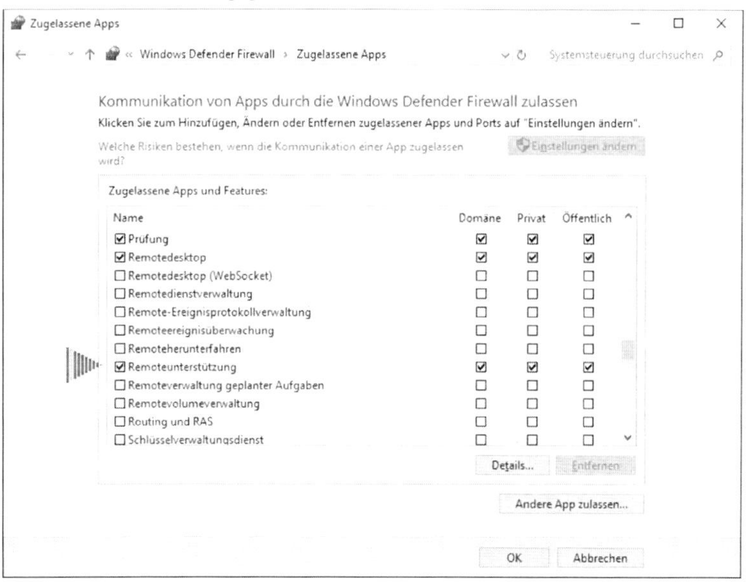

Abbildung 3.74: Firewalleinstellungen

Bitte um Hilfe

Nun können Sie jemanden um Hilfe bitten, wenn Sie ein Problem nicht alleine lösen können.

Starten Sie die App mit der Eingabe von „msra.exe".

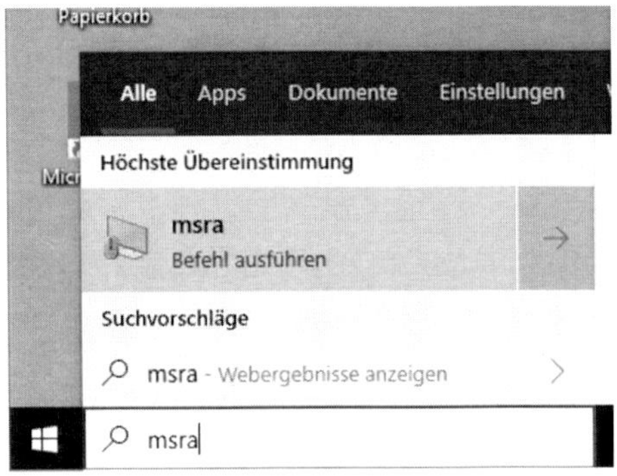

Abbildung 3.75: Starten der Anfrage

Im nächsten Fenster können Sie eine Einladung schicken, oder auch jemandem Hilfe anbieten.

In diesem Beispiel wollen wir um Hilfe bitten.

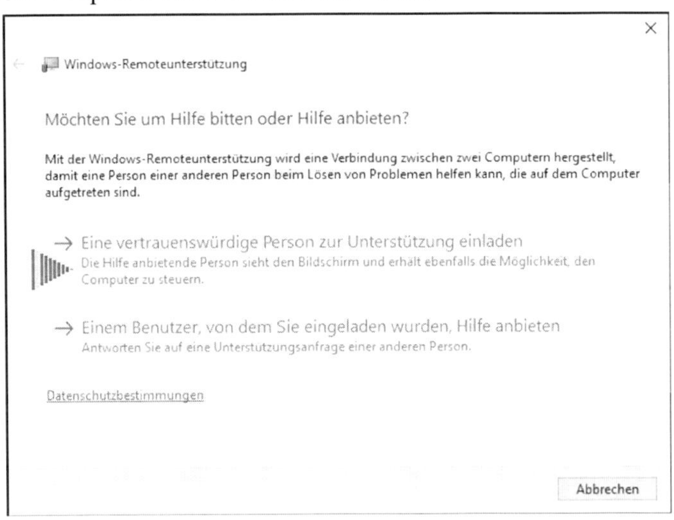

Abbildung 3.76: Um Hilfe bitten oder Hilfe anbieten

Im nächsten Fenster wählen Sie, auf welche Art Sie die Einladung verschicken möchten.

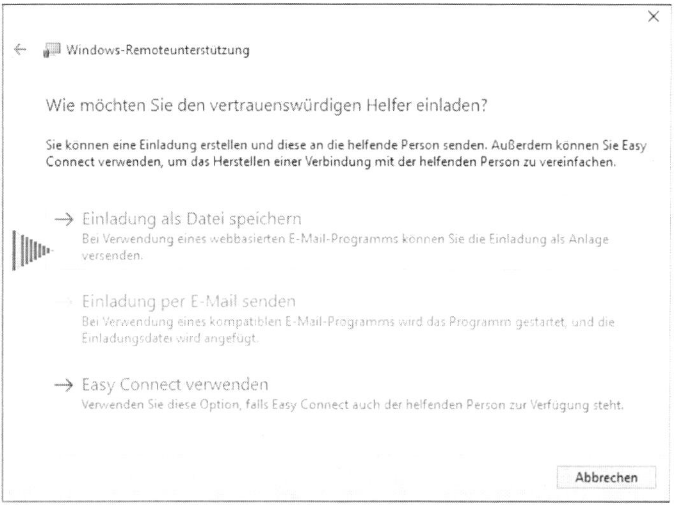

Abbildung 3.77: Verschicken

Normalerweise werden Einladungen über das firmeninterne Mailsystem verschickt, oder über Easy Connect.

In dieser Schulungsumgebung ist kein Mailsystem konfiguriert. Aus diesem Grund arbeiten wir hier mit der Alternative, nämlich die Anfrage in einer Datei speichern.

Sie müssen nun nur noch dem Helfer die Datei und das zufällige Kennwort zukommen lassen.

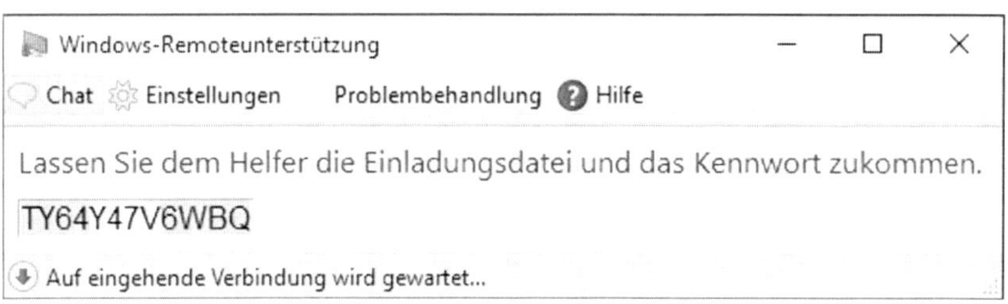

Abbildung 3.78: Speicherort

Nach dem Absenden der Einladung warten Sie nun, dass der Helfer antwortet.

Nun ist der Helfer an der Reihe. Er erhält die Einladung und öffnet sie.

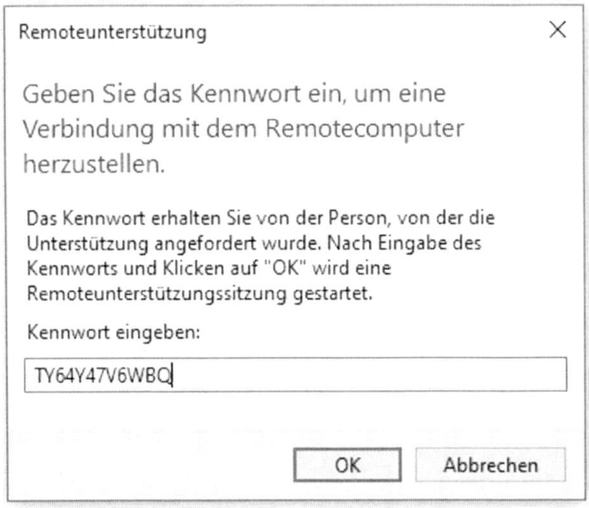

Abbildung 3.79: Einladung

Wenn er helfen kann und möchte, gibt er gegebenenfalls das Kennwort ein und stellt die Verbindung zum Computer des Anfragenden her.

Er wird mit dem anderen Computer verbunden, sieht aber zunächst einmal den Desktop des Fragenden nicht.

Denn nun wird der Anfragende darüber informiert, dass der Helfer sich gerne mit dem Computer verbinden würde. Dies geht aber nur, wenn die Verbindung erlaubt wird.

Der Anfragende muss die Verbindung explizit erlauben.

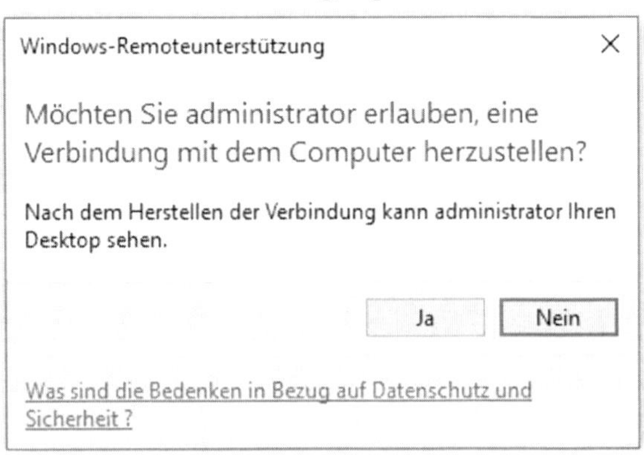

Abbildung 3.80: Der Anfragende muss die Verbindung erlauben

Nachdem der Anfragende der Verbindung zugestimmt hat, wird er über den momentanen Stand unterrichtet.

Jetzt ist der Helfer in der Lage, den Computer fernzusteuern. Der Anfragende kann jede Mausbewegung sehen und weitere Fragen jederzeit über das Chatboard stellen.

Möchte der Anfragende beispielsweise während der Sitzung etwas erledigen, was der Helfende nicht sehen soll, so klickt er auf „Anhalten".

Der Helfer sieht nun nur noch einen schwarzen Bildschirm, solange, bis der Anfragende die Sitzung fortsetzt.

Natürlich kann der Anfragende auch chatten, eine Datei an den Helfer senden, die Einstellungen ändern, oder die Sitzung trennen.

Abbildung 3.81: Verwaltungskonsole

3.3.3 Remotehilfe

Die Remoteunterstützung ist bereits seit Windows XP ein gerne benutztes Tool.

In Windows 10 sollen älterer Apps modernisiert werden, deswegen ist im Lieferumfang ein neues Tool dabei, das die Remoteunterstützung ablösen soll:

Die Remotehilfe wurde im Sommer 2016 mit der Windows 10 Version 1607 vorgestellt.

Die Voraussetzung für Remotehilfe ist ein Internet Zugang und ein Microsoftkonto.

Die Remotehilfe ist sehr einfach zu bedienen, denn es müssen keine Einstellungen vorgenommen oder überprüft werden.

Wenn Sie von einem Rechner aus auf einen anderen zugreifen wollen, starten Sie einfach das Programm „Remotehilfe".

Abbildung 3.82: Remotehilfe

Um Zugriff zu erlangen, wählen Sie „Unterstützung gewähren".

Im nächsten Schritt müssen Sie Ihr Microsoft-Konto angeben.

Remotehilfe läuft über die Microsoft Cloud und kann nur mithilfe eines Microsoft-Kontos benutzt werden.

Abbildung 3.83: Anmeldung mit dem Microsoft-Konto

Nun wird ein Sicherheitscode generiert, der dem Endbenutzer mitgeteilt werden muss.

Hier ist relative Eile geboten, denn der Code wird nach weniger als 10 Minuten ungültig.

Abbildung 3.84: Sicherheitscode

Nun betrachten wir den Rechner, auf den zugegriffen werden soll.

Auch hier öffnen Sie die Remotehilfe, wählen aber natürlich „Unterstützung anfordern“.

An dieser Stelle muss der zuvor mitgeteilte Code eingegeben werden.

Abbildung 3.85: Unterstützung anfordern

Nun wird die Verbindung eingerichtet.

Der Helfende erhält nun eine Abfrage, ob er Vollzugriff möchte.

Abbildung 3.86: Freigabeoption

Danach muss er warten, bis der Benutzer die Steuerung freigegeben hat.

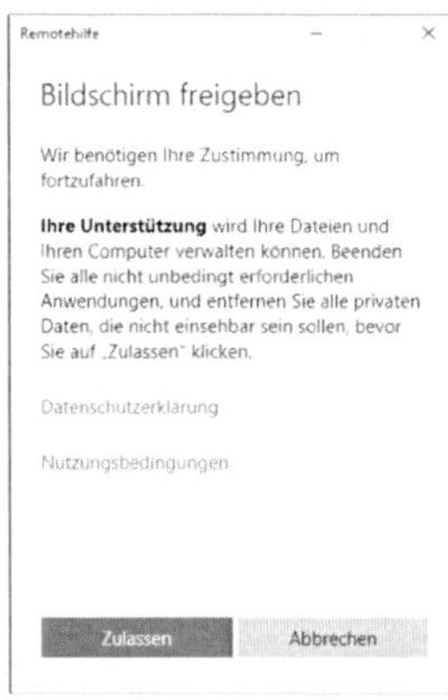

Abbildung 3.87: Bildschirm freigeben

All diese Schritte sind der Remoteunterstützung sehr ähnlich.

Der Benutzer kann jederzeit die Sitzung unterbrechen und neu starten, und sie natürlich jederzeit beenden.

Betrachten wir den Bildschirm des Helfenden.

Er sieht den Bildschirm des Benutzers.

Im oberen Bereich ist eine Leiste mit wichtigen Aufgaben, z.B. die Größenanpassung des Bildschirms des Benutzers

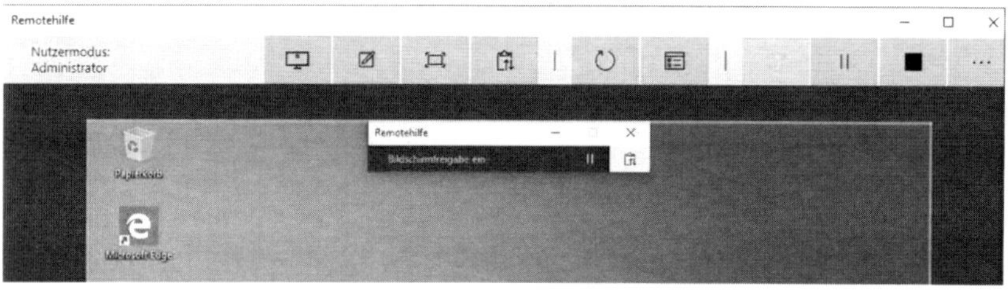

Abbildung 3.88: Leiste

Auch hier ist eine Unterbrechung der Sitzung und eine Wiederaufnahme möglich oder das Beenden der Sitzung.

Eine sehr praktische Möglichkeit ist es, den Taskmanager des Benutzers direkt mit einem Klick aufzurufen.

Im Endeffekt hat die Remotehilfe die gleichen Möglichkeiten wie die Remoteunterstützung.

3.3.4 Remote-PowerShell

Last but not least, hat natürlich auch die PowerShell eine Möglichkeit der Remote-Verwaltung eines Rechners.

PowerShell Remoting einschalten

Rechner die über PowerShell Befehle von einem anderen Computer annehmen, müssen dafür konfiguriert werden.

Im Detail wird der WinRM Dienst für die Verbindung verwendet, dieser ist standardmäßig gestoppt:

Eine Möglichkeit, diesen Dienst einzuschalten, finden Sie unter

- Dienste
- Windows-Remoteverwaltung

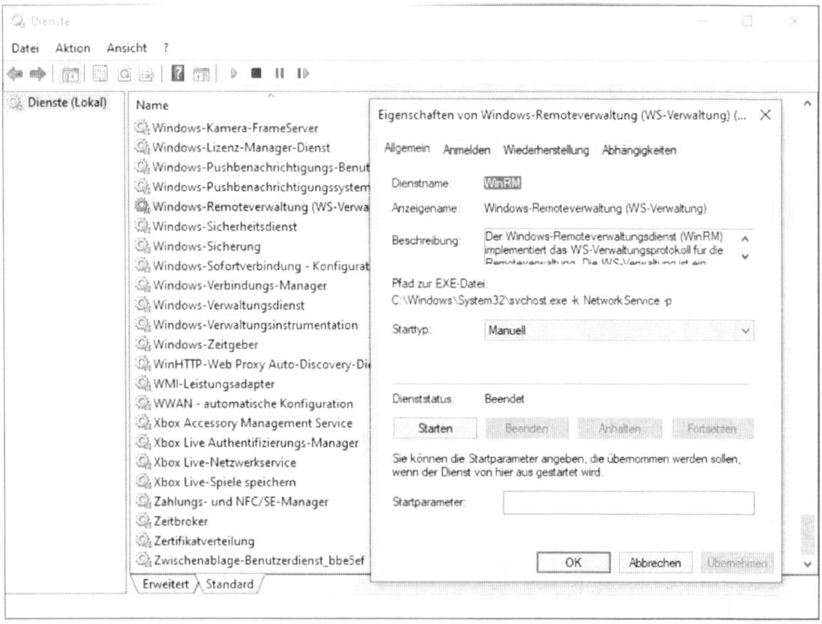

Abbildung 3.89: WinRM

Dieser Dienst muss gestartet werden.

Ich möchte Ihnen alle Konfigurationseinstellungen in der PowerShell zeigen, damit Sie diese Schritte kennenlernen.

Deswegen öffne ich auf beiden Rechnern, sowohl auf dem Quell- als auch auf dem Zielrechner eine PowerShell-ISE im Administratormodus.

Für das Starten des Dienstes und das Anpassen notwendiger Firewall-regeln muss am Zielcomputer folgender Befehl in der PowerShell eingegeben werden:

Enable-PSRemoting –Force

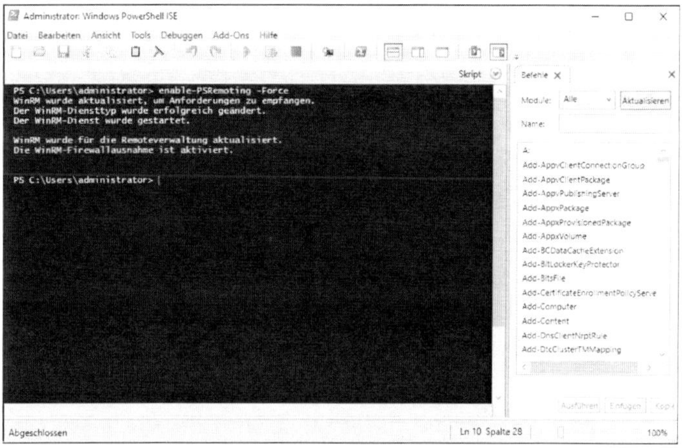

Abbildung 3.90: Enable-PSRemoting

In einer Domänenumgebung muss dieser Befehl nur am Zielrechner eingegeben werden, in einer Arbeitsgruppe dagegen muss auch der Quellrechner konfiguriert werden.

Remote PowerShell funktioniert nur, wenn das Netzwerkprofil beider Rechner auf „Privat" oder „Domänennetzwerk" steht.

Das werde ich nun auf beiden Rechnern überprüfen. Mit dem Befehl

get-netconnectionprofile

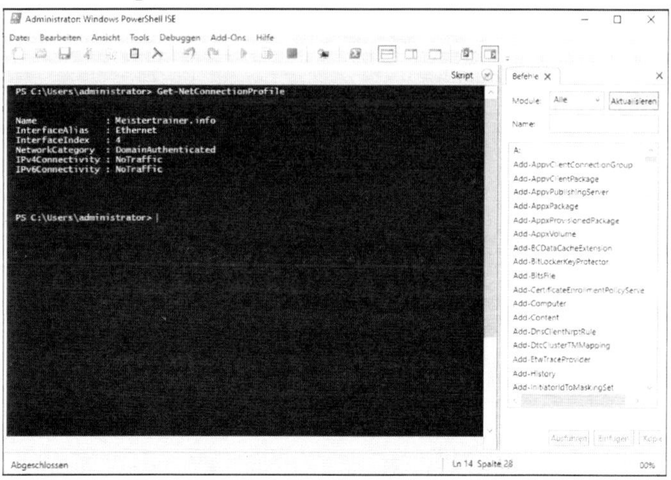

Abbildung 3.91: Netzwerkprofil

In diesem Fall steht das Netzwerkprofil auf „Domänennetzwerk“, und Sie müssen nichts ändern.

Falls es auf „Öffentlich“ stehen sollte, müssen Sie das Profil mit folgendem Befehl auf „Privat“ stellen:

set-netconnectionprofile –InterfaceIndex <X> –NetworkCategory Private

Diese Konfiguration führen Sie auf beiden Rechnern durch.

Wenn beide Rechner in einer Domäne sind, ist die Konfiguration nun abgeschlossen.

Falls sich aber die beiden Rechner in einer Arbeitsgruppe befinden, müssen noch einige Einstellungen gemacht werden.

Sie müssen dafür sorgen, dass sich der Quell- und der Zielrechner gegenseitig vertrauen.

In einer Domäne ist dieses Vertrauen schon gegeben, da alle Clients innerhalb der Domäne sind und somit explizit eingerichtet worden sind.

In einer Arbeitsgruppe dagegen gibt es kein automatisches Vertrauen, da dies auch ein zufälliger Zusammenschluss von Rechnern sein kann.

Also muss das Vertrauen hergestellt werden.

Auf dem Zielcomputer muss das Vertrauen zu allen Rechnern eingerichtet werden, die auf ihn zugreifen wollen.

Set-Item wsman:\localhost\client\trustedhosts *

Auf dem Quellcomputer muss das Vertrauen nur zum Zielcomputer eingerichtet werden:

Set-Item wsman:\localhost\client\trustedhosts W7-Upgrade

Einrichten der Remotesitzung

Wenn alle Voraussetzungen erfüllt sind, kann eine Remotesitzung aufgebaut werden.

Um die Sitzung einzuleiten, öffnen Sie nun am besten auf dem Verwaltungscomputer, von dem aus Sie auf den Zielrechner zugreifen wollen, die PowerShell ISE und klicken auf „Datei“ –„Neue Remote PowerShell Registerkarte.“

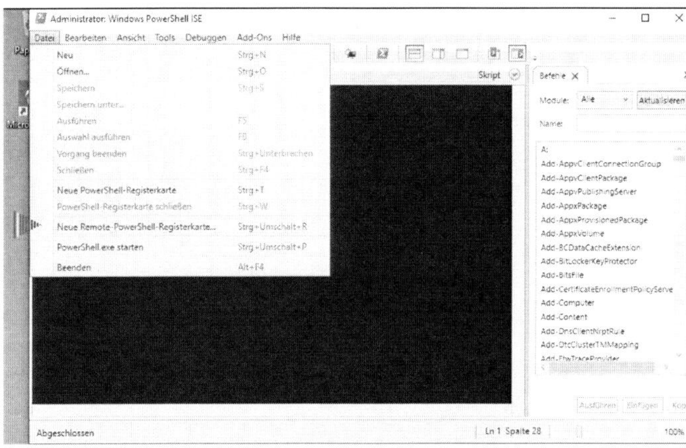

Abbildung 3.92: Remote PowerShell öffnen

Hier geben Sie den Zielcomputer und den gewünschten Benutzer ein.

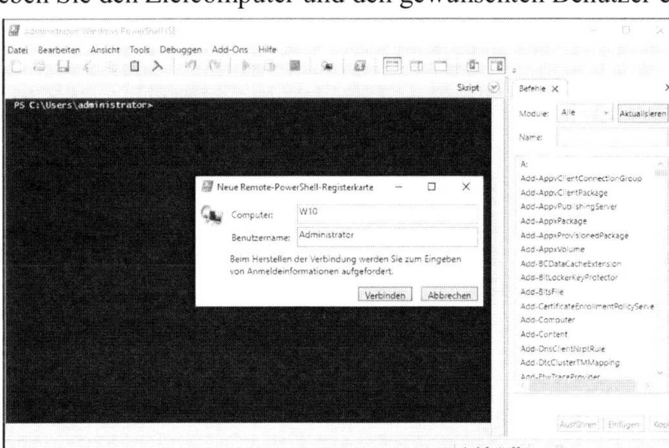

Abbildung 3.93: Zielcomputer

Im nächsten Schritt wird das Kennwort abgefragt.

Nun arbeiten Sie mit der PowerShell am Remotecomputer, was Sie am Hinweis in den eckigen Klammern sehen.

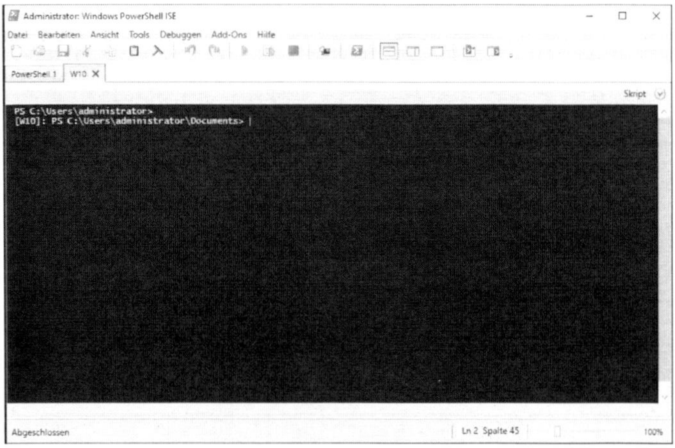

Abbildung 3.94: Remotecomputer

Sie können den Remoterechner mit allen PowerShell Cmdlets konfigurieren.

3.4 Zusammenfassung, Übungen / Aufgaben

3.4.1 Zusammenfassung

Eine komplette IP-Adressierung setzt sich immer aus vier verschiedenen Komponenten zusammen:

- IP-Adresse: in jedem Fall nötig
- Subnetzmaske: in jedem Fall nötig
- Standardgateway: nicht immer nötig
- DNS-Server: nicht immer nötig

Es gibt zwei Arten von IP-Adressen:

- Statisch
- Dynamisch

Wenn der DHCP-Server nicht erreichbar ist, gibt es entweder eine APIPA-Adresse oder eine alternative Konfiguration wird angewendet.

Die genaue Reihenfolge für die Namensauflösung ist für NetBios Rechner und HOSTS verschieden.

Namensauflösung NetBios Rechner	**Namensauflösung HOSTS**
NetBios Namenscache	LocalHostName
Wins-Server	DNS-Cache
Broadcast	HOSTS
LMHOSTS	DNS
HOSTS	NetBios Namenscache
DNS	Wins-Server
	Broadcast
	LMHOSTS

Zum Überprüfen der IP-Adressierung stehen Ihnen einige Hilfsprogramme zur Verfügung.

Um den Kommunikationsweg mit dem Schwerpunkt der Protokolle zu betrachten, benutzen wir das DARPA-Modell.

Im Gegensatz zu den 32 Bit, die bei einer IPv4 Adresse zur Verfügung stehen, stellt IPv6 128 Bit zur Verfügung.

Microsoft hat in Windows 10 eine sehr anschauliche grafische Darstellung für die Verwaltung des Netzwerks gewählt. Sie finden sie im Netzwerk- und Freigabecenter.

Auch die Firewall ist ein zentraler Bestandteil von Windows 10.

Bisher war es ja bei den integrierten Firewallprodukten von Microsoft ein großer Kritikpunkt, dass es zwar möglich war, Regeln für den Zugriff von außen auf den Computer festzusetzen, aber leider gab es bisher keine Möglichkeit, Regeln für den Datenverkehr von innen nach außen zu definieren.

Dies ist mit dieser Firewall möglich.

Wireless LAN kann auf zwei verschiedene Arten aufgebaut werden.

- Peer-to-Peer WLAN
- Infrastruktur-WLAN

Für die Verschlüsselung gibt es auch verschiedene Standards.

- WEP (Wired Equivalent Privacy)
- WPA (Wi-Fi Protected Access)
- 802.1x-Authentifizierung

Ein VPN benutzt das Internet als Kommunikationsweg. Sie stellen über Ihren Internet Service Provider (ISP) eine Verbindung zum Internet her und Ihre Daten werden dann durch das Internet bis zum VPN-Server der Firma geschickt.

Momentan gibt es drei verschiedene VPN-Protokolle:

- PPTP: Das ältere Protokoll
- L2TP: Neuer und moderner
- SSTP: vorhanden ab Windows Vista SP1

Für die Remoteverwaltung gibt es folgende Möglichkeiten:

- Remotedesktop
- Remoteunterstützung
- Remote-PowerShell

3.4.2 Übungen

1. Öffnen Sie das „Netzwerk- und Freigabecenter“ auf „W10“.
2. Überprüfen Sie die IP-Konfiguration. Ist sie statisch oder dynamisch?
3. Erstellen Sie, wenn möglich, eine alternative IP-Konfiguration.
4. Benutzen Sie die erlernten Tools. Achten Sie darauf, welche Befehle mit erhöhten Rechten ausgeführt werden müssen.
5. Überlegen Sie den Kommunikationsweg eines Datenpaketes.
6. Betrachten Sie den ARP-Cache.
7. Überprüfen Sie, ob Ihr Rechner auch eine IPv6 Adresse hat.
8. Öffnen Sie die Windows Firewall.
9. Erstellen Sie eine beliebige Regel.
10. Wenn Sie WLAN zur Verfügung haben, betrachten Sie die Einstellungen.
11. Richten Sie auf „W10“ eine VPN-Verbindung ein und konfigurieren Sie sie für IPsec.
12. Richten Sie sie auch für VPN Reconnect ein.
13. Richten Sie eine Remotedesktopverbindung zwischen den beiden Clients ein und trennen Sie diese wieder.
14. Richten Sie danach eine Remotehilfesitzung ein und trennen Sie diese wieder.
15. Richten Sie eine Remote-PowerShell-Sitzung zwischen den beiden Clients ein und trennen Sie sie wieder.

3.4.3 Aufgaben

1. Sie sind der Administrator der Firma Meistertrainer.

   Sie betreiben in der Firma einen Wireless AccessPoint, der WPA2-Enterprise verwendet.

   Was müssen Sie als erste tun, um einen Computer für den Zugriff auf den AccessPoint zu konfigurieren?
2. Sie sind der Administrator der Firma Meistertrainer.

   Sie stellen von einem Client aus eine VPN-Verbindung zum Netzwerk einer Partnerfirma her.

   Wie können Sie sicherstellen, dass der Zugriff auf das Internet in jedem Fall über das eigene Netzwerk hergestellt wird?
3. Sie sind der Administrator der Firma Meistertrainer.

   Sie möchten die Remoteverwaltung über PowerShell einrichten.
   a) Was müssen Sie aktivieren?
   b) Wie lautet das PowerShell Cmdlet dafür?
4. Sie sind der Administrator der Firma Meistertrainer.

   Mit welchen Netzwerkprofilen können Sie eine Remoteverbindung über PowerShell erstellen?
5. Sie sind der Administrator der Firma Meistertrainer.

   Ein Kollege verbindet sich mit einem Drahtlosnetzwerk und erhält die Abfrage: „Möchten Sie, dass Ihr PC von anderen PCs und Geräten in diesem Netzwerk gefunden werden kann?“

   Er antwortet mit „Nein“. Als Ergebnis sieht er im Explorer keine Freigaben anderer Rechner mehr.

   Wie können Sie die Einstellungen so ändern, dass er wieder die Freigaben anderer Rechner sieht?

   Benutzen Sie ein Cmdlet.
6. Sie sind der Administrator der Firma Meistertrainer.

   Mit welchem Cmdlet können Sie die Firewall konfigurieren?
7. Sie sind der Administrator der Firma Meistertrainer.

   Wie können Sie eine VPN-Verbindung aufrechterhalten, auch wenn die physikalische Verbindung manchmal abreißt?

8. Sie sind der Administrator der Firma Meistertrainer.

   Wie können Sie festlegen, dass bei einer VPN-Verbindung nur der Datenverkehr, der für die Firma ist, über das Netzwerk gesendet wird?

   Benutzen Sie ein Cmdlet.

9. Sie sind der Administrator der Firma Meistertrainer.

   Wie können Sie einem bestimmten Benutzer den Remotezugriff auf einen Rechner erlauben?

10. Sie sind der Administrator der Firma Meistertrainer.

    Sie möchten von einem Windows 10 Rechner aus auf den Gerätemanager eines anderen Windows 10 Rechners zugreifen.

    Wie können Sie das tun?

11. Sie sind der Administrator der Firma Meistertrainer.

    Sie möchten, dass Sie den Desktop eines Kollegen remote betrachten können und ihm so zeigen, wie er sein Problem lösen kann.

    Welche Funktion benötigen Sie?

12. Sie sind der Administrator der Firma Meistertrainer.

    Sie möchten, dass Sie auf einem anderen Windows 10 Rechner PowerShell Cmdlets remote ausführen können.

    Welche Funktion benötigen Sie?

4 Wartung von Windows

Lernziele und Prüfungsanforderungen von Microsoft:

- Konfiguration von Updates
- Überwachen von Windows
- Konfigurieren von System- und Datenwiederherstellung
- Konfigurieren der Autorisierung und Authentifizierung
- Konfigurieren von erweiterten Tools zur Verwaltung

Quelle: Microsoft

4.1 Einführung

Jede Windows Installation benötigt einen gewissen Wartungsaufwand. Gerade Clients, die oft auch mobil im Einsatz sind, sollten geregelt gewartet werden, damit sie ihre Funktion erfüllen können.

4.2 Das Windows-Update

Windows 10 ist ein Betriebssystem, das ständig verbessert und überarbeitet wird. Aus diesem Grund werden regelmäßig Updates angeboten, die zeitnah installiert werden.

Da Windows 10 als ein Dienst betrachtet wird (Windows as a Service), ist auch das Update mittlerweile als permanente Pflege zu betrachten. Es werden nicht nur Fehler verbessert, sondern auch große Funktionsupdates werden automatisch zugewiesen.

Diese Funktionsupdates gab es in früheren Versionen von Windows nicht, dafür war immer eine neue Version fällig.

All dies macht Windows 10 zu einem Betriebssystem, das ständig aktuell gehalten wird.

Allerdings haben Sie aus diesen Gründen auch nur noch eingeschränkte Möglichkeiten, den Umgang mit Updates zu konfigurieren. So können

Sie die Updates nicht mehr einfach abschalten, was in früheren Versionen möglich war.

Der größte Unterschied zu den Updates der vorherigen Versionen ist, dass Microsoft nun in häufigeren Intervallen kleinere Updates liefert.

Die Updates sind nun immer inkrementell, also aufeinander aufbauend, das gilt für Sicherheits- Dienste und Funktionsupdates.

Mit Windows 10 hat Microsoft seine Philosophie in Bezug auf Funktionsupdates stark geändert.

In den vorherigen Versionen gab es keine Funktionsupdates, stattdessen kam alle 3-5 Jahre eine neue, überarbeitete Version auf den Markt, die der Benutzer kaufen musste.

Mit Windows 10 wird etwa alle 6 Monate, ungefähr im März und im September, ein Funktionsupdate geliefert wird, das dann für 18 Monate unterstützt wird.

Diese enthalten neue Windows 10 Funktionen. Die Vorteile an dieser Vorgehensweise sind, dass Funktionsupdates schneller zur Verfügung stehen, nicht so groß und außerdem kostenlos sind.

Ein Problem an den häufigen Frequenzen der Updates ist, dass die Zeit für eine genaue Prüfung des Updates vor der Ausrollung knapp ist.

Trotzdem sollen die Updates sicher und komplett geprüft sein.

Aus diesem Grund behandelt Microsoft die Benutzer der verschiedenen Windows10 Editionen unterschiedlich in Bezug auf die Ausrollung der Updates.

Die Benutzer der Home-Edition bekommen die Updates immer zuerst.

Dadurch gibt es schon sehr früh einen großen Anteil von Benutzern, die das aktuelle Update bereits erhalten haben und damit arbeiten können. So können eventuelle Fehler schnell festgestellt werden.

Aus diesem Grund können die Benutzer der Home-Edition auch nur in geringem Maße auswählen, ob sie ein Funktionsupdate verzögert erhalten wollen.

Nach einer gewissen Zeit und nachdem eventuelle Patches für das Funktionsupdate erstellt worden sind, erhalten auch die Benutzer der anderen Versionen das Update.

Geschäftskunden erhalten also die Funktionsupdates später, dafür sind sie länger getestet.

Updatearten

Windows 10 kennt drei Update-Arten:

Funktionsupdates:Das sind die Updates, die wir zuvor besprochen haben, sie enthalten neue Funktionen und kommen im halbjährigen Rhythmus.

Qualitätsupdates beseitigen Fehler und Bugs, die die Stabilität des Systems beeinflussen könnten.

Mit Sicherheitsupdates werden Sicherheitslücken geschlossen.

4.2.1 Konfigurieren von Updates

Nachdem wir nun die Grundlagen des Windows-Updates geklärt haben, können wir uns nun mit der Konfiguration beschäftigen.

Die Konfigurationseinstellungen finden Sie hier:

- Einstellungen
- Update und Sicherheit
- Windows Update

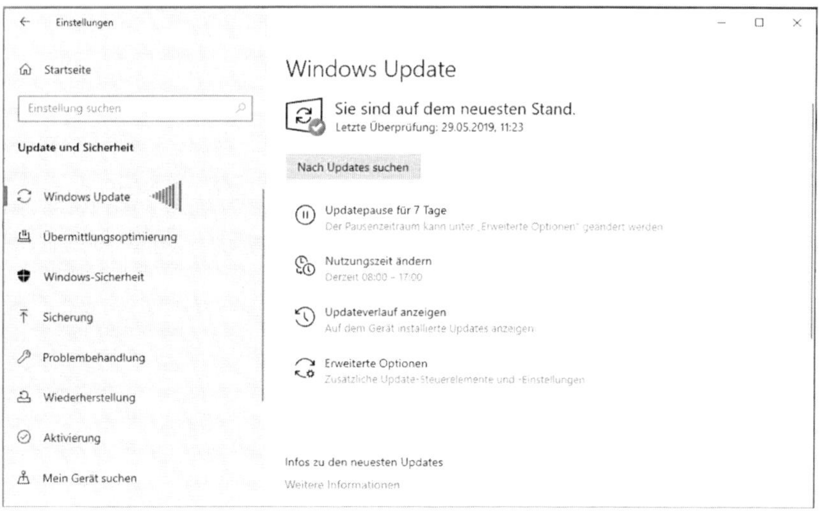

Abbildung 4.1: Übersicht

Auf den ersten Blick sehen Sie, ob das Gerät auf dem neuesten Stand ist und ob vor kurzem nach Updates gesucht worden ist.

Natürlich können Sie eine Überprüfung auf Updates auch manuell anstoßen, indem Sie auf „Nach Updates suchen“ klicken.

Sollte ein Update verfügbar sein, wird es heruntergeladen und installiert.

Diesen Vorgang können Sie im Hintergrund laufen lassen.

Betrachten wir nun die Konfigurationsmöglichkeiten der Reihe nach.

Updatepause für 7 Tage

Der erste Punkt ist eine Neuerung in der Version 1903: „Updatepause für 7 Tage“.

Hier haben Sie auf die Schnelle eine Möglichkeit, Updates für 7 Tage zu pausieren. Den Zeitraum können Sie in den „Erweiterten Optionen“ anpassen.

Nutzungszeit ändern

Der nächste Punkt ist „Nutzungszeit ändern“.

Nach der Installation eines Updates ist manchmal ein Neustart erforderlich.

Allerdings ist es sehr lästig, wenn ein Rechner während der Arbeitszeit plötzlich einen Neustart macht und den Benutzer in seiner Arbeit stört.

Deswegen können Sie an dieser Stelle die Arbeitszeiten festlegen, ein Neustart erfolgt immer außerhalb dieser Zeiten.

Abbildung 4.2: Nutzungszeit ändern

Updateverlauf anzeigen

Klicken wir auf „Updateverlauf anzeigen“.

Windows 10 bietet Ihnen mit dem „Updateverlauf“ eine Aufzeichnung, welche Updates auf Ihrem System installiert sind.

Die Historie der Updates ist hier gegliedert nach Typen aufgelistet.

Abbildung 4.3: Updateverlauf

Sie sehen das Datum, den Namen, die Nummer und ob das Update fehlerfrei installiert worden ist.

Wenn Sie auf ein Update klicken, öffnet sich der Browser und Sie erfahren Details über das Update.

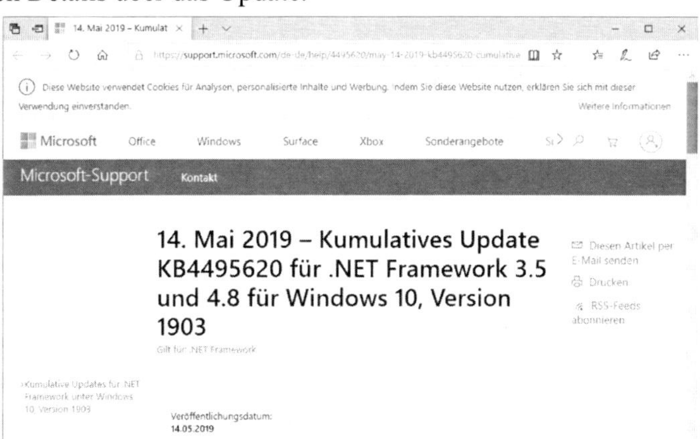

Abbildung 4.4: Details des Updates

Erweiterte Optionen

Hier können Sie zunächst festlegen, ob Sie auch andere Microsoft-Updates erhalten möchten und ob Sie eine Benachrichtigung erhalten möchten, wenn ein Neustart aussteht.

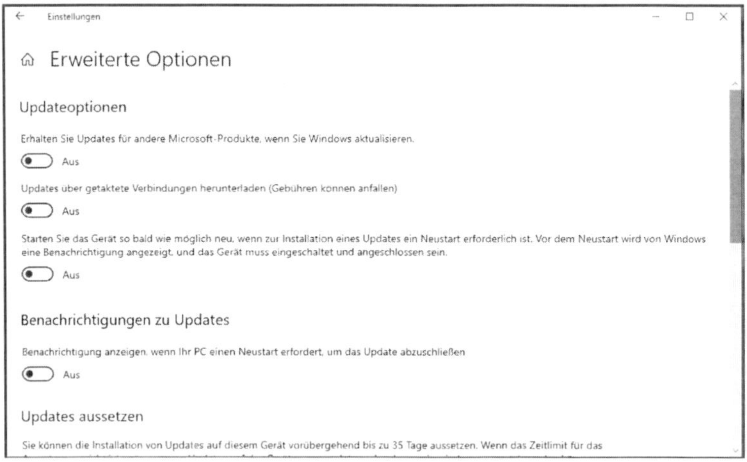

Abbildung 4.5: Optionen

Der nächste Punkt ist das Aussetzen von Updates bis zu 35 Tagen.

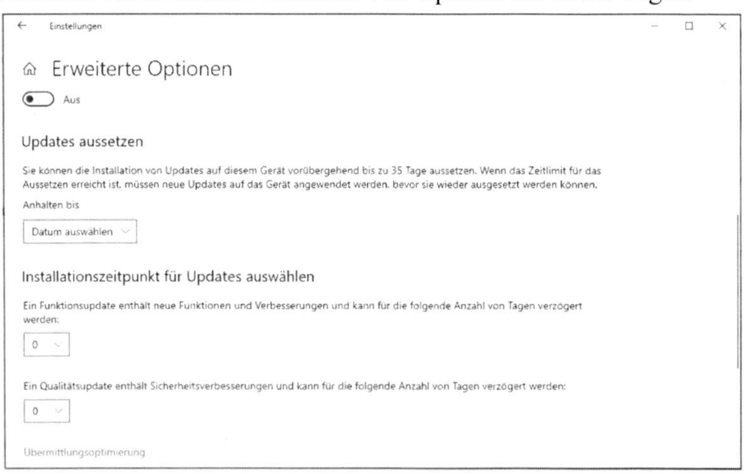

Abbildung 4.6: Erweiterte Optionen

Das „Aussetzzen von Updates“ für alle Updates gültig.

Nach Ablauf dieser Zeit werden alle aktuellen Updates installiert.

Erst wenn der Rechner wieder auf dem aktuellen Stand ist, kann das Aussetzen erneut aktiviert werden.

Nun kommen wir zu dem wichtigen Punkt „Installationszeitpunkt für Updates auswählen“.

In den Windows 10 Versionen bis einschließlich 1809 gab es an dieser Stelle noch die Auswahl der Channels, ab Version 1903 ist diese Funktion verschwunden.

Exkurs: Channels

Da an dieser Stelle eine große Änderung bei den Updates vorgenommen worden ist, und möglicherweise in der Prüfung noch Fragen zu dieser Thematik kommen können, möchte ich hier noch auf die mittlerweile nicht mehr vorhandenen „Channels“ eingehen.

Um den verschiedenen Anforderungen der verschiedenen Kunden gerecht zu werden, hat Microsoft bis einschließlich Version 1809 für die Ausrollung von Funktionsupdates verschiedene Channels geschaffen.

Sie konnten in den erweiterten Optionen zwischen folgenden „Channels“ wählen:

„Semi-Annual Channel (Targeted)" - früher "Current Branch”

Dies war die Standardeinstellung und die einzige Einstellung, die in der Home-Edition zur Verfügung stand.

Die Funktionsupdates wurden sofort nach Erscheinen zugewiesen. Damit waren diese Rechner die ersten, die ein Update erhielten.

„Semi-Annual Channel“ - früher "Current Branch for Business"

Diese Auswahl stand in den Editionen „Pro, Education und Enterprise” zur Verfügung.

Bei dieser Auswahl wurde das Funktionsupdate erst ausgeliefert, wenn Microsoft sich absolut sicher war, dass es funktioniert und keine Probleme mehr machen würde.

Dies konnte bis zu vier Monate nach dem Erscheinen sein.

Es gab noch eine weitere Variante, die nur auf spezieller Hardware verfügbar war.

„Long-Term-Servicing Channel“ - früher „Long Term Servicing Brunch“

Diese Variante stand nur in einer speziellen Windows-Version- der Windows10 Enterprise LTSB-Edition, zur Verfügung, und war nur für

Geräte gedacht, die selten oder nie Updates benötigen, da sie statisch genutzt werden.

Das betraf in erster Linie Rechner, die beispielsweise medizinische Geräte, POS-Systeme und Geldautomaten steuern.

Auch war es beim „Long-Term-Servicing Channel" möglich, 10 Jahre ohne Updates zu bleiben.

Exkurs Ende

Sie können das Ausrollen von Funktions- und Qualitätsupdates bis zu einem bestimmten Maß beeinflussen.

- Funktionsupdates können bis zu 365 Tage verschoben werden
- Qualitätsupdates können bis zu 30 Tage verschoben werden

Betrachten wir nun die „Übermittlungsoptimierung".

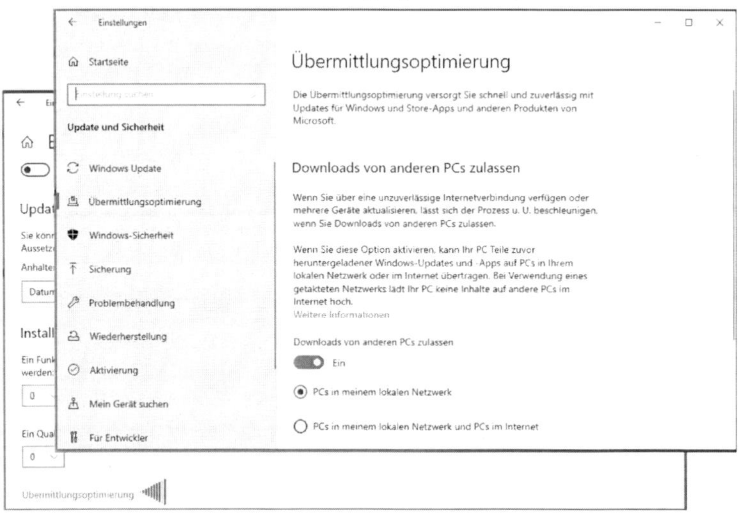

Abbildung 4.7: Übermittlungsoptimierung

Dieses Tool erlaubt Ihnen, die Art zu konfigurieren, wie die Updates an den PC geliefert werden. Die Zuweisung von Updates kann sich stark beschleunigen, wenn das Update beispielsweise einmal heruntergeladen und auf einem Rechner im Netzwerk gespeichert wird.

Die anderen Rechner im Netzwerk können dann ihre Updates von diesem Rechner aus empfangen.

4.2.2 Windows-Update Fehlersuche

Normalerweise arbeitet das Windows Update sehr zuverlässig und ohne größere Probleme.

Leider kommen trotzdem hin und wieder Fehler vor, beispielsweise wird ein Update nicht installiert und funktioniert nicht richtig.

Dann müssen Sie den Grund für den Fehler finden und ihn beseitigen.

Wenn Sie vermuten, dass kein Windows Update installiert worden ist, suchen Sie zunächst manuell nach Updates.

Nach Updates suchen

Wenn Updates gefunden und installiert werden, gibt es wohl keinen Fehler.

Wenn keine Updates gefunden werden, sollten Sie im Updateverlauf nachsehen, wann zuletzt ein Update erfolgreich installiert worden ist.

Im Updateverlauf nachsehen

Wenn das letzte erfolgreich installierte Update erste wenige Tage zurückliegt, wird wahrscheinlich alles in Ordnung sein.

Wenn die Installation eines Updates aber schon mehrere Wochen zurückliegt, sollten Sie mit der Fehlersuche beginnen.

Tools

Windows 10 stellt für die Fehlersuche gute Tools zur Verfügung.

Abbildung 4.8: Problembehandlung

Diese finden Sie unter „Problembehandlung".

Sie klicken auf „Windows Update" und wählen „Problembehandlung ausführen".

Wenn ein Problem besteht, haben Sie gute Chancen, dass hier ein Lösungsansatz gefunden wird.

Manuelle Problemlösung

Sollte das nicht zum Erfolg führen, können Sie manuell folgende Schritte ausführen:

- Windows Update Dienst beenden, was den Zugriff auf den Update-Ordner beendet
- Den Softwareverteilungs-Ordner umbenennen
- Neustart des Windows Update Diensts

Das Umbenennen oder auch das Löschen des Updateordners setzt das Update zurück und löst das Problem von teilweise heruntergeladenen oder zerstörten Updatedateien.

Dazu öffnen Sie eine Eingabeaufforderung im Administratormodus und geben folgende Befehle ein:

- net stop wuauserv (mit diesem Befehl stoppen Sie den Windows Update-Dienst)
- net stop cryptSvc (Damit wird der Kryptografiedienst angehalten)
- net stop bits (Damit beenden Sie den intelligenten Hintergrunddienst bits)
- net stop msiserver (Damit stoppen Sie den Windows Installer)

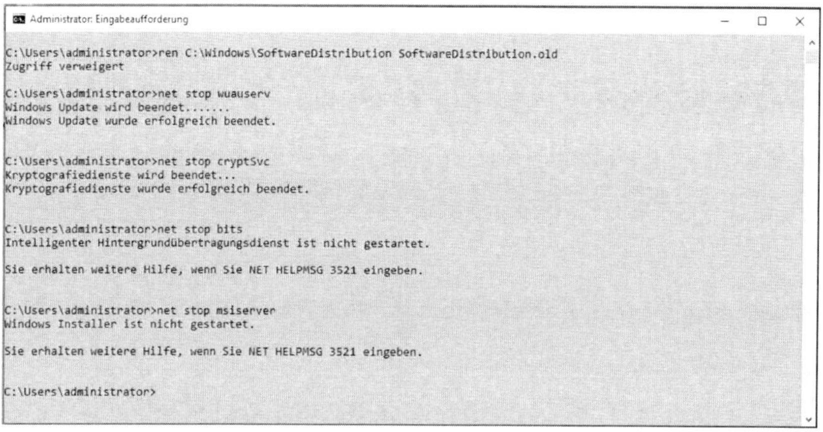

Abbildung 4.9: Stoppen der Dienste

Nicht immer sind alle Dienste gestartet, aber alle diese Dienste müssen beendet sein.

Nun benennen Sie folgende Ordner um:

- C:\Windows\SoftwareDistribution
- C:\Windows\System32\catroot2

Dadurch werden automatisch neue Ordner mit demselben Namen angelegt.

Danach können Sie die Dienste wieder starten

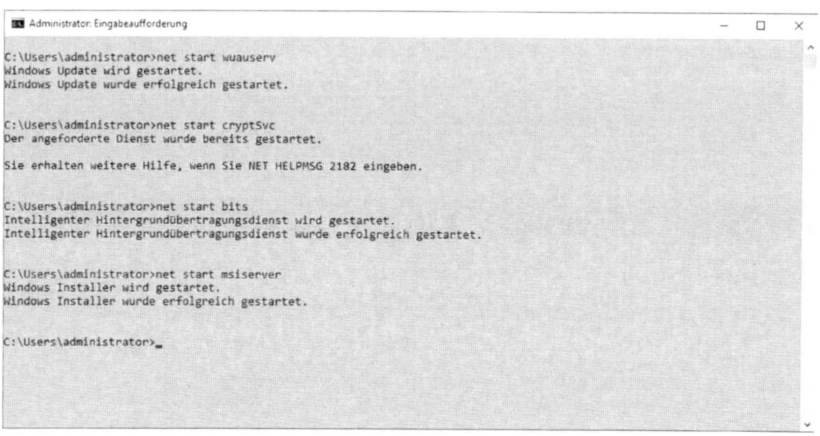

Abbildung 4.10: Starten der Dienste

- net start wuauserv
- net start cryptSvc
- net start bits
- net start msiserver

Probleme bei der Update-Installation

Manchmal funktionieren bestimmte Updates nicht richtig, beispielsweise, weil bei der Installation etwas schiefgelaufen ist.

In diesem Fall können Updates deinstalliert werden.

Allerdings werden sie nur für eine kurze Zeit deinstalliert, da sie bei der nächsten Updatesuche als „fehlend“ erkannt und neu installiert werden.

Um Updates zu deinstallieren, wechseln Sie zu

- Windows Update
- Updateverlauf anzeigen

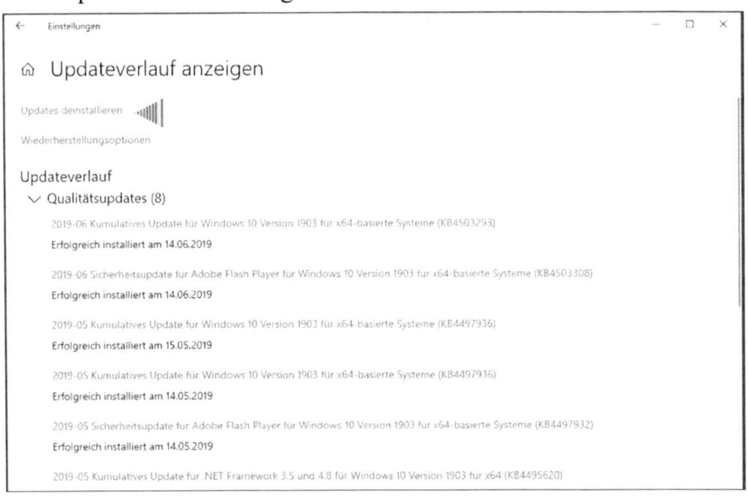

Abbildung 4.11: Updateverlauf

Hier können wir

- Qualitätsupdates
- Definitionsupdates
- Weitere Updates

deinstallieren.

Aber fehlt da nicht etwas?

Richtig!

Funktionsupdates tauchen hier nicht auf!

Funktionsupdates werden anders behandelt, denn das sind ja im Prinzip neue Windows 10–Versionen.

Funktionsupdates laufen unter einem „Zurücksetzen auf eine vorherige Version", also ein Downgrading.

Dafür wechseln Sie zum Punkt „Wiederherstellung".

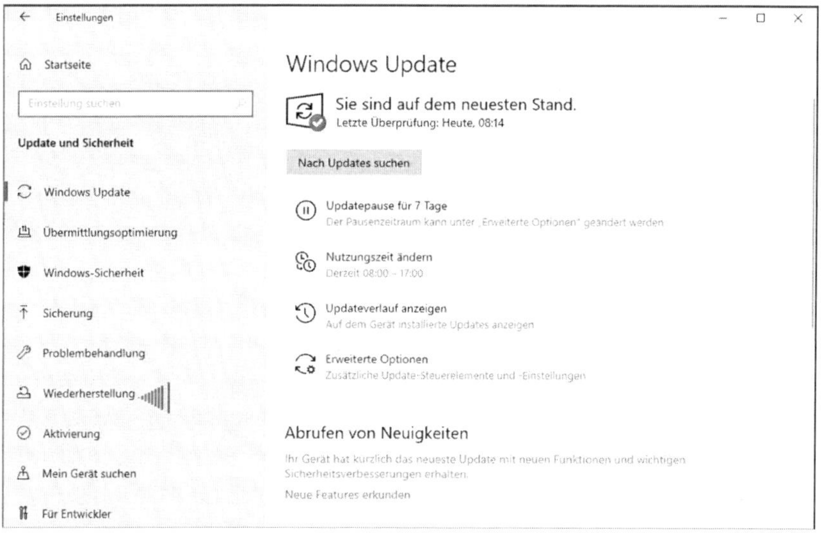

Abbildung 4.12: Wiederherstellung

Diese Funktion ist nur kurze Zeit nach der Installation des Upgrades verfügbar.

Übrigens können Sie das Deinstallieren von

- Qualitätsupdates
- Definitionsupdates
- Weitere Updates

auch mit dem Befehl „WUSA.EXE" ausführen, das ist die Befehlszeilenvariante.

Abbildung 4.13: WUSA.EXE

Wenn Sie so gar nicht wissen, was genau bei der Installation der Updates schiefgeht, können Sie auch eine Log-Datei erstellen, die alle Probleme mit den Updates aufzeichnet.

Dazu öffnen Sie die PowerShell und geben folgendes Cmdlet ein:

Get-WindowsUpdateLog

Abbildung 4.14: Get-WindowsUpdateLog

Dieser Befehl nimmt alle Einträge im Ereignisprotokoll, die das Windows Update betreffen und setzt sie zu einer Textdatei zusammen. Diese Textdatei finden Sie dann auf dem Desktop und können alle Ereignisse bezüglich der Windows-Updates in Textform lesen.

4.2.3 Windows-Insider Programm

Wenn Sie immer der erste sein möchten, der die neuen Windows Funktionen kennt, ist das Windows-Insider Programm für Sie interessant.

Wenn Sie sich hierfür mit einem Microsoft-Konto anmelden, erhalten Sie die Insider Preview-Builds und wissen somit schon vor allen anderen, welche Funktionen Windows 10 in Zukunft haben wird.

Abbildung 4.15: Windows-Insider

Klicken Sie in diesem Fall auf „Windows-Insider-Programm“.

Hier können Sie die neuesten Builds herunterladen, sobald sie verfügbar sind.

Verwaltung der Updates über eine Gruppenrichtlinie

Natürlich können Sie die Updateeinstellungen auch in einer Gruppenrichtlinie festlegen. Hier haben Sie teilweise noch deutlich mehr Möglichkeiten der Konfiguration.

Dafür öffnen Sie eine Gruppenrichtlinie und navigieren zu:

- Computerkonfiguration
- Administrative Vorlagen
- Windows-Komponenten
- Windows Update

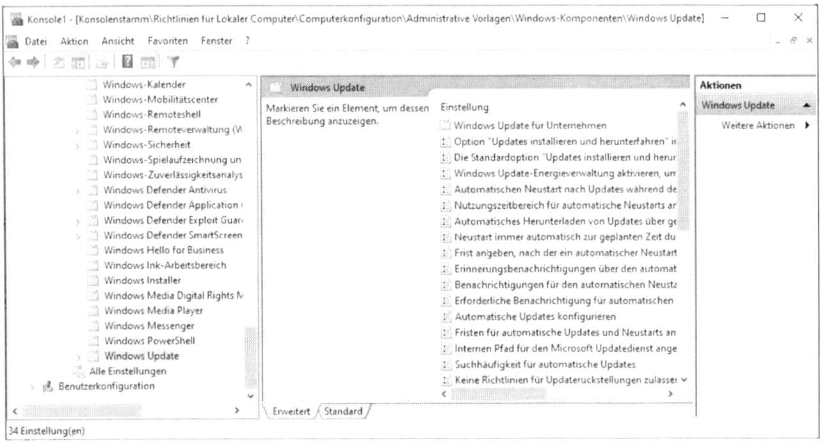

Abbildung 4.16: Gruppenrichtlinie

4.2.4 Updates über WSUS

Nicht immer ist es erwünscht, dass in einer Unternehmensumgebung alle Clients alle Updates erhalten, wie es ja normalerweise der Fall ist.

Um diese Problematik zu umgehen, wurde WSUS (Windows Server Update Service) entwickelt. Wenn Sie WSUS benutzen, installieren Sie auf einem Server in Ihrem Unternehmen die WSUS Software. Dieser WSUS Server verbindet sich dann mit der Microsoft Windows Update Seite, und zieht sich alle verfügbaren Updates auf den WSUS Server.

Der Administrator kann nun die einzelnen Patches testen, und wenn sie gut funktionieren, kann er sie zur Installation freigeben.

Wenn dies der Fall ist, und die Clients sind korrekt konfiguriert, verbinden sich die Clients nicht direkt mit dem Windows Update Server, sondern mit dem internen WSUS Server. Von ihm bekommen sie ihre Updates, und so werden nur freigegebene Updates installiert.

Der WSUS-Server wird in einer Unternehmensumgebung auf einem Server installiert. Dieses Vorgehen ist nicht Bestandteil der Clientkonfiguration.

Konfiguration der Clients

Die Clients müssen so konfiguriert werden, dass sie den WSUS Server als Updateserver erkennen.

Dies wird in einer Gruppenrichtlinie vorgenommen.

Die Vorgehensweise der Konfiguration ist immer gleich. Öffnen Sie die zu konfigurierende Gruppenrichtlinie und navigieren Sie an folgende Stelle:

- Computerkonfiguration
- Richtlinien (nur bei Domänenrichtlinie)
- Administrative Vorlagen
- Windows-Komponenten
- Windows Update

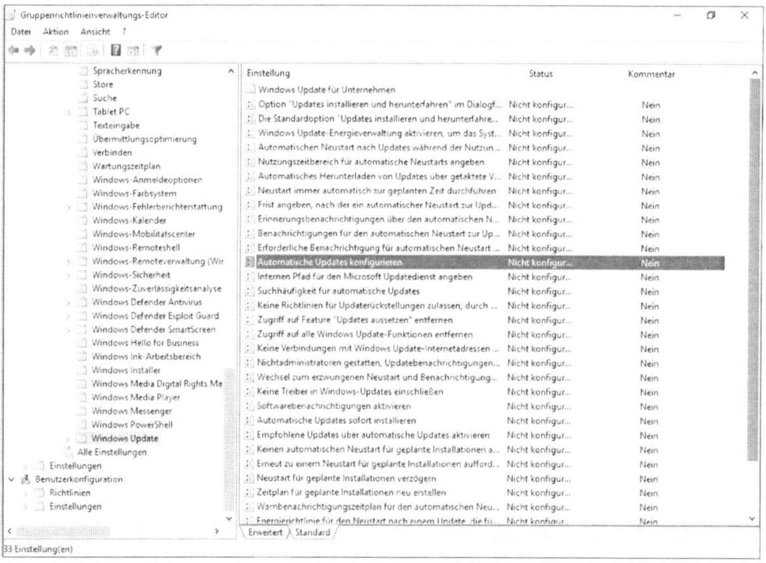

Abbildung 4.17: Gruppenrichtlinie

Hier haben Sie die Möglichkeit, das Verhalten für Updates für alle Computer festzulegen.

Automatische Updates konfigurieren

Diese Funktion müssen Sie aktivieren. Damit erhalten alle Clients das automatische Update zugewiesen.

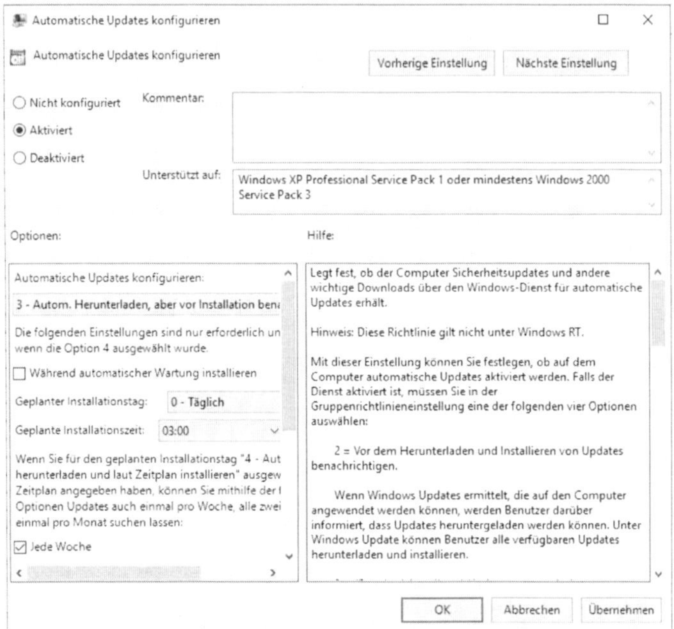

Abbildung 4.18: Automatische Updates

ACHTUNG!
Die Nummerierung beginnt mit „2", nicht mit „1"!

Für die Konfiguration haben Sie drei Optionen zur Verfügung:

2: Vor Herunterladen und Installation benachrichtigen

Wenn Windows Updates vorhanden sind, wird in der Taskleiste ein Symbol angezeigt, dass Updates installiert werden können.

Durch Klicken auf das Symbol oder die Meldung können Sie Updates zum Downloaden auswählen. Die ausgewählten Updates werden im Hintergrund übertragen. Nach dem Download wird erneut ein Symbol im Statusbereich angezeigt, das Sie darüber informiert, dass die Updates installiert werden können.

3: Autom. Herunterladen, aber vor Installation benachrichtigen

Windows sucht nach anwendbaren Updates für den Computer und überträgt diese im Hintergrund automatisch (der Benutzer wird während dieses Vorgangs nicht benachrichtigt oder gestört). Nach Abschließen des

Downloads wird ein Symbol im Statusbereich mit der Benachrichtigung angezeigt, dass diese Updates installationsbereit sind. Durch Klicken auf das Symbol oder die Meldung können Sie die Updates auswählen, die Sie installieren möchten.

4: Autom. Herunterladen und laut Zeitplan installieren

Legen Sie den Zeitplan mit den Optionen in der Gruppenrichtlinieneinstellung fest. Standardmäßig sind Installationen für 3 Uhr morgens geplant, falls kein Zeitplan angegeben wird. Falls für Updates ein Neustart erforderlich ist, startet Windows den Computer automatisch neu (Falls ein Benutzer am Computer angemeldet ist, wenn Windows neu gestartet werden soll, wird der Benutzer benachrichtigt und kann den Neustart verzögern).

Die Zeit, zu der die Updates installiert werden, kann von Ihnen angepasst werden, wenn Sie Option 4 gewählt haben.

5: Lokalen Administratoren ermöglichen, Einstellungen auszuwählen

Mit dieser Option wird es den lokalen Administratoren erlaubt, eine Konfiguration auszuwählen.

Internen Pfad für den Microsoft Updatedienst angeben

Dies ist eine sehr wichtige Einstellung, denn hier können Sie den Pfad festlegen, von dem aus die Clients die Updates empfangen.

Hier geben Sie die Standardwebsite des SUS Servers an, in unserem Fall ist die URL http://server1.meistertrainer.info. Eventuell muss noch ein Port angegeben werden.

Auch eine Seite für den Intranetserver für die Statistik muss angegeben werden.

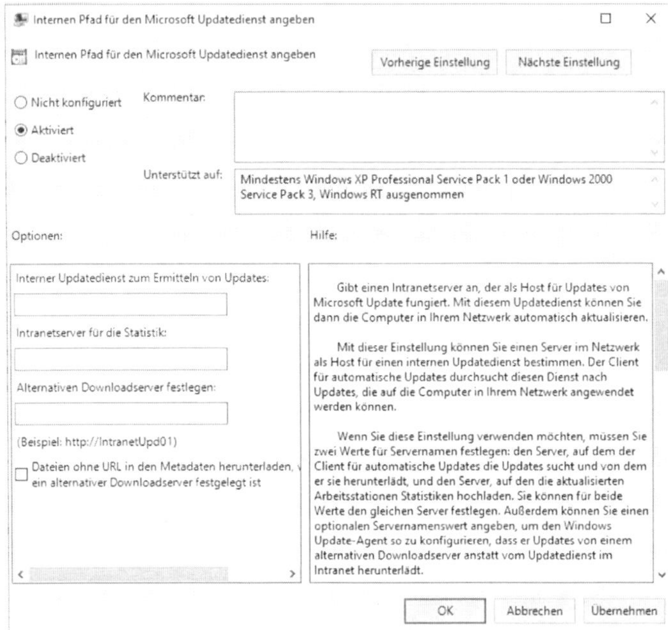

Abbildung 4.19: Interner Pfad

4.2.5 Windows Store-Apps aktualisieren

Auch Apps aus dem Windows Store können problemlos aktualisiert werden.

Dazu öffnen Sie den Windows Store, klicken auf die drei Punkte rechts oben und wählen dann „Downloads und Updates“.

Abbildung 4.20: Downloads und Updates

In Folge werden Ihnen alle Ihre Apps aufgelistet.

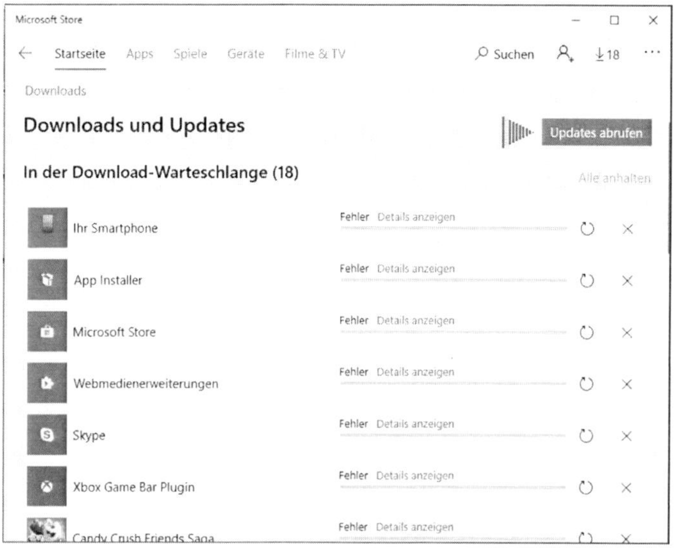

Abbildung 4.21: Apps

Wählen Sie „Updates abrufen“. Die Apps werden nun aktualisiert.

Was ist aber, wenn Sie genau das vermeiden möchten?

Manchmal ist es nicht erwünscht, dass Apps Updates erhalten.

In diesem Fall können Sie das Updaten von Apps mit einer Gruppenrichtlinie steuern.

Wählen Sie

- Computerkonfiguration
- Richtlinien (nur bei Domänenrichtlinie)
- Administrative Vorlagen
- Windows-Komponenten
- Store

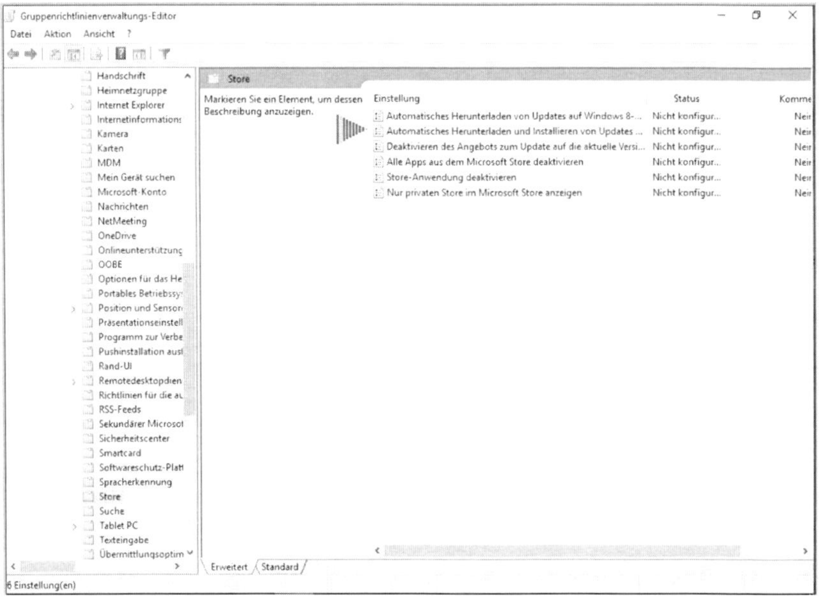

Abbildung 4.22: Store-Einstellungen

Hier ist die interessanteste Einstellung „Automatisches Herunterladen und installieren von Updates deaktivieren".

4.3 Überwachen von Windows

Um ein System überwachen zu können, gibt es bei Windows 10 verschiedene Tools.

Mit diesen Tools können Sie zunächst einmal Probleme feststellen, um diese danach beseitigen zu können.

Oftmals müssen Sie mit sinkender Systemleistung kämpfen. Deswegen ist es wichtig, dass Sie einige Werkzeuge an der Hand haben, die Ihnen entweder die Analyse der sinkenden Systemleistung ermöglichen, oder Ihnen sogar helfen, die Systemleistung wieder zu steigern.

4.3.1 Der Task-Manager

Die einfachste und auch bekannteste Überwachungsmöglichkeit ist der Task-Manager. Ihn können Sie aufrufen über

- STRG-ALT-ENTF
- Task-Manager starten

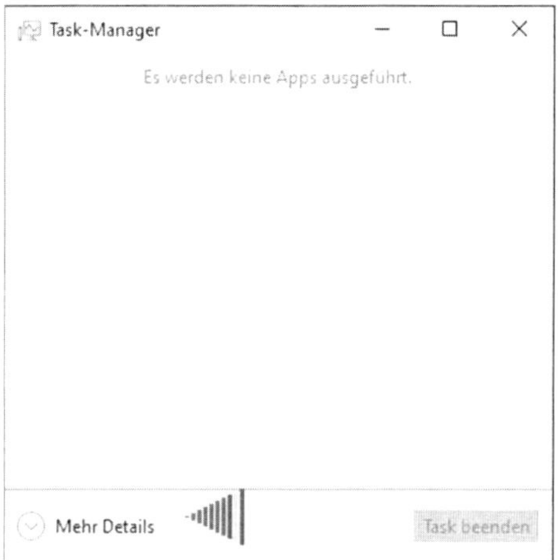

Abbildung 4.23: Task-Manager

Zunächst einmal sehen Sie die Ansicht, in der die gestarteten Apps angezeigt werden, hier können Sie die Apps beenden, wenn sie nicht mehr reagieren.

Allerdings ist diese Ansicht nicht sehr aussagekräftig, all die anderen Informationen, die wir aus den älteren Systemen kennen, sind nicht sichtbar.

Deswegen sollten Sie auf „Mehr Details" klicken.

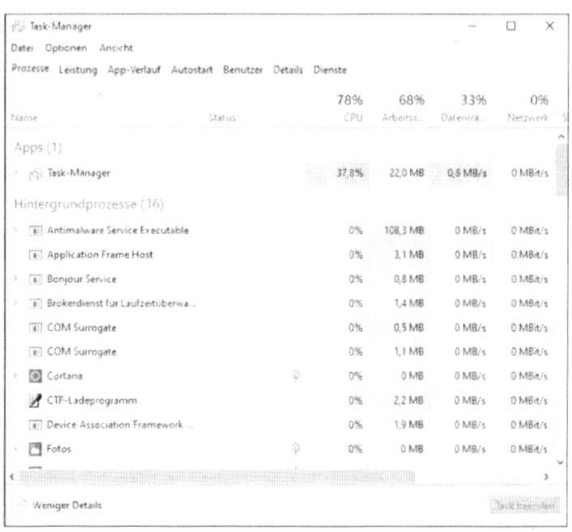

Abbildung 4.24: Prozesse

In der Registerkarte „Prozesse“ werden nicht nur die Apps, sondern auch die Hintergrund- und die Windowsprozesse angezeigt.

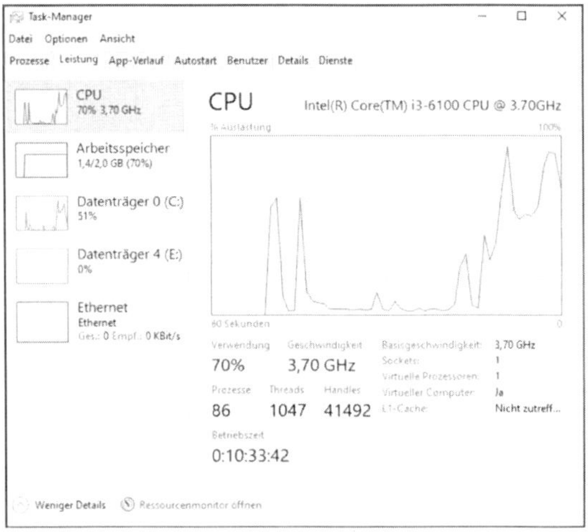

Abbildung 4.25: Leistung

Dies kann von Bedeutung sein, wenn ein Systemprozess Probleme macht.

Die Registerkarte „Leistung“ gibt Auskunft über die Systemparameter.

Sie sehen grafisch dargestellt die Auslastung der CPU, des Arbeitsspeichers, der Datenträger und der Netzwerkkarte.

Wenn Sie zwei CPU im System haben, sehen Sie die gesamte CPU-Leistung und im einzelnen beide CPU aufgeführt. Wenn ein CPU wenig Last, der andere beinahe die ganze Last trägt, deutet das darauf hin, dass der zweite Prozessor von den Anwendungen nicht verwendet wird.

In diesem Fall müssen Sie den entsprechenden Prozess in der Registerkarte „Prozesse“ gezielt auf den entsprechenden Prozessor legen (rechte Maustaste).

Die Registerkarte „App-Verlauf“ zeigt Ihnen die Benutzung der Apps in der letzten Zeit an.

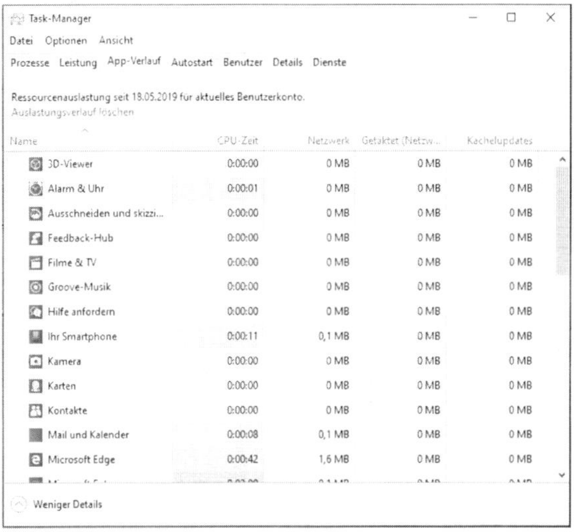

Abbildung 4.26: App-Verlauf

„Autostart“ zeigt Ihnen die Programme, die beim Systemstart automatisch gestartet werden.

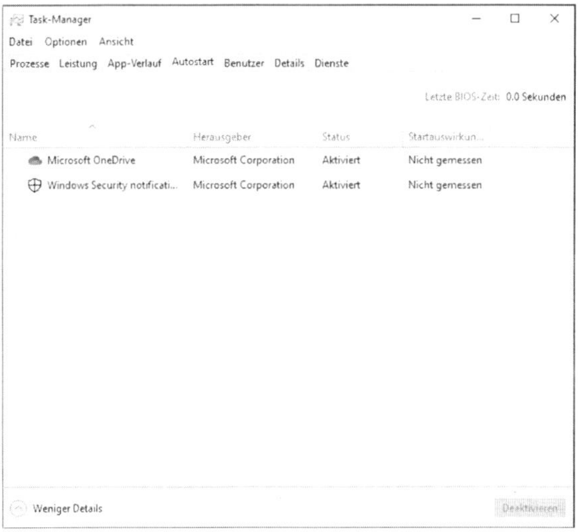

Abbildung 4.27: Autostart

Auf der Registerkarte „Benutzer“ sehen Sie alle momentan angemeldeten Benutzer und können diese vom Netzwerk trennen.

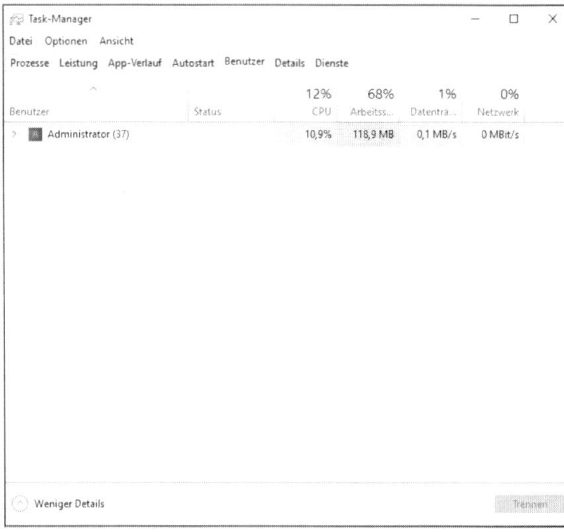

Abbildung 4.28: Benutzer

Die Registerkarte „Details“ gibt Ihnen detailliert Auskunft über alle Prozesse.

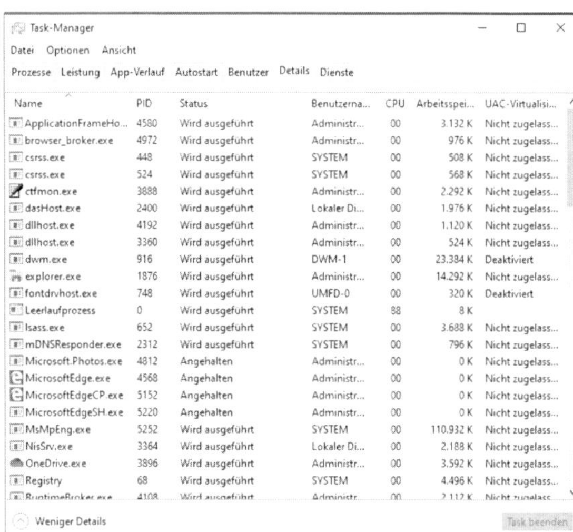

Abbildung 4.29: Details

Wenn Sie mit der rechten Maustaste auf einen einzelnen Prozess klicken, können Sie die Prioritäten der Prozesse festlegen, mit der sie ausgeführt werden.

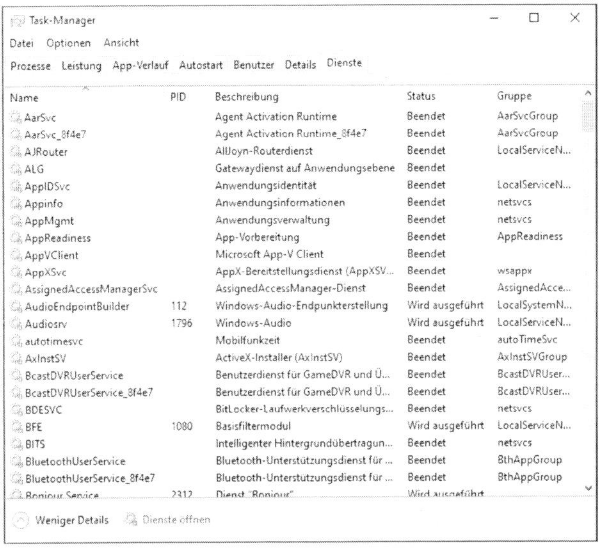

Abbildung 4.30: Dienste

Normale Anwendungen werden meistens mit der Priorität „Normal“ ausgeführt.

ACHTUNG!
Sie können die Prioritäten der Prozesse verändern. Seien Sie aber vorsichtig! Verändern Sie niemals Systemprozesse und geben Sie niemals einem Prozess die Priorität „Echtzeit“. Ein Prozess mit der Priorität „Echtzeit“ würde alle anderen Prozesse komplett blockieren!

Die Registerkarte „Dienste“ listet alle momentan gestarteten Dienste.

4.3.2 Die Leistungsüberwachung

Wenn Sie eine systematische Überwachung der Performancedaten eines Windows 10 Computers benötigen, sollten Sie auf den Systemmonitor, der auch „Leistungsüberwachung“ genannt wird, zurückgreifen. Die Leistungsüberwachung erlaubt eine weitaus genauere Untersuchung der verschiedenen Leistungsdaten, als es mit dem Task-Manager möglich ist.

Sie finden dieses Tool in der Computerverwaltung:

- Leistung
- Überwachungstools
- Leistungsüberwachung

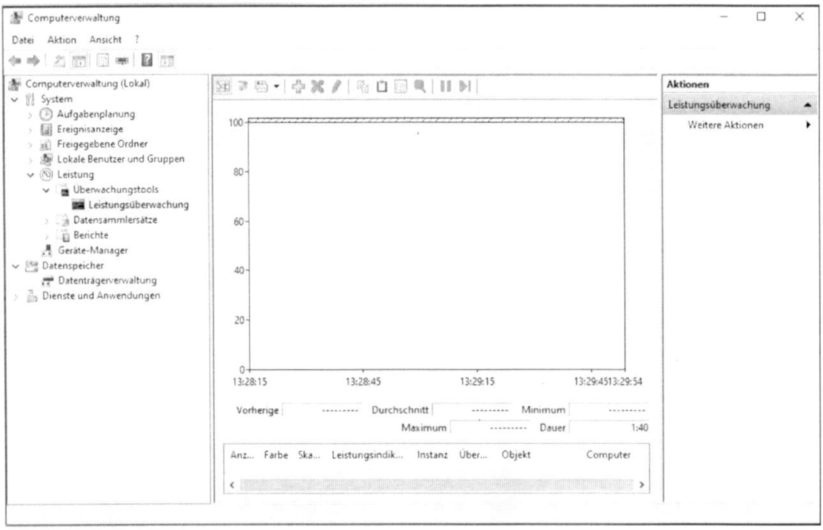

Abbildung 4.31: Leistungsüberwachung

Zunächst sehen wir ein leeres Koordinatensystem.

Um Werte zu erhalten, müssen Aufzeichnungsdaten definiert werden. Diese Daten heißen „Leistungsindikatoren".

Klicken Sie auf das grüne Plus im oberen Bereich des Systemmonitors.

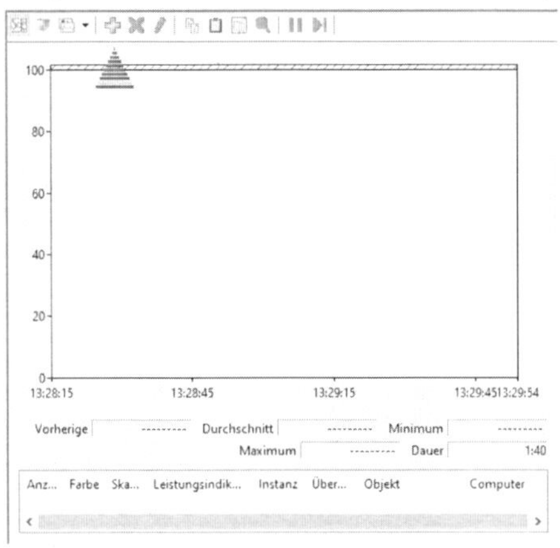

Abbildung 4.32: Hinzufügen von Leistungsindikatoren

Sie erhalten nun ein Auswahlfenster.

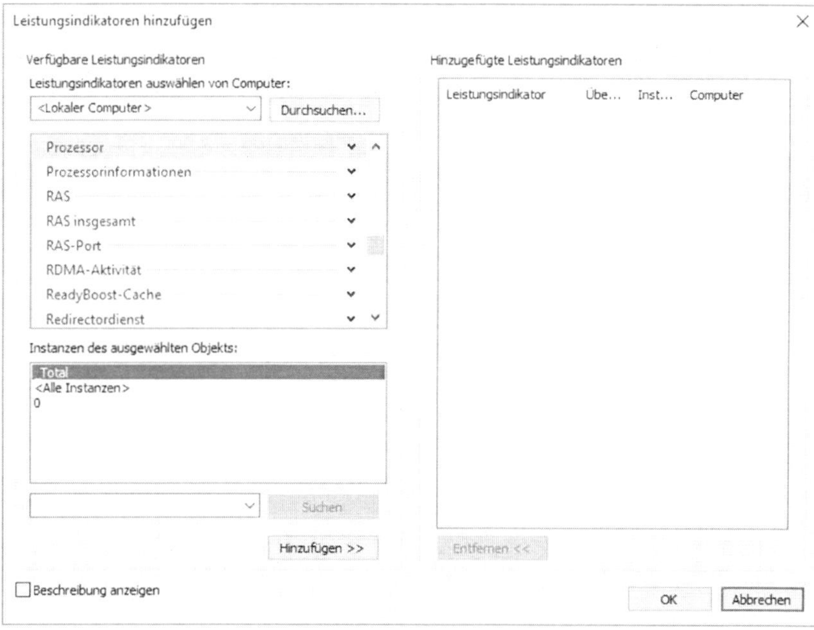

Abbildung 4.33: Auswahlfenster

Auswahl, welcher Computer überwacht wird

Sie haben die Möglichkeit, den lokalen Computer zu überwachen, oder auch einen Remotecomputer.

Leistungsobjekt

Hier wählen Sie aus, welches Objekt Sie überwachen möchten, Prozessor, Datenträger, Arbeitsspeicher oder viele andere.

Leistungsindikatoren wählen

Leistungsindikatoren sind Werte, die sich auf das Leistungsobjekt beziehen.

Um beispielsweise für das Leistungsobjekt „Prozessor“ Indikatoren auszuwählen, öffnen Sie die Auswahl, indem Sie auf den kleinen Pfeil neben „Prozessor“ klicken.

Nun wählen Sie einzelne Indikatoren aus und wählen „Hinzufügen“. Sie erscheinen danach im rechten Auswahlfenster.

Instanzen

Die Instanzenauswahl ist nicht immer relevant. Wenn Sie beispielsweise mehrere Prozessoren haben, können Sie wählen, welche Instanz der

Prozessoren überwacht werden soll, ein einzelner Prozessor (Instanz 0. 1…) oder alle (total).

Auf diese Art können Sie sich alle Leistungswerte anzeigen lassen, die Sie für relevant halten.

Wenn Sie nun auf „OK“ klicken, erhalten Sie eine Analyse der gewählten Leistungsindikatoren in Echtzeit.

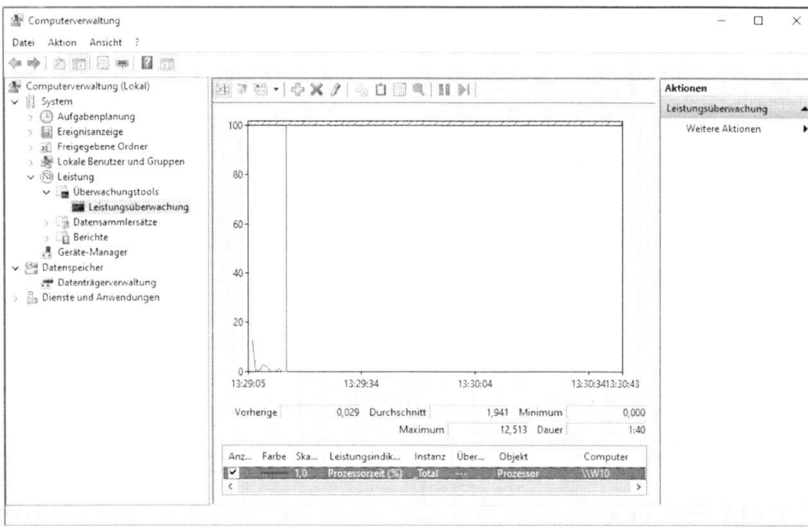

Abbildung 4.34: Echtzeitanalyse

Die Standarddarstellung ist die Diagrammdarstellung.

Wenn Sie möchten, können Sie diese Darstellungen aber ändern, indem Sie eine Auswahl bei den „Darstellungen“ treffen.

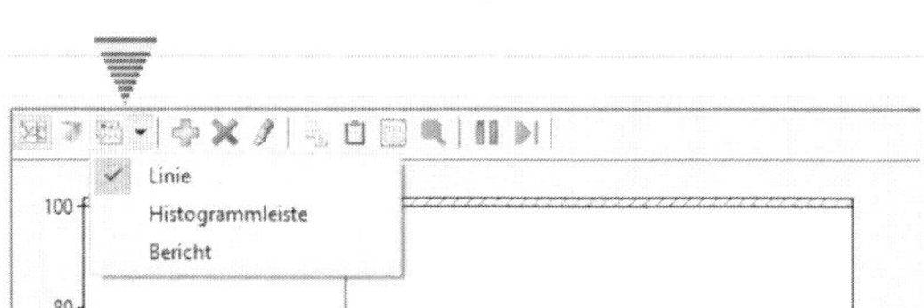

Abbildung 4.35: Darstellungen

Histogramm

In einem Histogramm werden alle Daten als Balken dargestellt.

Bericht

Auch eine Berichtansicht ist möglich.

Der Bericht stellt die Daten in Zahlenform dar und ist besser, um Werte exakt abzulesen.

4.3.3 Die Ereignisanzeige

Die Ereignisanzeige ist eine komplette Sammlung aller Ereignisse, die das System oder auch die Anwendungen betreffen.

Wer die Ereignisanzeige von älteren Windows Versionen noch kennt, wird erstaunt sein, wie stark die Darstellung verbessert wurde und wie detailliert nun die Ereignisse gesucht werden können.

Auch die Ereignisanzeige finden Sie in der Computerverwaltung.

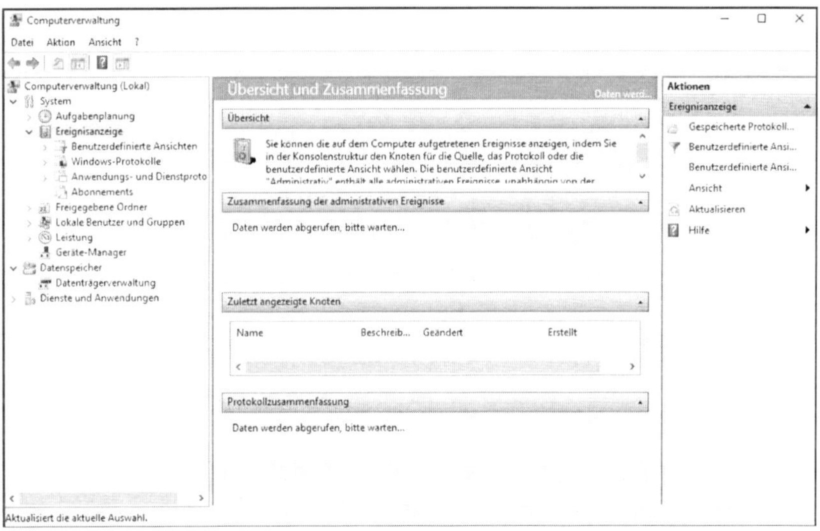

Abbildung 4.36: Ereignisanzeige

Die Startseite ist eine Zusammenfassung der wichtigsten Ereignisse.

Die einzelnen Protokolle

Die Ereignisanzeige teilt sich auf in die verschiedenen Protokolle.

Zunächst sehen Sie die benutzerdefinierten Ansichten. An dieser Stelle können Sie eigene Protokolle erstellen.

In vielen Fällen ist es schwierig, aus vielen einzelnen Protokollen immer genau die Ereignisse herauszusuchen, die gerade von Belang sind. Deswegen ist die Möglichkeit, eigene Protokolle zu erstellen, besonders interessant.

Auffällig ist, dass bereits ein Protokoll in dieser Ansicht vorhanden ist, nämlich das Protokoll „Administrative Ereignisse“.

Hier sind bereits alle Ereignisse, die die Administration des Systems betreffen, dargestellt.

Sie sehen, alle Ereignisse sind in drei Kategorien eingeteilt.

Information

Nicht kritisch, nur zur Information

Warnung

Nicht unbedingt kritisch, sollte beobachtet werden

Fehler

Kritisch und kann zu Systeminstabilität führen

Es gibt eine große Anzahl an weiteren Protokollen, in denen die entsprechenden Ereignisse dargestellt werden.

Abonnement

Eine interessante Möglichkeit der Kontrolle bieten die Abonnements.

Mit Abonnements können Sie Ereignisse von anderen Computern sammeln und damit von einer zentralen Stelle aus eine Überwachung durchführen.

Wenn Sie ein neues Abonnement erstellen möchten, erhalten Sie die Warnung, dass der Windows-Ereignissammlungsdienst gestartet und konfiguriert sein muss.

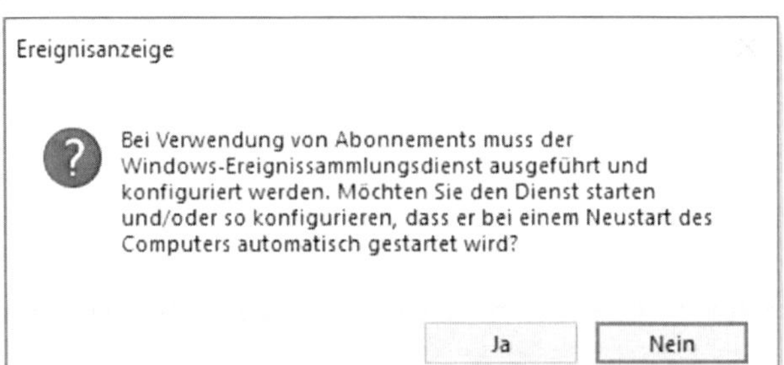

Abbildung 4.37: Warnmeldung

Sie können die Konfiguration automatisch vornehmen lassen, indem Sie auf „Ja“ klicken.

Nun geben Sie dem Abonnement einen Namen und suchen den oder die Quellcomputer aus.

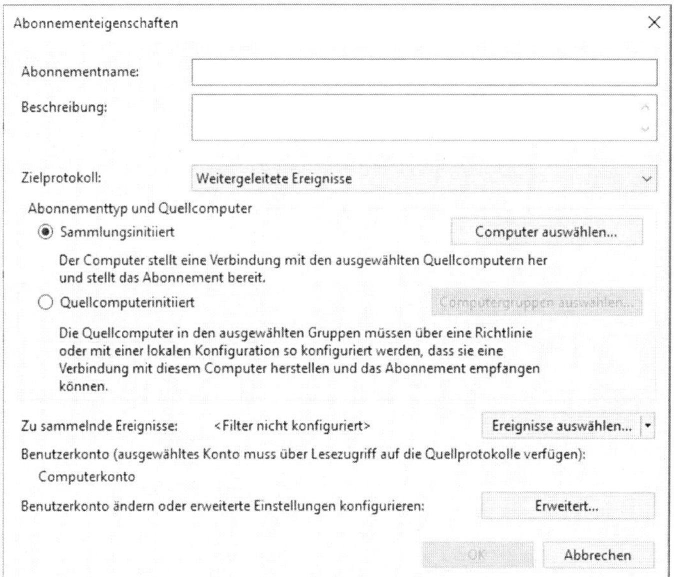

Abbildung 4.38: Abonnementeigenschaften

Im nächsten Schritt legen Sie die zu überwachenden Ereignisse fest.

Damit haben Sie ein neues Abonnement erstellt.

Aufgaben anfügen

Leider ist es in den meisten Fällen so, dass das Ereignisprotokoll nur dann überprüft wird, wenn Sie bereits ein Problem haben.

Besser wäre es, wenn Sie dies bereits vorher machen würden, oder wenn Sie zumindest eine Meldung erhalten könnten, wenn bestimmte Ereignisse eintreffen.

Diese Möglichkeit gibt es zum Glück in Windows 10.

Dazu suchen Sie sich ein Ereignis aus, bei dessen Eintreffen Sie in Zukunft gewarnt werden wollen und klicken mit der rechten Maustaste auf dieses Ereignis.

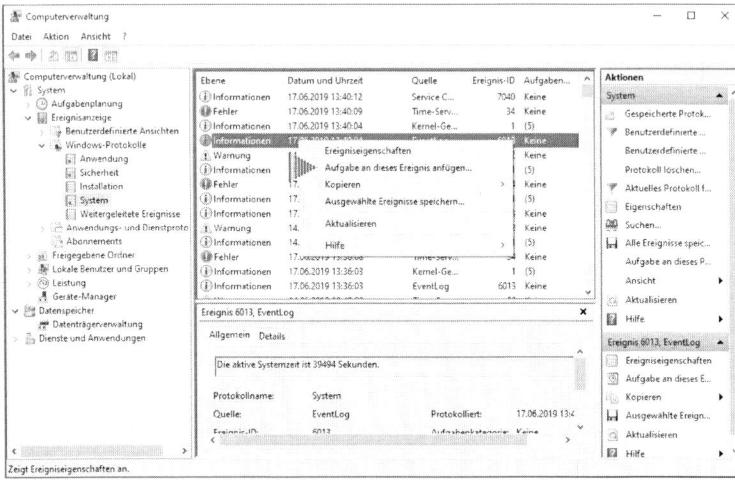

Abbildung 4.39: Ereignis

Sie wählen hier „Aufgabe an dieses Ereignis anfügen“.

Nun startet ein Assistent, der Ihnen beim Erstellen der Aufgabe hilft.

Zunächst geben Sie dem Ereignis einen Namen und erhalten noch eine Zusammenfassung des ausgewählten Ereignisses.

Dann wählen Sie, welche Aktion ausgeführt werden soll.

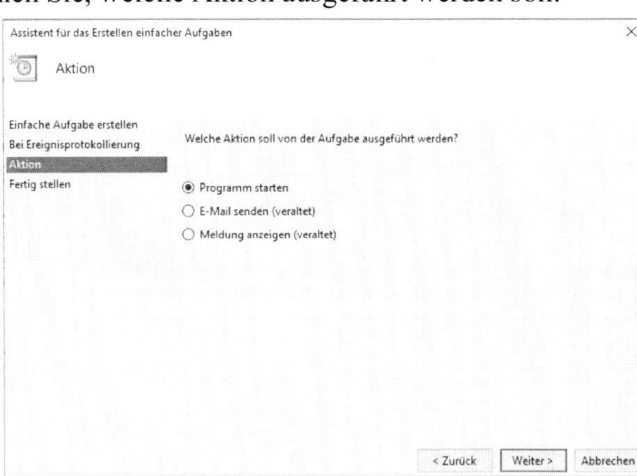

Abbildung 4.40: Aktion

Sie können ein Programm starten lassen, eine E-Mail schicken lassen, oder eine Meldung auf dem Bildschirm anzeigen lassen.

Datensammlersätze und Berichte

Mit Datensammlersätze können Sie die Performance des Rechners über einen längeren Zeitraum hinweg überwachen und bestimmte Indikatoren aufzeichnen.

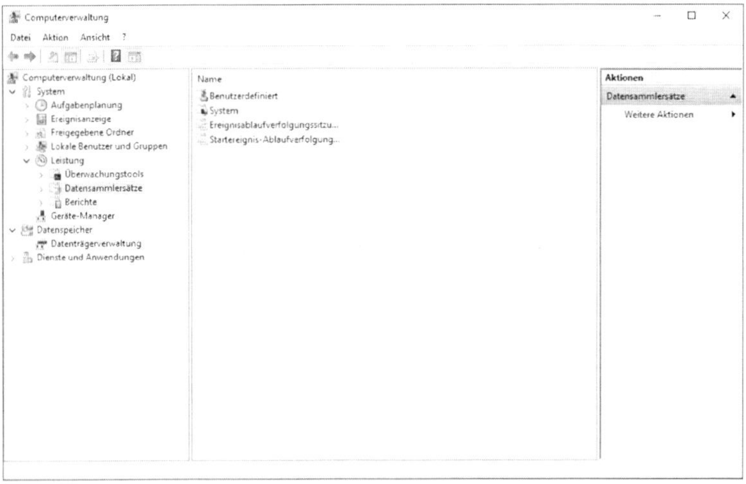

Abbildung 4.41: Datensammlersätze

Wenn Sie zu den Datensammlersätzen wechseln, sehen Sie, dass bereits einige Datensammlersätze vordefiniert sind, wie System oder Ereignisablaufverfolgung.

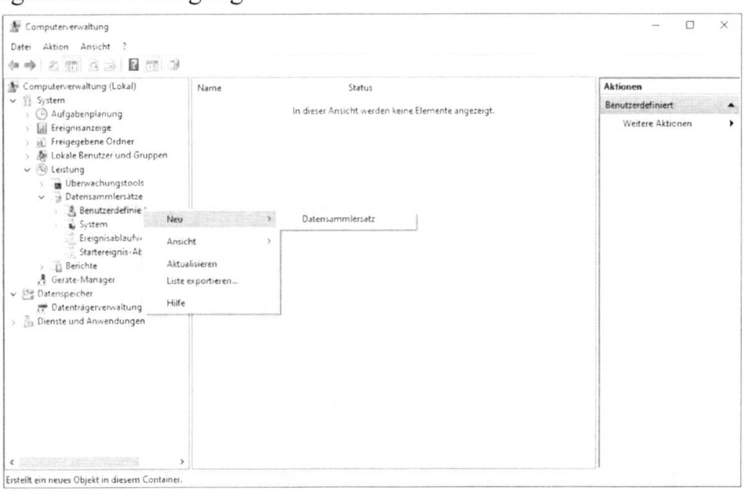

Abbildung 4.42: Erstellen eines benutzerdefinierten Datensammlersatzes

Interessanter ist allerdings die Möglichkeit, eigene Datensammlersätze zu definieren, mit denen Sie die Probleme des Systems verfolgen können.

Zunächst geben Sie dem Datensammlersatz einen Namen und entscheiden sich, ob Sie den Datensammlersatz aus einer Vorlage erstellen möchten, oder völlig frei generieren.

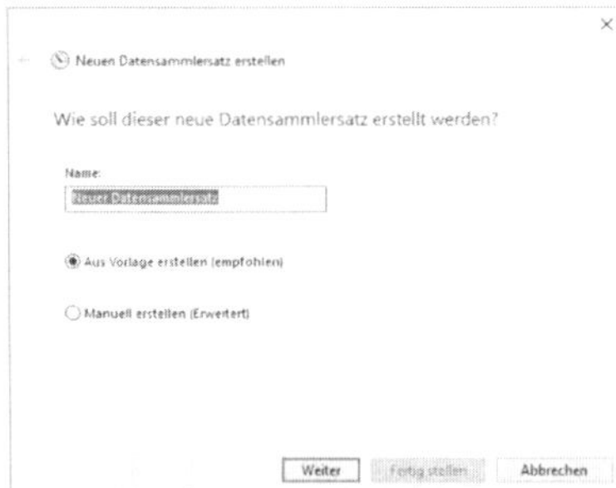

Abbildung 4.43: Neuer Sammlungssatz

Zunächst sollten Sie „Aus Vorlage erstellen" wählen, wenn Sie etwas mehr Erfahrung haben, können Sie auch einen manuellen Datensammlersatz erstellen.

Nun entscheiden Sie sich für die Vorlage, die Sie für den Datensammlersatz benutzen möchten.

Im letzten Schritt geben Sie den Speicherort an.

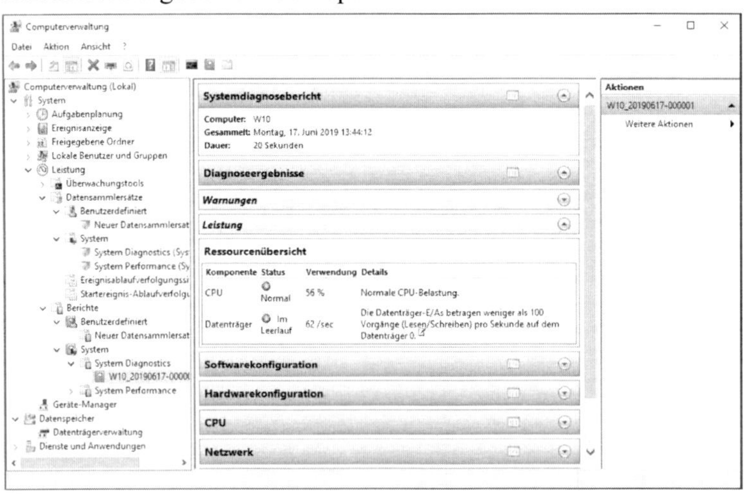

Abbildung 4.44: Bericht

Sie können wählen, ob der Datensammlersatz zunächst nur erstellt werden soll, oder ob er gleich gestartet wird.

Ein gestarteter Datensammlersatz kann eine beliebige Zeit laufen und muss aber zur Auswertung angehalten werden.

Wenn Sie den Datensammlersatz angehalten haben, können Sie den Bericht über diese Sammlung betrachten und eine detaillierte Auswertung machen.

4.3.4 Zuverlässigkeitsverlauf

Ein interessantes Tool sollte nicht unerwähnt bleiben, auch wenn es hier nicht in dieser Liste zu finden ist.

Sie können es einfach starten, indem Sie in die Suchzeile beginnen, den Namen einzugeben.

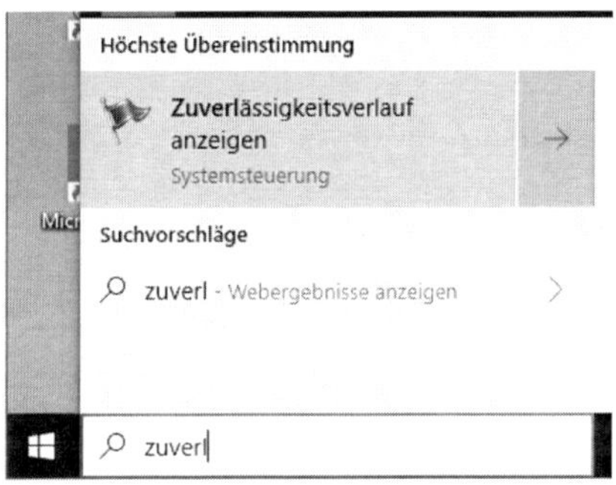

Abbildung 4.45: Zuverlässigkeitsverlauf

Dann können Sie auf „Zuverlässigkeitsverlauf anzeigen“ klicken.

Sie erhalten nun eine grafische Darstellung der Zuverlässigkeit des Systems in der letzten Zeit.

Die Zuverlässigkeitsverwaltung untersucht laufend folgende Systemereignisse:

- Anwendungsfehler
- Windows-Fehler
- Verschiedene Fehler
- Warnungen
- Informationen

Aus diesen Ereignissen wird täglich ein Bericht erstellt, den Sie im unteren Teil des Fensters sehen können.

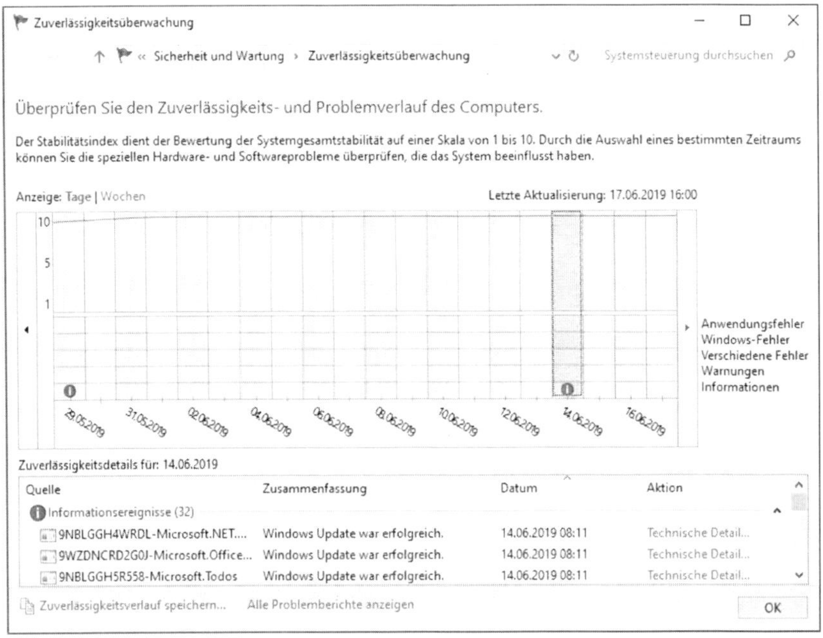

Abbildung 4.46: Zuverlässigkeitsüberwachung

Anhand dieser Ereignisse erstellt Windows 10 einen Index, der die Zuverlässigkeit des Systems wiederspiegelt.

Im Idealfall ist der Index „10". Bei jeder Störung sinkt der Index, kann aber wieder größer werden, wenn lange Zeit keine weitere Störung auftritt.

In unserem Fall ist der Index auf hohem Niveau, sinkt aber bei jeder Störung wieder etwas ab.

Die Zuverlässigkeitsanalyse kann Ihnen in kurzer Zeit einen Überblick über die Stabilität des Systems geben, und auch über die Gründe, die einen Fehler verursacht haben.

4.3.5 Drucker überwachen und verwalten

In großen Unternehmen gibt es in einigen Fällen zusätzlichen Bedarf, mehrere Drucker gemeinsam zu verwalten. Zwei Problemstellungen haben sich hier herauskristallisiert:

- Eine bestimmte Personengruppe möchte bevorzugt auf einen Drucker zugreifen können
- Die Druckgeschwindigkeit ist zu gering, und die Druckausgabe sollte deswegen auf mehrere Druckgeräte verteilt werden

Für diese beiden Probleme existieren Lösungsansätze, die sich ohne Zusatzprodukte nur mit dem Betriebssystem Windows 10 lösen lassen.

Druckprioritäten setzen

Wie Sie schon auf der Registerkarte „Erweitert“ gesehen haben, können für einen Drucker Prioritäten gesetzt werden.

Leider ist es nicht möglich, für einen bestimmten Druckauftrag im Spooler Prioritäten zu setzen, sondern nur für den gesamten Drucker.

Dies scheint keinen Sinn zu machen.

Aber es gibt eine Möglichkeit, wie die Prioritäten sinnvoll eingesetzt werden können.

Ein Beispiel:

In Ihrem Unternehmen gibt es einen sehr schnellen, hochwertigen Laserdrucker. Dieser wird von allen Abteilungen benutzt.

Nun möchte die Geschäftsleitung aber, dass die Dokumente, die von ihnen geschickt werden, bevorzugt behandelt werden, also vor allen anderen Druckaufträgen ausgedruckt werden.

Da die Druckprioritäten nicht auf einzelne Gruppen oder Dokumente bezogen werden können, muss hier ein anderer Weg gewählt werden.

Sie haben die Möglichkeit, mehrere Drucker anzulegen, die alle auf das gleiche Druckgerät verweisen. Sie erstellen mehrere Drucker, die den gleichen Anschluss oder Port benutzen, und auch natürlich den gleichen Druckertreiber, da ja alle Drucker auf das gleiche Gerät ausgegeben werden.

Geben Sie den Druckern unterschiedliche Namen, zum Beispiel „Drucker für Benutzer“ und „Drucker GL“. Weisen Sie nun den verschiedenen Druckern verschiedene Prioritäten zu. Die Prioritäten bewegen sich im Bereich zwischen 1 und 99, wobei 1 die niedrigste Priorität und 99 die höchste Priorität ist.

Wenn nun ein Druckauftrag ankommt, wird immer der Druckauftrag von dem Drucker mit der höchsten Priorität zuerst an das Druckgerät weitergeleitet, erst wenn der Drucker mit der höchsten Priorität keine

Aufträge mehr hat, kann der Drucker mit der niedrigeren Priorität seine Aufträge zum Druckgerät schicken.

Nun müssen Sie nur noch dafür sorgen, dass sich die verschiedenen Personengruppen mit dem richtigen Drucker verbinden.

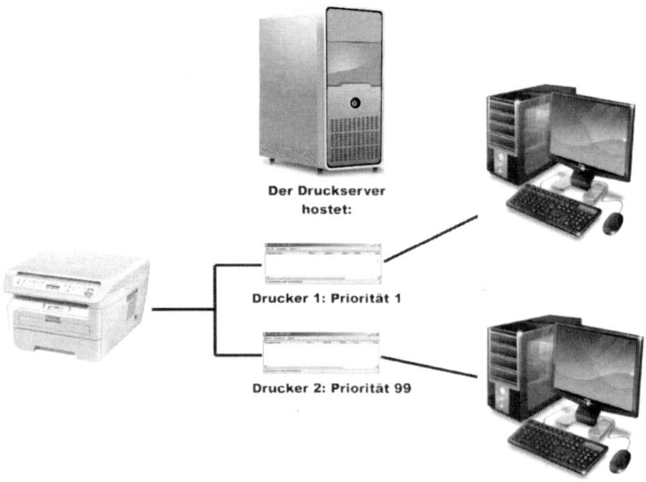

Abbildung 4.47: Drucker mit verschiedenen Prioritäten

In unserem Beispiel sollten sich alle Benutzer mit dem Drucker mit der Priorität 1 verbinden, nur die Geschäftsleitung sollte sich mit dem Drucker mit der Priorität 99 verbinden.

Druckerpools

Eine andere Problematik ist der Datendurchsatz.

Ein Beispiel: In einem Schreibpool arbeiten 30 Sekretärinnen. Alle haben viele Druckaufträge zu bearbeiten, und der Laserdrucker ist an seine Kapazitätsgrenze angelangt.

Sie möchten ein zweites Druckgerät installieren, möchten aber nicht, dass die Mitarbeiter sich einen Drucker aussuchen können, da Sie ungleiche Auslastung der beiden Druckgeräte befürchten. Sie möchten stattdessen einen Mechanismus, der alle Druckaufträge nach dem Zufallsprinzip an beide Druckgeräte verteilt.

Die Lösung dafür heißt Druckerpool. Bei einem Druckerpool machen Sie eigentlich das Gegenteil des obigen Beispiels, denn Sie verbinden einen Drucker mit mehreren Druckgeräten.

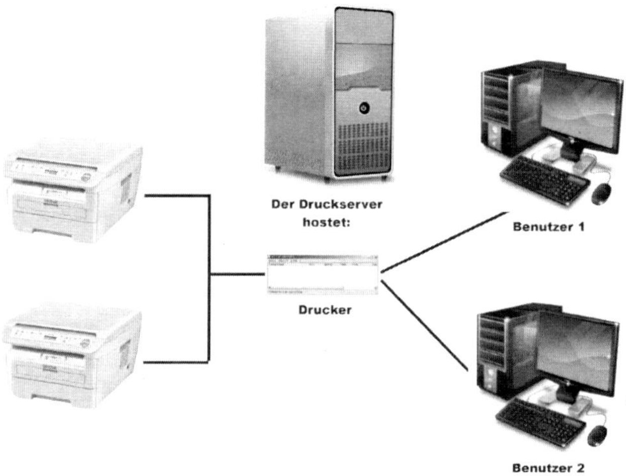

Abbildung 4.48: Druckerpool

Sie benötigen dazu Druckgeräte, die den gleichen Druckertreiber benutzen, da Sie auf dem Druckserver nur einen Drucker installieren.

In der Registerkarte „Anschlüsse“ müssen Sie den Haken setzen bei „Druckerpool aktivieren“. Nur dann haben Sie die Möglichkeit, mehrere Schnittstellen auszuwählen.

Sie wählen alle Schnittstellen aus, mit denen Ihre Druckgeräte verbunden sind, und schon haben Sie einen Druckerpool eingerichtet.

ACHTUNG!

Achten Sie darauf, dass sich die Druckgeräte alle an einem Platz nebeneinander befinden. Da Sie nicht wählen können, auf welchem Druckgerät die Ausgabe erfolgt, wäre eine Verteilung der Druckgeräte die sicherste Art, Ihre Mitarbeiter suchend im ganzen Haus herumirren zu lassen!

Wenn nun ein Druckauftrag zum Drucker geschickt wird, wird der erste freie Drucker benutzt. Damit haben Sie eine zufällige Verteilung der Auslastung.

Einstellen des Standarddruckers

Eine weitere Einstellung, die Sie kennen sollten, ist die Einstellung des

Standarddruckers.

Häufig ist es so, dass Sie mehrere Drucker im System haben. An welchen Drucker wird nun Ihr Druckauftrag standardmäßig geschickt?

In der Standardeinstellung verwaltet Windows die Drucker. Das bedeutet, dass immer der Drucker als Standarddrucker verwendet wird, der letztes Mal benutzt wurde.

Sie finden diese Konfiguration in den Einstellungen.

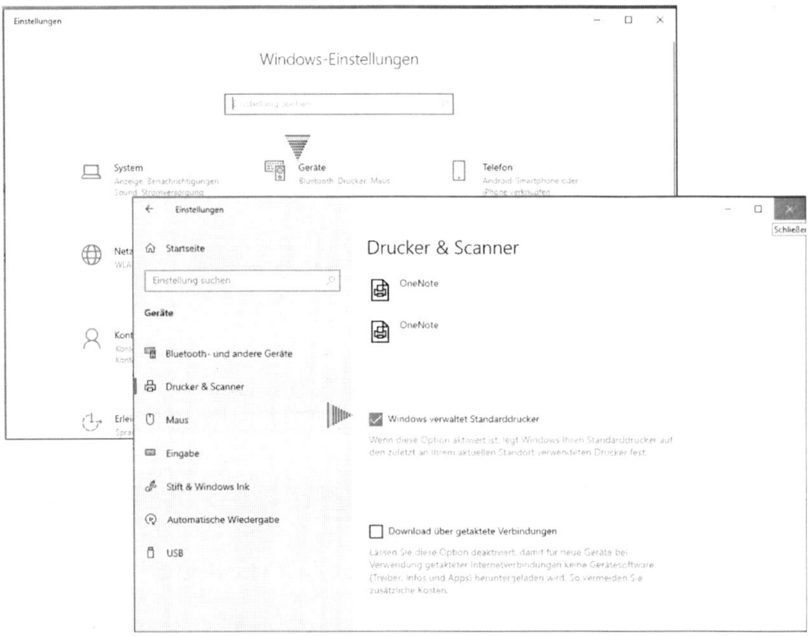

Abbildung 4.49: Windows verwaltet Standarddrucker

Wenn Sie selber verwalten möchten, welcher Drucker der Standarddrucker sein soll, entfernen Sie den Haken.

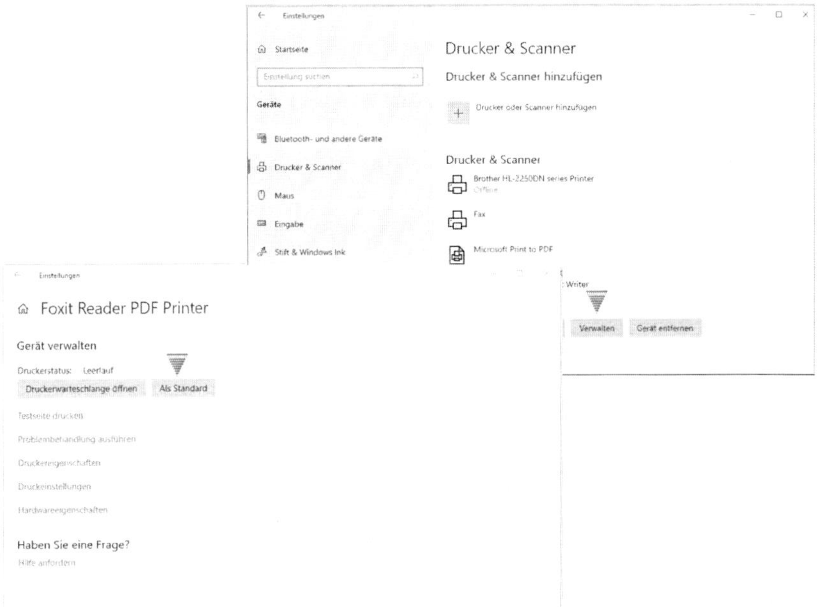

Abbildung 4.50: Standarddrucker selber verwalten

Dann können Sie einen Drucker wählen, auf „Verwalten" klicken und können ihn dann als Standard definieren.

Problembehebung

Leider gibt es auch beim Drucken manchmal Probleme, die über das Nachfüllen von Druckerpapier hinausgehen.

Manchmal „hängt" ein Druckauftrag, und wird nicht gedruckt. Deswegen können alle nachfolgenden Druckaufträge auch nicht gedruckt werden.

Hier gibt es eine einfache Lösung.

Sie öffnen die „Einstellungen" und suchen den Drucker, in dem ein Druckauftrag nicht abgefertigt wird.

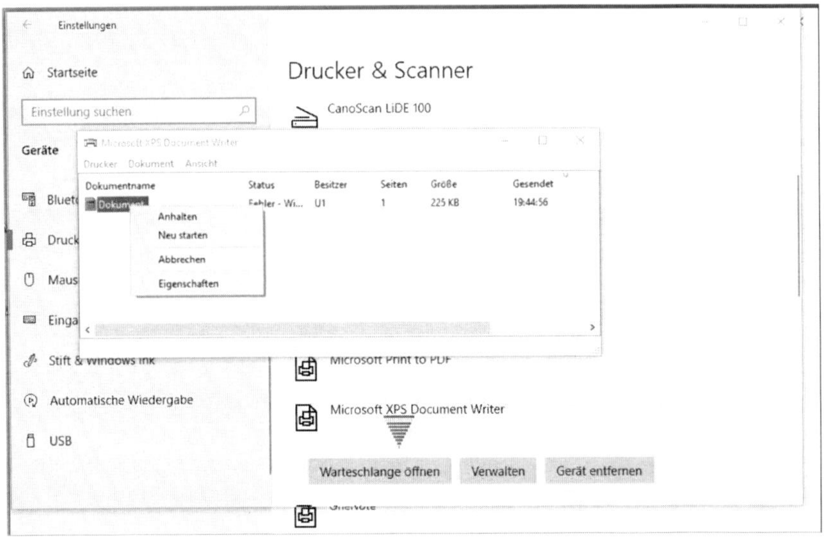

Abbildung 4.51: Warteschlange öffnen

Klicken Sie auf „Warteschlange öffnen“.

Nun sehen Sie alle Druckaufträge, die dieser Drucker abarbeiten soll.

Wählen Sie den zu löschenden Druckauftrag aus, und klicken Sie auf „Abbrechen“. Nach einer Rückfrage wird der Druckauftrag aus der Warteschlange entfernt.

Manchmal ist es auch der Fall, dass das ganze System des Druckens instabil geworden ist.

In diesem Fall könnte man natürlich den Rechner neu starten, das ist aber keine sehr elegante Lösung.

Besser ist es, nur den entsprechenden Dienst neu zu starten, dies ist der Dienst „Druckwarteschlange“ oder auch „Spooler“ genannt.

Dazu öffnen Sie „Dienste“ und wählen den Dienst aus. Mit der rechten Maustaste können Sie nun „Neu starten“ wählen.

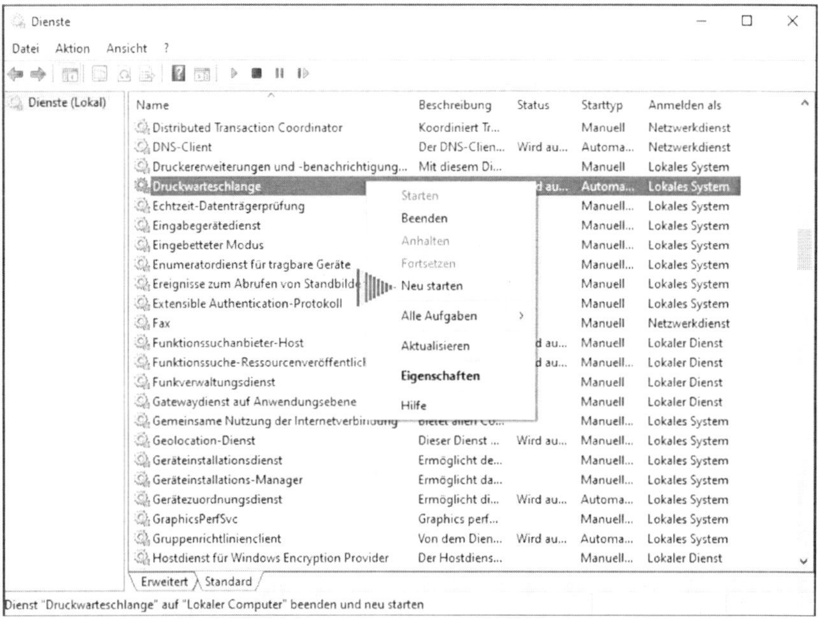

Abbildung 4.52: Dienst neu starten

Das PowerShell Cmdlet zum Verändern der Eigenschaften des Dienstes „Spooler“ lautet

Set-Service –name Spooler

4.3.6 Indizierungsoptionen konfigurieren

Windows 10 führt eine automatische Indizierung aus. Einen Index kennen wir alle aus jedem Buch, das am Ende fast immer einen Suchindex hat, damit bestimmte Themengebiete schneller gefunden werden können.

Allerdings indiziert Windows 10 standardmäßig nur die Ordner „Benutzer“, die Offline-Dateien und das Startmenü.

Um diese Einstellungen zu ändern, müssen Sie die „Indizierungsoptionen“ öffnen.

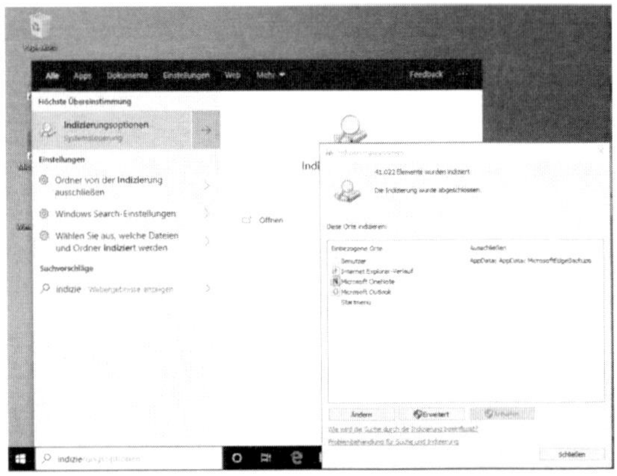

Abbildung 4.53: Indizierungsoptionen

Hier sehen Sie die Ordner, die in die Indizierung eingeschlossen sind.

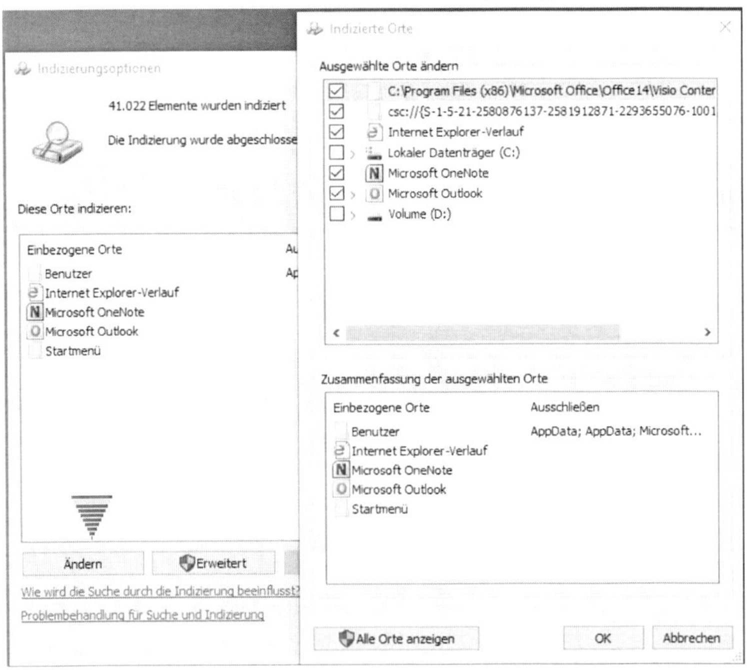

Abbildung 4.54: Indizierung ändern

Um andere Ordner einzubeziehen, klicken Sie auf „Ändern". Nun können Sie Ordner hinzufügen oder entfernen.

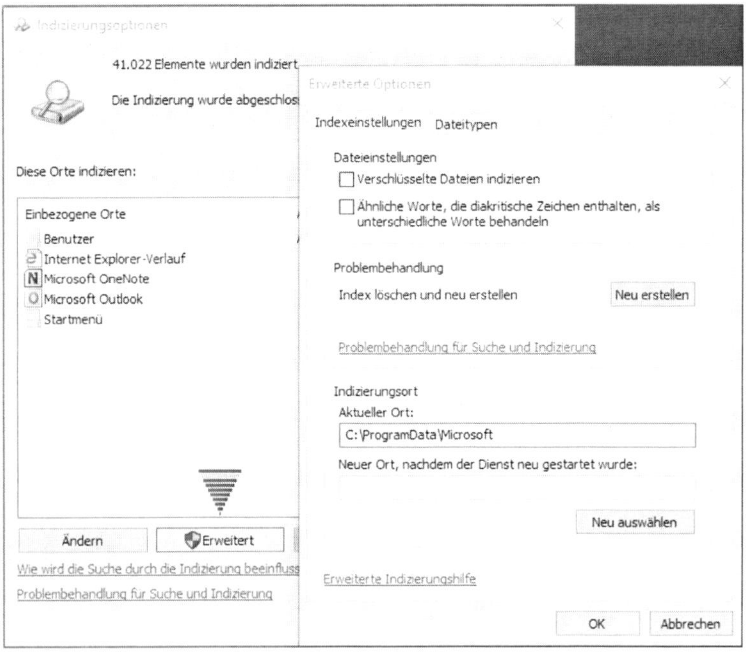

Abbildung 4.55: Erweitert

Bei den erweiterten Optionen können Sie unter anderem wählen, ob auch verschlüsselte Dateien indiziert werden sollen.

Auf der Registerkarte „Dateitypen“ können Sie zusätzlich die Dateiendungen wählen.

Wenn ein Indizierungsprozess läuft, können Sie ihn mit Klicken auf die Schaltfläche „Anhalten“ unterbrechen. Das macht Sinn, wenn Sie die Systemressourcen für andere Tasks benötigen.

Aber leider können Sie die Indizierung auf diese Weise nicht mehr starten.

Dafür müssen Sie in die Konsole „Dienste“ gehen.

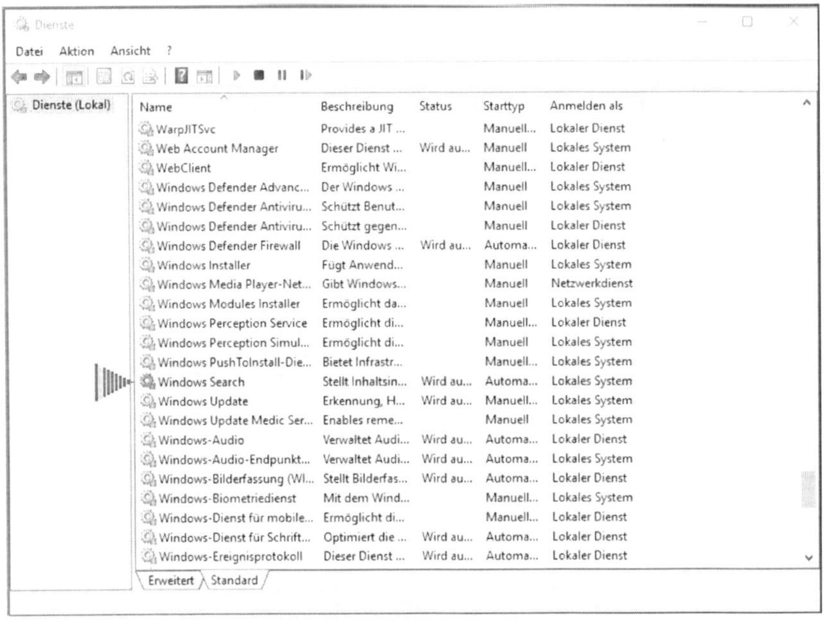

Abbildung 4.56: Windows Search

Der Dienst, der die Indizierung verwaltet, heißt „Microsoft Search".

Um eine unterbrochene Indizierung wieder zu starten, wählen Sie mit der rechten Maustaste „Neu starten".

Übrigens:

Wenn Sie die Indizierung ganz ausschalten wollen, bearbeiten Sie den Starttyp des Dienstes „Microsoft Search" und ändern diese auf „Deaktiviert".

4.3.7 Die Windows Sicherheit (früher Defender)

Stellen Sie sich folgendes Szenario vor:

Einer der Benutzer war nicht aufmerksam und hat versehentlich Malware auf seinen Rechner geladen. Der PC ist natürlich dadurch infiziert worden.

Diese Infektion kann aber noch Schlimmeres auslösen, sie kann sich von Rechner zu Rechner im Netzwerk verbreiten und damit alle Geräte betreffen.

Sie können sich vorstellen, dass in diesem Fall das ganze IT-Team zielstrebig auf eine Nachtschicht zusteuert.

Malware gibt es im Internet beinahe überall und es wird täglich mehr.

Was können Sie dagegen tun?

Zum einen kann und sollte der Benutzer eingewiesen werden, was sichere und was unsichere Downloadseiten sind und wie Malware auf den Rechner gelangen kann.

Zum anderen müssen Sie einen Malwareschutz benutzen.

Dieser sollte Angriffe abwehren, alle Downloads und ausführbare Dateien scannen und natürlich die Anti-Malware Definitionen automatisch aktuell halten.

Dafür gibt es eine Reihe von Anbietern, die alle sehr gut arbeiten.

Es gibt aber auch die „Windows Sicherheit“, das ist ein Tool, das mit Windows 10 ausgeliefert wird.

In früheren Versionen von Wndows 10 hieß die Windows-Sicherheit „Windows Defender Security Center“.

Dies ist ein Echtzeit Anti-Malware Schutz.

Dazu öffnen Sie die „Einstellungen“ und navigieren zu „Update und Sicherheit – Windows Sicherheit“.

Hier klicken Sie auf „Windows Sicherheit öffnen.

Abbildung 4.57: Windows Sicherheit

Sie sehen nun einen Überblick über die Windows Sicherheit.

Windows empfiehlt Maßnahmen, wie das Einrichten von OneDrive als Backupspeicher und das Anmelden mit einem Microsoft Konto.

Dies sind aber nur Vorschläge und müssen nicht in jedem Fall befolgt werden, falls Sie eine andere Lösung eingerichtet haben.

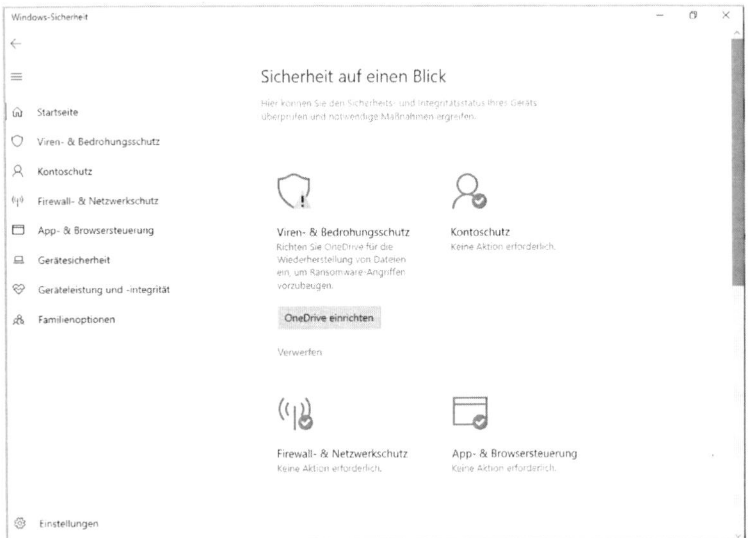

Abbildung 4.58: Startseite

Auf der linken Seite sehen Sie sieben Abschnitte für die Konfiguration der Windows Sicherheit.

- Viren- und Bedrohungsschutz

  Hier finden Sie alle Einstellungen rund um den Virenschutz
- Kontoschutz

  Hier sind die Einstellungen, die die Anmeldung mit einem Microsoft-Konto betreffen und auch Windows Hello
- Firewall- und Netzwerkschutz

  An dieser Stelle können Sie auf die Firewall Einstellungen zugreifen
- App- und Browsersteuerung

  Hier geht es um die Überprüfung von Apps und um den Smartscreenfilter

- Gerätesicherheit

  Dies betrifft die Gerätesicherheit durch Kernisolierung und sicheren Start
- Geräteleistung- und integrität

  An dieser Stelle werden Berichte über die Integrität des Rechners bereitgestellt
- Familienoptionen

  Hier können Sie den Rechner für alle Familienmitglieder absichern, beispielsweise durch bestimmte Sperren.

Sie sollten sich ein wenig Zeit nehmen und alle Einstellungen einmal genauer betrachten.

Wir konzentrieren uns aber im Moment auf Viren- und Bedrohungsschutz

Abbildung 4.59: Viren- und Bedrohungsschutz

Im oberen Teil sehen Sie unter dem Stichwort „Aktuelle Bedrohungen“ eine Zusammenfassung der letzten Schnellüberprüfung.

Hier kann auch jederzeit manuell eine Schnellüberprüfung gestartet werden, Sie läuft dann im Hintergrund und Sie können problemlos weiterarbeiten.

Gehen wir zu den „Einstellungen für Viren- und Bedrohungsschutz“.

Hier können Sie den Echtzeitschutz ein- und ausschalten.

Abbildung 4.60: Einstellungen

Sie sehen hier auch noch die Einstellungen „Cloudbasierter Schutz“ und „Automatische Übermittlung von Beispielen“.

Der Cloudbasierte Schutz funktioniert am besten, wenn auch „Automatische Übermittlung von Beispielen“ aktiviert ist.

Gerade bei Anwendungen in der Cloud ist Microsoft sehr stark darauf angewiesen, dass sie immer auf dem letzten Stand sind und die Virendefinitionen zeitnah aktualisieren können.

Wenn Sie die Übermittlung von Beispielen aktivieren, senden Sie hilfreiche Informationen an Microsoft, die dann in die Updates einfließen können.

Abbildung 4.61: Ausschlüsse

Sie können auch Ausnahmen definieren, so dass bestimmte Dateien oder Laufwerke nicht gescannt werden.

Darunter finden Sie die „Benachrichtigungen“, die Sie hier ein- und ausschalten können.

Allerdings werden Sie auch dann über wichtige Vorgänge, wie einen Malwareangriff informiert, wenn die Benachrichtigungen deaktiviert sind.

Windows-Sicherheit mit der PowerShell

Die Windows-Sicherheit wird gerne mit der PowerShell verwaltet.

Hier sehen Sie die wichtigsten Cmdlets:

Cmdlet	Bedeutung
Add-MpPreference	Ändert Einstellungen des Windows Defender
Get-MpComputerStatus	Zeigt den Status des Defenders an
Get-MpThreatDetection	Zeigt alle aktiven und vergangenen Schadsoftware Threads an

Start-MpScan	Startet einen Defender Scan
Start-MpWDOScan	Startet einen Defender offline Scan
Update-MpSignature	Macht ein Update der Antimalware-Definitionen

Quelle: Microsoft Technet

4.3.8 Das Tool „Systemkonfiguration“

Das Tool „Systemkonfiguration“ ist ein kleines Tool, mit dem Sie die aktuelle Systemkonfiguration betrachten und einige Einstellungen ändern können.

Sie öffnen es durch Eingabe von „Msconfig.exe“.

Die Registerkarte „Allgemein“

Hier finden Sie Funktionen für den Systemstart. Sie können hier einstellen, was Windows beim nächsten Systemstart ausführen soll:

- Normaler Systemstart (Alle Gerätetreiber und Dienste laden)
- Diagnosesystemstart (Nur grundlegende Geräte und Dienste laden)
- Benutzerdefinierter Systemstart

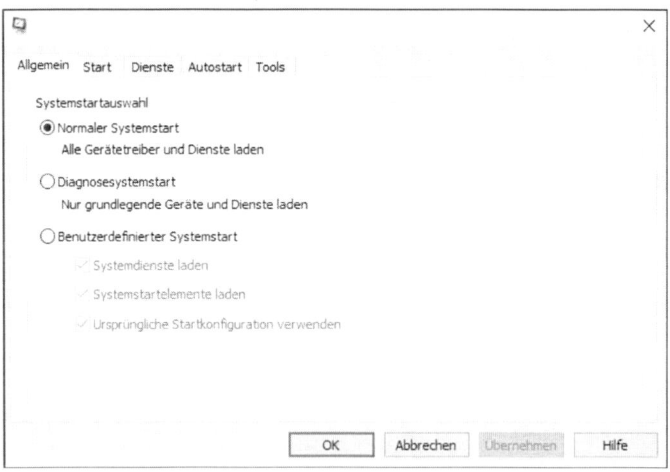

Abbildung 4.62: Allgemein

An dieser Einstellung sollten Sie nichts ändern, da der erste Eintrag „Normaler Systemstart" die richtige Auswahl ist.

Die Registerkarte „Start"

Hier sehen Sie die Einstellungen für den Systemstart.

Außerdem können Sie wählen, ob Sie einen abgesicherten Start möchten und mit welchen Optionen dieser abgesicherte Start stattfinden soll.

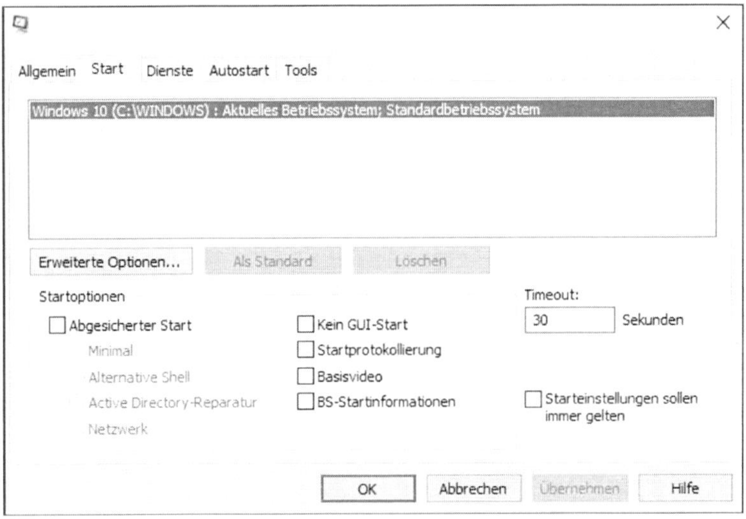

Abbildung 4.63: Start

Die Registerkarte „Dienste"

Über diesen Eintrag können Sie sich die vorhandenen Dienste auf Ihrem Rechner anzeigen lassen. Sie können hier nicht benötigte Dienste deaktivieren, dabei sollten Sie aber beachten, dass Sie keine wichtigen Dienste ausschalten.

Über die Checkbox „Alle Microsoft-Dienste ausblenden" können Sie alle Microsoft-Dienste ausblenden lassen und sehen somit nur noch die Dienste, welche von anderen Programmen/Herstellern installiert wurden.

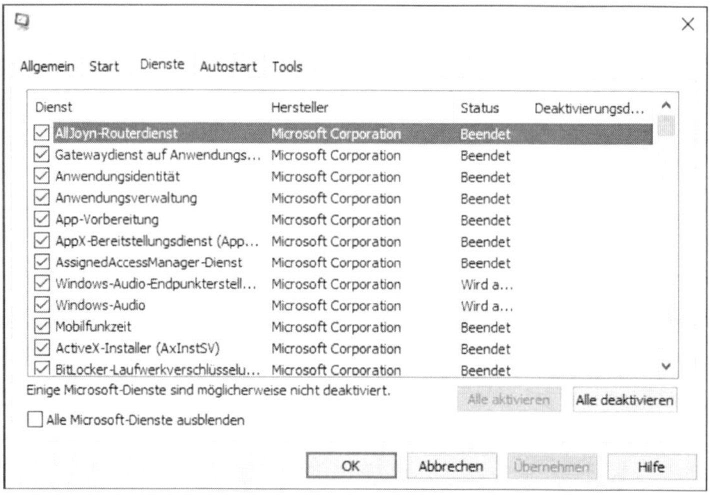

Abbildung 4.64: Dienste

Die Registerkarte „Autostart“

Diese Registerkarte beinhaltet nur einen Link zum Task-Manager, denn dort werden die Programme verwaltet, die beim Systemstart automatisch mitgestartet werden.

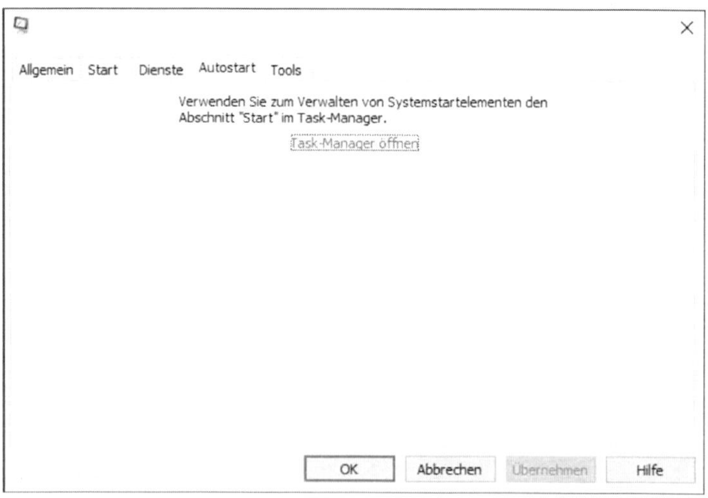

Abbildung 4.65: Autostart

Die Registerkarte „Tools“

Hier können Sie Konfigurationseinstellungen und Tools von Windows aufrufen. Wählen Sie dafür das entsprechende Tool aus und klicken Sie anschließend auf den Button „Starten".

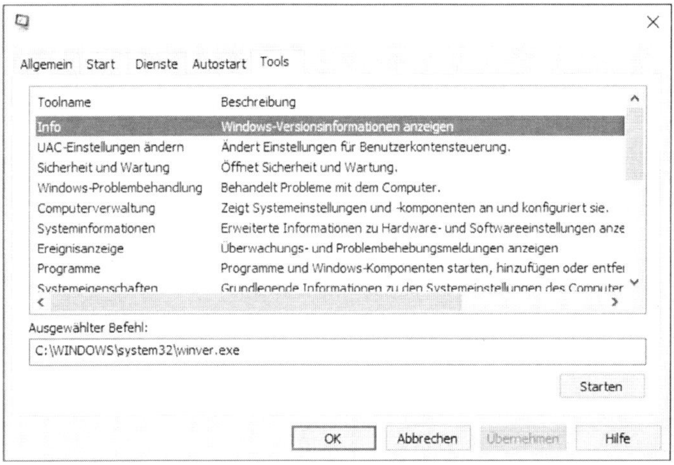

Abbildung 4.66: Tools

4.4 Konfigurieren von System- und Datenwiederherstellung

Das Sichern von Daten ist natürlich eine der wichtigsten Aufgaben. Genauso wichtig ist aber, das System zu sichern, denn auch dies kann ausfallen und muss wiederhergestellt werden.

Das Wiederherstellen von Daten muss einfach und schnell gehen. Das können wir mit den Microsoft Bordmitteln ziemlich gut bewerkstelligen.

Auch die Updates sowohl für Betriebssystem als auch für Programme müssen geregelt sein.

4.4.1 Sichern

Die bekannteste und auch am meisten verbreitete Maßnahme gegen Datenverlust ist das Sichern.

Windows 10 hat ein eigenes Sicherungsprogramm, mit dem Sie komfortabel Sicherungen machen können, es nennt sich „Dateiversionsverlauf“.

ACHTUNG!
Dieses Programm sichert nicht alle Daten, sondern Ihre eigenen Daten, die in den privaten Bibliotheken sind und die Daten auf dem Desktop, Ihre Kontakte und Favoriten.

Aber betrachten wir dieses Tool. Über

- Systemsteuerung
- System und Sicherheit
- Dateiversionsverlauf

gelangen Sie zur Sicherungskonsole.

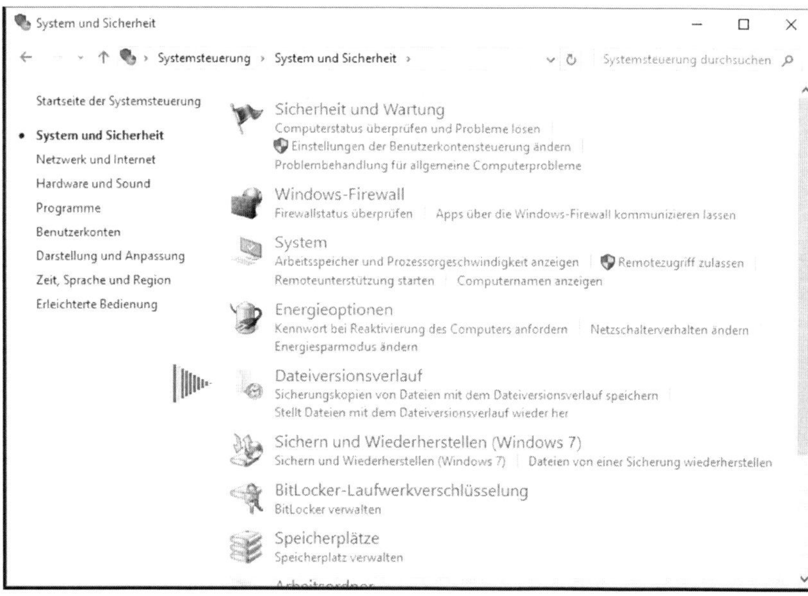

Abbildung 4.67: Dateiversionsverlauf

Natürlich haben Sie auch die Möglichkeit, dieses Tool über „Einstellungen“ –„Update und Sicherheit“ aufzurufen. Das Tool sieht dann etwas anders aus, hat aber dieselben Funktionen.

Allerdings wechselt das Tool in der Konsole „Einstellungen“ immer in den „Dateiversionsverlauf“ in der Systemsteuerung, wenn komplexere

Konfigurationen gemacht werden, deswegen betrachten wir hier gleich die Variante in der Systemsteuerung.

Sicherung einrichten

Zunächst ist das Tool noch deaktiviert.

Sie müssen einen Speicherort für die Sicherung wählen.

Sie können wählen zwischen:

- USB-Laufwerk
- Ein zusätzliches internes Laufwerk
- Ein Netzwerklaufwerk

Alle Festplattenlaufwerke, die Sie benutzen, müssen mit NTFS formatiert sein.

Leider ist es nicht möglich, ein einmal beschreibbares Medium wie CD oder DVD zu benutzen. Auch darf das Sicherungslaufwerk kein Systemlaufwerk sein.

Klicken Sie dafür auf „Netzwerkadresse auswählen“.

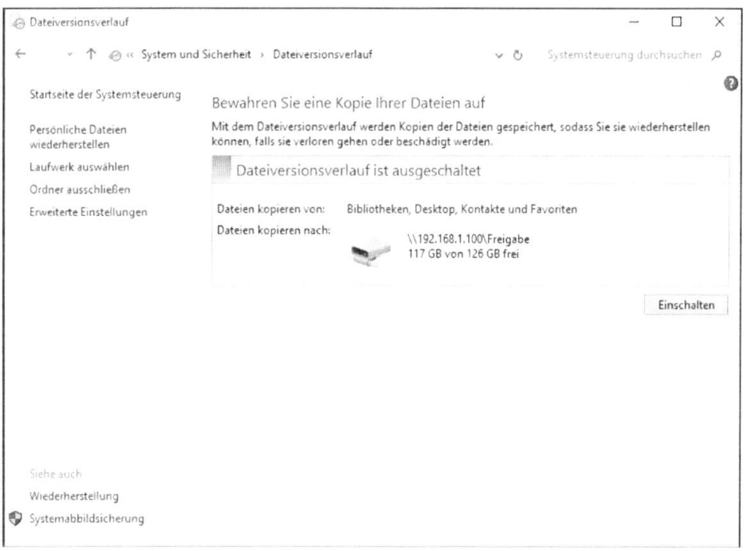

Abbildung 4.68: Laufwerk auswählen

Es bietet sich auf jeden Fall an, ein Netzwerklaufwerk zu wählen, auf das die Daten gesichert werden.

Eine andere Möglichkeit ist eine externe Festplatte.

Nun können Sie den Dateiversionsverlauf einschalten.

Natürlich können Sie auch Ordner von der Sicherung ausnehmen.

Klicken Sie danach auf „Erweiterte Einstellungen“.

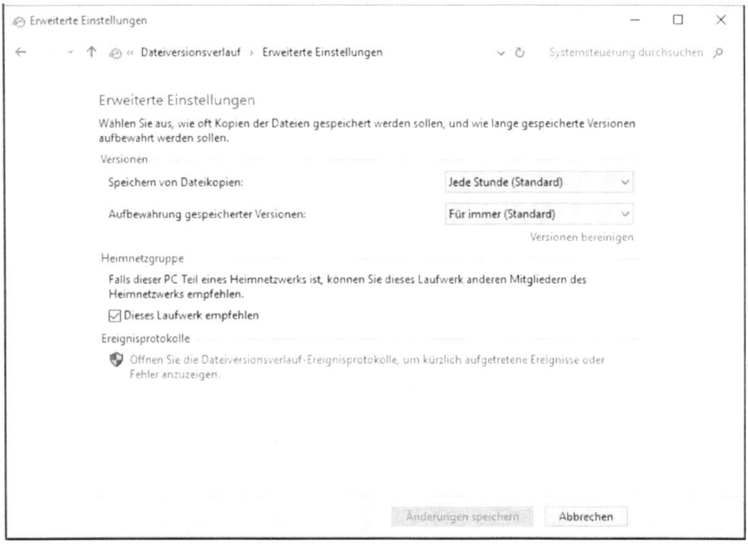

Abbildung 4.69: Erweiterte Einstellungen

Hier legen Sie fest, wie oft die Daten gespeichert werden und wie lange sie aufbewahrt werden.

Auch die Größe des Offlinecaches können Sie hier festlegen!

4.4.2 Wiederherstellen der Daten

Das Wiederherstellen der Daten ist sehr einfach.

Sie klicken auf „Persönliche Daten wiederherstellen“.

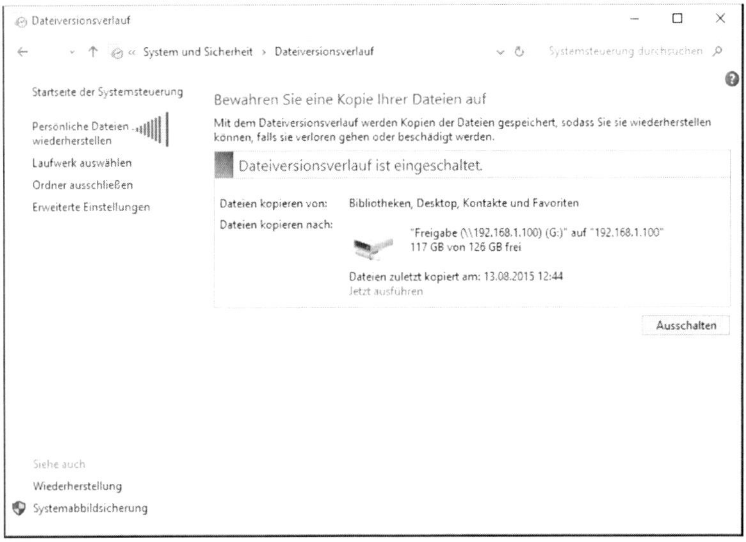

Abbildung 4.70: Persönliche Daten wiederherstellen

Dann sehen Sie die gesicherten Ordner.

Abbildung 4.71: Auswahl

Wählen Sie nun einfach die Daten, die wiederhergestellt werden sollen.

Übrigens:

Das Befehlszeilentool für die Sicherung ist WbAdmin.exe.

4.4.3 Wiederherstellen des Systems

Natürlich kann es auch passieren, dass das ganze System nicht mehr funktioniert.

Starten von der DVD

In einem solchen Fall starten Sie von der Installations-DVD und wählen „Computerreparaturfunktionen" aus.

Abbildung 4.72: Computerreparaturfunktionen

Klicken Sie nun auf „Problembehandlung".

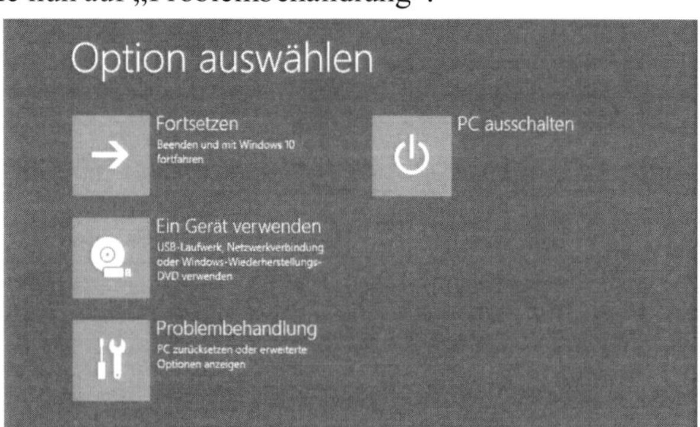

Abbildung 4.73: Problembehandlung

Nun sehen Sie eine weitere Auswahl.

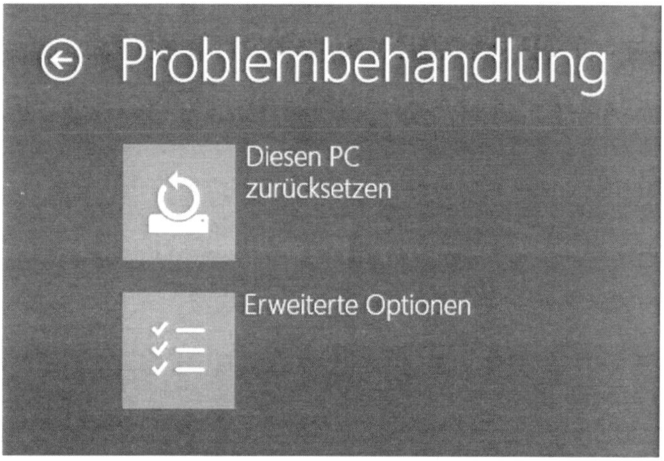

Abbildung 4.74: Auswahl

Diesen PC zurücksetzen

Dabei wird der PC komplett zurückgesetzt, alle danach installierten Programme und neue Daten sind danach weg.

Erweiterte Optionen

Hier finden Sie weitere Funktionen, wie beispielsweise das Wiederherstellen mithilfe von Systemwiederherstellungspunkten.

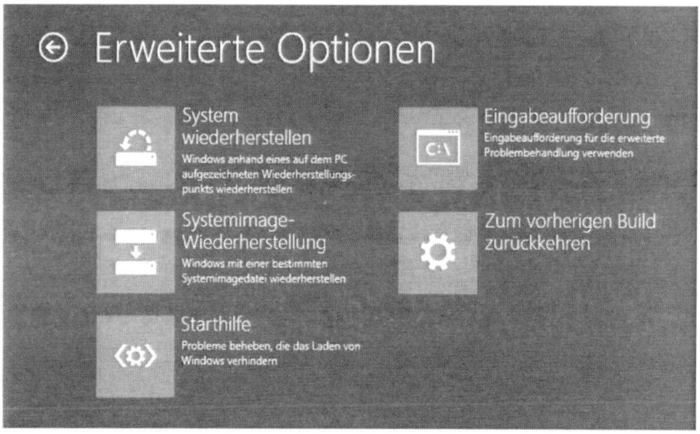

Abbildung 4.75: Erweiterte Optionen

4.4.4 Wiederherstellen mithilfe von Systemwiederherstellungspunkten

Eine andere Methode, das System in einen vorherigen Zustand zurückzusetzen, ist die Systemwiederherstellung mithilfe von Wiederherstellungspunkten.

Windows 10 hat eine automatische Überwachung, die nach der Installation auf allen Festplatten deaktiviert ist.

Die Systemwiederherstellung speichert Systemeinstellungen zu einem bestimmten Zeitpunkt, etwa vor der Installation eines Programms oder eines Treibers. Dies sind die Wiederherstellungspunkte.

Sollte es nach der Installation Probleme geben, kann das System an einen Punkt zurückgesetzt werden, zu dem das System noch ohne Probleme funktioniert hat.

Die Systemwiederherstellung bezieht sich auf alle Systemdaten, nicht aber auf der Festplatte gespeicherte persönliche Daten, wie Textdateien.

Die Konfigurationseinstellungen finden Sie an folgender Stelle:

- Systemsteuerung
- System und Sicherheit
- System

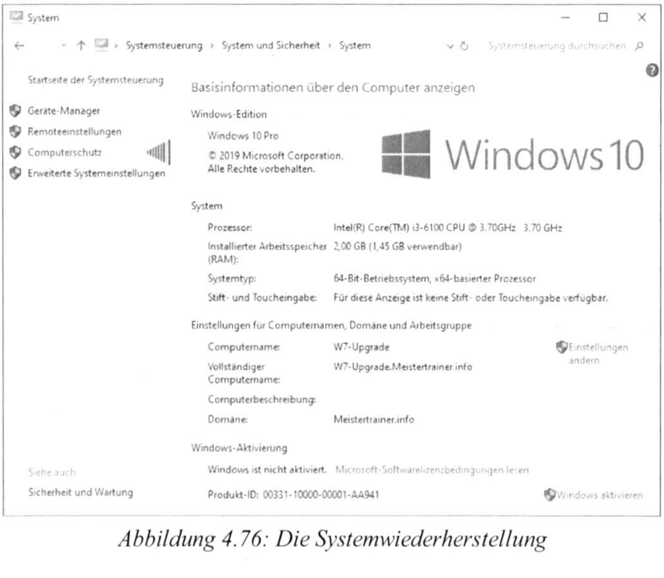

Abbildung 4.76: Die Systemwiederherstellung

Hier wählen Sie „Computerschutz“.

Abbildung 4.77: Computerschutzkonsole

ACHTUNG!

Der Computerschutz ist nicht nur für das Rücksetzen des Systems zuständig, sondern auch für das Erstellen von Schattenkopien der Daten, was wir später in diesem Kapitel besprechen werden!

Sie können die Parameter für die einzelnen Laufwerke getrennt voneinander konfigurieren, indem Sie auf „Konfigurieren“ klicken.

Abbildung 4.78: Einstellungen für das Laufwerk C:

Hier können Sie auch alle bisher erstellten Wiederherstellungspunkte löschen.

Rücksetzung, wenn das System noch startet

Wenn nun der Fall eintritt und Sie müssen Windows 10 zu einem früheren Zeitpunkt wiederherstellen, klicken Sie in der Konsole auf „Systemwiederherstellung…“.

Ein Assistent startet.

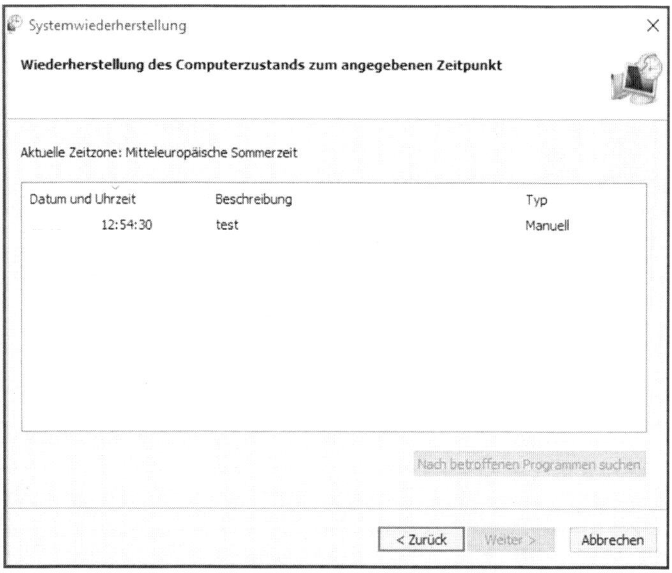

Abbildung 4.79: Systemwiederherstellung

Sie können nun einen Wiederherstellungspunkt auswählen, zu dem Sie das System zurücksetzen möchten.

Sie sollten sich aber darüber im Klaren sein, dass alle Änderungen, die Sie nach dem Erstellen des letzten Wiederherstellungspunktes am System vorgenommen haben, natürlich danach nicht mehr vorhanden sind.

Wenn Sie sich für die Wiederherstellung entscheiden, kann sie nun durch Klicken auf „Weiter“ gestartet werden.

Dies ist ein Vorgang, der nicht unterbrochen werden kann.

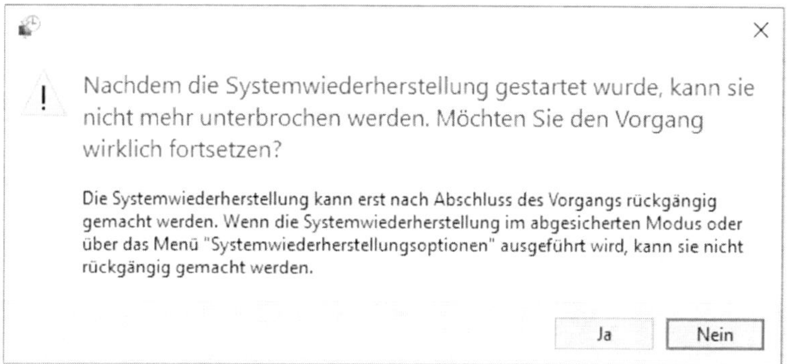

Abbildung 4.80: Warnmeldung

Nach einem Neustart steht Ihnen das System wieder zur Verfügung, zurückgesetzt auf den von Ihnen gewählten Zeitpunkt.

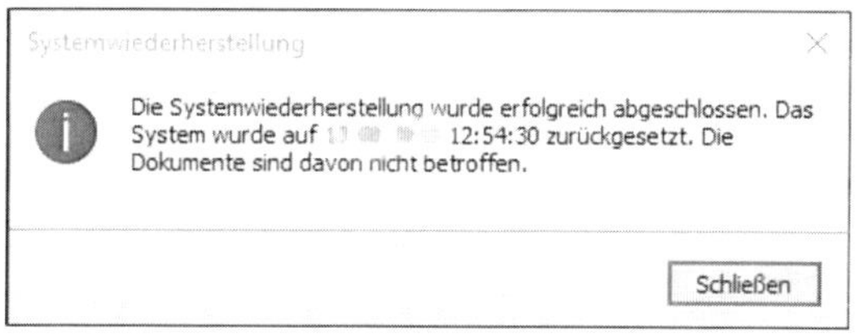

Abbildung 4.81: Systemwiederherstellung abgeschlossen

Rücksetzung, wenn das System nicht mehr startet

Falls das System nicht mehr startet, haben Sie auch eine Möglichkeit, es zu einem früheren Zeitpunkt zurückzusetzen.

Dafür müssen Sie den Computer von der DVD starten und auch „Computerreparatureinstellungen“ wählen.

Allerdings wählen Sie danach nicht „Stellen Sie den Computer mithilfe eines zuvor erstellten Systemabbilds wieder her“, sondern „Verwenden Sie Wiederherstellungstools…“.

Hier können Sie „Systemwiederherstellung“ wählen.

4.4.5 Wiederherstellen mit WinRE

Wir haben schon gesehen, dass manchmal auch ein so stabiles Betriebssystem wie Windows 10 Probleme hat und nicht mehr startet.

Eine Systemwiederherstellung haben wir auch bereits betrachtet, aber es gibt noch einige andere Möglichkeiten, den Rechner zu reparieren.

In diesem Fall lege ich die Installations-DVD ins Laufwerk und starte den Rechner von diesem Medium neu.

Wie bei der Wiederherstellung wähle ich nun nicht „Jetzt installieren“ sondern „Computerreparaturoptionen.

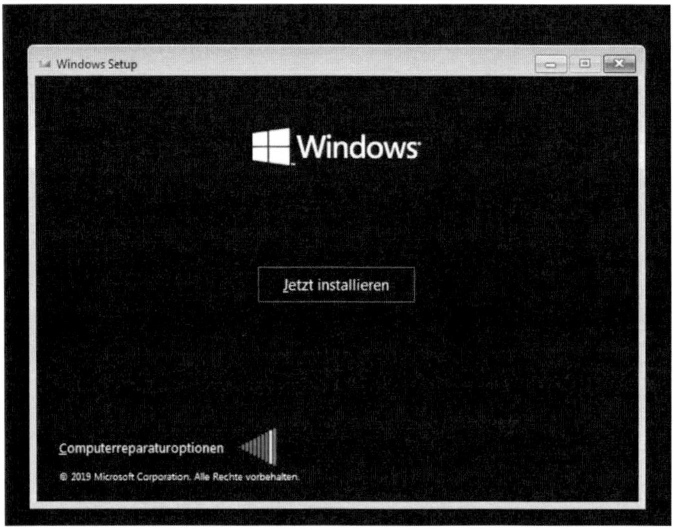

Abbildung 4.82: Computerreparaturoptionen

Der Rechner startet nun in einem Modus mit Namen Windows Recovery Environment „WinRE“.

WinRE basiert auf WinPE, einem schlanken, kompakten Windows Betriebssystem, das die wichtigsten Start- und Reparaturoptionen beinhaltet.

Es gibt noch andere Möglichkeiten, WinRE zu starten:

- Drücken der Umschalttaste, während man wählt „Neu starten“
- Shutdown /o /r
- Automatisch, nach zweimaligem Startfehler

WinRE bietet uns einige Auswahlmöglichkeiten:

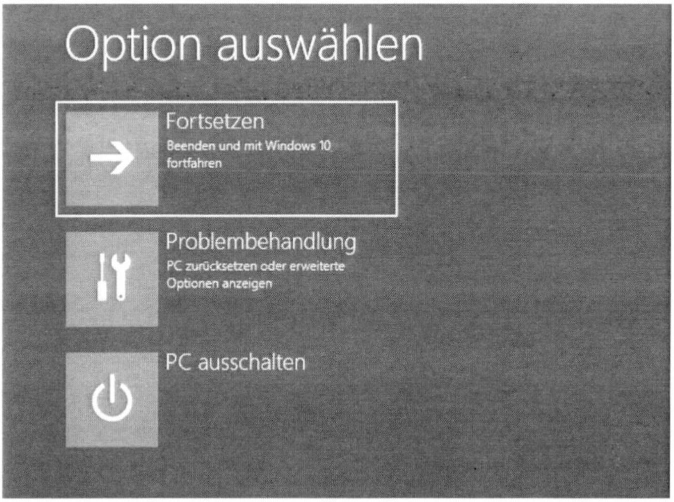

Abbildung 4.83: Auswahl

- Fortsetzen: Hier wird die normale Startsequenz wieder aufgenommen
- Problembehandlung: Dies ist die Schaltfläche, die wir für eine Reparatur benötigen
- PC ausschalten

Da wir ein Problem lösen müssen, ist hier „Problembehandlung“ die richtige Wahl.

Sie haben nun die Auswahl zwischen folgenden Reparaturoptionen:

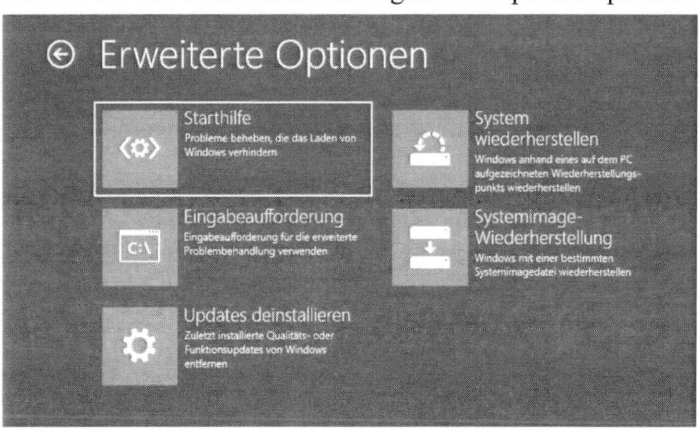

Abbildung 4.84: Optionen

- Starthilfe: Dies ist ein automatischer Reparaturversuch, den Sie auf jeden Fall starten können
- Eingabeaufforderung: mit dieser Schaltfläche können Sie eine Eingabeaufforderung öffnen und Befehle eingeben
- Updates deinstallieren: Hier kann ich Qualitäts- oder Funktionsupdates entfernen
- System wiederherstellen: Falls Sie Wiederherstellungspunkte aktiviert haben, können Sie einen Punkt hier anwenden
- Systemimagewiederherstellung: Mit diesem Punkt kann ich Windows mit einer zuvor erstellten Systemimagedatei wiederherstellen

Das ist bisher bereits bekannt, diesen Bildschirm haben wir bereits bei der Systemwiederherstellung betrachtet.

Aber es gibt noch weitere Reparaturoptionen, die wir nun betrachten.

Eine Möglichkeit, warum der Rechner nicht mehr startet, ist eine Beschädigung des Master Boot Records oder des Bootmanagers. Oft sehen Sie dann Fehlermeldungen, wie „Bootmgr fehlt“.

In diesem Fall öffnen wir eine Eingabeaufforderung und haben einige Möglichkeiten, zerstörte Startdateien zu reparieren.

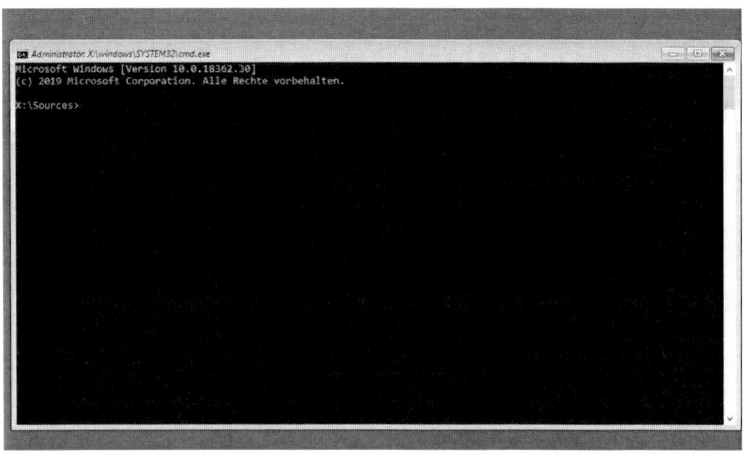

Abbildung 4.85: Eingabeaufforderung

Zur Reparatur der Startdateien gibt es ein Tool mit Namen „Bootrec.exe“.

Die Befehle des Tools Bootrec sind im Einzelnen:

- bootrec /fixmbr

Mit diesem Befehl zwingen Sie das System, den Master Boot Record neu zu erstellen.

- bootrec /fixboot

Dieser Befehl erstellt den Bootmanager neu.

Manchmal wird das Betriebssystem nicht durch diesen Befehl im Bootmanager eingetragen.

Dann geben Sie ein

- bootrec /scanos

Die Festplatten werden untersucht, ob es nicht ein System gibt, das nicht im Bootmanager eingetragen ist.

Wenn ein System angezeigt wird, können Sie es mit dem Befehl

- bootrec /rebuildbcd

wieder eintragen.

Manchmal müssen Sie dieses Tool mehrfach ausführen, um zum Erfolg zu gelangen.

Lassen Sie uns die Vorgehensweise betrachten.

Zunächst erzwinge ich das Erstellen einen neuen Master Boot Record mit

- bootrec /fixmbr

Nun suche ich nach einem nicht eingetragenen Betriebssystem, mit dem Befehl

- bootrec /scanos

die Zahl 0 ist richtig, denn es sollten alle Windowsinstallationen im Bootmanager eingetragen sein.

Damit sollte das System wieder funktionieren.

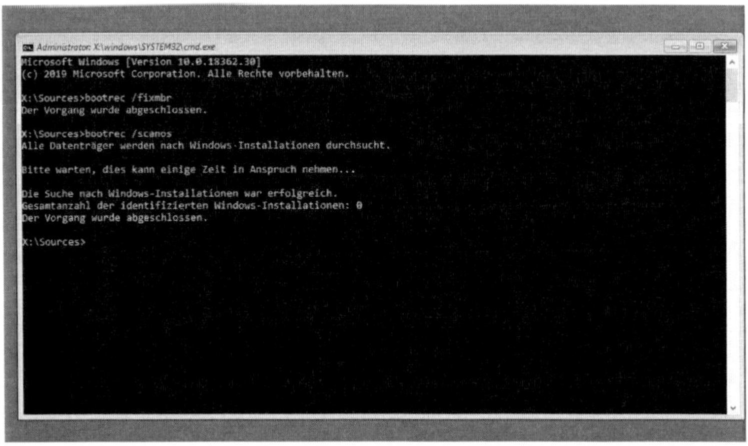

Abbildung 4.86: Bootrec

4.4.6 Schattenkopien

Schattenkopien sind Ihnen vielleicht schon aus älteren Windows Versionen bekannt.

In den meisten Fällen machen Sie sicherlich eine regelmäßige Datensicherung und sind damit eigentlich schon auf der sicheren Seite, was die Datensicherheit betrifft.

Ein Beispiel:

Sie arbeiten mit diversen Dateien, die Sie auch oft ändern. Leider haben Sie eine Version einer Datei verändert und gespeichert, obwohl Sie diese Änderung eigentlich nicht speichern wollten.

In diesem Fall müssen Sie genau eine einzelne Datei mit einer bestimmten Version wiederherstellen. Dies ist manchmal nicht so einfach, denn vielleicht wissen Sie nicht mehr so genau, wann diese Datei zum letzten Mal geändert worden ist und wann eine Sicherung dieser Datei gemacht worden ist.

Schattenkopien sind eine sehr intelligente Lösung für dieses Problem. Sie können mit sehr einfachen Mitteln eine einzelne Datei wiederherstellen und auf eine vorherige Version zurücksetzen.

Funktionsweise von Schattenkopien

Schattenkopien sind eine weitere Funktion des Computerschutzes und aktiv, wenn die Systemwiederherstellung aktiv ist. Zusammen mit dem

Systemwiederherstellungspunkt wird auch eine Schattenkopie erstellt, die für die Daten zuständig ist.

Um Schattenkopien zu nutzen, wechseln Sie in den Explorer und betrachten die Eigenschaften einer Datei, die Sie versehentlich geändert haben. Wechseln Sie auf die Registerkarte „Vorgängerversionen".

Abbildung 4.87: Vorgängerversionen

Sollte es ältere Versionen geben, die in einem Wiederherstellungspunkt erfasst sind, werden diese hier angezeigt. Wählen Sie die richtige Version aus.

Abbildung 4.88: Wiederherstellen,

Diese können Sie nun an einen alternativen Platz kopieren und beide Versionen betrachten, oder Sie wählen „Wiederherstellen“, dann wird die ältere Version über die neue gespeichert.

4.4.7 Dateien von OneDrive wiederherstellen

OneDrive hat sich mit Windows 10 stark weiterentwickelt.

Mittlerweile können Sie alle Daten, die Sie in der Cloud speichern, auf den heimischen PC synchronisieren.

Dazu klicken Sie mit der rechten Maustaste auf das OneDrive Laufwerk und wählen „Zu synchronisierende OneDrive Ordner wählen“.

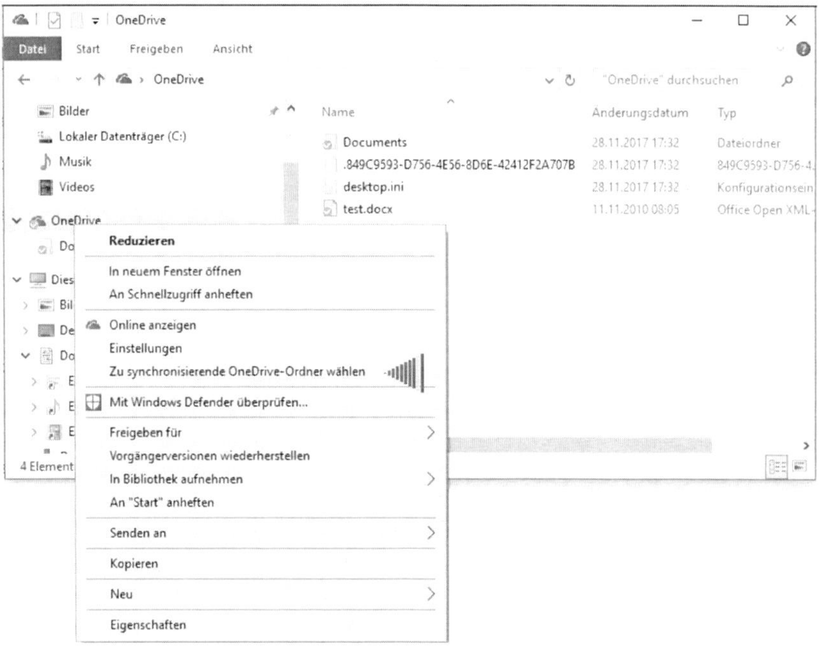

Abbildung 4.89: Synchronisieren

Nun können Sie die Ordner festlegen, die lokal auf den Rechner synchronisiert werden sollen.

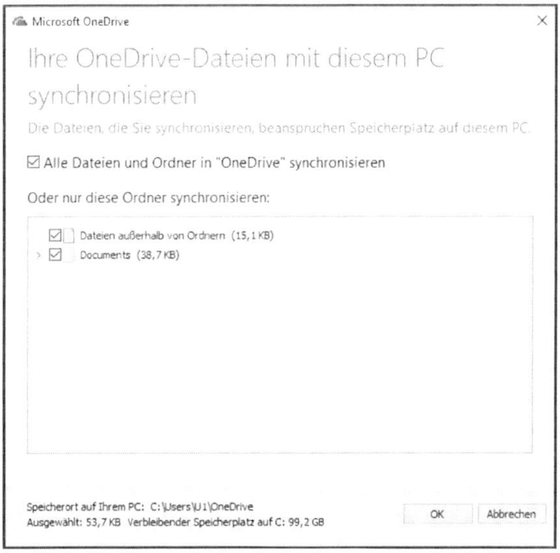

Abbildung 4.90: Auswahl

4.5 Konfigurieren der Autorisierung und Authentifizierung

Die Begriffe „Authentifizierung" und „Autorisierung" werden oft verwechselt.

Authentifizierung

Dies ist die Überprüfung der Identität des Benutzers. Für diese Überprüfung werden die Anmeldeinformationen des Benutzers (häufig Benutzername und Kennwort) mit einer Liste von bekannten Daten abgeglichen. Wenn die Anmeldeinformationen korrekt sind, wird der Benutzer authentifiziert, andernfalls nicht.

Autorisierung

Dieser Vorgang findet nach der Authentifizierung des Benutzers statt und entscheidet über die Berechtigungen des Benutzers innerhalb der Anwendung.

4.5.1 Authentifizierung und Autorisierung

Es gibt verschiedene Arten der Authentifizierung, mit dem Microsoft-Konto, lokal oder an einer Domäne.

Arbeitsgruppe oder Domäne

Wenn Sie einen Client installiert haben, müssen Sie sich oftmals entscheiden, ob der Client einer Arbeitsgruppe oder einer Domäne angehören soll.

Arbeitsgruppe

Eine Arbeitsgruppe ist ein Zusammenschluss mehrerer gleichberechtigter Computer. Alle Computer sind über ein Netzwerk miteinander verbunden.

Abbildung 4.91: Computer in einer Arbeitsgruppe

Arbeitsgruppen haben viele Vorteile:

- Zugriff auf Daten, die sich auf anderen Rechnern befinden, ist möglich
- Geräte, wie Drucker, können gemeinsam genutzt werden
- Der Zugang zum Internet kann für alle zur Verfügung gestellt werden

Aber leider haben Arbeitsgruppen auch einen gravierenden Nachteil.

Windows 10 erfordert eine Anmeldung. Sie müssen Benutzername und Kennwort eingeben, um sich anmelden zu können.

Diese Daten werden nun mit den in einer Datenbank gespeicherten Daten verglichen und so wird festgestellt, ob Sie das Recht haben, sich anzumelden.

In einer Arbeitsgruppe ist diese Datenbank lokal auf jedem Computer gespeichert. Sie heißt Security Account Manager (SAM).

Wenn Sie nun Zugriff auf einen anderen Computer über das Netzwerk nehmen, wird auch auf diesem Computer überprüft, ob Sie das Recht haben, Ressourcen auf diesem Computer zu benutzen.

Aus diesem Grund müssen Ihre Benutzerinformationen nicht nur auf dem eigenen Computer gespeichert werden, sondern auch auf allen anderen

Computern der Arbeitsgruppe, auf die Sie zugreifen möchten. Natürlich ist auch die Authentifizierung mit einem anderen Account möglich.

Diese Vorgehensweise ist natürlich eine große Fehlerquelle. Wenn Sie Ihr Kennwort ändern möchten, müssen Sie es auf allen Computern der Arbeitsgruppe ändern.

Eine Arbeitsgruppe ist aus diesem Grund nur für ein kleines Netzwerk akzeptabel, die Größenordnung liegt bei etwa fünf Computern. Bei größeren Netzwerken ist der administrative Aufwand viel zu groß.

Domäne

In einer Domäne ist mindestens ein ausgewählter Computer nur dafür da, dass er eine Datenbank speichert, auf der alle Anmeldeinformationen von allen Benutzern zentral gespeichert sind.

Dieser Computer muss ein Serverbetriebssystem haben, wie Windows Server ab der Version 2000. Er wird Domänencontroller genannt und beinhaltet den LDAP-konformen Verzeichnisdienst Active Directory.

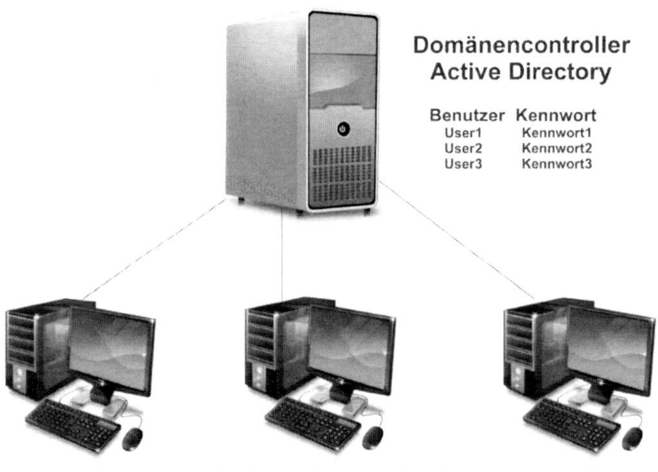

Abbildung 4.92: Die Domäne

Wenn eine Domäne eingerichtet worden ist, besteht die Möglichkeit, dass sich die Benutzer nicht lokal an der Maschine anmelden, also die Datenbank SAM benutzen, sondern sich „über das Netzwerk" anmelden und die Datenbank des Active Directory benutzen.

Da sich in diesem Fall alle Benutzer an einer Datenbank verifizieren, entfällt das mehrfache Pflegen der Anmeldeinformationen.

Für größere Netzwerke ist die Domäne die einzig praktikable Möglichkeit.

4.5.2 Die Anmeldung in einer Arbeitsgruppe

Beim Start von Windows 10 werden Sie gefragt, welche Person sich an diesem Computer anmelden möchte.

Wenn Sie bei der Installation kein Microsoft-Konto gewählt haben, ist es ein Konto einer Arbeitsgruppe.

Die Standardeinstellung nach der Installation ist der Anmeldebildschirm. Hier sind alle Accounts aufgeführt, die lokal auf der Maschine angelegt worden sind.

> **ACHTUNG!**
> Das Konto, das Sie während der Installation angelegt haben, ist ein Konto mit administrativen Rechten!

Um sich anzumelden, wählen Sie einfach das entsprechende Benutzerkonto aus und klicken es an. Es erfolgt die Kennwortabfrage.

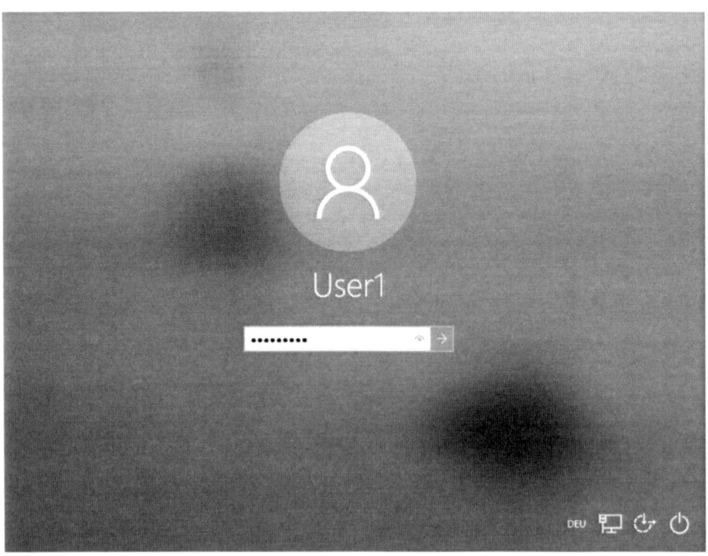

Abbildung 4.93: Anmeldebildschirm

Benutzer verwalten

Sie müssen Benutzerkonten anlegen, ändern und löschen können. Dies ist bei Windows 10 in der Arbeitsgruppe in einer grafischen Oberfläche möglich, die Ihnen bei diesen Aufgaben hilft.

Sie wählen

- Systemsteuerung
- Benutzerkonten
- Benutzerkonten

Hier wird zunächst das Konto angezeigt, mit dem Sie selber momentan angemeldet sind.

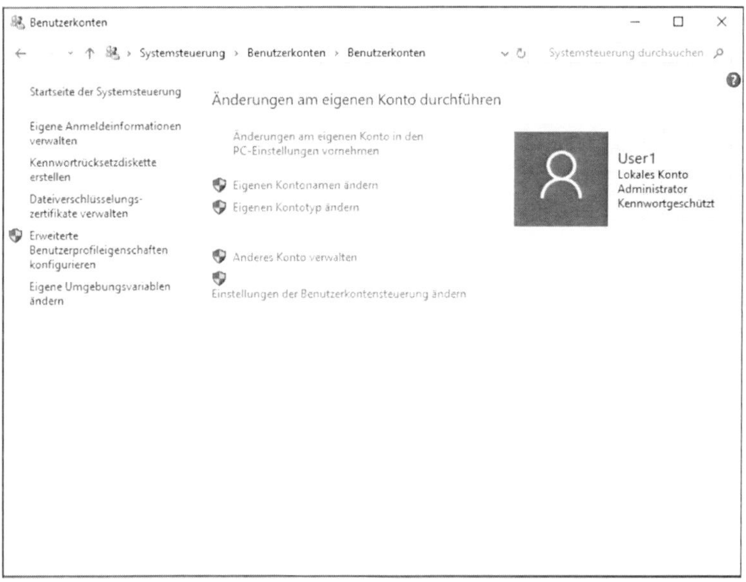

Abbildung 4.94: Kontoverwaltung

Wenn Sie Änderungen an Ihrem Konto vornehmen, schaltet die Ansicht zu einer App um.

Das ist wichtig, denn diese Einstellungen müssen auch auf einem Tablet-PC schnell machbar sein.

Abbildung 4.95: Benutzereinstellungen

Wechseln Sie zu den „Anmeldeoptionen“.

Hier können Sie beispielsweise Ihr Kennwort ändern.

Auch für den mobilen Einsatz ist die Funktion „Bildcode erstellen“ gedacht.

Abbildung 4.96: Anmeldeoptionen

Hier können Sie ein bestimmtes Muster festlegen, das auf einem Bild ausgeführt werden muss, um anstelle eines Kennwortes eingesetzt werden zu können.

Sie können sich auch mit einer PIN anmelden.

Abbildung 4.97: Arbeitsplatzzugriff

Der Menüpunkt „Arbeitsplatzzugriff" (Auf Arbeits- oder Schulkonto zugreifen) gibt Ihnen die Möglichkeit, sich beispielsweise mit einer Domäne zu verbinden.

Natürlich können Sie auch ein weiteres Konto anlegen.

Abbildung 4.98: Konto anlegen

Aber wir haben keine Abfrage erhalten, ob es ein Benutzerkonto oder ein Administratorenkonto sein soll!

Dazu müssen wir die App verlassen und wieder in die Systemsteuerung gehen.

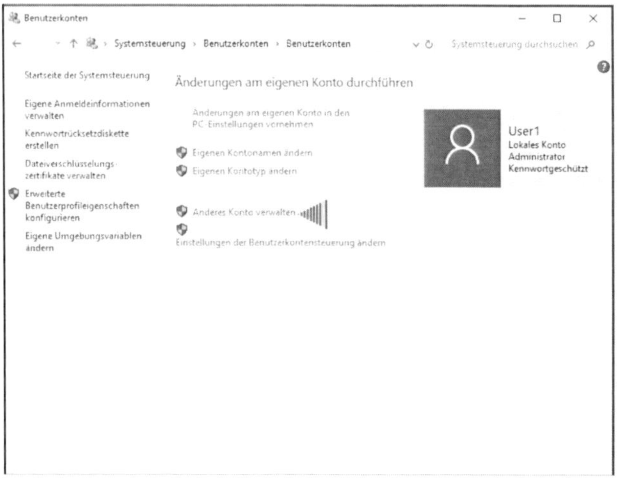

Abbildung 4.99: Anderes Konto verwalten

Hier wählen wir „Anderes Konto verwalten" und suchen uns dann das richtige Konto aus.

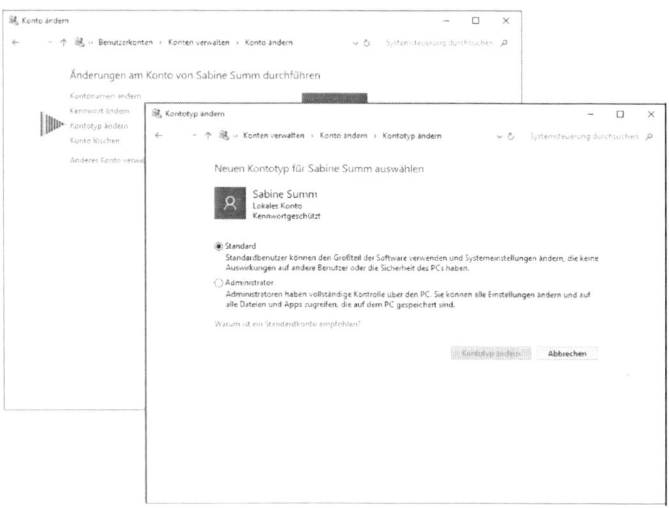

Abbildung 4.100: Kontotyp

Eine wichtige Einstellung ist, die Art des Kontos zu verändern.

Es gibt zwei Arten von Konten, die Sie auswählen können:

- Standard
- Administrator

Standardbenutzer sind die „normalen" Benutzer, die zwar alle Alltagsarbeiten verrichten können, aber keine administrativen Rechte haben.

Administratoren dagegen haben uneingeschränkte Rechte und können den Computer zusätzlich verwalten.

ACHTUNG!
Wenn Sie zusätzliche Konten anlegen, sollten Sie immer „Standardbenutzer" wählen, denn nur so können Sie sicher sein, dass der neue Benutzer keine administrativen Änderungen vornehmen kann.

Kennwortrücksetzdiskette

Eine Möglichkeit, sich vor dem Vergessen des Kennwortes zu schützen, haben wir schon kennen gelernt. Es ist der Kennworthinweis, der in Form eines Satzes einen Tipp für das Kennwort gibt.

Eine zweite Möglichkeit ist das Anlegen einer Kennwortrücksetzdiskette, die benutzt werden kann, wenn man sein Kennwort vergessen hat. Natürlich kann hier auch ein USB-Stick benutzt werden, denn viele Rechner haben ja gar kein Diskettenlaufwerk mehr!

Um eine solche Diskette oder einen Stick zu erstellen, wählen Sie in der Kontenverwaltung Ihr eigenes Konto aus.

Auf der linken Seite klicken Sie nun auf „Kennwortrücksetzdiskette erstellen".

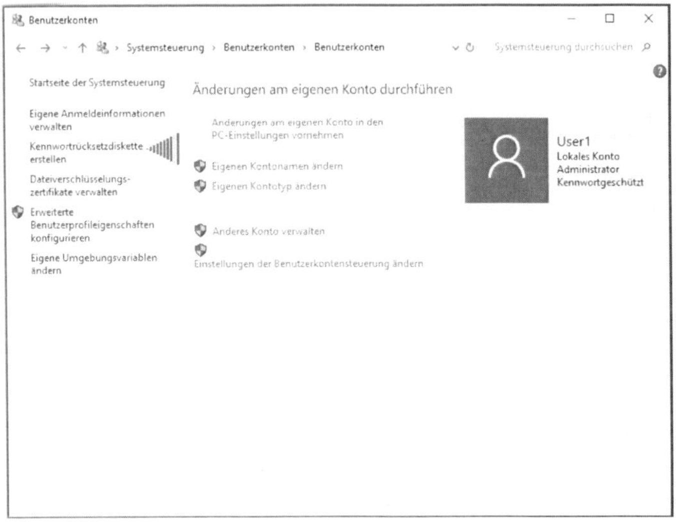

Abbildung 4.101: Kennwortrücksetzdiskette

Wenn Sie diesen Menüpunkt anwählen, startet ein Assistent, der Ihnen hilft, die Kennwortrücksetzdiskette zu erstellen.

In den einzelnen folgenden Fenstern werden Sie aufgefordert

- Einen USB-Stick anzuschließen
- Ihr aktuelles Kennwort einzugeben

Diesen Datenträger sollten Sie an einem sicheren Ort aufbewahren und nur im Notfall verwenden.

4.5.3 Lokale Gruppen verwalten

Sie haben bereits gesehen, wie man Konten auf lokalen Rechnern einer Arbeitsgruppe verwaltet.

Nun erfahren Sie auch, wie Sie mit lokalen Gruppen umgehen können.

Dazu klicken Sie mit der rechten Maustaste auf das Startsymbol und wählen „Computerverwaltung“.

Hier wechseln Sie zu „Lokale Benutzer und Gruppen“.

Wie Sie sehen, können auch hier die lokalen Benutzer verwaltet werden.

Erweitern Sie den Punkt „Gruppen“.

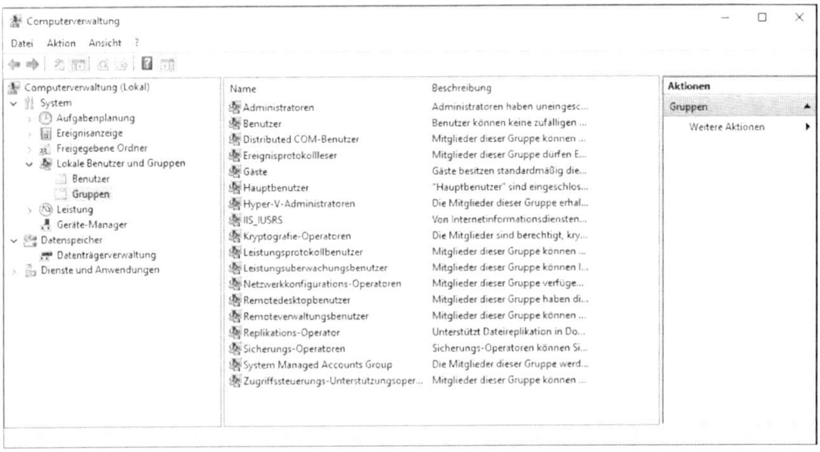

Abbildung 4.102: Lokale Gruppen

Sie sehen die lokalen Gruppen, mit deren Hilfe Sie die Benutzerkonten organisieren können.

Gruppen sind eine gute Möglichkeit, Benutzer, denen ähnliche Rechte zugewiesen werden sollen, zusammenzufassen.

Besonders interessant sind die vordefinierten Gruppen, die bei jeder Installation bereits vorhanden sind, und bereits mit bestimmten Rechten ausgestattet sind.

Als Beispiel ist hier die Gruppe der Administratoren zu nennen. Jeder, der Mitglied dieser Gruppe ist, hat uneingeschränkte Rechte auf der Maschine und kann jeden Verwaltungstask ausführen, Programme installieren und so weiter.

Betrachten wir die vordefinierten Gruppen genauer:

Administratoren

Wie gesagt, die Mitglieder dieser Gruppe haben uneingeschränkten Zugriff auf alle Bereiche.

Benutzer

Benutzer können keine Änderungen am System durchführen und dürfen die meisten herkömmlichen Anwendungen ausführen.

Distributed Com-Benutzer

Mitglieder dieser Gruppe können Distributed-COM-Objekte auf diesem

Computer starten, aktivieren und verwenden. Hierbei handelt es sich um die Ausführung von verteilten Anwendungen.

Ereignisprotokollleser

Mitglieder dieser Gruppe dürfen Ereignisprotokolle des lokalen Computers lesen.

Diese Gruppe hat große Bedeutung bei einer Ereignissammlung auf Remotecomputern.

Gäste

Gäste besitzen standardmäßig dieselben Zugriffsrechte wie Mitglieder der Benutzergruppe. Das Gastkonto ist jedoch zusätzlich eingeschränkt und meistens deaktiviert.

Hauptbenutzer

Die Gruppe "Hauptbenutzer" gibt es noch aus Gründen der Abwärtskompatibilität, sie besitzt eingeschränkte administrative Rechte. Diese Gruppe sollte möglichst nicht mehr benutzt werden.

Hyper-V Administratoren

Die Mitglieder dieser Gruppe erhalten uneingeschränkten Zugriff auf sämtliche Funktionen von Hyper-V.

IIS-IUsrs

Von Internetinformationsdiensten verwendete integrierte Gruppe.

Kryptografie-Operatoren

Die Mitglieder sind berechtigt, kryptographische Vorgänge durchzuführen, also Verschlüsselungen.

Leistungsprotokollbenutzer

Mitglieder dieser Gruppe können die Protokollierung von Leistungsindikatoren planen, und Ereignistraces sammeln, sowohl lokal als auch über Remotezugriff auf diesen Computer.

Leistungsüberwachungsbenutzer

Mitglieder dieser Gruppe können lokal und remote auf Leistungsaufzeichnungsdaten zugreifen.

Netzwerkkonfigurationsoperatoren

Mitglieder dieser Gruppe verfügen über einige Administratorrechte zum Verwalten der Konfiguration von Netzwerkfunktionen.

Remotedesktopbenutzer

Mitglieder dieser Gruppe haben die Berechtigung, sich remote anzumelden.

Remoteverwaltungsbenutzer

Mitglieder dieser Gruppe können über Verwaltungsprotokolle auf WMI-Ressourcen zugreifen (z. B. über den Windows-Remoteverwaltungsdienst).

Replikations-Operatoren

Unterstützt Dateireplikation in Domänen.

Sicherungs-Operatoren

Sicherungs-Operatoren können Daten Sichern und Wiederherstellen.

System Managed Accounts Group

Die Mitglieder dieser Gruppe werden vom System verwaltet, deswegen hat diese Gruppe an dieser Stelle keine Bedeutung.

Zugriffssteuerungs-Unterstützungsoperatoren

Mitglieder dieser Gruppe können remote Autorisierungsattribute und -berechtigungen für Ressourcen auf dem Computer abfragen.

Sie sehen, mit den vordefinierten Gruppen haben Sie eine gute Möglichkeit, Benutzern bestimmte Rechte zuzuweisen, ohne sie dafür in die Gruppe der Administratoren aufnehmen zu müssen.

Das wird auch als „Least-Privilege-Prinzip" bezeichnet, also die Vergabe von so wenig Rechten, wie möglich.

4.5.4 Lokale Gruppenrichtlinien

Windows 10 bietet in den Versionen „Pro" und „Enterprise" den Gruppenrichtlinieneditor, den wir schon mehrmals benutzt haben, um Konfigurationseinstellungen vorzunehmen.

Jetzt ist es an der Zeit, ihn einmal genauer zu betrachten.

Der Gruppenrichtlinien-Editor ist ein Tool, mit dem Benutzer- oder Computereinstellungen erzwungen werden können.

In einer Arbeitsgruppe gibt es keine zentrale Steuerung, jeder Client verwaltet seine eigene Gruppenrichtlinie, in der nur seine eigenen Einstellungen gespeichert sind.

Öffnen Sie den lokalen Gruppenrichtlinieneditor, indem Sie „gpedit" eingeben.

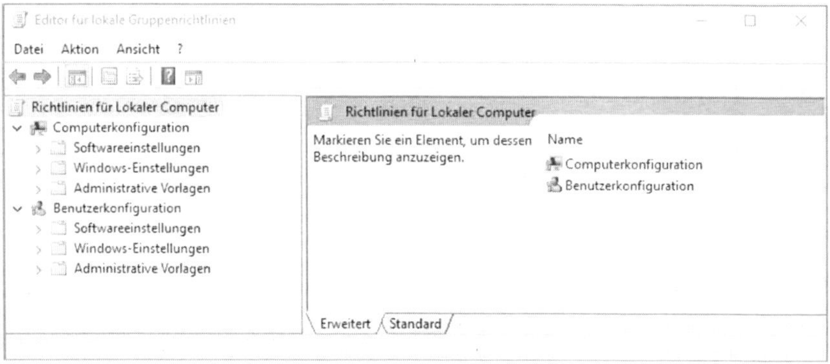

Abbildung 4.103:Lokaler Gruppenrichtlinieneditor

Es gibt noch einige andere Möglichkeiten, den Gruppenrichtlinieneditor zu öffnen, er ist beispielsweise auch als Snap-In in einer Managementkonsole (mmc) zu integrieren.

Wie Sie sehen, gibt es einen Punkt „Computerkonfiguration" und einen Punkt „Benutzerkonfiguration".

Alle Einstellungen, die Sie unter „Computerkonfiguration" vornehmen, wirken bereits beim Start des Computers, unabhängig vom Benutzer, der sich anmeldet.

Die Einstellungen unter „Benutzerkonfiguration" dagegen wirken beim Anmelden des Benutzers.

Beide Punkte sind unterteilt in

- Softwareeinstellungen
- Windows-Einstellungen
- Administrative Vorlagen

Unter den „Softwareeinstellungen" können automatisierte Installationen vorgenommen werden, dies macht aber nur in einer Domänenumgebung Sinn.

Die wichtigsten Sicherheitseinstellungen finden Sie unter den „Windows-Einstellungen", meistens auf der Computerseite, denn damit werden die Einstellungen schon wirksam, bevor sich ein Benutzer anmelden kann.

Unter den „Administrativen Vorlagen" können Sie Einstellungen für alle Windows-Komponenten verändern.

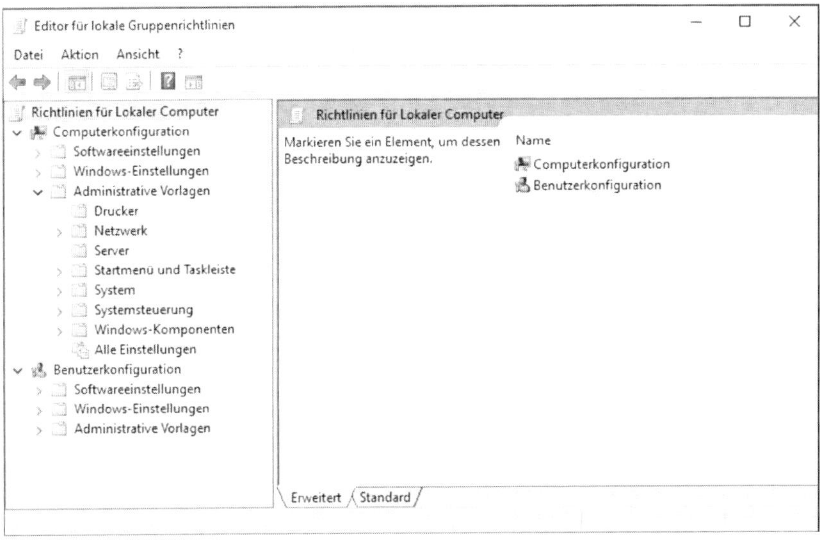

Abbildung 4.104: Unterteilung

Es gibt sogar Vorlagen für viele Programme, die Sie sehr einfach dazu installieren können, um damit Einstellungen für diese Programme vorzunehmen.

Als Beispiel werden wir nun administrative Vorlagen für das Office-Paket installieren.

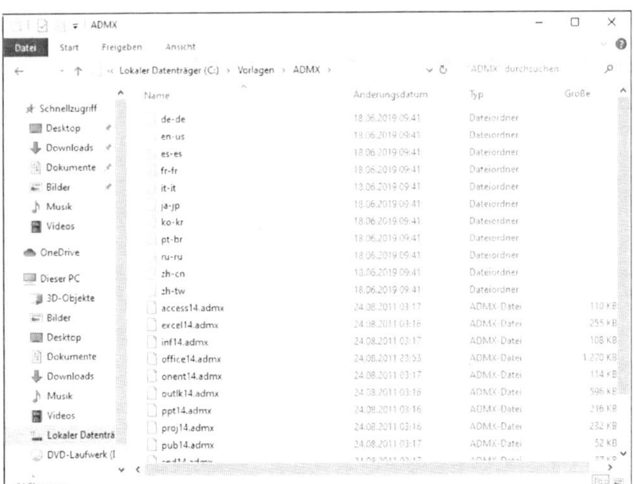

Abbildung 4.105: Dateien

Laden Sie das Paket herunter und installieren Sie es in einem beliebigen Ordner.

Betrachten wir diese Dateien:

Sie sehen, es sind Sprachpakete für alle möglichen Sprachen dabei, für uns ist der Ordner de-de relevant. Hier befinden sich die deutschen Sprachdateien.

Darunter erkennen wir diverse admx-Dateien, das sind die eigentlichen administrativen Vorlagen, die wir später einbinden können.

Nun müssen all diese Dateien zunächst an die richtige Stelle kopiert werden, das ist der Ordner

C:\Windows \Policy Definitions

Zunächst kopieren Sie die Sprachdateien ins Verzeichnis de-de, danach auch die administrativen Vorlagen ins Hauptverzeichnis des Ordners.

Nun kehre ich zurück zur Gruppenrichtlinie und kann sofort erkennen, dass die Administrativen Vorlagen für Office bereits eingebunden sind.

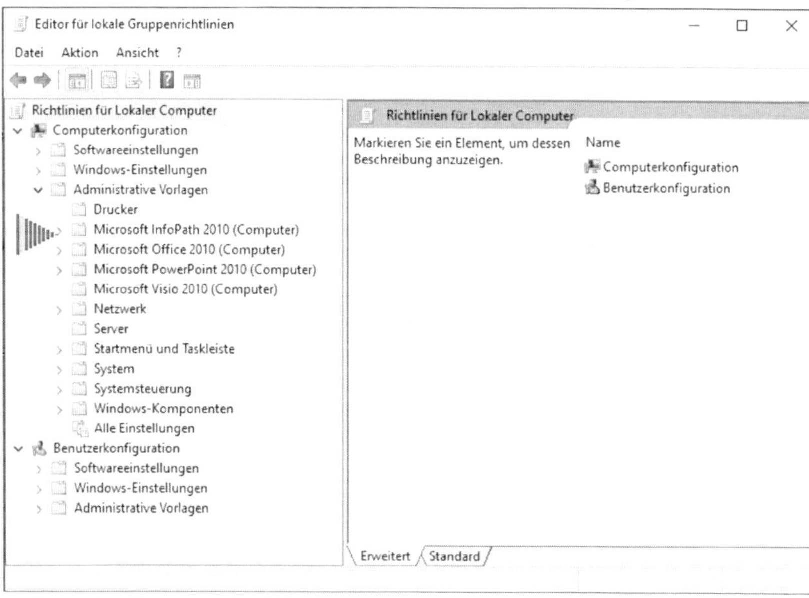

Abbildung 4.106: Eingebundene Administrative Vorlagen

Diese Vorlagen gibt es für viele Programme, und sie sind leicht einzubinden.

4.5.5 Anmeldung an einer Domäne

Wenn der Client einer Domäne beigetreten ist, wird die Anmeldung nicht mehr lokal im SAM abgearbeitet, sondern über das Netzwerk an einen Domänencontroller geschickt. Deswegen müssen die Benutzerkonten auch im Active Directory angelegt sein.

Beitreten zu einer Domäne

Der erste Schritt, um sich an einer Domäne anmelden zu können, ist der Beitritt des Clients zur Domäne.

Der Hintergrund ist folgender: Beim Systemstart muss der Computer sich selber validieren.

Wenn aber der Computer Mitglied in einer Domäne ist, muss ein Domänencontroller bestätigen, dass dieser Computer das Recht hat, auf Domänenressourcen zugreifen zu können.

Ein Computer muss also zunächst einer Domäne beitreten, dies bedeutet, dass ein Computerkonto in der Domäne angelegt wird, mit dem er sich validieren kann.

Der erste Schritt hierfür ist das Überprüfen, ob ein gültiger DNS-Server für die Domäne in der IP-Konfiguration eingetragen ist.

ACHTUNG!
DNS ist ein Dienst, der normalerweise für die Namensauflösung benutzt wird. In einer Active Directory Domäne hat DNS aber noch weitere Aufgaben zu erfüllen. Jeder Domänencontroller trägt seine Dienste im DNS-Server ein und gibt den Clients so die Möglichkeit, einen Domänencontroller zu finden. Vertieft wird dieses Thema im Themenbereich Active Directory in einem eigenen Buch.

Nachdem die IP-Konfiguration des Clients angepasst ist, kann er der Domäne hinzugefügt werden.

- Systemsteuerung
- System und Sicherheit
- System

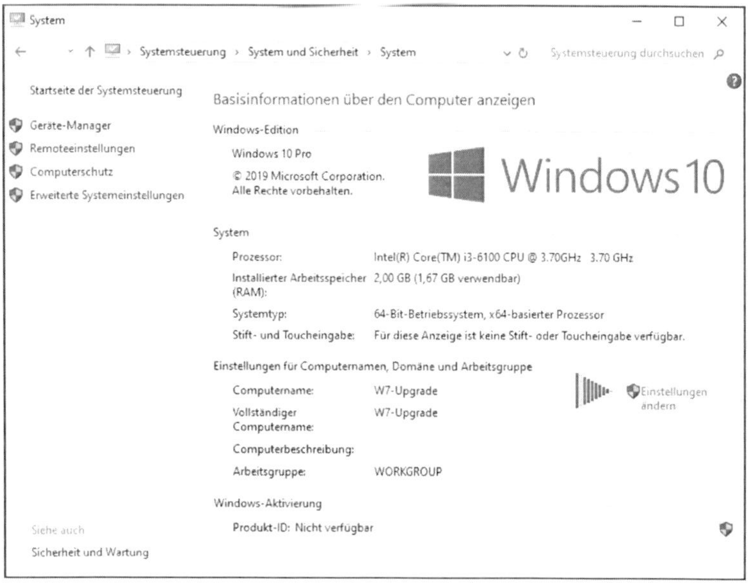

Abbildung 4.107: Domänenbeitritt

Hier wählen Sie „Einstellungen ändern“.

Abbildung 4.108: Einstellungen ändern

In diesem Fenster werden Ihnen der Computername und die Arbeitsgruppen- bzw. Domänenzugehörigkeit angezeigt.

Um einer Domäne beizutreten, klicken Sie auf „Ändern“.

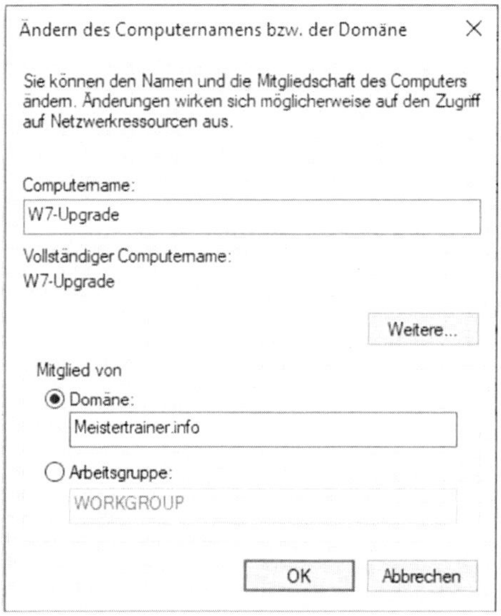

Abbildung 4.109: Eingeben des Namens der Domäne

Klicken Sie nun auf „Domäne“ und tragen Sie den Namen der Domäne ein, in diesem Fall „Meistertrainer.info“.

Als nächstes erfolgt eine Abfrage, in der Sie einen Benutzernamen und ein Kennwort eingeben müssen.

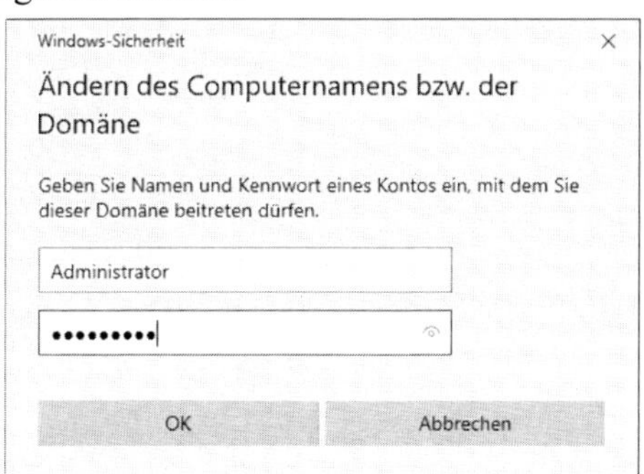

Abbildung 4.110: Eingabe der Berechtigung

Hier müssen Sie ein Domänenbenutzerkonto eingeben, welches das Recht hat, der Domäne beizutreten.

> **ACHTUNG!**
> Standardmäßig hat jeder Domänenbenutzer das Recht, bis zu 10 Rechner der Domäne hinzuzufügen.

Nach einer kurzen Zeit erscheint die Meldung, dass Sie nun der Domäne beigetreten sind.

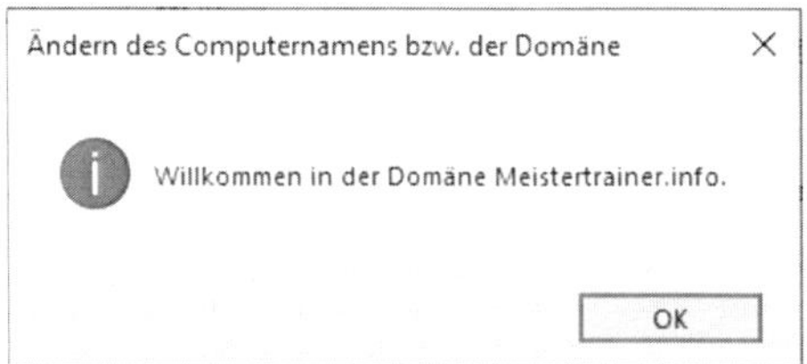

Abbildung 4.111: Der Domänenbeitritt ist beendet

Nach einem Neustart, der zwingend erforderlich ist, können Sie sich nun entweder am lokalen Computer oder an der Domäne anmelden.

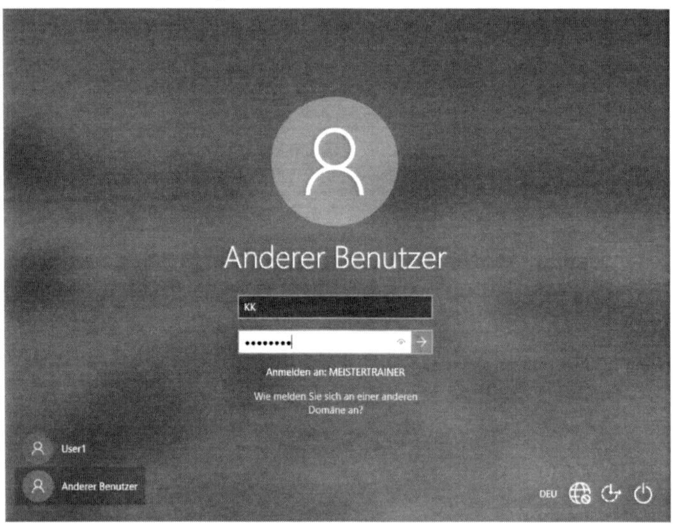

Abbildung 4.112: Anmeldung

Benutzer anlegen

Wenn bei einem Client, der Domänenmitglied ist, lokale Benutzer angelegt werden müssen, sollte dies in einer professionellen Maske passieren. Auch die Gruppenmitgliedschaften sollten genauer spezifiziert werden können.

Dazu klicken Sie mit der rechten Maustaste auf den Startknopf und wählen „Computerverwaltung“.

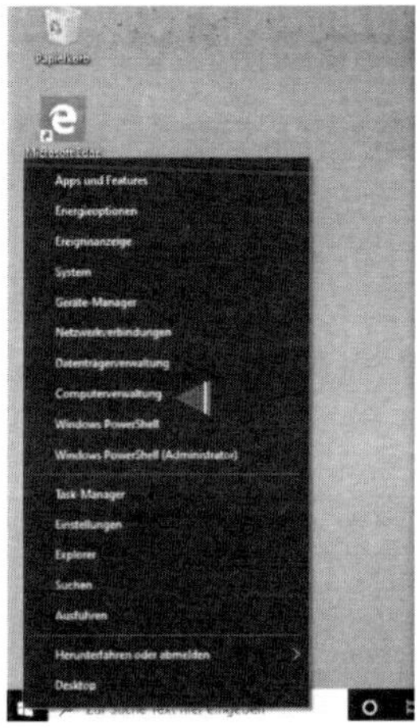

Abbildung 4.113: Computerverwaltung

Es öffnet sich das Computerverwaltungsfenster.

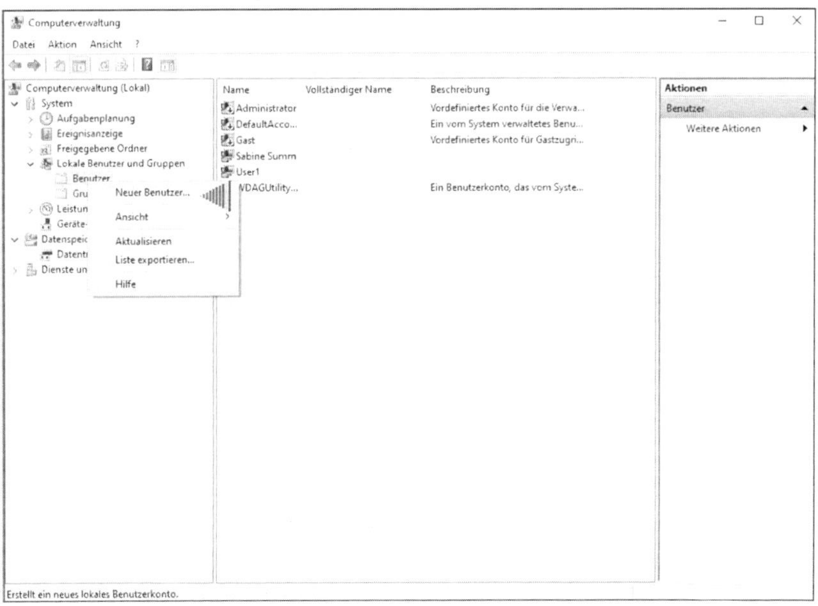

Abbildung 4.114: Anlegen von Benutzerkonten

Hier klicken Sie mit der rechten Maustaste und wählen „Neuer Benutzer".

Nun können Sie die entsprechenden Daten für den neuen Benutzer eingeben.

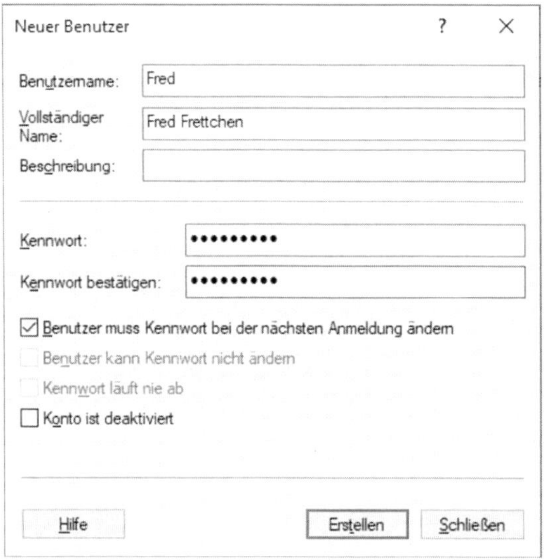

Abbildung 4.115: Eingabe der Daten

Sie geben den Benutzernamen an, der zugleich auch der Anmeldename ist. Sowohl der vollständige Name als auch die Beschreibung sind optional.

Geben Sie in jedem Fall ein Kennwort an, denn damit erhöhen Sie die Sicherheit.

Benutzer muss Kennwort bei der nächsten Anmeldung ändern

Wenn Sie den Haken vor „Benutzer muss Kennwort bei der nächsten Anmeldung ändern" gesetzt lassen, kann sich der Benutzer mit dem Kennwort einmal anmelden und ist dann gezwungen, sein Kennwort zu ändern. Dies bietet sich an, wenn Sie für jemanden ein Benutzerkonto erstellen. Der Benutzer kann sich mit dem Kennwort, das Sie gewählt haben, einmal anmelden. Danach muss er das Kennwort ändern, so dass auch Sie dieses Kennwort nicht kennen.

Benutzer kann Kennwort nicht ändern

Wenn Sie diese Option wählen, ist es dem Benutzer nicht möglich, sein eigenes Kennwort zu ändern. Dies sollten Sie dann in Betracht ziehen, wenn sich mehrere Personen mit einem Benutzerkonto anmelden.

Kennwort läuft nie ab

Oft ist vorgegeben, dass das Kennwort regelmäßig geändert werden muss. Wenn Sie einen einzelnen Benutzer von dieser Regelung ausnehmen wollen, können Sie dies hier tun.

Konto ist deaktiviert

Sie können das Konto deaktivieren, um zu vermeiden, dass sich jemand mit diesem Konto anmelden kann. Dies wird häufig gemacht, wenn der Benutzer dieses Kontos vorübergehend nicht in der Firma ist, wie im Urlaub, oder bei längerer Abwesenheit vom Arbeitsplatz.

Nun klicken Sie auf „Erstellen“.

Nachdem das Konto erstellt ist, können Sie es per Doppelklick öffnen und weitere Einstellungen machen.

Abbildung 4.116: Registerkarte

So können Sie beispielsweise auf der Registerkarte „Mitglied von“ entscheiden, welchen Gruppen der Benutzer angehören soll.

ACHTUNG!

Diese Art, Konten anzulegen, ist natürlich auch in einer Arbeitsgruppenumgebung verfügbar. Meistens wird aber in einer Arbeitsgruppe die grafische Lösung gewählt, die jedoch nicht so genaue Gruppenmitgliedschaft erlaubt.

Das vordefinierte Administratorkonto

Wenn Sie die bereits angelegten Konten aufmerksam betrachten, erkennen Sie, dass es zwei Konten gibt, die deaktiviert sind:

- Gast
- Administrator

Das Gastkonto ist zu Recht deaktiviert, denn es bietet jedem Zugriff, wenn es aktiviert ist.

Das Administratorkonto dagegen müssen wir etwas differenzierter betrachten.

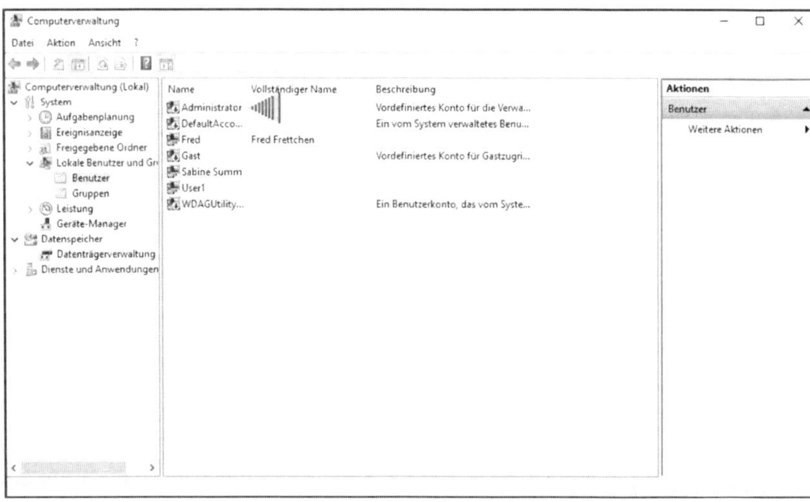

Abbildung 4.117: Deaktivierte Konten

Das Administratorkonto wird automatisch bei der Installation angelegt. Es hat natürlich volle administrative Rechte und kann für alle verwaltungstechnischen Aufgaben benutzt werden.

Leider ist dies auf allen Windows Systemen gleich. In früheren Windows

Versionen hat diese Tatsache oft zu Problemen geführt, denn um administrativen Zugriff auf ein System zu erlangen, musste man nur noch das passende Kennwort erraten, den Kontonamen „Administrator“ kannte man ja schon. Dazu kam, dass bei den Clientsystemen das Administratorkonto ohne Kennwort installiert wurde, also für jeden zugänglich war, wenn diese Einstellung nicht manuell geändert worden war.

Das ist der Grund, warum das Administratorkonto bei Windows 10 in der Standardinstallation deaktiviert ist. Bei der Installation wurden Sie nach einem weiteren Konto gefragt, dieses Konto hat administrative Rechte.

Falls Sie das Administratorkonto trotzdem aktivieren möchten, was aus eben genannten Gründen nicht zu empfehlen ist, können Sie dies natürlich tun, indem Sie die Eigenschaften des Kontos bearbeiten und den Haken vor „Konto ist deaktiviert“ entfernen.

Allerdings erhalten Sie jetzt eine Fehlermeldung:

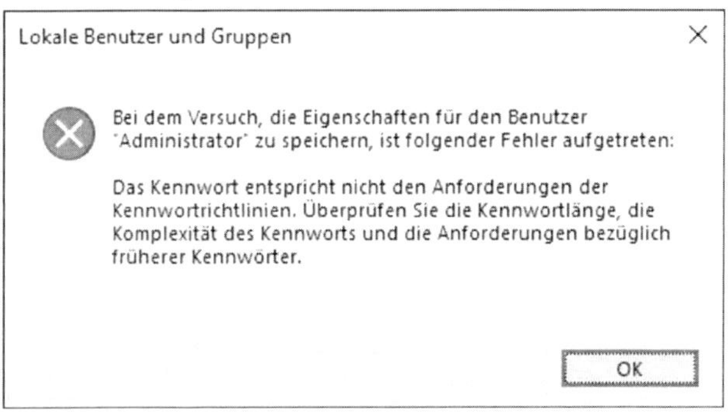

Abbildung 4.118: Fehlermeldung

Dies bestätigt die Problematik.

Windows 10 fordert in der Standardinstallation ein Kennwort, das folgende Anforderungen erfüllt:

- Mindestens 6 Zeichen
- Groß- und Kleinbuchstaben
- Ziffern
- Sonderzeichen

Mindestens drei dieser Anforderungen müssen im Kennwort vorhanden sein.

Können Sie sich erinnern, ein Kennwort für das Administratorkonto angegeben zu haben?

Nein, dieses Konto ist mit einem leeren Kennwort erstellt worden, was die Anforderungen natürlich nicht erfüllt.

Wenn Sie also das Administratorkonto benutzen wollen, müssen Sie zunächst ein Kennwort vergeben.

4.5.6 Kontoeinstellungen in einer Domäne

In einer Domäne können noch viel mehr Kontoeinstellungen gemacht werden.

Abbildung 4.119: Registerkarte „Konto"

Die Schaltfläche „Kontosperrung aufheben" ist aktiv, kann also von Ihnen ausgewählt werden. Ein Konto wird nur dann gesperrt, wenn derjenige, der sich mit dem Konto anmelden möchte, mehrere Male ein falsches Kennwort eingibt. Die Sperrung erfolgt dann automatisch durch das System. Dies ist eine Sicherheitsvorkehrung, um Angriffsversuchen entgegenwirken zu können.

ACHTUNG!
Verwechseln Sie nicht ein gesperrtes Konto mit einem deaktivierten Konto! Eine Kontosperrung erfolgt ausschließlich durch das System, eine Deaktivierung dagegen wird vom Administrator vorgenommen.

Die Kontooptionen sind zum größten Teil bereits bekannt:

Benutzer muss Kennwort bei der nächsten Anmeldung ändern

Die Standardeinstellung. Der Benutzer muss bei der ersten Anmeldung sein Kennwort ändern.

Benutzer kann das Kennwort nicht ändern

Einstellung, wenn das Kennwort auf keinen Fall vom Benutzer geändert werden soll.

Kennwort läuft nie ab

Das Kennwort muss nicht regelmäßig geändert werden, beispielsweise für Dienstekonten.

Kennwort mit umkehrbarer Verschlüsselung speichern

Dies ist keine Steigerung der Sicherheit, sondern bewirkt eher das Gegenteil. In diesem Fall wird das Kennwort im Klartext im Active Directory gespeichert. Diese Option ist ausschließlich für die Fälle gedacht, in denen Anwendungen das Kennwort des Benutzers kennen müssen. Ein Einsatzgebiet für diese Option sind Anwendungen, die über das AppleTalk Protokoll kommunizieren. Vermeiden Sie diese Einstellung, wenn es geht!

Im unteren Teil der Registerkarte ist noch die Funktion „Konto läuft ab“ zu finden. Hier können Sie für ein Konto bereits einen bestimmten Termin festlegen, an dem das Konto deaktiviert wird. Dies ist sinnvoll, wenn beispielsweise in den Ferien Schüler als Aushilfen benötigt werden. Bei diesen Personen steht von Anfang an fest, an welchem Tag sie die Firma wieder verlassen werden. Deswegen können Sie das Konto zu diesem Tag automatisch ablaufen lassen. Danach ist das Konto deaktiviert, und kann von niemandem mehr benutzt werden. Missbrauch des Kontos ist damit ausgeschlossen.

Im oberen Teil der Karte befinden sich zwei Schaltflächen: „Anmeldezeiten“ und „Anmelden“.

Wenn Sie auf „Anmeldezeiten“ klicken, bekommen Sie eine Tafel, die nach Uhrzeit und Wochentagen gegliedert ist.

Hier können Sie einstellen, zu welchen Tageszeiten eine Anmeldung mit diesem Konto erlaubt sein soll, und zu welchen Zeiten eine Anmeldung abgelehnt wird.

Die Standardeinstellung ist „Immer zugelassen“. Passen Sie hier die Werte ganz genau an die Bedürfnisse Ihres Unternehmens an.

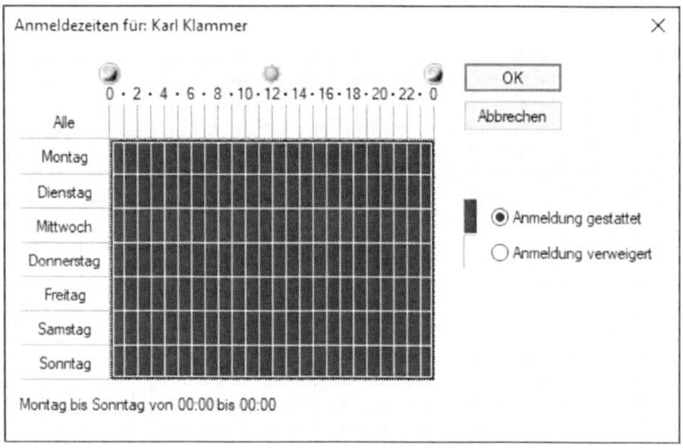

Abbildung 4.120: Anmeldezeiten

ACHTUNG!

Wenn es eine Zeitbeschränkung gibt, die besagt, dass eine Anmeldung ab 18 Uhr verboten ist, werden die Benutzer, die bereits angemeldet sind, nicht um 18 Uhr getrennt. Sie können weiterarbeiten, aber wenn sie sich abmelden, ist eine neue Anmeldung nicht mehr möglich.

Die Schaltfläche „Anmelden“ beinhaltet ein Fenster, in dem festgelegt werden kann, ob sich der Benutzer von allen Computern aus anmelden kann, oder ob er sich nur von bestimmten Computern aus anmelden kann.

Abbildung 4.121: Anmeldecomputer

Leider gibt es hier nur die Möglichkeit einer Positivliste. Oft wäre allerdings eine Negativliste einfacher zu verwalten, denn wenn sich der Benutzer von allen Computern, außer von denen der Geschäftsleitung aus anmelden soll, ist dies nur sehr schwer zu definieren.

Die gesamte Kontoverwaltung kann auch mit dem Befehl

Net User

vorgenommen werden.

Verwalten eines Domänencontrollers mit dem Remote Server Administration Tool

Einen Server kann man natürlich auch von einem Windows 10 Client aus verwalten.

Leider sind in einer Standardinstallation nicht alle Elemente auf dem Client verfügbar, damit ein Server oder gar ein Domänencontroller verwaltet werden kann.

Dafür bietet Microsoft das Tool „Remote Server Administration Tool" (RSAT) zum Download.

Installieren Sie das Tool auf dem Windows 10 Rechner, von dem aus Sie den Server verwalten wollen.

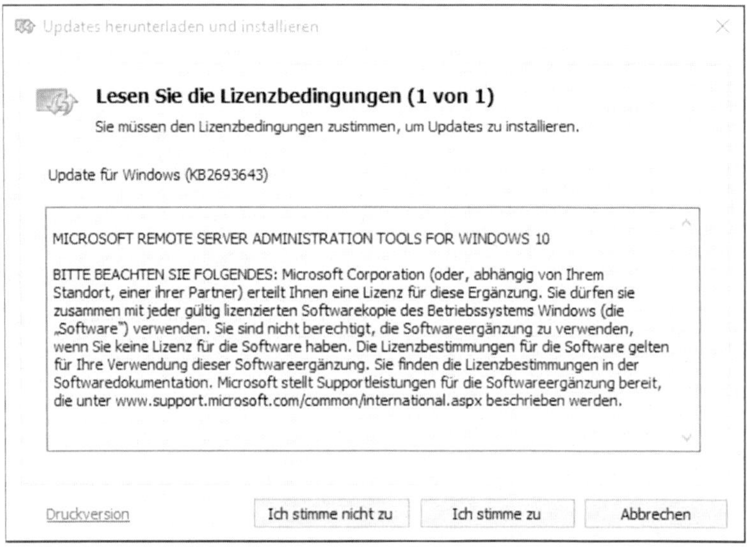

Abbildung 4.122: Installation

Nach einem Neustart finden Sie unter „Windows-Features aktivieren oder deaktivieren" die Remote Server Administration Tools.

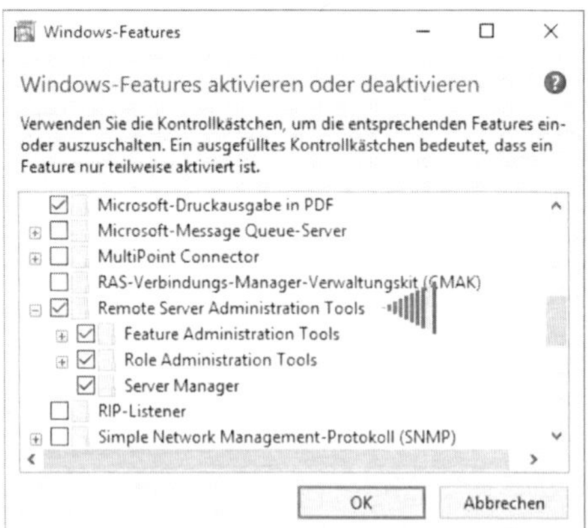

Abbildung 4.123: RSAT

4.5.7 Benutzerprofile

Jedes Mal, wenn sich ein Benutzer zum ersten Mal an einem Rechner anmeldet, wird ein Benutzerprofil erstellt.

Das Benutzerprofil speichert alle persönlichen Einstellungen, wir das Aussehen des Desktops, das Startmenü und die „Eigenen Dateien“.

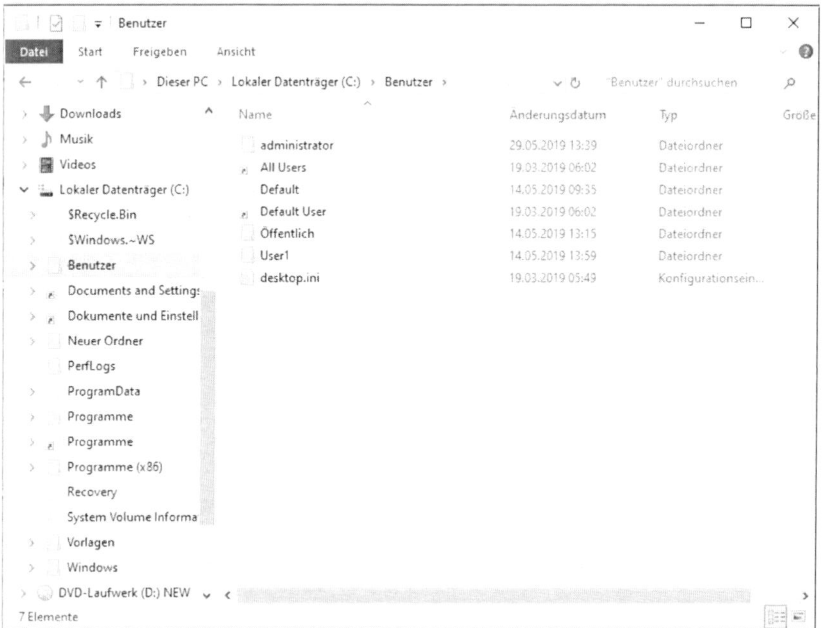

Abbildung 4.124: Lokale Profile

Wenn bereits viele Personen an einem Rechner angemeldet waren, ist für jede einzelne Person ein persönliches Profil auf dem Rechner gespeichert.

Übrigens:

Wenn sich ein Benutzer anmeldet, der Mitglied der Gruppe „Gäste“ oder „Domänengäste“ ist, wird sein Profil nach dem Abmelden wieder gelöscht, auch, wenn er zusätzlich in der Gruppe Benutzer oder Hauptbenutzer ist.

Das gilt nicht für Benutzer die in Gast- und Administratorengruppen sind.

In einer Domäne können die Profile zentral gesteuert werden.

Da jeder Benutzer ein Benutzerkonto in der Domäne hat, können hier auch Einstellungen für das Profil festgelegt werden.

Dafür wechseln wir auf den Domänencontroller und öffnen die Konsole „Active Directory-Benutzer und –Computer“ und betrachten ein Benutzerkonto.

Hierfür wechseln wir auf die Registerkarte „Profil“.

Wenn an dieser Stelle keine Einstellungen getätigt worden sind, wird das jeweilige Profil ganz normal auf der lokalen Maschine gespeichert.

Abbildung 4.125: Registerkarte „Profil“

Das ist natürlich ein Problem, wenn die Benutzer häufig den Arbeitsplatz wechseln. In diesem Fall wäre es besser, das Profil nicht lokal auf jedem Computer, sondern zentral an einer Stelle zu speichern, auf die jederzeit zugegriffen werden kann.

Servergespeicherte Profile

Aus diesem Grund gibt es die Möglichkeit, servergespeicherte Profile zu erstellen. Es wird der Speicherort der Profile verändert, anstelle der lokalen Speicherung wird ein Server definiert, auf dem die Profile gespeichert werden. Dies hat den Vorteil, dass der Benutzer bei der Anmeldung sein eigenes Profil erhält, gleichgültig, an welchem Computer er sich anmeldet, da er sich dieses Profil einfach über das Netzwerk holen kann.

Dies kann natürlich nur dann erreicht werden, wenn bei den Anmeldeinformationen bereits die Information enthalten ist, wo sich das Profil befindet. Deswegen muss diese Zuordnung im Benutzerkonto festgelegt werden.

Zunächst einmal muss auf einem Server eine Freigabe geschaffen werden, in der die Profile gespeichert werden können. Beispielsweise kann auf einem Server eine Freigabe mit dem Namen „Profile" erstellt werden.

Nun kann das Benutzerkonto bearbeitet werden. Auf der Registerkarte „Profile" wird der Profilpfad eingetragen.

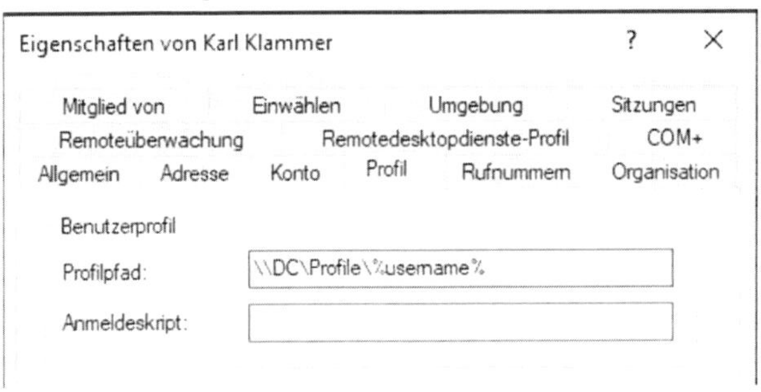

Abbildung 4.126: Profildaten

Der Profilpfad wird immer in der UNC-Schreibweise eingetragen, also \\SERVERNAME\FREIGABENAME

Damit jeder Benutzer einen eigenen Unterordner erhält, wird weiterhin die Variable %username% benutzt. Hierbei wird erreicht, dass jeder Benutzer seinen eigenen Profilpfad erhält, der sich im freigegebenen Ordner befindet.

ACHTUNG!
Das „Servergespeicherte Profil" hat natürlich auch einen Nachteil. Bei jeder Anmeldung wird das komplette Profil über das Netzwerk übertragen. Dies kann erheblichen Netzwerkverkehr hervorrufen.

Das Profil wird bei der Anmeldung auf den lokalen Rechner kopiert. Das bedeutet, dass der Benutzer, während er angemeldet ist, mit der lokalen Kopie des Profils arbeitet. Natürlich kann er das Profil auch verändern, erst bei der Abmeldung wird es wieder zum Profilserver übertragen, und die Änderungen werden gespeichert.

Einige Firmen möchten aber nicht, dass der Benutzer sein Profil in grundsätzlichen Dingen verändern kann. So wird manchmal ein Hintergrundbild für den Desktop vorgegeben, das nicht verändert werden soll. Dies ist mit dem uns bisher bekannten servergespeicherten Profil nicht möglich.

Servergespeichertes verbindliches Profil

Um das Profil zwingend vorzuschreiben, gibt es eine einfache Möglichkeit. In jedem Profil ist eine Datei zu finden, die alle diese Einstellungen enthält. Diese Datei ist die **NTUSER.DAT**.

Um dem Benutzer eine Änderung seines Profils zu verbieten, muss nun dafür gesorgt werden, dass diese Datei nicht verändert werden kann. Dies ist durch einfaches Umbenennen der Datei zu erreichen: Geben Sie ihr den Namen **NTUSER.MAN**.

Die Dateiendung .MAN steht für „mandatory", was soviel wie „vorgeschrieben" heißt. Damit kann das Profil nicht mehr verändert werden.

ACHTUNG!
Solange der Benutzer nach der Anmeldung mit der lokalen Kopie des Profils arbeitet, kann er sein Profil natürlich sehr wohl verändern! Es wird aber bei der Abmeldung nicht auf dem Profilserver gespeichert, da die Datei NTUSER.MAN ja nun schreibgeschützt ist.

4.5.8 Das Tool „LAPS" (Local Admin Password Solution)

In einer Domäne hat das lokale Administratorkennwort eines Clients normalerweise so gut wie keine Bedeutung mehr.

Alle Konfigurationsarbeiten können von den Domänenadministratoren vorgenommen werden, zumindest solange der Client Verbindung zur Domäne hat.

Ein weiterer Problemaspekt bei den lokalen Administratorkennwörtern ist, dass es eine Sicherheitslücke sein könnte, wenn diese Kennwörter bekannt würden.

Ideal wäre es also, wenn die lokalen Administrator Kennwörter in der Active Directory Domäne verwaltet werden könnten und auch von dort aus gesteuert werden können.

Ich habe eine gute Nachricht für Sie:

Microsoft bietet ein Tool an, das genau diese Verwaltung beherrscht, das Tool „Local Admin Password Solution“ oder kurz „LAPS“.

LAPS übernimmt die Verwaltung der Kennwörter für alle Konten mit Namen „Administrator“ auf allen Domänencomputern.

Sie werden nach dem Zufallsprinzip vergeben und unregelmäßig geändert.

Wenn Sie ein Administratorkennwort wissen möchten, öffnen Sie die Verwaltungskonsole und fordern das Kennwort an.

Ein wichtiger Hinweis!

Auch das Konto „Administrator“ auf dem Domänencontroller ist von dieser Regelung betroffen!

Lassen Sie uns betrachten, wie LAPS eingesetzt werden kann.

Zunächst laden Sie das Tool von Microsoft herunter.

Nun wechseln Sie auf einen Server, von dem aus Sie später die Kennwörter verwalten möchten.

Dort installieren Sie LAPS.

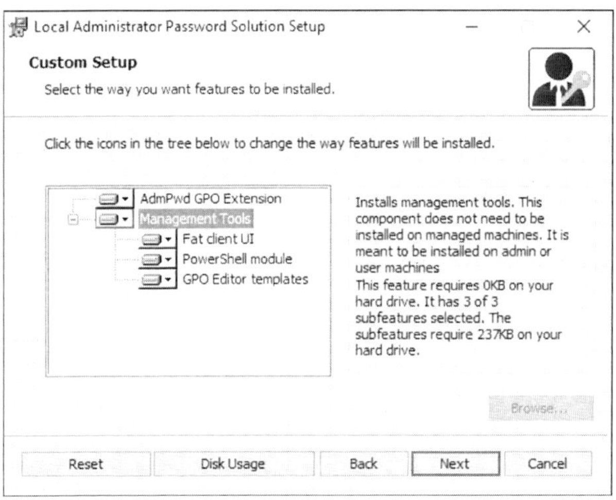

Abbildung 4.127: Installation von LAPS

Auf dem Verwaltungsserver müssen alle Komponenten installiert werden.

Im nächsten Schritt muss auf dem Domänencontroller eine Schemaerweiterung ausgeführt werden.

Dies machen Sie mit der PowerShell im Administratormodus.

Geben Sie folgendes Cmdlet ein:

Import-module admPwd.ps

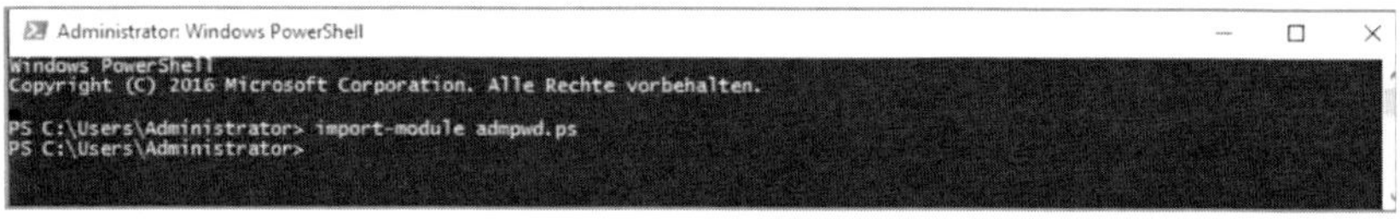

Abbildung 4.128: import-module admPwd.ps

Danach erfolgt das Cmdlet

Update-AdmPwdADSchema –verbose

Im letzten Schritt werden die Berechtigungen auf das Objekt angepasst mit dem Cmdlet

Set-admPwdComputerSelfPermission –OrgUnit „DC=Meistertrainer,DC=info“

Hier müssen Sie die Angabe der Domäne natürlich an Ihre Gegebenheiten anpassen.

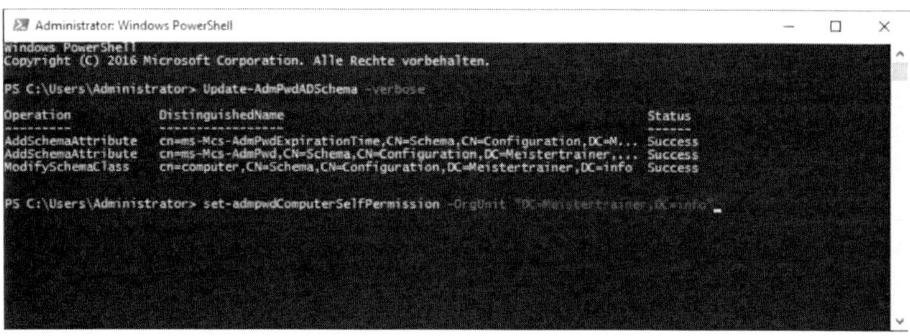

Abbildung 4.129: Weitere Cmdlets

Als nächstes wird auf einem Domänencontroller die Anpassung der Gruppenrichtlinie vorgenommen. Am besten erstellen Sie dafür eine neue Gruppenrichtlinie auf Domänenebene und aktivieren folgende Einstellungen:

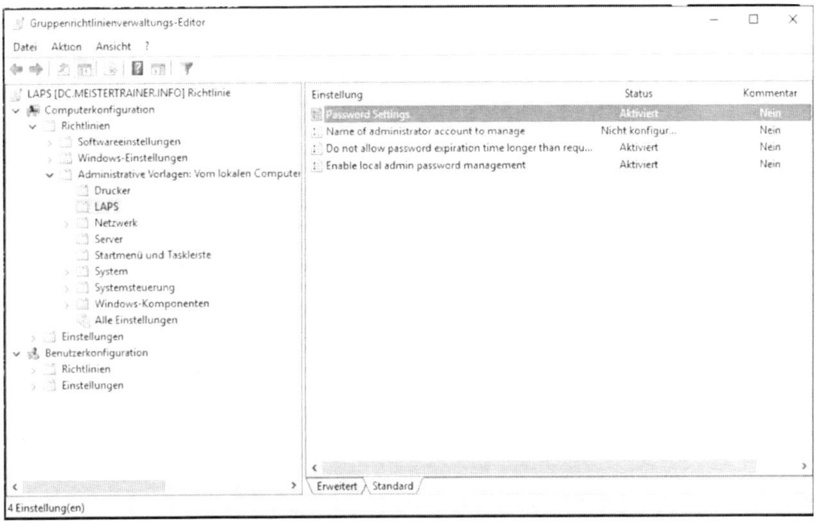

Abbildung 4.130: Gruppenrichtlinieneinstellungen

- Password Settings
- Do not allow password expiration time longer than requested
- Enable local admin password management

Damit ist die Arbeit am Domänencontroller abgeschlossen.

Hier müssen Sie nur die GPO-Erweiterungen installieren.

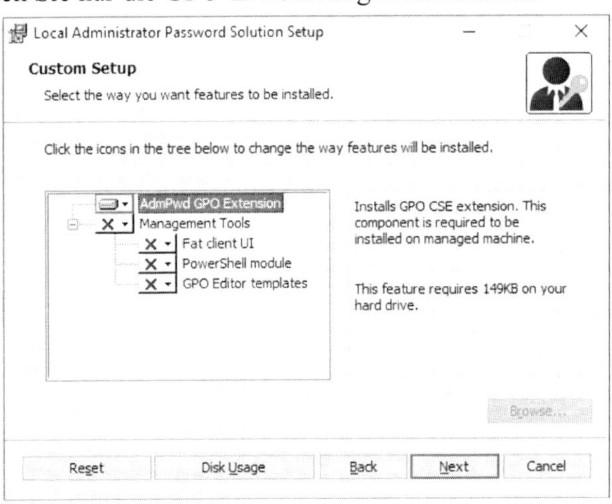

Abbildung 4.131: Installation auf den Clients

Nun müssen die Clienterweiterungen installiert werden.

Dafür starten Sie das Installationsprogramm auf den zu verwaltenden Clients.

Im Prinzip ist die Arbeit jetzt getan, und Sie können das Tool nun benutzen.

Wenn Sie ein Kennwort für ein bestimmtes Administratorenkonto wissen möchten, öffnen Sie die LAPS-IU auf dem Verwaltungsrechner.

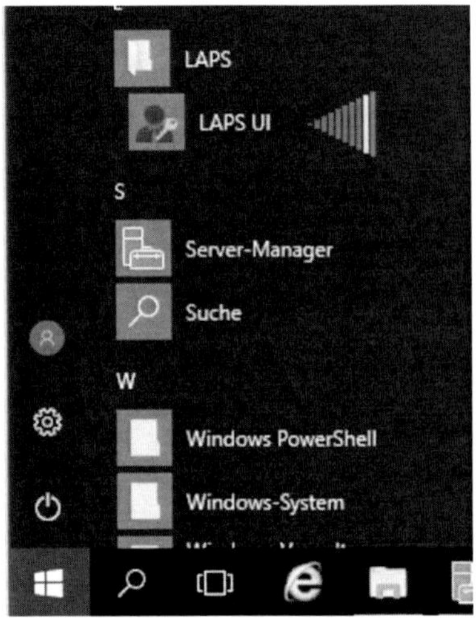

Abbildung 4.132: LAPS UI öffnen

Sie erhalten nun eine sehr einfache Konsole, die das zufällige Kennwort für den jeweiligen Rechner anzeigt.

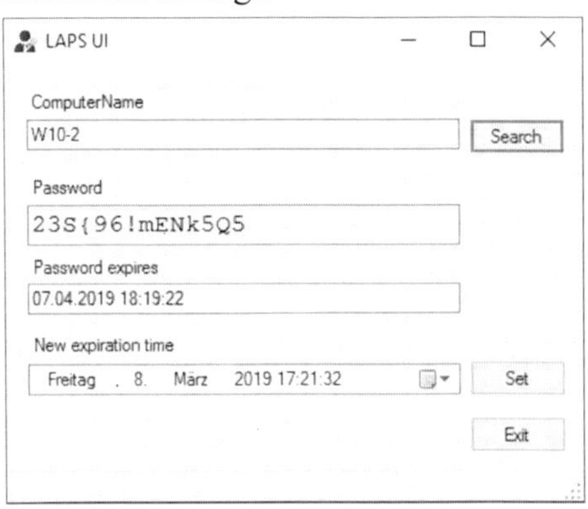

Abbildung 4.133: Anzeige des Kennworts

4.5.9 Anmelden mit dem Microsoft-Konto

Natürlich können Sie sich auch an Ihrem Rechner mit einem Microsoft-Konto anmelden.

Damit haben Sie den direkten Zugriff auf alle von Microsoft angebotenen Cloud-Dienste.

4.5.10 Verknüpfen des Microsoft Kontos mit einem Active Directory Konto

In einer Active Directory Domäne melden sich die Benutzer mit ihrem Domänenkonto an.

Wenn Sie nun auf die Cloud-Dienste zugreifen möchten, müssen Sie Ihr Microsoft Konto angeben.

Um diese Vorgehensweise zu vereinfachen, gibt es die Möglichkeit, ein Domänenkonto mit einem Microsoft Konto zu verknüpfen.

Der Benutzer meldet sich dann mit seinem Domänenkonto an, im Hintergrund ist das Microsoft Konto aber permanent verfügbar, um auf Cloud-Ressourcen zuzugreifen.

Die Verknüpfung ist relativ einfach.

Sie öffnen die „Einstellungen" und wählen „Konten" – „E-Mail und App-Konten".

Abbildung 4.134: Microsoft-Konto hinzufügen

Hier wählen Sie den Punkt „Microsoft-Konto hinzufügen".

Nun können Sie das Konto angeben, das mit dem Domänenkonto verknüpft werden soll.

4.5.11 Anmeldeinformationsverwaltung

Die sicherste Methode wäre es, nie ein Passwort zu speichern.

Ab einer gewissen Menge an Passwörtern wird dies eine gedankliche Herausforderung. Hier kommt die Anmeldeinformationsverwaltung ins Spiel, um Sie zu entlasten. Sie können hier Ihre windowsbezogenen Passwörter speichern.

Wenn Sie ein zweites Mal auf die Anmeldeinformationen zugreifen müssen, müssen Sie das Kennwort nicht mehr eingeben, da es bereits gespeichert ist.

ACHTUNG!
Obwohl dies eine praktische Möglichkeit ist, sich die Arbeit zu erleichtern, kann es doch eine Sicherheitslücke sein, denn das Kennwort muss nun nicht mehr eingegeben werden!

Deswegen sollten Sie wissen, wo in so einem Fall das Kennwort gespeichert wird, und wie Sie es wieder löschen können.

- Systemsteuerung
- Benutzerkonten
- Anmeldeinformationsverwaltung

Abbildung 4.135: Anmeldeinformationsverwaltung

Hier sehen Sie alle gespeicherten Kennwörter, zwar nicht im Klartext, aber die Speicherung ist erkennbar.

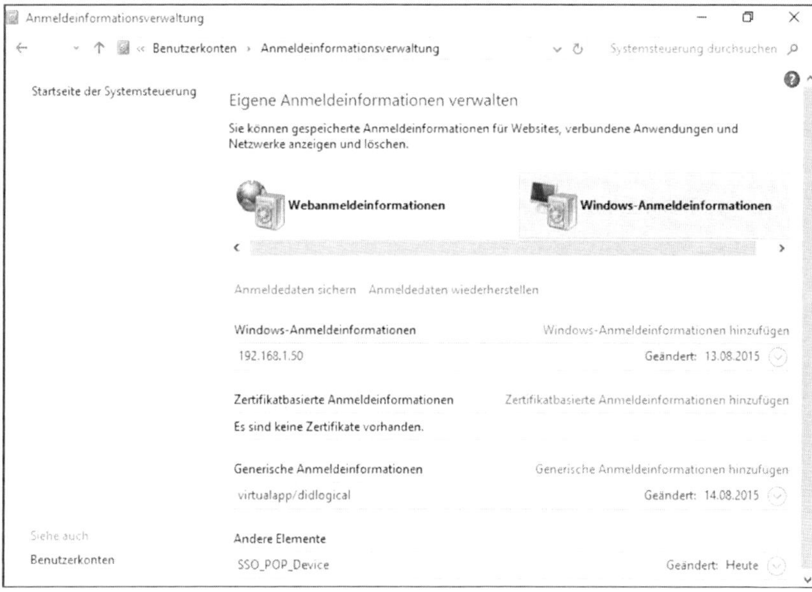

Abbildung 4.136: Windows-Tresor

Nicht nur die Windows-Anmeldeinformationen sind hier gespeichert, sondern auch Anmeldeinformationen, die auf einem Zertifikat basieren und Anmeldeinformationen für Websites.

Hier können Sie solche Informationen hinzufügen, bearbeiten und natürlich auch löschen!

Auf der Registerkarte „Webanmeldeinformationen“ können Sie Webkennwörter speichern.

Diese können auch im Klartext angezeigt werden.

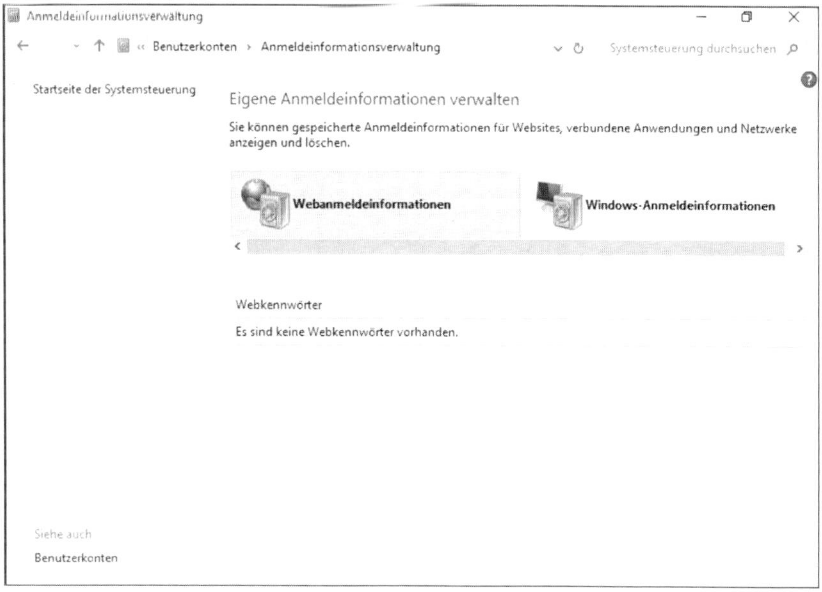

Abbildung 4.137: Webkennwörter

4.5.12 Windows Hello

Mit Windows 10 bringt Microsoft eine völlig neue Art der Authentifizierung.

Bisher war die Anmeldung mit Kennwort, Smartcard oder virtueller Smartcard normal, wobei als Hardwarevoraussetzung für die virtuelle Smartcard ein TPM Chip der Version 1.2 vorhanden sein muss.

Microsoft führt nun die Authentifizierung mit biometrischen Merkmalen ein, wie Fingerabdrücke, Gesichts- oder Iris-Scan. Hierzu wird Microsoft Passport benutzt.

Es wird natürlich die entsprechende Hardware benötigt.

Wenn diese vorhanden ist, kann man Windows Hello unter

- Einstellungen
- Konten
- Anmeldeoptionen

konfigurieren.

In den meisten Fällen müssen Sie bei der Einrichtung auch noch eine PIN angeben, die ist für den Fall, dass entweder die externe Hardware versagt, oder Ihre biometrischen Merkmale aufgrund einer Veränderung nicht zu erkennen sind. Dies kann nach einem Unfall passieren, denn wie kann ein Fingerabdruck erkannt werden, wenn Sie sich zuvor in diesen Finger geschnitten haben?

Generell ist es möglich, Windows Hello zur Anmeldung zu verwenden, aber nicht nötig, Ihnen bleibt immer noch der Weg über die festgelegte PIN.

Natürlich können Sie Windows Hello auch jederzeit wieder deaktivieren.

4.5.13 Die dynamische Sperre

Nachdem Sie Windows Hello eingerichtet haben, können Sie sich auf die Gesichtserkennung verlassen.

Sobald Sie sich vom Rechner entfernen, also aus dem Bereich der Kamera verschwinden, wird der Rechner gesperrt.

Das ist ein sehr schönes Tool, denn so müssen Sie nicht jedes Mal, wenn Sie vom Arbeitsplatz aufstehen, den Rechner sperren, Windows 10 erledigt dies für Sie automatisch.

Deswegen wäre es schön, wenn es noch eine andere Möglichkeit geben würde, den Rechner automatisch zu sperren, wenn Sie den Arbeitsplatz verlassen.

Jetzt kommt die gute Nachricht:

Diese Möglichkeit gibt es. Sie heißt „Dynamische Sperre“.

Diese Funktion basiert auf der Annahme, dass jeder Benutzer ein Smartphone hat und dieses stets bei sich trägt.

Außerdem sollte der Windows 10 Rechner Bluetooth ebenfalls unterstützen, damit Sie das Smartphone mit dem Rechner verbinden können.

Die Vorgehensweise der Verbindung der Smartphones variiert etwas, je nachdem, ob Sie Android, IOS oder ein Windows-Phone benutzen.

Nachdem Sie die Verbindungen eingerichtet haben, können Sie nun die Dynamische Sperre aktivieren.

Dafür öffnen Sie die App „Einstellungen“ und navigieren zu „Konten“, „Anmeldeoptionen“.

Abbildung 4.138: Dynamische Sperre

Hier setzen Sie einfach den Haken, und ab sofort wird Ihr Rechner gesperrt, sobald Sie, beziehungsweise Ihr Smartphone, sich vom Arbeitsplatz entfernt.

4.5.14 Device Guard und Credential Guard

Windows 10 hat einige interessante Funktionen, um für Sicherheit des Systems zu sorgen.

Device Guard

Mit Device Guard soll das System gegen Malware geschützt werden.

Credential Guard

Mit Credential Guard sollen Benutzerdaten gegen Kompromittierung geschützt werden.

ACHTUNG!
Diese Funktionen sind nur in der Enterprise Version von Windows 10 vorhanden!

Virtual Secure Mode

Der „Virtual Secure Mode” ist eine Funktion, die die Virtualisierungserweiterungen des Prozessors benutzt, um die Sicherheit zu erhöhen.

Hierbei werden Funktionen des Chips benutzt. Dafür muss der Hypervisor installiert werden. Die anderen Komponenten von Hyper- V, wie Hyper-V Dienste müssen dafür nicht aktiviert werden.

Wenn der Hypervisor installiert ist, sieht der Aufbau des Systems etwa folgendermaßen aus:

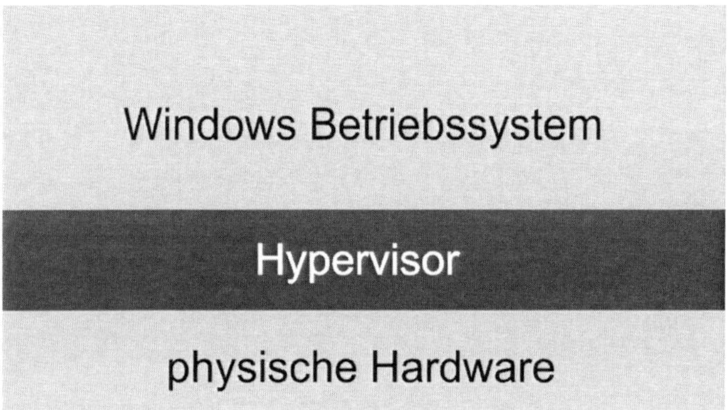

Abbildung 4.139: Betriebssystem mit Hypervisor

Wie wir sehen, sitzt in diesem Fall der Hypervisor zwischen der Hardware und dem Betriebssystem.

Diese „Hypervisorschicht" können wir nun benutzen, um einige sicherheitsrelevante Prozesse auszulagern und getrennt vom eigentlichen Betriebssystem auszuführen.

Das sieht schematisch etwa folgendermaßen aus:

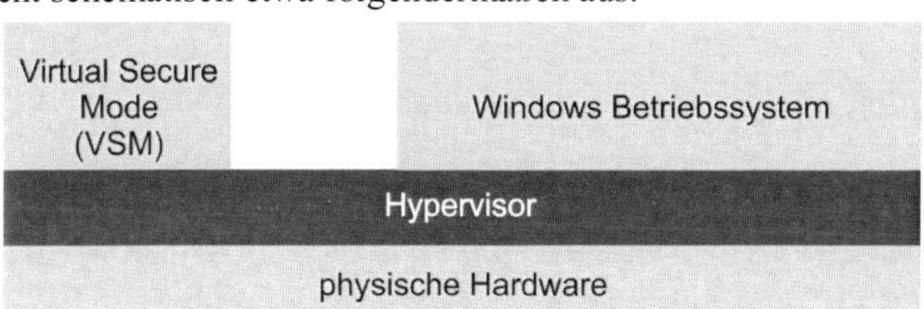

Abbildung 4.140: VSM

So ist die VSM-Instanz geschützt und wird vom Betriebssystem getrennt verwaltet. Dies ist der geschützte Modus (Virtual Secure-Mode).

Hardwarevoraussetzungen

Die Hardwarevoraussetzungen für den Virtual Secure Mode sind nicht besonders hoch

- UEFI läuft im einheitlichen Modus (nicht Kompatibilität / CSM / Legacy-Modus)
- Windows 64-bit und seine zugehörigen Anforderungen
- Second Layer Address Translation (SLAT) und Virtualisierungserweiterungen (z.B. Intel VT oder AMD V)
- Ein Trusted Platform Module (TPM) wird empfohlen

Aktivieren von Virtual Secure Mode

Nun müssen Sie den Hypervisor aktivieren.

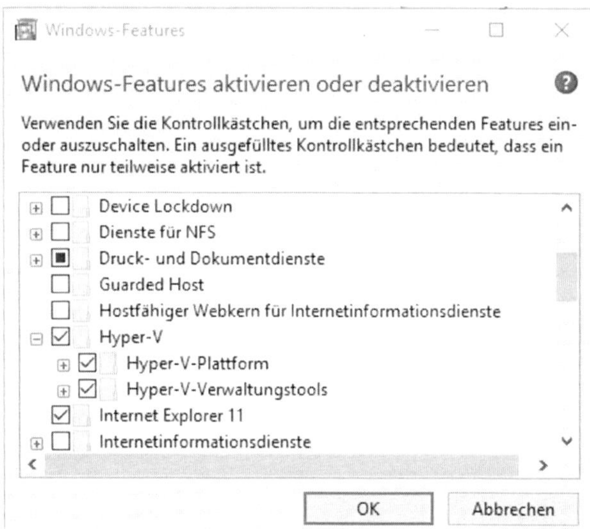

Abbildung 4.141: Hypervisor

Schließlich kann der Secure Mode konfiguriert werden. Dies machen Sie in einer Gruppenrichtlinie unter:

- Computerkonfiguration
- Administrative Vorlagen
- System
- Device Guard

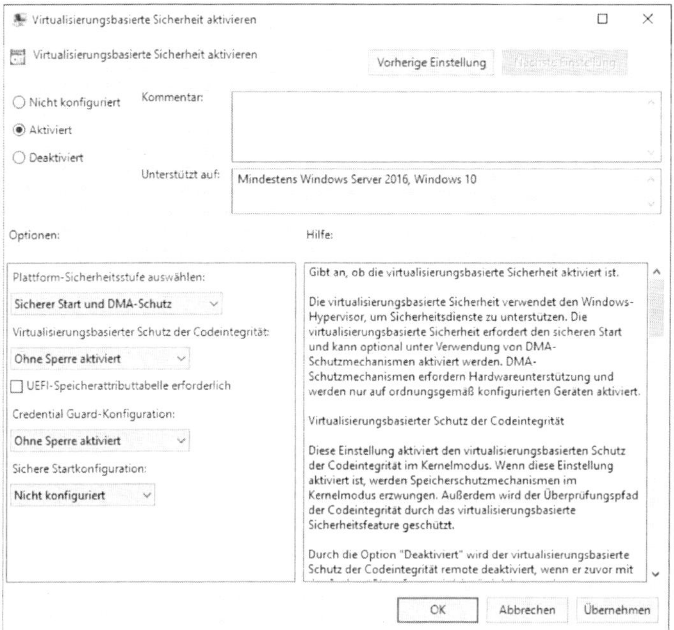

Abbildung 4.142: VSM einschalten

Credential Guard

Credential Guard ist eine Funktion des Windows Defenders, die automatisch aktiviert wird, sobald die oben genannten Voraussetzungen erfüllt sind.

Sie bewirkt, dass die Anmeldeinformationen geschützt sind.

Device Guard

Device Guard ist eine Zusammenstellung verschiedener Funktionen, die zusammen verhindern sollen, dass ein nicht vertrauenswürdiger Code auf einem Windows 10-System ausgeführt wird.

4.5.15 Die lokale Registry

Die Windows Registry ist schon seit den ersten Versionen von Windows eine zentrale Datenbank für die Konfigurationseinstellungen.

In der Registry werden alle Informationen zum Betriebssystem gespeichert, wie die Desktophintergrundfarbe und die Installationsart für

Updates.

Ebenfalls werden Informationen über Benutzer, automatische Anmeldung, Hardware, Anwendungen und Treiber in der Registry gespeichert.

Jede Änderung an den Konfigurationseinstellungen wird in der Registry gespeichert, aber in vielen Fällen noch nicht sofort angewendet.

Beim Herunterfahren des Systems werden die Änderungen fest in die Datenbank geschrieben und beim nächsten Systemstart ausgelesen und dann auch angewendet.

Deswegen benötigt Windows auch in der aktuellen Version nach systemrelevanten Änderungen häufig einen Neustart.

Windows 10 beinhaltet ein Tool mit dem Sie die Registry betrachten können und auch manuell Änderungen vornehmen können.

Dies ist ein sogenannter Registrierungseditor und hat den Namen „Regedit.exe“.

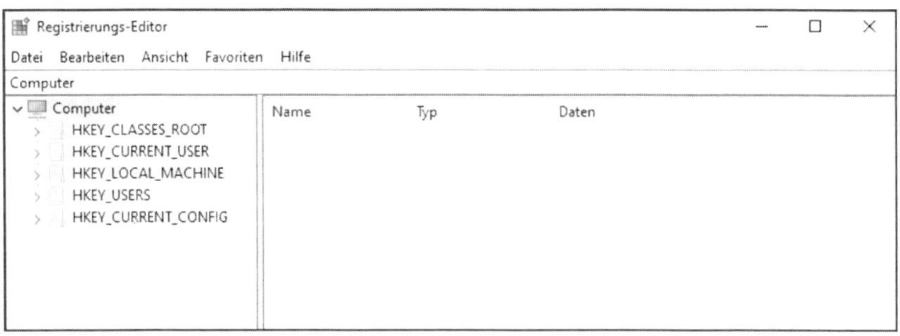

Abbildung 4.143: Regedit.exe

Regedit.exe ist ein grafisches Tool.

Die Registry ist hierarchisch aufgebaut.

In der obersten Ebene befinden sich die 5 Hauptschlüssel

HKEY_LOCAL_MACHINE

Dieser Hauptschlüssel enthält alle Einstellungen, die global für die gesamte Windows-Installation gelten. Dies sind neben Programmeinstellungen unter anderem auch Daten über die installierte Peripherie.

HKEY_USERS (abgekürzt HKU)

enthält die Einstellungen der einzelnen Benutzer.

HKEY_CLASSES_ROOT

Dies ist ein Verweis auf den Schlüssel HKEY_LOCAL_MACHINE\Software\Classes und enthält unter anderem alle Dateizuordnungen.

HKEY_CURRENT_USER

ist ein Verweis auf den Schlüssel des momentan angemeldeten Benutzers unter HKEY_USERS

HKEY_CURRENT_CONFIG

enthält die Einstellungen des momentan aktivierten Hardwareprofils.

Öffnen Sie den Hauptschlüssel HKLM.

Sie können sogenannte Unterschlüssel erkennen, z.B. „Security".

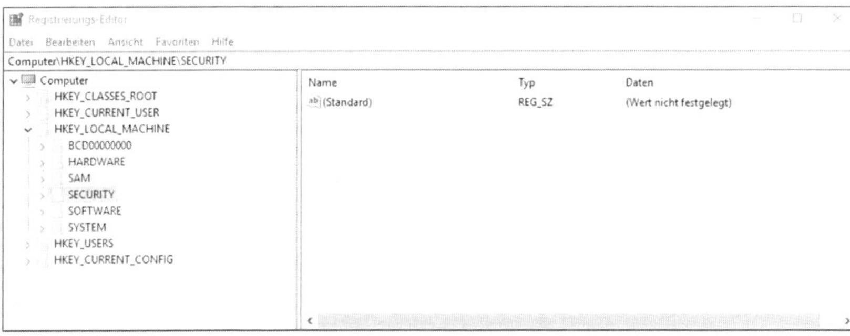

Abbildung 4.144: Unterschlüssel

Jeder Unterschlüssel muss mindestens einen Eintrag besitzen.

Jeder Eintrag hat einen bestimmten Typ, es existieren folgende Typen:

REG_SZ

Das ist eine beliebige Zeichenfolge.

REG_BINARY

Entspricht einem Binärwert. Dies ist eine Abfolge von Binärwerten, die zu hexadezimalen Zahlen zusammengefasst sind.

REG_DWORD

Dieser Typ enthält eine hexadezimale Zahl mit bis zu acht Stellen.

REG_MULTI_SZ

Dies ist eine mehrteilige Zeichenfolge

REG_EXPAND_SZ

Wert der erweiterbaren Zeichenfolge für beliebigen Text

Wenn Sie einen bestimmten Eintrag suchen, können Sie das mit der Suchfunktion vornehmen. Sie wählen

- Bearbeiten
- Suchen

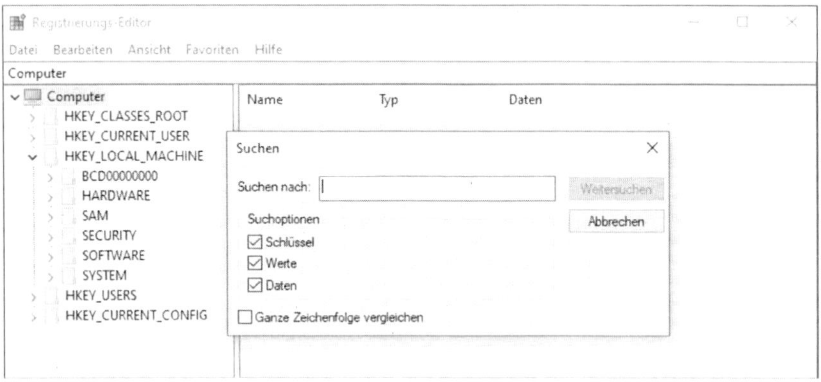

Abbildung 4.145: Suchfunktion

Sie können nach Schlüsseln, Werten oder Daten suchen.

Vor jeder Änderung an der Registry sollten Sie eine Sicherung machen, zum Beispiel mit „Datei – Exportieren".

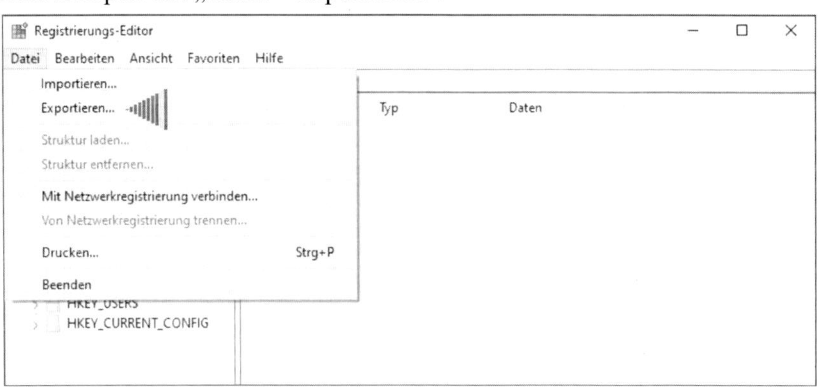

Abbildung 4.146: Exportieren

Dabei sollten Sie immer die komplette Registry sichern, nicht nur einen Schlüssel.

Eine weitere Anwendungsmöglichkeit der Export-Funktion ist, dass Sie Änderungen an der Registry exportieren und auf einer anderen Maschine importieren können.

Das spart unter Umständen viel Arbeit, da Sie die Einstellungen nur einmal per Hand vornehmen müssen.

Allerdings müssen hierfür alle Änderungen den gleichen Unterschlüssel betreffen.

Ein Beispiel:

Navigieren Sie zu:

HKey_Local_Machine\Software\Microsoft\WindowsNT\CurrentVersion\Time Zones

Hier wählen Sie

„Alaskan Standard Time“

Auf der rechten Seite sehen Sie einige Schlüssel, öffnen Sie den Schlüssel „Display“ und ändern Sie den Text auf „Test“.

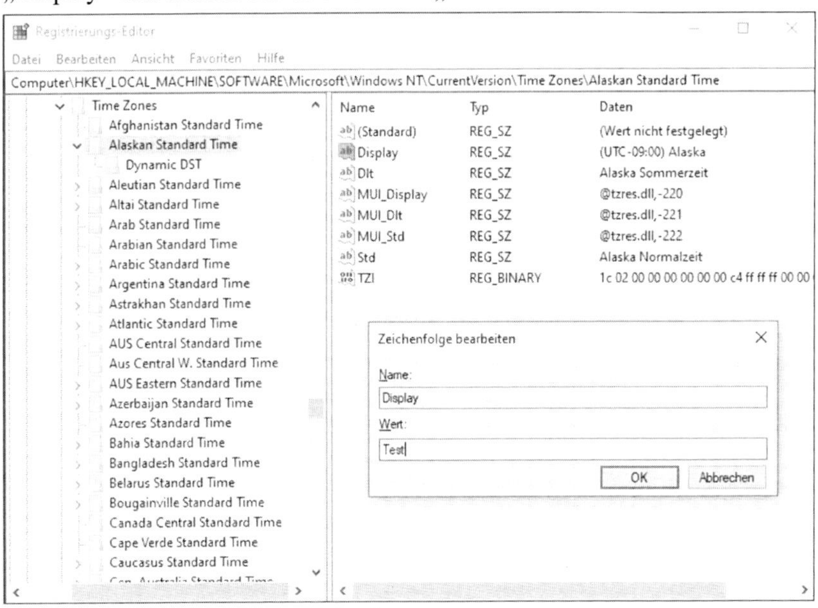

Abbildung 4.147: Änderungen an der Registry

Nun wählen Sie „Datei – Exportieren“ und speichern diesen Unterschlüssel.

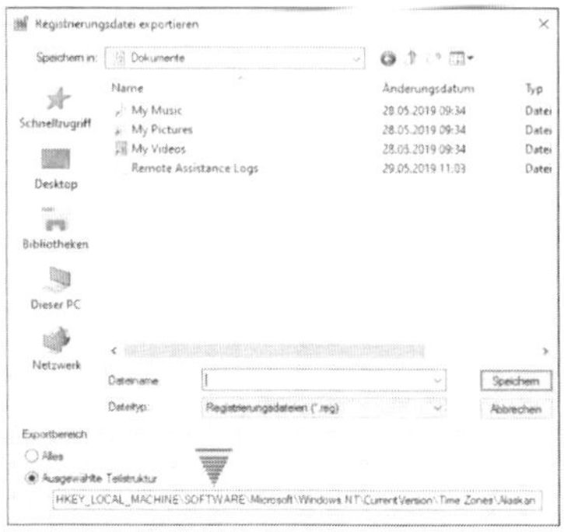

Abbildung 4.148: Export

Lassen Sie uns diese Datei betrachten. Sie hat die Endung reg. Mit einem Texteditor können Sie sie bearbeiten.

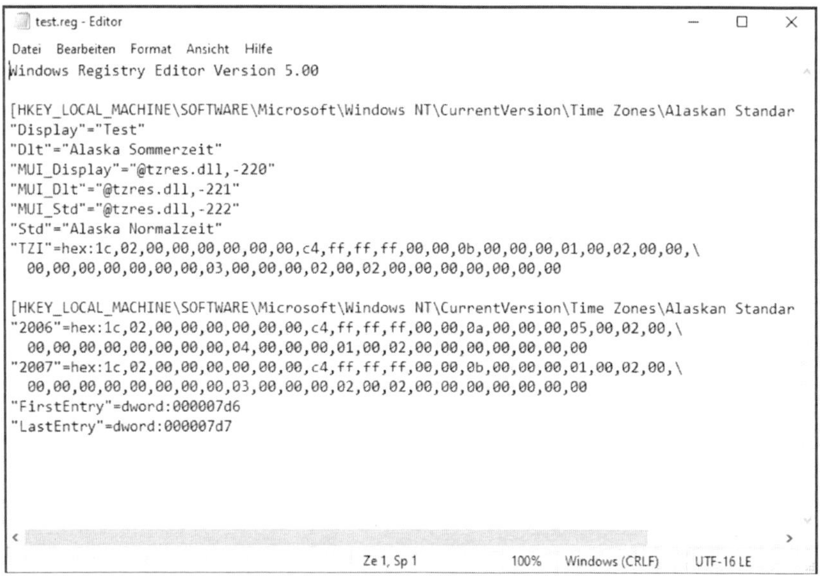

Abbildung 4.149: Exportierte Datei

In der oberen Zeile erkennen Sie:

Windows Registry Editor Version 5.00

Damit können Sie sofort erkennen, dass dies eine exportierte Registry Datei ist, die auch wieder eingelesen werden kann.

Danach werden die Einstellungen aufgelistet.

An dieser Stelle können Sie auch Einträge hinzufügen oder entfernen, ganz wie Sie möchten.

Zum Schluss kopieren Sie die Datei auf den Rechner, auf den sie importiert werden soll und installieren sie einfach mit einem Doppelklick.

Abbildung 4.150: Import ist abgeschlossen

Die Werte werden importiert, die lokale Registry wird angepasst.

4.6 Konfigurieren von erweiterten Tools zur Verwaltung

Windows 10 stellt noch einige, zum Teil nicht sehr bekannte Möglichkeiten zur Verfügung, um das System zu verwalten.

4.6.1 Dienste konfigurieren

Dienste sind Systemprozesse. Diese sollen nicht abhängig vom angemeldeten Benutzer gestartet werden, sondern unabhängig. Außerdem benötigen die meisten Dienste hohe Rechte. Deswegen laufen sie meistens mit dem Systemaccount.

Betrachten wir die Dienste genauer.

Sie können die Dienste-Konsole auf mehrere Arten öffnen, beispielsweise indem Sie einfach in die Suche „Dienste“ eingeben.

Nun können Sie jeden einzelnen Dienst betrachten.

Auf der ersten Registerkarte sehen wir die allgemeinen Einstellungen.

Die wichtigste Einstellung hier ist der Starttyp.

Es gibt vier Starttypen

- Automatisch – wird beim Systemstart gestartet
- Automatisch (verzögert) – wird beim Systemstart nach einer kurzen Verzögerung gestartet
- Manuell – kann manuell gestartet werden
- Deaktiviert – wird nicht gestartet

In manchen Fällen ist es nötig, den Starttyp der Dienste zu ändern. Diese Änderung wird nach dem nächsten Neustart aktiv.

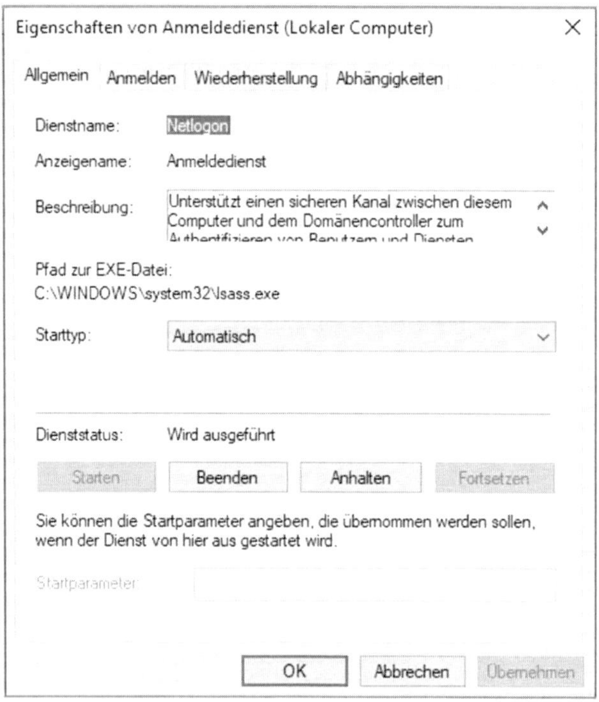

Abbildung 4.151: Allgemein

Die nächste Registerkarte zeigt an, mit welchem Konto der Dienst gestartet wird.

Abbildung 4.152: Anmelden

In vielen Fällen ist das das lokale Systemkonto.

Die dritte Registerkarte ist die Festlegung, was mit diesem Dienst im Fehlerfall passiert.

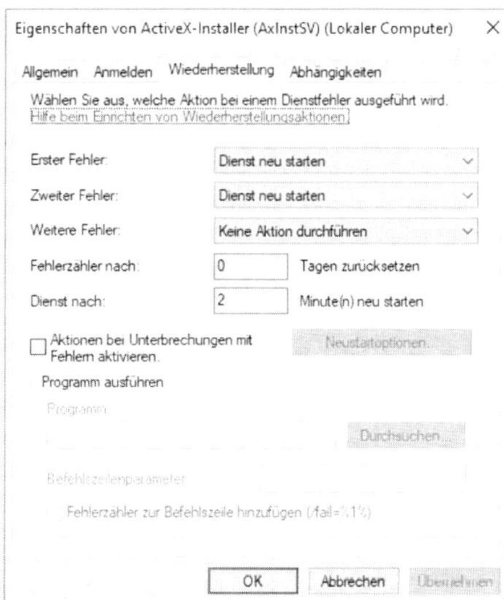

Abbildung 4.153: Wiederherstellung

Hier können Sie festlegen, was zu tun ist, falls der Dienst einen Fehler hat.

Sie können wählen zwischen

- Keine Aktion ausführen
- Dienst neu starten
- Ein Programm ausführen
- Computer neu starten

Die letzte Registerkarte ist die Karte „Abhängigkeiten".

Abbildung 4.154: Abhängigkeiten

Dies ist die komplizierteste Einstellung, die Sie an dieser Stelle auch nicht ändern können. Änderungen können nur in der Registry vorgenommen werden.

„Abhängigkeiten" bedeutet, dass Dienste in einer bestimmten Kette gestartet werden, also ein Dienst gestartet sein muss, damit der nächste Dienst starten kann.

Diese Abhängigkeiten sind vom System festgelegt.

Windows Dienste mit der PowerShell anzeigen

Die Darstellung der Dienste ist in der grafischen Konsole sehr übersichtlich.

Natürlich kann man die Dienste auch in der PowerShell anzeigen lassen, mit dem Cmdlet

Get-Service

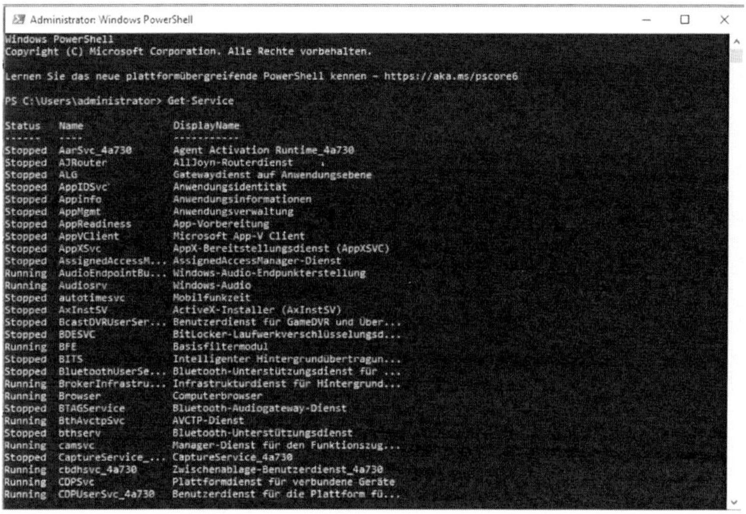

Abbildung 4.155: Get-Service

Diese Auswahl kann man einschränken, wenn man beispielsweise nur die Dienste sehen möchte, die mit „A“ beginnen, lautet das Cmdlet

*Get-Service a**

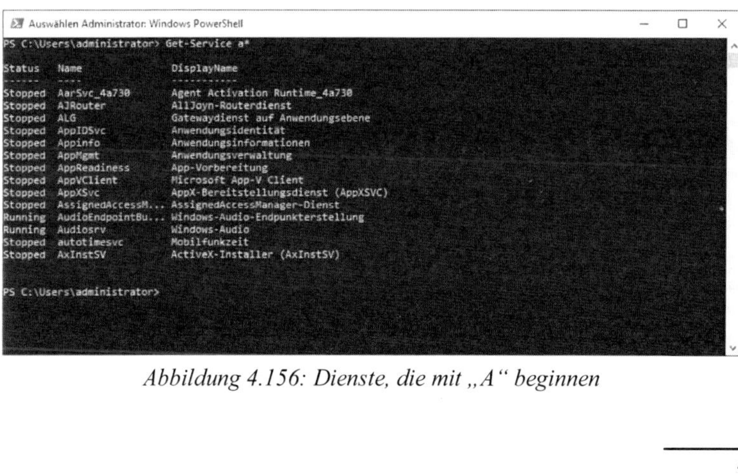

Abbildung 4.156: Dienste, die mit „A“ beginnen

4.6.2 Geräte-Manager konfigurieren

Auch beim Geräte-Manager gibt es noch Einstellungen, die die Analyse der Geräte erleichtern können.

Normalerweise werden Geräte, die momentan nicht vorhanden oder nicht angeschlossen sind, ausgeblendet.

Möglicherweise benötigen Sie aber auch diese Information für eine Analyse.

Die inaktiven Geräte können Sie sehr leicht anzeigen lassen, indem Sie auf der Registerkarte „Ansicht" „Ausgeblendete Geräte anzeigen" wählen.

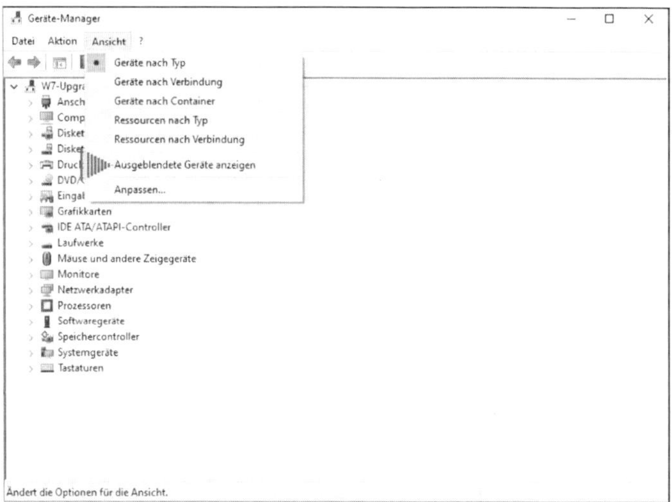

Abbildung 4.157: Ansicht des Geräte-Managers

Auch die Darstellung können Sie anpassen. Die Standarddarstellung ist „Geräte nach Typ".

4.6.3 Managementkonsolen konfigurieren und nutzen

Managementkonsolen erleichtern die Arbeit eines Administrators ungemein. Mit ihnen lassen sich Tasks, die man häufig für die Arbeit benötigt, zusammenfassen. Diese Konsolen können auch gespeichert werden und stehen dann später wieder zur Verfügung.

Leider gibt es ein kleines Problem:

Immer, wenn Sie eine geöffnete Managementkonsole (MMC) schließen wollen, erhalten Sie die folgende Meldung:

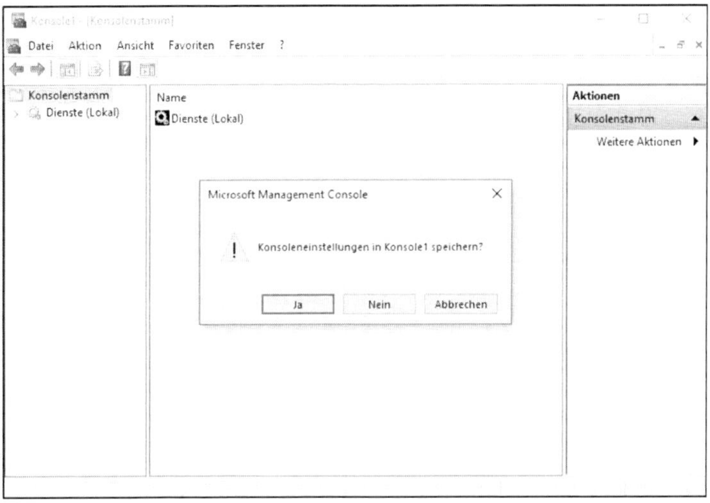

Abbildung 4.158: Meldung

Das ist ärgerlich, denn diese Meldung kommt auch, wenn Sie absolut nichts geändert haben.

Um das zu ändern, öffnen Sie die „Optionen" der MMC.

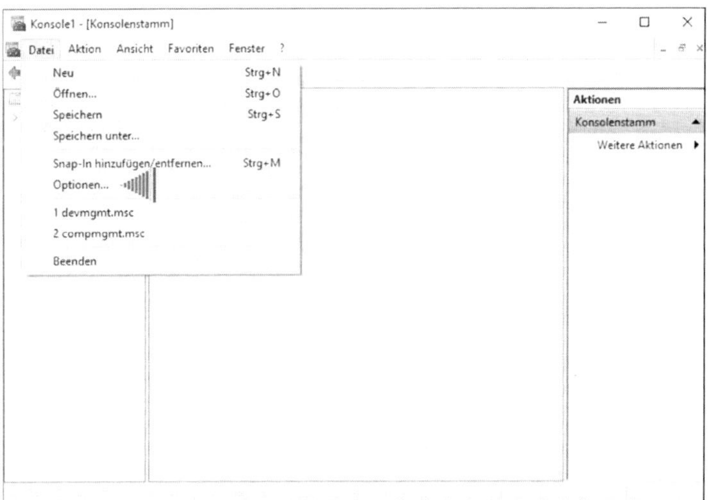

Abbildung 4.159: Konsolenmodus

Hier können Sie nun den „Konsolenmodus" bearbeiten.

Sie können prinzipiell zwischen zwei Modi auswählen

- Autorenmodus – Hier kann geändert werden und die Abfrage kommt
- Benutzermodus – Hier können keine Änderungen vorgenommen werden, deswegen gibt es auch keine Abfrage.

Den Benutzermodus können Sie noch feiner gestalten.

4.6.4 Aufgabenplanung konfigurieren

Sie möchten die Ausführung von Aufgaben automatisieren und nicht immer selber daran denken?

Dafür gibt es bei Windows 10 die Aufgabenplanung.

Tippen Sie einfach ins Suchfeld „Aufgabenplanung" ein und das Tool kann gestartet werden.

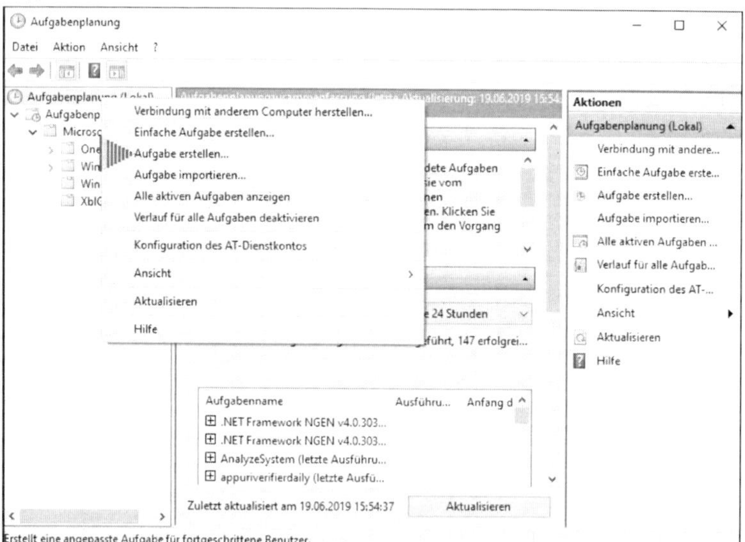

Abbildung 4.160: Aufgabenplanung

Um eine neue Aufgabe zu erstellen, wählen Sie „Aktion" – „Aufgabe erstellen".

Nun können Sie eine Aufgabe ausführen lassen, beispielsweise können Sie ein Programm nach einem Zeitplan starten.

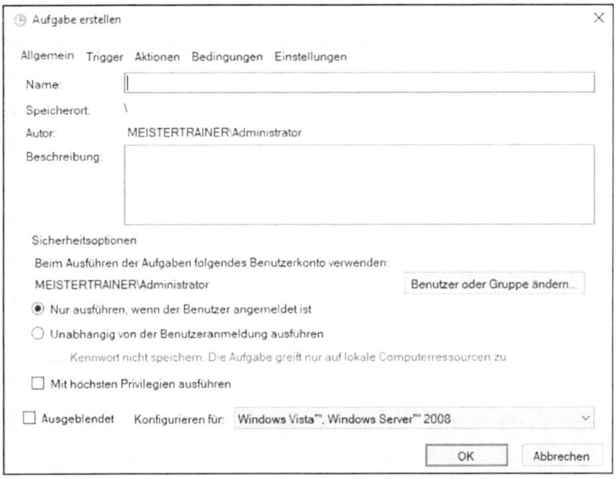

Abbildung 4.161: Aufgabe erstellen

Allgemein

Hier legen Sie allgemeine Parameter fest, wie den Namen der Aufgabe, unter welchem Kontext sie ausgeführt werden soll und so weiter.

Trigger

Bei „Trigger“ geben Sie an, aus welchem Grund die Aufgabe gestartet werden soll, beispielsweise nach einem Zeitplan oder bei Anmeldung.

Aktion

Hier definieren Sie das Programm, das ausgeführt werden soll.

Bedingungen

Hier haben Sie die Möglichkeit, Bedingungen für die Ausführung der Aufgabe festzulegen, zum Beispiel dass sie nur bei Netzbetrieb gestartet werden darf.

Einstellungen

Das sind weitere Einstellungen, beispielsweise, was passieren soll, wenn der Rechner zur gewünschten Startzeit der Aufgabe nicht online war.

4.7 Zusammenfassung, Übungen / Aufgaben

4.7.1 Zusammenfassung

Windows 10 ist ein Betriebssystem, das ständig verbessert und überarbeitet wird. Aus diesem Grund werden regelmäßig Updates angeboten, die zeitnah installiert werden.

Da Windows 10 als ein Dienst betrachtet wird (Windows as a Service), ist auch das Update mittlerweile als permanente Pflege zu betrachten. Es werden nicht nur Fehler verbessert, sondern auch große Funktionsupdates werden automatisch zugewiesen.

Wenn Sie immer der erste sein möchten, der die neuen Windows Funktionen kennt, ist das Windows-Insider Programm für Sie interessant.

Wenn Sie sich hierfür mit einem Microsoft-Konto anmelden, erhalten Sie die Insider Preview-Builds und wissen somit schon vor allen anderen, welche Funktionen Windows 10 in Zukunft haben wird.

Natürlich können Sie die Updateeinstellungen auch in einer Gruppenrichtlinie festlegen. Hier haben Sie teilweise noch deutlich mehr Möglichkeiten der Konfiguration.

Windows 10 installiert über die Updatefunktion nicht nur kleine Updates, sondern auch große Funktionsupdates.

Wenn ein solches großes Funktionsupdate eingespielt wird, ändert sich Windows 10 oft mehr, als man denkt. In seltenen Fällen kann es sein, dass Programme danach nicht mehr sauber laufen.

In einem solchen Fall kann es hilfreich sein, auf ein vorheriges Build zurückzukehren.

Nicht immer ist es erwünscht, dass in einer Unternehmensumgebung alle Clients alle Updates erhalten, wie es ja normalerweise der Fall ist.

Um diese Problematik zu umgehen, wurde WSUS (Windows Server Update Service) entwickelt. Wenn Sie WSUS benutzen, installieren Sie auf einem Server in Ihrem Unternehmen die WSUS Software. Dieser WSUS Server verbindet sich dann mit der Microsoft Windows Update Seite, und zieht sich alle verfügbaren Updates auf den WSUS Server.

Der Administrator kann nun die einzelnen Patches testen, und wenn sie gut funktionieren, kann er sie zur Installation freigeben.

Wenn dies der Fall ist, und die Clients sind korrekt konfiguriert, verbinden sich die Clients nicht direkt mit dem Windows Update Server, sondern mit dem internen WSUS Server. Von ihm bekommen sie ihre Updates, und so werden nur freigegebene Updates installiert.

Apps aus dem Windows Store können problemlos aktualisiert werden.

Dazu öffnen Sie den Windows Store, klicken auf die drei Punkte rechts oben und wählen dann „Downloads und Updates".

Um ein System überwachen zu können, gibt es bei Windows 10 verschiedene Tools.

Mit diesen Tools können Sie zunächst einmal Probleme feststellen, um diese danach beseitigen zu können.

Die einfachste und auch bekannteste Überwachungsmöglichkeit ist der Task-Manager.

Wenn Sie eine systematische Überwachung der Performancedaten eines Windows 10 Computers benötigen, sollten Sie auf den Systemmonitor, der auch „Leistungsüberwachung" genannt wird, zurückgreifen. Die Leistungsüberwachung erlaubt eine weitaus genauere Untersuchung der verschiedenen Leistungsdaten, als es mit dem Task-Manager möglich ist.

Die Ereignisanzeige ist eine komplette Sammlung aller Ereignisse, die das System oder auch die Anwendungen betreffen.

Wer die Ereignisanzeige von älteren Windows Versionen noch kennt, wird erstaunt sein, wie stark die Darstellung verbessert wurde und wie detailliert nun die Ereignisse gesucht werden können.

In großen Unternehmen gibt es in einigen Fällen zusätzlichen Bedarf, mehrere Drucker gemeinsam zu verwalten. Zwei Problemstellungen haben sich hier herauskristallisiert:

- Eine bestimmte Personengruppe möchte bevorzugt auf einen Drucker zugreifen können
- Die Druckgeschwindigkeit ist zu gering, und die Druckausgabe sollte deswegen auf mehrere Druckgeräte verteilt werden

Für diese beiden Probleme existieren Lösungsansätze, die sich ohne Zusatzprodukte nur mit dem Betriebssystem Windows 10 lösen lassen.

Eine weitere Einstellung, die Sie kennen sollten, ist die Einstellung des Standarddruckers.

Windows 10 führt eine automatische Indizierung aus. Einen Index kennen wir alle aus jedem Buch, das am Ende fast immer einen Suchindex hat, damit bestimmte Themengebiete schneller gefunden werden können.

Allerdings indiziert Windows 10 standardmäßig nur die Ordner „Benutzer", die Offline-Dateien und das Startmenü.

Um diese Einstellungen zu ändern, müssen Sie die „Indizierungsoptionen" öffnen.

Windows Sicherheit ist eine Sicherheitssoftware, die zusammen mit Windows 10 ausgeliefert wird.

Sie soll Schadsoftware und Spyware finden und beseitigen.

Eine wichtige Funktion ist die Integration in das Betriebssystem. Damit ist seine Konfiguration sehr einfach im Vergleich zu herkömmlichen Anti-Virenprogrammen von Drittherstellern.

Das Tool „Systemkonfiguration" ist ein kleines Tool, mit dem Sie die aktuelle Systemkonfiguration betrachten und einige Einstellungen ändern können.

Sie öffnen es durch Eingabe von „Msconfig.exe".

Die bekannteste und auch am meisten verbreitete Maßnahme gegen Datenverlust ist das Sichern.

Windows 10 hat ein eigenes Sicherungsprogramm, mit dem Sie komfortabel Sicherungen machen können, es nennt sich „Dateiversionsverlauf".

Das Wiederherstellen der Daten ist sehr einfach.

Sie klicken auf „Persönliche Daten wiederherstellen".

Eine andere Methode, das System in einen vorherigen Zustand zurückzusetzen, ist die Systemwiederherstellung mithilfe von Wiederherstellungspunkten.

Windows 10 hat eine automatische Überwachung, die nach der Installation auf allen Festplatten aktiviert ist.

Die Systemwiederherstellung speichert Systemeinstellungen zu einem bestimmten Zeitpunkt, etwa vor der Installation eines Programms oder eines Treibers. Dies sind die Wiederherstellungspunkte.

Sollte es nach der Installation Probleme geben, kann das System an einen Punkt zurückgesetzt werden, zu dem das System noch ohne Probleme funktioniert hat.

Schattenkopien sind eine weitere Funktion des Computerschutzes und aktiv, wenn die Systemwiederherstellung aktiv ist. Zusammen mit dem Systemwiederherstellungspunkt wird auch eine Schattenkopie erstellt, die für die Daten zuständig ist.

OneDrive hat sich mit Windows 10 stark weiterentwickelt.

Mittlerweile können Sie alle Daten, die Sie in der Cloud speichern, auf den heimischen PC synchronisieren.

Dazu klicken Sie mit der rechten Maustaste auf das OneDrive Laufwerk und wählen „Zu synchronisierende OneDrive Ordner wählen".

Authentifizierung

Dies ist die Überprüfung der Identität des Benutzers. Für diese Überprüfung werden die Anmeldeinformationen des Benutzers (häufig Benutzername und Kennwort) mit einer Liste von bekannten Daten abgeglichen. Wenn die Anmeldeinformationen korrekt sind, wird der Benutzer authentifiziert, andernfalls nicht.

Autorisierung

Dieser Vorgang findet nach der Authentifizierung des Benutzers statt und entscheidet über die Berechtigungen des Benutzers innerhalb der Anwendung.

In einer Arbeitsgruppe werden die Benutzer lokal im Security Account Manager (SAM) verwaltet. Auch lokale Gruppen sind vorhanden, mit denen Sie die Benutzer verwalten können.

Wenn der Client einer Domäne beigetreten ist, wird die Anmeldung nicht mehr lokal im SAM abgearbeitet, sondern über das Netzwerk an einen Domänencontroller geschickt. Deswegen müssen die Benutzerkonten auch im Active Directory angelegt sein.

Leider sind in einer Standardinstallation nicht alle Elemente auf dem Client verfügbar, damit ein Server oder gar ein Domänencontroller verwaltet werden kann.

Dafür bietet Microsoft das Tool „Remote Server Administration Tool" (RSAT) zum Download.

Microsoft bietet ein Tool an, das genau diese Verwaltung beherrscht, das Tool „Local Admin Password Solution" oder kurz „LAPS".

LAPS übernimmt die Verwaltung der Kennwörter für alle Konten mit Namen „Administrator" auf allen Domänencomputern.

In einer Active Directory Domäne melden sich die Benutzer mit ihrem Domänenkonto an.

Wenn Sie nun auf die Cloud-Dienste zugreifen möchten, müssen Sie Ihr Microsoft Konto angeben.

Um diese Vorgehensweise zu vereinfachen, gibt es die Möglichkeit, ein Domänenkonto mit einem Microsoft Konto zu verknüpfen.

Windows 10 hat die Möglichkeit, Kennwörter im System zu speichern, damit Sie diese nicht bei jedem Zugriff eingeben müssen.

Mit Windows 10 bringt Microsoft eine völlig neue Art der Authentifizierung.

Bisher war die Anmeldung mit Kennwort, Smartcard oder virtueller Smartcard normal, wobei als Hardwarevoraussetzung für die virtuelle Smartcard ein TPM Chip der Version 1.2 vorhanden sein muss.

Microsoft führt nun die Authentifizierung mit biometrischen Merkmalen ein, wie Fingerabdrücke, Gesichts- oder Iris-Scan. Hierzu wird Microsoft Passport benutzt.

Es wird natürlich die entsprechende Hardware benötigt.

Mit der dynamischen Sperre koppeln Sie Ihr Smartphone an den PC, er wird automatisch gesperrt, wenn Sie sich vom Arbeitsplatz entfernen.

Windows 10 hat einige interessante Funktionen, um für Sicherheit des Systems zu sorgen.

Device Guard

Mit Device Guard soll das System gegen Malware geschützt werden.

Credential Guard

Mit Credential Guard sollen Benutzerdaten gegen Kompromittierung geschützt werden.

Dienste sind Systemprozesse. Diese sollen nicht abhängig vom angemeldeten Benutzer gestartet werden, sondern unabhängig. Außerdem benötigen die meisten Dienste hohe Rechte. Deswegen laufen sie meistens mit dem Systemaccount.

Auch beim Geräte-Manager gibt es noch Einstellungen, die die Analyse der Geräte erleichtern können.

Normalerweise werden Geräte, die momentan nicht vorhanden oder nicht angeschlossen sind, ausgeblendet.

Möglicherweise benötigen Sie aber auch diese Information für eine Analyse.

Die inaktiven Geräte können Sie sehr leicht anzeigen lassen, indem Sie auf der Registerkarte „Ansicht“ „Ausgeblendete Geräte anzeigen“ wählen.

Bei Windows 10 können Sie Aufgaben planen.

Tippen Sie einfach ins Suchfeld „Aufgabenplanung“ ein und das Tool kann gestartet werden.

4.7.2 Übungen

1. Starten Sie die virtuellen Maschinen „DC“, „W10“ und „W7-Update“.
2. Melden Sie sich an allen drei Maschinen als Domänenadministrator an.
3. Öffnen Sie die „Einstellungen“ der virtuellen Maschine „W10“.
4. Betrachten Sie die Updateeinstellungen.
5. Öffnen Sie die lokale Gruppenrichtlinie. Wo befinden sich die Einstellungen für das Windows-Update? Betrachten Sie die Einstellungen.
6. Versuchen Sie eine Aktualisierung über den Windows Store, wenn Sie eine Internetverbindung haben.
7. Öffnen Sie die lokale Gruppenrichtlinie. Verbieten Sie das Update von Store-Anwendungen, wenn möglich.
8. Erstellen Sie eine Leistungsüberwachung mit beliebigen Parametern.
9. Erstellen Sie in der Ereignisanzeige ein Abonnement.
10. Erstellen Sie einen Datensammlersatz und betrachten Sie dann den Bericht.
11. Betrachten Sie den Zuverlässigkeitsverlauf und interpretieren Sie die Werte.
12. Installieren Sie einen beliebigen Drucker. Stellen Sie diesen danach als Standarddrucker ein.
13. Wenn ein Indizierungsprozess gerade läuft, halten Sie ihn an und starten Sie ihn danach wieder. Wenn gerade kein Indizierungsprozess läuft, überlegen Sie, wie Sie das machen würden.
14. Betrachten Sie die Windows Sicherheit.
15. Öffnen Sie das Tool „Systemkonfiguration“ und betrachten Sie die Einstellungen.
16. Erstellen Sie auf „DC“ eine Freigabe mit den Rechten „Jeder – Vollzugriff“. Passen Sie auch die NTFS-Rechte auf „Jeder – Vollzugriff“ an.

17. Erstellen Sie auf „W10“ eine Datensicherung und sichern Sie auf das freigegebene Laufwerk.
18. Stellen Sie diese Sicherung wieder her.
19. Erstellen Sie einen Wiederherstellungspunkt.
20. Setzen Sie das System auf den eben erstellten Wiederherstellungspunkt zurück.
21. Erstellen Sie eine neue Datei und speichern Sie diese.
22. Ändern Sie diese Datei und speichern Sie sie erneut.
23. Erstellen Sie einen neuen Wiederherstellungspunkt.
24. Versuchen Sie nun, die alte Version mithilfe einer Schattenkopie wiederherzustellen.
25. Legen Sie auf „W10“ einige neue Benutzer mit verschiedenen Berechtigungsstufen an.
26. Betrachten Sie den lokalen Gruppenrichtlinien-Editor mit allen Einstellungen.
27. Erstellen Sie auf den virtuellen Maschinen „DC“, „W10“ und „W7-Update“ jeweils einen Prüfpunkt mit Namen „LAPS“.
28. Laden Sie das Tool „LAPS“ herunter, installieren und konfigurieren Sie es.
29. Lesen Sie nun das Administrator-Kennwort der Maschine „W10“ aus und melden Sie sich mit diesem an.
30. Setzen Sie die virtuellen Maschinen „DC“, „W10“ und „W7-Update“ auf den Prüfpunkt „LAPS“ zurück.
31. Laden Sie das Tool „Remote Server Administration Tool“ (RSAT) herunter und installieren Sie es auf „W10“.
32. Öffnen Sie die Anmeldeinformationsverwaltung und betrachten Sie die Möglichkeiten.
33. Betrachten Sie die Dienste und ihre Einstellungen.
34. Erstellen Sie eine Managementkonsole und speichern Sie sie so, dass Sie keine Veränderungen mehr vornehmen können.
35. Erstellen Sie eine Aufgabenplanung.

4.7.3 Aufgaben

1. Sie sind der Administrator der Firma Meistertrainer.

   Sie haben die Systemwiederherstellung aktiviert und möchten nun das System auf einen vorherigen Punkt zurücksetzen.
   Zuvor haben Sie noch mehrere Dateien auf dem Desktop gespeichert, eine Textdatei, eine Installationsdatei(.exe) und haben Änderungen an der Registry durchgeführt.
   Welche diese Änderungen sind nach der Rücksetzung des Systems noch vorhanden?
2. Sie sind der Administrator der Firma Meistertrainer.

   Sie möchten in Ihrer Firma WSUS konfigurieren.
   Welche Einstellungen müssen Sie für die Clients vornehmen?
3. Sie sind der Administrator der Firma Meistertrainer.

   Mit welchem Cmdlet erhalten Sie Informationen über das Windows Update?
4. Sie sind der Administrator der Firma Meistertrainer.

   Mit welchem Befehlszeilenkommando können Sie Windows-Updates deinstallieren?
5. Sie sind der Administrator der Firma Meistertrainer.

   Sie haben ein Problem mit einem Update und setzen deswegen den Rechner mithilfe der Systemwiederherstellung auf einen vorherigen Stand zurück.
   Löst das Ihr Problem?
6. Sie sind der Administrator der Firma Meistertrainer.

   Sie möchten ein Funktionsupdate und ein Qualitätsupdate rückgängig machen.
   Wo können Sie das vornehmen?
7. Sie sind der Administrator der Firma Meistertrainer.

   Wie können Sie die WinRE Konsole starten?
8. Sie sind der Administrator der Firma Meistertrainer.

   Mit welchem Tool können Sie bei immer wieder auftretenden Fehlern Zusammenhänge zu anderen Ereignissen erkennen?
9. Sie sind der Administrator der Firma Meistertrainer.

   Beim Systemstart erhalten Sie die Meldung „Bootmgr fehlt“.
   Sie starten den Rechner mit WinRE und öffnen eine Eingabeaufforderung. Nun möchten Sie den Bootmanager wieder in das System eintragen.
   Wie lautet der Befehl?

10. Sie sind der Administrator der Firma Meistertrainer.

    Sie möchten mithilfe der Leistungsüberwachung feststellen, wie sich eine bestimmte Anwendung verhält.
    Welchen Leistungsindikator wählen Sie?

11. Sie sind der Administrator der Firma Meistertrainer.

    Wie lange können Sie beim „Long Term Service Channel“ ohne Updates bleiben?

12. Sie sind der Administrator der Firma Meistertrainer.

    Wie können Sie einen Eintrag in der Registry auf mehrere Rechner verteilen?

13. Sie sind der Administrator der Firma Meistertrainer.

    Sie stellen fest, dass ein Profil nach dem Abmelden eines Benutzers auf dem lokalen Rechner wieder gelöscht wurde.
    Was ist der Grund?

14. Sie sind der Administrator der Firma Meistertrainer.

    In der Domäne wird das Tool „LAPS“ verwendet.
    Sie möchten sich lokal an einem Client als Administrator anmelden.
    Was müssen Sie im ersten Schritt tun?

15. Sie sind der Administrator der Firma Meistertrainer.

    Sie möchten die dynamische Sperre verwenden.
    Was ist der erste Schritt dafür?

16. Sie sind der Administrator der Firma Meistertrainer.

    Sie möchten definieren, dass heruntergeladene Updates auf einem Rechner im Unternehmen zwischengespeichert werden.
    An welcher Stelle konfigurieren Sie das?

17. Sie sind der Administrator der Firma Meistertrainer.

    Ein Kollege möchte mit der Windows Remote PowerShell arbeiten.
    Welcher Gruppe fügen Sie sein Konto hinzu?

Anhang A:

Lösungen zu den Aufgaben

Lösungen Kapitel 1

1. Aktion 1: Sie führen „Scanstate“ mit dem Parameter \store /offlineWinDir :<PfadZum Windows.olsOrdner> aus

   Aktion 2: Sie führen „Loadstate“ aus.
2. Features von Windows-Blickpunkt deaktivieren
3. Mit KMS
4. Windows 10 Pro
5. Tool: Windows-Konfigurations-Designer (Windows Designer für die Imageerstellung und –konfiguration)

   Format: ppkg
6. TPM 1.2 (BitLocker) Infrarotkamera (Windows Hello)
7. Windows 10 Professional 32-bit

   Windows 10 Enterprise 32-bit
8. Es muss ein 64-Bit Prozessor mit SLAT-Unterstützung sein.
9. Ein UEFI Interface
10.
    a. Upgrade
    b. Upgrade
    c. Neuinstallation
11. Mit Diskpart.exe die Partitionen einrichten
12. Mit BCDEdit.exe
13. Systemsteuerung, Windows-Features aktivieren oder deaktivieren
14. Mit dem Cmdlets

    Export: Export-StartLayout

    Import: Import-StartLayout

15. Sie legen die Datei ab im Ordner *C:\Benutzer\Öffentlich\Öffentlicher Desktop*
16. Einen externen Switch
17. Im ICD
18. DISM /Image:C:\wim /Add-ProvisioningPackage /PackagePath:C:\ICD\<NameDesPakets>.ppkg
19. /generalize

Lösungen Kapitel 2

1.
   a) Nein (lokal zählen nur die NTFS-Rechte, also kein schreibender Zugriff)

   b) Nein (das stärker einschränkende Recht ist gültig, also NTFS)

2. Die NTFS-Rechte auf einen bestimmten Ordner
3.
   - Gruppenrichtlinie
   - Administrative Vorlagen
   - Windows-Komponenten
   - Store
   - Store-Anwendung deaktivieren

   Oder

   - Gruppenrichtlinie
   - Windows-Einstellungen
   - Sicherheitseinstellungen
   - Anwendungssteuerungsrichtlinien
   - App-Locker
   - App-Paketregel erstellen
4. Der Rechner benötigt einen TPM-Chip 1.2 oder höher.

5. Beim Domänenbeitritt wird die Gruppe „Domänen-Admins“ der lokalen Gruppe „Administratoren“ hinzugefügt.

   Genauso wird die Gruppe „Domänenbenutzer“ in die lokale Gruppe „Benutzer“ hinzugefügt.
6. Gar nicht. Verschlüsselte Dateien bleiben verschlüsselt, wenn sie in einen anderen NTFS-Ordner verschoben oder kopiert werden.
7. Alle Mitglieder der Gruppe Administratoren müssen bei systemnahen Tasks bestätigen, dass sie Administratoren sind, aber nicht ihre Anmeldedaten eingeben.
8. Gpresult
9. Den Befehl ciper.exe ausführen
10. Ein gespiegeltes Volume
11. Zwei ungenutzte Festplatten
12. Remove-PhysicalDisk
13. Resize-VirtualDisk
14. Add-PhysicalDisk
15. New-VirtualDisk
16. Remove-PhysicalDisk
17. Abmelden, anmelden, dann wird das neue Token erstellt
18. Subst.exe
19. Einstellungen
    Für Entwickler
    Apps querladen
20. Windows Store App

    Azure AD-Konto
21. Shutdown.exe /r /o
22. Kompatibilitätseinstellungen ändern
23. Sie erstellen im Compatibility Administrator einen Fix
24. Objektzugriffsversuche

Lösungen Kapitel 3

1. Ein Zertifikat anfordern
2. Aktivieren Sie die Option "Standardgateway für das Remotenetzwerk verwenden"
3.
    a) WIN-RM-Verwaltung zulassen

       Starten des WinRM Dienstes

       Konfiguration der Firewall

    b) Enable-PSRemoting
4. Privat

   Domänennetzwerk
5. Set-NetConnectionProfile
6. New-NetFirewallRule
7. VPN Reconnect konfigurieren oder

   Set-VpnConnection
8. Set-VpnConnection
9. Fügen Sie ihn zur Gruppe „Remotedesktopbenutzer" hinzu
10. Mit dem Remotedesktop auf den anderen Rechner zugreifen
11. Remoteunterstützung
12. Windows PowerShell Remote

Lösungen Kapitel 4

1. Nur die Textdatei
2. Automatische Updates konfigurieren

   Internen Pfad für den Microsoft Updatedienst angeben
3. Get-WindowsUpdateLog
4. WUSA.EXE
5. Nein, denn das Update wird als fehlend erkannt und wieder installiert.

6. Qualitätsupdates: Einstellungen – Windows Update

   Funktionsupdates: Einstellungen – Problembehandlung
7. Installations-DVD –Computerreparaturoptionen

   Drücken der Umschalttaste, während man wählt „Neu starten"

   Shutdown /o /r

   Automatisch, nach zweimaligem Startfehler
8. Zuverlässigkeitsüberwachung
9. bootrec /rebuildbcd
10. Prozess
11. 10 Jahre
12. Schlüssel auf einem Rechner ändern

    Schlüssel exportieren

    Auf anderen Rechnern importieren
13. Der Benutzer ist Mitglied der Gruppe „Gäste" oder „Domänengäste"
14. Sie lassen sich im Tool „Laps-UI" das entsprechende Kennwort anzeigen
15. Sie aktivieren Bluetooth auf Ihrem Smartphone
16. Übermittlungsoptimierung
17. Remoteverwaltungsbenutzer

Index